**기독교문서선교회**(Christian Literature Center: 약칭 CLC)는 1941년 영국 콜체스터에서 켄 아담스에 의해 시작되었으며 국제 본부는 미국 필라델피아에 있습니다. 국제 CLC는 59개 나라에서 180개 본부를 두고, 약 650여 명의 선교사들이 이동 도서차량 40대를 이용하여 문서 보급에 힘쓰고 있으며 이메일 주문을 통해 130여 국으로 책을 공급하고 있습니다. 한국 CLC는 청교도적 복음주의 신학과 신앙 서적을 출판하는 문서선교기관으로서, 한 영혼이라도 구원되길 소망하면서 주님이 오시는 그날까지 최선을 다할 것입니다.

# 젠더 이데올로기 심층 연구

## 바이어하우스학회 편

*Critical Studies on Gender Ideology*
Edited by Dong Joo Lee
All rights reserved.
Korean Edition Copyright ⓒ 2022 by Christian Literature Center, Seoul, Korea.

# 젠더 이데올로기 심층 연구

바이어하우스학회 편

2020년 8월 27일 초판 발행
2022년 4월 30일 개정판 발행
2023년 7월 20일 개정판 2쇄 발행

| | | |
|---|---|---|
| 지 은 이 | \| | 페터 바이어하우스, 김영한, 오성종, 곽혜원, 이동주, 이요나, 길원평, 전윤성, 백상현 |
| 편   집 | \| | 한명복 |
| 디 자 인 | \| | 김소영, 박성숙 |
| 펴 낸 곳 | \| | (사)기독교문서선교회 |
| 등   록 | \| | 제16-25호(1980. 1. 18.) |
| 주   소 | \| | 서울특별시 동대문구 천호대로71길 39 |
| 전   화 | \| | 02-586-8761~3(본사) 031-942-8761(영업부) |
| 팩   스 | \| | 02-523-0131(본사) 031-942-8763(영업부) |
| 이 메 일 | \| | clckor@gmail.com |
| 홈페이지 | \| | www.clcbook.com |
| 송금계좌 | \| | 기업은행 073-000308-04-020 (사)기독교문서선교회 |
| 일련번호 | \| | 2022-38 |

ISBN 978-89-341-2418-4 (03230)

이 책의 저작권은 저자와 (사)기독교문서선교회가 소유합니다.
신저작권법에 의하여 한국 내에서 보호받는 저작물이므로 무단 전재와 무단 복제를 금합니다.

바이어하우스학회 시리즈 ①

**개정판**

# 젠더 이데올로기 심층 연구

이동주(책임 편집)
페터 바이어하우스 · 김영한
오성종 · 곽혜원 · 이요나
길원평 · 전윤성 · 백상현 지음

CLC

## 목차 — Critical Studies on Gender Ideology

편집자 서문 ... 5

### 제1부 젠더 이데올로기에 대한 신학적 토론 ... 18

- 제1장 젠더 이데올로기에 대한 대항(Resist Gender Ideology) ... 19
- 제2장 동성애 정당화 '퀴어신학'은 이단 사상 ... 46
- 제3장 동성애에 대한 신약 신학적·영성 신학적 고찰 ... 74
- 제4장 젠더 이데올로기의 도전 앞에 선 21세기 한국기독교의 과제 ... 163
- 제5장 성-정치와 성교육 – 독일 성 정치를 중심으로 ... 203
- 제6장 동성애 현안 신학적 조명과 복음적 해법 ... 261

### 제2부 젠더 이데올로기에 대한 사회·문화적 토론 ... 310

- 제7장 성평등 정책이 사회에 미치는 폐해 ... 311
- 제8장 '젠더평등'(속칭, 성평등) 정책의 위헌성 ... 333
- 제9장 '가짜 뉴스' '혐오 표현' '종교 편향' 논리로 기독교인을 탄압하는 시대, 신학자의 역할은? ... 364

편집자 결어 ... 381

✤ 편집자 서문


이 동 주 박사
바이어하우스학회 회장

　2018년 10월 5일 '바이어하우스학회'(Beyerhaus Academy)가 창립되었다. 페터 바이어하우스 박사의 이름을 따서 한국과 독일에서 학회의 명칭이 지어진 이유가 있다. 독일의 저명한 복음주의 선교신학자인 바이어하우스 박사는 오늘날 자유주의, 다원주의, 통합주의, 혼합주의, 보편주의 등의 노도 같은 시대적 사조를 거슬러 복음적 진리를 사수하기 위해 순교적 정신으로 일생을 바쳐 투쟁한 신학자이다.
　일생 "선한 싸움을 싸웠던"(딤후 4:7) 사도 바울도 사랑하는 믿음의 아들 디모데에게 "믿음의 선한 싸움을 싸우라"(딤전 6:12)고 권면했듯이, 이 시대의 영적 전사인 바이어하우스 박사의 정신을 본받고 그의 신앙과 신학적 유산을 후대에 전수하기 위한 목적으로 설립한 학회를 '바이어하우스학회'로 이름한 것이다.
　한국 교회에서는 유난히 선교 초기부터 성도들의 철저한 **회개와 성령**의 강한 역사가 나타남으로 교회가 급성장하고, 한국에 하나님의 백성이 많아지게 되었다. 그러나 뿌리가 깊지 않은 한국 교회에 세속주의와 기복주의가 들어 왔고, 교회의 세상을 향한 영향력도 눈에 보이게 약화되고 있다. 1960년대 이후에는 반(反)기독교적인 세계관과 가치관이 득세하여 유럽과 북미의 전통적인 기독교 사회가 급속하게 무너지고, 한국 사회와 한국 교회도 그 영향을 강하게 받는 시대가 되었다. 이런 시점에 바이어하우스학회 회원들은 영적 위기의식을 가지고 뜻을 같이하는 한국 교회의 동역자들과 함께 담대하게 응전하고자 한다.

20세기 중반 프랑크푸르트대학교 사회학 교수 헬버트 마르쿠제(Herbert Marcuse)는 맑스주의가 기대했던 프롤레타리아 혁명이 일어나지 않게 되자, 신맑스주의 운동을 시작하고, 맑스주의가 목표로 했던 유토피아 건설을, 방법을 바꾸어 전통적인 인간의 성을 파괴하고 새로운 '성-인간'과 새 사회를 조성하려고 한 것이다. 그는 전통적 기독교 가치관과 모든 기존 문화와 권위, 윤리적 규범을 다 파쇄하고, 인간 자신이 새 인간과 새 사회를 '창조'할 수 있다고 믿었다.

그즈음 H. 마르쿠제는 강력한 신좌익이며 성 파괴자로 알려진 빌헬름 라이히(Wilhelm Reich)를 만나서, 하나님이 창조하신 이성(異性)적 인간의 성을 파괴하고, 동성애, 양성애, 혼성애, 다자성애, 성전환 등 중에서 자기 마음에 끌리는 성을 택하여, 그것을 자신의 성 정체성으로 전환하고, 모든 성적인 억압과 차별에서 벗어나 어떤 규범도 성이나 성행위를 억압하지 않는 새 사회의 새 인간 즉, '성-인간'(性-人間, Gender Man)을 '창조'하고자 했다.

이렇게 하나님을 대적하는 성-혁명을 일으키는 도구가 바로 '젠더 이데올로기'이고, 이 이데올로기로 온 세계를 지배하려는 운동이 성-주류화(Gender Main Streaming, GM) 운동이다. 우리는 이 성주류화를 도모하는 GM의 뿌리가 맑스주의와 신맑스주의라는 것을 확실하게 간파할 수 있다.

이미 UN은 오늘날 강도 높은 정책으로 젠더 이데올로기[1]를 실행하여, 전에는 하나님 중심으로 살던 기독교인들의 땅에서 이제는 성 중심으로 사는 인간들이 되게 한다. 이런 성-인간을 만들어내는 방법이 '성(性)교육'

---

1 '성'(性)이라는 개념은 20세기 후반부터 영어로 '생물학적 성'(sex)과 '사회학적 성'(gender)으로 분류되었다.

이다. UN과 EU의 결의로 독일에서는 '성교육' 과목을 개설했다. 성교육은 유치원이나 또는 더 어린 나이로부터 시작되고, 고등학교까지 의무교육이며, 대학교에서 필수 과목으로 규정되었다. 그 결과로 성교육자들이 기대했던 바와 같이, 무수히 탈 성 정체성 자들이 발생해, 동성애, 다자성애, 성전환자 등이 세계에 확산하기 시작했다.

바이어하우스 박사는 젠더 이데올로기에 맞서 최전선에서 활약을 펼치면서 유럽 교회를 일깨우는 데 앞장섰다. 그의 정신을 따라, 바이어하우스학회는 2019년 가을 횃불회관에서 "동성애와 젠더 이데올로기"라는 테마로 심포지움을 개최하고, 이어 다섯 주간에 걸쳐 같은 테마로 세미나를 열었다. 그때 발표했던 논문들을 엮어 『젠더 이데올로기 심층 연구』라는 제목으로 출간하게 된 것이다(앞으로도 전문 교수들의 발제문들이 시리즈로 출간될 것이다).

우리 논문 목차 초두에 2016년 한국에 최초로 젠더 이데올로기를 소개하여 한국 교회를 깨우친 바 있는 페터 바이어하우스의 원고 "젠더 이데올로기에 대한 저항"(Resist Gender Ideology)을 실었다. 그다음에는 발제 논문들을 실었는데, 신학적인 논문과 일반적인 논문으로 분류했다. 논문을 발제한 교수들은 이 주제를 성서신학적, 조직신학적, 상담신학적 시각으로 다양한 방면에서 깊이 연구했고, 동성애자들의 신학인 '퀴어신학'까지 파헤쳤다.

우리는 우선적으로 바이어하우스 논문의 요지를 소개하며, 이어서 발제자들 논문들의 논지를 서문에 요약하여 독자들의 개괄적 이해에 도움이 되도록 했다.

바이어하우스는 서두에 일반적인 정서로는 절대 수용할 수 없는 현대 '젠더 이데올로기'(Gender Ideologie)의 확산과 '젠더 주류화'(Gender Main Streaming, 이하 'GM')에 대해 반박하며 **하나님이 인간을 창조하셨다**는 사실과 **남자와 여자**로 창조된 인간의 상반성은 서로 짝을 이루고, 서로 보충하는 역할을 하도록 함이라고 했다(창 1:26, 27; 2:21-24). 그는 GM이 하나님과 그의 창조물인 양성적(異性的) 인간을 겨냥해 결혼과 부부와 가정을 다 해체하는 이데올로기에 대적하여 반박하며, 남녀 간의 혼인 관계와 가족은 인류 존속의 근본 기초이고 종말까지 존재하는 창조 질서이며, 하나님은 십계명 중에 5, 7, 10번째 계명을 통해 남녀 간의 혼인과 가정이 붕괴하는 것을 보호하셨다고 확언했다. 그러므로 교회는 부부와 가정의 기초인 창조 질서를 해체하려는 오늘날 모든 동향에 대항하여 부부와 가정을 보호하고 지키는 것이 의무라고 강조했다.

그러나 GM은 일부일처제 결혼 제도에 대항해 동성애적, 게이적, 레스비적, 성전환적, 혼음적 형태의 '성적 다양성'을 반박하는 사람들을 '동성애 혐오자'라고 비난한다.

바이어하우스는 GM의 발생과 확산에 관하여 설명하며, GM은 1985년 나이로비에서 제3차 UN이 개최한 세계여성대회 때 처음으로 토론되었고, 1995년 제4차 베이징에서 국제 연합(UN) 결의서로 채택되었다는 사실을 기술했다. 유럽 연합(EU)은 1997년에 GM을 회원국들의 의무라고 선포하고, EU 모든 정부가 GM을 정부의 법적 준칙으로 정착시킨 사실을 보고했다. EU가 동성애를 법제화하고 성교육을 추진한 결과로, 스위스의 많은 초, 중, 고등학교에서 아버지와 어머니의 호칭을 '부모 1, 부모 2'로 대체했다고 언급했다.

바이어하우스는 유럽의 학부모들이 법제처와 교육 정책으로 진행하는 이런 성교육 수업에 저항하고, 프랑스, 항가리, 노르웨이, 러시아와 같은 유럽 국가들에서 이 성 혁명에 대한 저항 운동이 활기를 띠고 있음을 기술했다. 독일에서는 200,000명의 시민이 바덴-뷔르템베르크(Baden-Würtemberg) 적녹색당의 교육 계획에 반대해 정부와 교회 지도자들에게 청원서를 제출했다는 것과, 같은 해에 슈투트가르트(Suttgart)와 하노버(Hanover)에서 국가 재교육에 직면한 부모들의 시위가 잇달아 일어났음을 보고했다.

시위 행렬을 하는 동안 그들은 이렇게 외쳤다.

*우리 자녀들은 섹스가 필요한 것이 아니라 사랑이 필요하다!*

바이어하우스는 2015년 9월 3일에서 6일까지 잘츠부르크에서 개최되는 고백적 교회 국제대회 제4차 회의에서 선포한 동성애 확산 비판 문서인 "잘츠부르크 선언문"(Salzburger Erklärung)과, 서구신학자들의 동성애 비판 논문들도 소개한다.

본 바이어하우스학회 발제자들의 소중하고 귀한 울림의 글들을 아래와 같이 소개한다.

김영한의 글 "동성애 정당화 퀴어신학은 이단 사상"은 퀴어신학이 성경을 친 동성애적으로 해석하는 이단 신학임을 표명한다. 전통적인 기독교 신학은 삼위일체 하나님이 인간에게 구원을 주시는 인격적인 하나님이며, 예수 그리스도 안에 자신을 드러낸 인격적인 구원의 하나님임을 말한다. 그리고 전통기독교 신학이 구원론, 교회론, 성화론, 종말론 등을 다루고, 성화론에서 기독교 윤리를 다루는 것에 반하여, 퀴어신학은 성에 초월적이시며 거룩하신 성경적 하나님을 신성 모독적으로 남근을 지닌 신으로 묘사하고, 예수를 동성애자로 간주하며, 2천 년 동안의 전통적 기독교 신학을 해체하고 신학의 본질에서 빗나간 이단 신학이며, 동성애를 신학적으로 합법화하려는 운동이라고 비판한다.

정통 개혁신학에 의하면 성경의 핵심 주제는 하나님의 아들을 통한 하나님의 구속이다(요 20:31). 그러나 퀴어신학은 성경과 신학의 주제가 아닐 뿐 아니라, 동성애는 하나님이 금기하시는 행위다. 특히 퀴어신학적 Sex의 유동성은 인간 자신이 자기의 존재를 결정하고, 인간의 젠더(사회적 성)도

유동적(流動的)으로 남성에서 여성으로 여성에서 남성으로 자유롭게 전환할 수 있다고 본다. 퀴어신학은 인간의 정체성을 본질 없는 정체성(identity without an essence)으로 규정하고 가정, 결혼, 남녀의 양성 질서를 전부 부정한다. 그러므로 김영한은 퀴어신학이 이단적이라 단정하고, 교회가 추구하는 사도적이며 보편적이고 거룩한 신학이 아니라고 비판한다.

오성종의 "동성애에 대한 신약신학적·영성신학적 고찰"은 동성애 문제를 성경신학적으로, 상담학적으로 그리고 영성신학적으로 다루되 동성애자의 치유와 해방 문제까지를 함께 다룬 포괄적인 논문이다. 그는 동성애를 옹호하는 신학자들의 왜곡된 성경 해석에 대해 주석적 근거를 제시하며 교정해 주고자 한다. 또 현대 동성애 옹호자들이 주장하는 선천적 성적 지향성의 문제에 관해 고찰하고, 그런 주장으로 인해 평생 동성애자로 살아갈 수밖에 없다는 자포자기의 길로 인도된다는 사실과 결과적으로 나타나는 인간적, 사회적 및 윤리적 파괴 현상을 명료하게 지적했다.

그는 동성애자들의 비참한 현실을 그 뒤에 숨어서 보이지 않게 역사하는 악한 영들의 영향력 극복을 통해 해결할 수 있음을 강조하며, 우리 주 예수 그리스도의 위대한 복음과 무한한 성령의 능력을 통한 치유와 회복의 길을 구체적인 사례들과 함께 제시한다.

곽혜원의 "젠더 이데올로기의 도전 앞에 선 21세기 한국 기독교의 과제"는 맑스주의에 사상적·정신적 기반을 둔 '급진적 페미니즘'과 '성 정치-성 혁명-이론'이 서로 결탁하여 발흥한 젠더 이데올로기로 인해 인류 문명이 대재앙에 봉착했음을 경고한다. 그 이유는 젠더 이데올로기가 그 핵심 전략인 성 주류화(=젠더 주류화)를 통해 남성과 여성의 성 정체성을 해체시킴으로써, 하나님의 창조 명령에 정면으로 도전하는 반신론적·무신론적 시대사조이기 때문이다. 구소련과 동유럽에서 패배한 후 새로운 활로를 모색하던 맑스주의자들은 마침내 북미와 서유럽에서 젠더 이데올로기의 성공을 통해 기사회생함으로써 인류 문명사에 암울한 그림자를 던지고 있다. 특별히 젠더 이데올로기가 강행하는 패륜적 성 혁명이 강타한 서구 세계에서는 한 남성과 한 여성의 신성한 결합인 **일부일처제가 해체**되고 성 소수자들의 폴리 아모리(poly-amory, 다자간 연애)가 정당화됨으로써, **성-규범이 파괴되고 전통적 결혼 및 가정이 붕괴**되며 사회 전체에 **타락과 패륜**이 확산하고 있다. 젠더 이데올로기가 기독교계(특히 신학계)에 끼친 심각한 폐해는, 친(親)동성애적이자 이단적인 퀴어신학(queer theology)이라는 신학 분파를 만들어 그리스도인들(특히 목회자와 신학자)을 음란과 타협하도록 획책한 일이다. 이런 문명사적 위기 상황에 직면하여 곽혜원은 젠더 이데올로기에 대항해야 할 **21세기 한국 기독교의 과제**로서 다음을 제시한다.

1. 동성애에 관한 총체적 연구와 분명한 입장 표명,
2. 동성애를 신학적으로 정당화하는 퀴어신학의 이단성 규명과 신학계의 갱신,
3. 음란하고 패역한 성 혁명에 맞서는 거룩하고 성결한 성 혁명,
4. 가정 해체에 대항하여 '하나님 나라 확장을 위한 건강한 가정 공동체 구축,
5. 남성과 여성이 파트너로서 공존·상생하는 '하나님 나라' 공동체 형성을 제안한다.

이동주의 "성 정치와 성교육 - 독일의 성교육을 중심으로" 논문의 요지는 곽혜원의 요지와 맥락을 같이 한다. 곽혜원은 젠더 이데올로기(성 주류화)를 "맑스주의의 회생"이라고 표명했고, 필자는 그것을 성 주류화를 도구로 한 "맑스주의 세계 제패"라고 했다. 1995년 UN이 주최한 북경 'UN

제4차 세계여성국제회의'에서 성 주류화(Gender Mainstreaming)는 UN이 최우선 순위로 행해야 할 의무라고 결의했다. 서구는 어린이로부터 대학생이 되기까지 지속해서 성교육을 받고, 학생들은 소위 그들의 공동체 속에서 성적 자유와 해방을 누린다. 그들은 모두 성교육자에 의해 성 정체성이 파괴된 사람들이다. 신맑스주의자 빌헬름 라이히(Wilhelm Reich)와 1960년대 프랑크푸르트학파의 신맑스주의와 프로이트(S. Freud)의 성 해방이론을 결합하여 남녀 이성(異性)적 인간을 파괴하고 새로운 '성(性)-인간'(동성애, 양성애, 성전환 등)을 만들어내고자 했다. 젠더 이데올로기의 창시자 또는 퀴어(Queer, 이상한) 이론의 창시자라고 하는 쥬디스 버틀러(Judith Butler)는 새로운 성-인간을 만들 목적으로, 어린이들을 자료로 어떻게 인간의 성 정체성이 파괴되는지를 실험했다.

 사람의 성 정체성 파괴를 실험하는 그의 목적은 자신의 성 정체성 파괴로 인해 극단적인 혼란과 고통을 겪는 사람들을 만들어서 그들을 도구로 혁명을 이룩하고 맑스주의적 유토피아와 성적 쾌락을 누리는 새 사회를 이루려고 했다. 결국, 1995년 북경 "UN 제4차 세계여성국제회의" 이후 즉시 성교육이 시작되고 정치적으로 국제적으로 교육적으로 필수 과목으로 이수해야 하는 선 교육이 확산하기 시작했다.

 필자는 50년 동안 서구에서 시행한 성교육의 실태를 제시하고, 이렇게 확산되는 성교육의 실체를 드러내고, 서구 신학자들의 동성애 확산 비판 문서인 "잘츠부르크 선언문"(Salzburger Erklärung)과 서구신학자들의 동성애 비판 논문들을 소개했다.

 이요나는 "동성애 현안 신학적 조명과 복음적 해법"이라는 제목으로 발제했다. 과거에 동성애자의 삶을 살았던 이요나 목사는 2015년 미국 대법원의 동성 결혼 합법화와 UN과 한국이 모두 성 소수자의 인권 문제를 비호하고, 세계 연합을 이루는 퀴어축제의 확산에 의한 한국 교회의 동성애 수용 운동을 크게 우려하고 있다. 필자는 교회가 동성애를 수용함으로 인해 발생하는 용납할 수 없는 윤리와 도덕의 파괴, 복음 훼손에 반하여 동성애 추방 운동이 빚는 사랑과 용서라는 대립 구조에서 성경적인 바른 신학적 해답을 제시하고, 교회가 구약의 율법처럼 동성애자들을 교회 밖으로 내쫓고 그 영혼을 파멸하도록 버려둘 것인가, 아니면 동성애자들을 받아들여 참회와 변화를 기다릴 것인가를 토론한다. 그는 퀴어신학의 악의적이고 악마적이며 고의적인 신성 모독적 신학을 기탄없이 비판하고, 구약적 동성애에 대한 성경적 변증과 복음서와 예수 그리스도의 동성애에 대한 침묵에 대해 변증한다.

그는 또 세계로 복음이 확산 됨에 따라 동성애자들이 교회로 유입되면서 발생한 문제들을 바울 서신중의 로마서 1장에서 심도 있게 다루었다. 필자가 다룬 마지막 부분은 탈동성애를 실행하는 방법과 복음을 받아들인 동성애자들의 문제와 아직 변화되지 못한 동성애자가 겪는 영적 전쟁과 더 이상 합리화하지 않고 하나님의 말씀과 성령을 힘입고 마침내 마귀의 올무에서 벗어나 참 자유함을 받은 새사람이 되는 방법을 제시했다.

이 논문은 친히 동성애 경험이 있는 필자의 생생한 고백을 통하여, 동성애의 실체를 파헤치고, 동성애자들에게 소망을 주고, 동성애자들의 해방을 돕는 사역자들에게 영혼을 사랑하는 마음과 효과적인 전도 방법을 제시해 주는 논문이다.

길원평은 "성평등 정책이 사회에 미치는 폐해"라는 논문에서 국가인권정책기본계획에 사용된 '성평등'이라는 용어가 입법화되면 성 정체성이 파괴되며, 나아기 생명 파괴적이고, 윤리 파괴적, 과거 문화 파괴적, 신앙 파괴적인 결과가 나타나게 될 것이라고 경고한다. 그의 설명에 따르면, '성평등'과 '양성평등' 두 단어는 비슷한 것 같고 사실로 과거 동성애가 문제시되지 않았을 때는 성평등이 양성평등의 의미로 사용되었다. 그러나 현대의 '성평등' 개념은 양성평등의 의미와 전혀 다르다. 만일 '성평등'이라는 용어가 입법화되면, 일종의 동성애자가 자신의 성을 규정하지 않거나, 두 가지 성을 가졌다고 주장해도 타인은 그대로 인정해야 하고, 성전환 수술을 하지 않은 법적 성전환자가 여성 화장실, 사우나실, 샤워실, 운동 경기장 등에 입장해도, 그들은 모두 합법화된다. 그로 인해 어린이들, 여성들, 전통적인 가족들의 피해도 합법화되는 것이다. 모든 도덕과 윤리가 파괴된다.

이 뜻은 우리 이후 세대는 위와 같은 악행들이 합법화됨으로 인해, 소돔과 고모라보다 더 악하고 추한 나라가 되고, 음란과 간통이 합법화되고, 남녀 결혼관과 일부일처제가 무너지고, 혼인과 가정이 깨지며, 국가와 사회가 와해 된다. 필자는 이와 같은 결과를 서유럽 사례에서 간파할 수 있도록 설명했다.

그러나 안타깝게도 우리나라의 국민 대다수는 이런 사실에 무관심하거나 성 소수자의 인권 문제로만 알고 있어, '성평등'이라는 용어를 선호하기도 한다. 필자는 이 세대가 UN이 '성평등'이라는 용어를 빌미로 '온 세상에 젠더 이데올로기(Gender Ideologie)'를 확산시키고 각국 정부들을 압박하여 성 주류화(Gender Main Streaming)를 받아들이게 하는 현실을 폭로하여 교회와 온 국민은 입법부가 필히 '성평등'이 아니라 '양성평등'을 법제화하도록 촉구하고 있다.

미국 변호사 전윤성은 "젠더(gender) 평등(속칭, 성평등) 정책의 위헌성"이라는 논문을 통하여 설명하며, 입안된 젠더평등 정책은 앞으로 실시될 것이기 때문에, 이 정책이 사용하는 용어에 대한 의미를 정한 조항이 반드시 있어야 한다며 그렇지 않은 조항은 혹세무민하는 것으로 설명한다. 이런 사례로는 여성가족부의 기본계획, 법무부의 국가인권정책기본계획, 국회개헌특위자문위원회의 개헌안 '성평등' 조항, 현행법인 양성평등기본법 등에 '양성평등'과 '성평등'이라는 용어가 혼용되어 있는데, '양성평등'에 대한 정의만 있고, '성평등'에 대한 정의는 없다는 것을 지적했다. 국민들은 '성평등'을 '양성평등'의 줄임말이자 동의어로 인식하고 있는 실정이다. 이것은 혹세무민하는 사례 중 하나다. 그래서 필자는 '성평등'의 뜻과, '양성평등'과는 차이점과, '성평등' 정책의 위헌성을 투명하게 밝히고 있다. 필자는 먼저 '성'에 대한 정의를 내린다. 영어로 남녀가 타고난 성은 sex이고, gender는 타고난 성과 아무런 관계가 없는 제3의 성이다. gender는 정신적, 사회적 영향을 받아 귀속감을 느낀 그것을 자기의 성으로 결정하는 성이다.

최근의 '성평등' 운동이란 sex 평등 운동이 아니고 gender 평등 운동이다. 인간의 gender 확정은 생물학적 성(남녀 異性)을 배제하고 오직 마음이 끌리는 심리적 기준에 의해서 성전환을 유도하여 성 정체성을 결정하는 법의 위헌성과 문제점을 지적했다. 2016년 뉴욕시 인권위원회는 조합이 가능한 gender의 종류를 31가지라고 결정하고 상대방이 원하는 성과 이름을 사용하지 않는 위반자에게 125,000 달러의 과태료를 부과하고, 고의적 행위에는 250,000 달러의 과태료는 부과할 수 있다고 했다.

그러나 대다수 주민의 표현의 자유와 기본권 침해를 방지하기 위한 조치는 마련되지 않았음을 지적했다.

필자는 젠더평등 정책의 위헌성과 많은 사회적인 문제점들을 확증했다. 필자는 성전환수술 없이 성별 정정을 허가할 경우에 발생하는 일부의 문제들을 제시하고 제3자가 외관으로 상대방의 성별을 구별할 방법이 없어지는 것과 성전환자 자녀들의 성 정체성 혼란과 부부 중 한쪽이 성전환함으로 그 즉시 기존 부부는 동성애 부부가 되고, 그 신생아의 성은 알 수 없게 되고, 성전환 수술을 받지 않은 성전환자들로 인해 무수한 개인적, 집단적 피해들이 발생하는 심각한 사회적 문제들을 지적했다.

「국민일보」 기자 백상현은 "'가짜 뉴스' '혐오 표현' '종교 편향' 논리로 기독교인을 탄압하는 시대, 신학자의 역할은?"이라는 제목의 논문을 발제하면서, 이 시대를 기독교인을 탄압하는 시대로 보며, 이때의 신학자들의 역할에 관하여 제언했다. 필자의 관심은 기독교 대학교인 한동대학교에서 비등록 동아리인 '들꽃'이 페미니즘 여성 운동가 3명을 초청해 동성애, 성매매, 다자 연애를 소개한 사건과 한동대학교가 이 사건으로 들꽃 동아리 학생을 징계한 사태를 내용으로 문제를 풀어 나갔다. 그 초청된 강사들은 자신의 매춘 경험과 다자 연애, 동성애, 낙태를 소개하고, "성매매는 여성의 권리다", "나는 창녀다"라고 주장했다. 학교 측은 들꽃 동아리가 학교 정체성을 위반한 사태에 대해 학칙에 근거해 불가하다는 태도를 밝혔다.

그러나 학생들은 학교에서 인권 침해와 학문·표현·양심의 자유를 침해당했고 주장하면서 그들에 대한 '차별 대우'에 대해 국가인권위에 진정했다. 필자는 일반 국민에게는 생소한 성적 지향의 뜻이 무엇인지, 그 범위가 어디까지인지, 혐오의 범위는 어디까지인지 잘 알지도 못하면서, 기독교 대학에서 집단 난교, 다자(多者) 성애 강좌를 제재하고 징계했다고 고소한 것을 국가인권위가 해당 학교를 인권 침해자로 판결한 사건을 토론한다. 필자는 국가인권위 관계자가 "다자 연애도 성 소수자에 포함되며, 불이익을 받아선 안된다", "집단 난교라 할지라도 그것은 '성적 지향'이므로 차별 금지 사유에 해당한다"고 주장한 바를 기술한다. 그리고 필자는 기독교 대학은 종교 교육의 자유를 보호하는 법적 근거를 제시하며, **현행법상 성매매는 형사 처벌 대상이고, 동성 커플이나 다자 성애 커플은 헌법이 보장하는 가족 제도가 아님**을 밝히고 있다. 그는 헌법재판소가 한동대학교는 특정 종교를 전파할 목적으로 설립되었음으로 신앙의 자유, 종교적 행위의 자유, 종교적 집회 결사의 자유가 있다는 판단을 내렸음을 밝히고, 한국 교회가 더 이상 가짜 뉴스, 혐오, 종교 편향 같은 거짓된 용어 전략에 휘말리거나 선동당해서는 안 될 것과 하나님이 경멸하시는 부도덕한 성행위의 물결로부터 다음 세대를 지켜야 한다고 피력한다.

오늘날 팬데믹 전염병처럼 온 세계를 향해 급속도로 퍼지고 있으며 기존의 윤리 도덕을 파괴함은 물론 기독 신앙을 위협하고 있는 '동성애와 성 이데올로기'의 동향이 일반 대중에게는 거의 알려지지 않은 관계로, 이에 관한 전문적인 연구와 해결책 수립이 절실히 요구되고 있다.

이 책은 2018년 10월 5일에 창립된 '바이어하우스학회'(Beyerhaus Academy)에서 2019년 가을에 제2회 심포지움과 세미나를 개최하고 전문가들이 어두운 그늘에 가려져 있었던 '동성애와 젠더 이데올로기'의 실체를 밝히고 그 폐해를 드러낸 것이다. 이 책의 편집에 즈음하여 분망한 현대에 시달리는 독자들이 서문만 일별해도 젠더 이데올로기의 대세를 파악하고, 나아가 필요한 상론에 접근하여 더욱 깊이 탐구할 수 있도록 각 발제 논문들의 요지를 서두에 두어 조감하도록 했다.

# 제1부

✣

젠더 이데올로기에 대한
신학적 토론

 제1장
# 젠더 이데올로기에 대한 대항
(Resist Gender Ideology)

페터 바이어하우스(Peter Beyerhaus) 박사

번역: 페터 장(Peter Chang)[1]

## 서론

하나님은 인간을 자신의 지혜 안에서 남자와 여자라는 상반성을 가지며, 서로 보충, 보완 역할을 할 수 있는 만물의 영장으로 창조하셨다(창 1:26, 27; 2:21-24). 인간을 남자와 여자라는 상반성 가운데 창조하셨다는 사실은 삼위일체이신 하나님 자신 안에 있는 사랑의 공동체를 반영하고 있다. 즉, 성령으로 결합한 성부와 성자 사이에 존속하는 사랑의 공동체이다.

그러므로 성경은 남녀 간의 혼인 관계와 그로 인해 형성되는 가족 관계 속에서 인류 존속의 근본 기초를 놓고, 시대 종말까지 존재하는 창조 질서를 세웠다. 또한, 하나님은 십계명 가운데 5번째, 7번째, 10번째 등 3계명을 통해 남녀 간의 혼인 관계와 가정이 붕괴하는 것을 보호하셨다. 예수 그리스도는 부부를 분리할 수 없는 독특한 공동체로 선언하시고, 거룩하게 하셨으며(마 19:6), 어린아이들에 대해서는 특별한 보호와 애정을 가지시고 대하셨다.

---

[1] UBF 유럽 선교사 대표, 독일 본(Bonn)대학교 약학 박사.

> 누구든지 나를 믿는 이 소자 중 하나를 실족게 하면 차라리 연자맷돌을 그 목에 달리우고 깊은 바다에 빠뜨리우는 것이 나으니라(마 18:6).

사도들은 부모들과 그들의 자녀들에게 우선 윤리적인 교훈을 가르쳤으며(엡 5:21-6:4; 벧전 3:1-7), 바울은 남편과 아내 간의 관계를 그리스도와 교회의 관계에 비유하여 묘사했다(엡 5:23; 고전 11:3). 교회는 오늘날에 이르기까지 전체 교회사 속에서 그리고 모든 교단 안에서 이런 관점을 견고하게 유지했다. 부부와 가정의 기초인 창조 질서를 해체하려는 오늘날의 모든 동향에 대항하여, 부부와 가정을 보호하고, 지키는 것이 그들의 숭고한 의무이다.

## 우리를 경악하게 하는 사례들

오늘날 가정들이 얼마나 광범위하게 파괴, 해체되어 가는지에 대해 기독교인들만 주목하고, 경악하고 있는 것은 아니다. 심지어 결혼 제도와 남녀 각각의 사명과 역할까지 현대 이데올로기(유사 종교)에 의해 전반적으로 의문시되고 있다. 한 남자와 한 여자가 연합하는 일부일처제라는 결혼 제도에 대항하여, 동성애적, 레스비언적, 성전환적, 혼음적 형태가 '성적 다양성'이라는 표현과 명목을 가지고 동등한 가치를 가진 생활 공동체로 왜곡되게 자리를 잡아가고 있다.

이런 형태들을 반박하는 사람들은 '동성연애 혐오자'로 취급받고, 비난을 받고 있다. 이런 상황에서 양 상반성(Bipolarität)의 '성'(Geschlecht)의 개념이 다양한 뜻을 가진, 원래는 영문법 단어였던 '젠더'(gender)에 의해서 구축되고 바뀌져 가고 있다.

## 1. '성차별 교육 철폐론'(Gender Mainstreaming)의 개념

### 정의

정의를 파악하기 매우 어려운 외국어 'Gender Mainstreaming'(성차별 교육 철폐론, 이하 GM) 속에는 이데올로기적인 프로그램이 숨어 있다. 그 프로그램의 목적은 남자와 여자라는 양성(性) 사이에 존재하는 창조의 상반성과 한 가정 안에서 부모로서 갖는 위치를 완전히 폐지, 무효화시키려는 것이다.

'Gender'라는 단어는 생물학적인 성별과는 전혀 상관 없이 사람에 의해 교육되고 숙련된 사회적인 역할만을 묘사하고 있다. 이 용어의 도입은 뉴질랜드의 심리학자인 존 머니(John Money, 1921-2008)로 거슬러 올라가게 된다. 그는 유아들을 대상으로 극도로 위험한 실험을 했는데, 그 실험 결과를 토대로 성별 역할을 특정 지우는 결정적인 것은 생물학적인 천성이 아니라, 양육과 교육이라고 주장했다. 프랑스의 철학자인 시몬느 드 보부아르(Simone de Beauvoir, 1908-1986)의 주장도 그와 일치했다.

> 여자로서 이 세상에 태어나는 것이 아니라 여자로 만들어지는 것이다.

### 1) 역사적인 전개와 발전

'GM'은 19세기부터 앞서 일어난 여권 운동의 지속적인 발전 선상에서 시작되었다. 이 운동 초기에는 단순히 여성과 남성의 동등권을 요구했지만, 1990년 초 이래로 '제3의 물결'인 페미니즘에서는 그 자원을 넘어서서 사회적, 기능적인 모든 삶의 영역에서 여성들의 동등한 위치를 요구했다. 그러나 이제는 각각의 성별에 상관없이 심지어 모든 사람의 동일성을 주장하게 되었다.

GM의 개념은 1985년 나이로비에서 개최된 제3차 UN 세계여성대회 때 처음으로 토론되었고, 1995년 베이징에서 개최된 제4차 UN 세계여성대회에서 더욱 진전되었다. 베이징 결의서는 국제 연합(UN) 결의서로 채택되었고, 4년 후 유럽 연합(EU)의 암스테르담 조약에서 GM이 확정되었다. 유럽 연합(EU)은 이미 1997년에 GM을 회원국들의 의무라고 선포했고, 1999년 5월 1일부터는 법적인 구속력을 가지고 GM이 실행되게 되었다.

이에 따라 독일 정부를 포함하여 EU 모든 정부도 결국 GM을 자신들의 정부 법적 준칙 속으로 정착시키게 되었다. 이는 공적 삶의 모든 영역에서 남성과 여성이라는 양성을 취급할 때, 어떤 차별도 해서는 안된다는 법적 원칙을 채택했다는 것을 의미한다. 이후로 많은 유럽 대학에서 '젠더학'(Gender-Studien)을 새로운 학과로 도입했고, 그로 인해 대학생들은 남자와 여자의 성 정체성에 대해 의문을 제기하는 것을 배워야 했다.

캘리포니아의 버클리대학의 교수였던 여성 철학자 쥬디트 버틀러(Judith Butler, 1956-)는 '젠더 이데올로기'의 선구자라고 알려졌는데, 그녀는 자신을 레즈비언으로 밝히고 있다. 그녀는 1990년에 출간된 그녀의 저서 *Gender Trouble-Feminism and the Subversion of Identity*의 독일어 제목을 『성의 불쾌감』(*Das Unbehagen der Geschlechter*)이라 붙이면서, 제목부터 이미 남성과 여성으로서의 정체성 전복과 파괴에 관해서 다루고 있다.

그녀의 주장에 따르면 남자와 여자, 부부와 가족, 아버지와 어머니가 본래 생물학적 성별에 따른 천성적인 의무가 없다고 한다. 더 나아가서 그녀는 생물학적 성별에 기초한 모든 의무는 남성 우월주의에 근거했다는 전제하에, 성에 기초한 모든 구별을 근절시키고자 했다. 그런 주장의 불합리성과 무모함이 확인된 가운데서도, 그녀는 '중성적 언어' 도입을 시도했다. 중성적 언어를 도입하는 그녀의 본질적인 의도는 남성적인 것, 여성적인 것의 모든 구별을 폐기하는 데 있었다. 모든 인격적인 개념을 사용하는 경우에서 양성적인 형태(남학생과 여학생들; Schüler und Schülerinnen)를 함께 사용하든지, 아니면 여성과 남성에 관련된 포괄적인 단어의 형태, 예를 들어 '남학생' 대신에 '학생들'의 개념을 도입해야 한다는 것이다.

스위스의 많은 초, 중, 고등학교에서는 현재 '부모 1', '부모 2'로 호칭함으로써 아버지와 어머니라는 양성적 역할의 차이에 대한 언급조차도 회피하고 있다.

스웨덴에서는 선생님들이 학급 교실에서 남학생, 여학생이라고 부르는 것이 금지되어 있고, 학생들을 부를 때 공통적으로 '친구'(Vänner)라는 호칭어를 사용해야 한다.

젠더 이데올로기를 추종하는 사람들은 이런 방식으로 새로운 세계관을 도입하려고 하며, 그 속에서 동성애를 포함한, 젠더의 다양성을 위한 공간이 만들어지기를 추구한다. 거대한 호칭의 일률성 안에서 양성의 모든 차이들을 없애려고 시도하면서 그들의 새로운 세계관에 기초한 사회로 바꾸고자 한다. 심지어는 '새로운 사람'을 창조하기 위한 선구자적인 도구로서, '중성적인' 언어를 만들고자 한다.

쥬디트 버틀러는 그녀의 새로운 이론으로 사회적인 인정을 받게 되었다. 특히 2012년 9월에 프랑크푸르트 시로부터 테오도르 W. 아도르노 상을 받고 난 후, 20년 사이에 쥬디트 버틀러의 이론은 많은 대학에서 '젠더학'(Gender-Studies)이라는 명칭하에 정규 학과목으로 채택되게 되었다.

## 2. '성차별 교육 철폐론'의 영향과 결과

젠더 이데올로기를 옹호, 주장하는 자들은 모든 분야에서 '성'의 절대 동일성을 요구하고 있고, 그것을 관철하기 위해 온갖 노력을 다하고 있다. 더 나아가 남성과 여성이라는 두 가지의 성 외에도 다양한 성이 있음과 모든 성적 성향이 동등한 가치를 가진 것으로 인정되어야 한다고 주장하고 있다. 그뿐만 아니라 각자가 자기 고유의 성을 자유롭게 선택하는 자유도 존중되어야 한다고 요구하고 있다.

동시에 예부터 전승된 덕성, 도덕 그리고 정절과 같은 숭고한 가치 개념들을 부정적으로 평가하면서 새로운 젠더 이데올로기 내용으로 유럽 문화를 채우기 위해 지금까지의 유럽 문화 고유의 중심 개념들을 무가치하게 만들고 있다. 예를 들어, 진리와 책임의 기능을 동시에 가진 '자유'의 개념을 '당신이 하고 싶은 대로 하라!'는 개념으로 파기하거나, 역 기능화시키고 있다.

그로 인해서 동성애주의에 대한 가치 평가와 양성주의(Heterosexualität)와의 동등성을 거부하는 사람들은 심지어 사회나 언론으로부터 동성애에 대한 두려움이나 미움 때문에 차별한다는 '호모포비아'(동성애 혐오자)로 지탄받거나, 정신 이상자로 취급받는 상황이다.

## 3. 생물학적 또는 인류학적 혁명

GM은 생물학적 혁명의 결과이다. 두 번에 걸쳐 선행된 거대한 혁명들 즉, 프랑스 대혁명(1789)과 볼셰비키 혁명(1917) 이후, 세 번째 세계사적 혁명으로 간주되고 있다. 두 거대한 혁명이 인간에 의해 만들어진 제도에 대항해, 즉 정치적인 신분제와 경제적 계급 사회에 대항해 일어났다면, 세 번째 혁명은 하나님의 창조 질서와 하나님 주권에 대항하여 일어나고 있다. 젠더주의(Genderismus)는 무신론적이며 반신론적일 뿐 아니라 교황 프란치스코가 강조했듯이, 사단적인 근원들을 가지고 있다.

2012년 12월 21일 추기경단 전체 모임에서 교황 베네딕트 16세는 젠더 이데올로기 안에 깊이 숨겨져 있는 비 진리성과 그 사상의 바탕을 이루고 있는 '인류학적인 혁명'을 경고했다.

그는 이렇게 선포했다.

> 가정을 유지하기 위한 투쟁은 인간 자신, 스스로를 위한 것이다. 하나님이 부인되는 그곳에는 인간의 존엄성과 가치도 무너져 버린다는 것을 보게 될 것이다.

## 4. 말세 불법시대의 표현, 젠더 이데올로기

젠더주의는 근본적으로 하나님이 세운 창조 질서에 대항하는 이데올로기인데, 종말적인 관점에서 보면 앞으로 도래할 *anomia*(불법) 시대에 관련된 성경의 예언들을 성취하고 있다. 예수님은 마태복음 24:12에서, "불법(헬라어로 *anomia*)이 성하므로 많은 사람의 사랑이 식어지리라"고 하셨다.

한계를 넘어선 무정함과 사람의 마음을 혼란스럽게 하고, 미혹케 하는 것들이 실제로 사람들의 사랑을 식게 하고 마음을 마비시키며 무관심하게 만들고 있다. 이런 영적 현실은 거룩한 삶에 대한 사람들의 의식이 현대사회에서 사라지는 것에서, 또한 삶의 시종을 스스로 결정하는 월권 행위들 속에서 볼 수 있다.

아직 출생하지 않은 아기들을 낙태시키고, '살아 있을 만한 가치가 없어' 보이는 노약자들에게는 안락사(Euthanasie; aktive Sterbehilfe)를 법적으로 허용하고 있다. 남성과 여성이라는 양성의 폐지는 하나님의 선하신 창조 질서를 멸시하고, 도전하고, 위협하는 또 하나의 다른 광경이라고 볼 수 있다. 이런 종말적 현상들의 발단과 전개에 대해서 2015년 9월 3일에서 6일까지 잘츠부르크에서 개최되는 고백적 교회 국제대회, 제4차 회의에서 다루었다.

사도 바울은 데살로니가후서 2:1-12까지 하나님이나 하나님의 지성소 위에 앉아 있는, 심지어 성전에 앉아서 자기를 나타내 보이는 "불법한 자"(*anthrōpos tēs anomias*)를 보았다.

성서적인 맥락으로 볼 때 사도 바울은 앞으로 도래할 적그리스도를 미리 주목하고 있었다. GM은 하나의 이데올로기 운동으로써, 이 운동은 이전의 다른 현대적 이데올로기 운동들 즉, 맑스주의, 파시즘 그리고 빌헬름 라이히(Wilhelm Reich, 1897-1957)에 의해 창설된 프로이드-맑스주의와 같이 총체적으로 적그리스도의 길을 예비해 주고 있다.

우리가 교회 안에서 혹은 신학 안에서 미묘하고 정교하게 꾸며진 형태의 젠더주의(Genderismus)를 접하게 될 경우 그 경악은 더욱 금할 수 없다. 젠더주의의 추종자들은 그들의 메시지에서, 성경 가르침에서, 또 미사와 같은 모든 예배 분야에서 '포괄적인 언어'를 도입하고자 애를 쓰고 있다. 성경 본문의 원문 앞에서조차 그들은 이런 행위를 중단하지 않고 있다. '공정한 언어로 쓰인 성경'이라는 제목 아래 현대적, 중성적인 번역판이 여권 운동주의자들의 주도 아래 만들어졌다. 심지어 이 번역판에서는 원문에 기록되어 있음에도 불구하고 남성적인 칭호가 사용되는 것을 안간힘을 다해 피하고 있다.

예를 들면 남성 제자들과 여성 제자들, 여성 추종자들과 남성 추종자들이라고 풀어서 언급하고 있다. 기도에서 빈번하게 나타나는 남성적인 하나님에 대한 호칭들, 즉 '주여'(Herr)', '아버지'(Vater), '선생님'(Meister)과 같은 호칭들이 기피되거나 다르게 표현되어 있다.

더 심각한 것은 성차별 교육 철폐론의 영향력으로 인해, 부부와 가정의 성서적인 질서가 소위 케케묵은 가부장적 전통에 묶인 것으로써 취급 받고, 그 가치가 의문시되는 반면, 가정적 생활 공동체의 다양성은 인정받고, 선전되고 있다.

예를 들면, 독일 개신교회(EKD) 의장 니콜라우스 슈나이더(Nikolaus Schneider) 박사에 의해 옹호되어, 2013년 독일 개신교회에 의해 출판된, 『가정준칙(Familienpapier): 자율성과 의존성 사이에서 가정을 신뢰할 만한 공동체로서 강화한다』에서 잘 나타나고 있다. 여기에서도 전통적 가정과 부부 외에도 다양한 생활 공동체가 동등한 가치를 가진 것으로 소개되고 있다. 이에 대항하여 제기된 모든 반박이 지금까지 독일 개신교회(EKD)의 지도부로부터 냉담하게 무시되는 상황이다.

## 5. 젠더 이데올로기에 대한 방어

성차별 교육 철폐론을 깊이 살펴보면, 젠더 이데올로기가 현재 삶의 모든 영역에서 실제로 적용되고, 영향력을 미치고 있는 폭력적이며, 비민주적인 이데올로기라는 사실을 인식하게 된다. 이 젠더 이데올로기는 각 사람이 가지고 있는 수치감을 파괴할 뿐만 아니라, 건강한 이성과 사람의 마음에 새겨진 자연법과 그리고 성서적으로 계시 된 하나님의 창조 질서와 극단적으로 충돌하고 있다.

젠더 이데올로기는 자신의 사상에 대한 수용성과 관용성을 요구하지만, 스스로는 지극히 배타적이고, 모든 반박 세력에 대해서는 자신의 추종자들에게 열광적 대항을 선동하고 있다.

젠더 이데올로기는 그 발단과 전개 과정에 있어서 다른 모든 이데올로기의 기본 형태를 따르고 있다. 마치 이상주의자들에 의해 고안된 현대적 세계관과 같다. 이런 세계관들은 외골수적인 내면 세계의 원칙에 기초해서 우리가 사는 현실을 설명하며, 그 현실을 유토피아적인 목적과 그 상응한 방법으로 총체적으로 바꾸려고 시도한다. 젠더 이데올로기의 내면 세계의 원칙은 소위 말하는 성(젠더 Gender)이며 그 젠더를 그 구심점에 세우는 것이다.

다시 말해서 오늘날 인류가 정신적, 사회적으로 발전하는 데 있어서 주요 사상적 물줄기의 중심과 그 역할을 젠더(Gender)에게 부여하고 있다. 이로 인해 다른 모든 정신 운동은 부차적인 것으로 취급, 전락될 뿐 아니라 그런 정신 운동의 진리와 생존권까지 박탈당하게 된다. 이는 남성과 여성이라는 양성의 관계를 성서적으로 이해하려는 상황에 해당한다. 특별히 부부와 가족의 구성을 위해서 그리고 집과 학교에서 자녀 양육을 위해서 표준이 되는 성경의 권리와 자격이 박탈당하게 되었다. 이로 인해 기독교 서구 문화의 기초였던 기독교 진리가 성차별 교육 철폐론의 유토피아를 통해 젠더(Gender)로 대체, 잠입되어 버리는 상황이 되었다.

만약 젠더 이데올로기 운동이 계속해서 진행된다면, 지금까지 정립된 우리 사회는 본질적인 모든 측면에서의 분별력을 잃어버리고, 사회 질서들이 해체됨으로 인해 큰 혼란 속으로 빠지게 될 것이며, 이런 혼란 이후에는 폭정이 뒤따르게 될 것이다.

그러므로, 책임을 자각하고 있는 모든 기독교인을 비롯하여 모든 시민, 남성과 여성, 아버지와 어머니가 전력투구하여 젠더주의에 대항하여 싸우도록 소집된 것이다. 이런 위험한 위기 상황에서 침묵하는 것은 우리 자신에게 죄를 범하는 것이 될 것이다. 젠더 운동의 배경과 목적들을 사회적으로 폭로하면서 이에 대항하여 방어할 뿐만 아니라 정치, 문화계에서 - 무엇보다도 학교에서! - 영향력을 행사할 수 있는 모든 가능성을 박탈하는 것이 중요하다. 왜냐하면, 우리 자녀들의 영혼들이 젠더주의 영향력으로 인해 훗날 성인이 되어서 성적으로 타락하는 것을 막을 수 있기 때문이다.

영아원, 유치원에서, 문화부의 교육 프로그램에서, 특히 오늘날 전문성을 가지고 위협적으로 행해지는 학교 성교육 수업에서 그리고 입법부 법 제처까지 밀고 들어오는 젠더 이데올로기에 대해 우리는 분별력을 가지고 깨어있어야 한다. 젠더 운동과 관련하여 정부와 교회 지도자들에게 청원서를 제출할 뿐 아니라, 그들이 종종 인식하지 못하고 있는 위험에 대해 진지하게 경고해야 하며, 또 결사적으로 그들의 영향력을 행사하도록 해야 할 것이다. 또한, 기독교인들은 이런 모든 수고와 헌신과 노력에 기도로 동행해야 할 것이다.

심리학자이자 저술가인 크리스타 메베스(Christa Meves)와 가브리엘 쿠비(Gabriele Kuby) 박사가 최초로 그들의 저서와 강의를 통해 젠더주의(Genderismus)를 경고하고 있다. 담대한 여인들이 있다는 사실에 매우 감사하고 있다. 헤드비히 폰 베퍼페어데(Hedwig von Beverfoerde)는 2014년에 슈투트가르트와 쾰른에서 소집된 네 개의 대규모 시위운동을 통해, 젠더주의의 정체를 공식적으로 폭로했다. 다른 도시들에서도 이런 시위 운동들이 준비 중이다. 우리는 또한 가톨릭 주교들과 주교 회의(슬로바키아, 폴란드와 포르투갈)에서 신뢰할 만한 확실한 문헌 자료를 가지고 젠더 이데올로기를 반박한 것에 감사하고 있다.

우리는 탄식하며, 독일 개신교회가 제시한 가정 준칙(Familienpapier)이 실패로 끝나거나, 개신교 지도부들을 통한 반박 성명이 나오기를 기대하고 있다!

젠더 이데올로기를 경고함으로, 우리는 그의 추종자들로부터 적대적인 취급을 받게 되리라는 것을 이미 자각하고 있다. 젠더주의가 심지어 정치계와 입법 계에 있어서 지배적인 교육 정책 방향으로 조직적으로 도약하고 있는 만큼, 젠더주의의 반대자로서 우리는 어쩌면 탄핵의 형태로서 또는 직업적인 고립과 괴롭힘의 형태로서 핍박을 받게 될 것도 각오해야 할 것이다.

이처럼 종교와 자유 의사 표시와 관련된 인간의 기본권이 점차로 침해, 억압당하고 있다. 이미 수많은 국가에서 예를 들면 영국이나 스웨덴에서 소위 증오법(hate laws)이 도입되어, 동성애자들이나 레즈비언들이 '차별대우를 받는다'고 느끼는 모든 언사에 대해 형벌로 위협하고 있다. 이는 특히 성서적인 창조의 질서를 굳건하게 믿고 있는 기독교인들에게 해당한다.

## 결론

젠더 이데올로기가 확산하는 데서 오는 위협은 매우 심각하며, 그로 인한 우리의 투쟁은 힘겹고 고된 것이 될 것이다. 그러나 우리는 홀로 서 있지 않다. 같은 생각과 같은 뜻을 가진 많은 기독교인이 우리와 함께 투쟁하고 있으며, 또한 인본주의자들, 유대인들, 더 나아가서 무슬렘들까지도 함께 투쟁하고 있다. 많은 유럽국가 즉, 프랑스, 항가리, 노르웨이, 러시아와 같은 나라들에서는 이런 성 혁명에 반대한 저항 운동들이 활기를 띠고 확산하고 있다. 이런 저항 운동들이 확산, 확대되는 것은 매우 고무적이고 감사한 일이다.

독일에서도 저항 운동이 시작되었다. 2014년 성차별 교육 철폐론을 목적으로 준비된 바덴-뷔르템베르크 주의 적녹색당의 교육 계획에 반대해, 200,000여 명의 시민들이 반대 청원서에 서명했다.

같은 해에 슈투트가르트와 하노버에서 국가의 재교육에 직면한 자녀들을 염려한 부모들의 시위 운동이 그에 잇달았다. 시위 행렬을 하는 동안 그들은 당당하게 이렇게 외쳤다.

우리 자녀들은 섹스가 필요한 것이 아니라 사랑이 필요하다!

그들은 우리 사회의 내적인 각성을 위해서, 또 많은 사람이 성서적 질서와 하나님의 계명으로 돌아오는 소망 안에서 시위 행렬에 참석했었고, 참석하고 있다.

위로가 되는 것은 요한계시록 12:7-9까지 기록된 사도 요한의 환상이다. 그는 미가엘과 그의 천사들이 우리와 더불어 어떻게 악의 세력과 싸우는가를 보여 주고 있다. 사도 요한의 환상은 우리의 투쟁이 싸울 만한 가치가 있으며 참다운 승리를 체험하게 된다는 약속을 보여 주고 있다. 하나님이 우리와 함께하시기 때문이다. 또 재림할 그리스도(계 19:11-16)가 적그리스도의 권세를 폐하고 종말을 맺으실 것이기 때문이다.

#  RESIST GENDER IDEOLOGY!

Prof. Dr. Peter Beyerhaus

University of Tübingen

UNITED APPEAL OF CHRISTIANS FROM THE THREE BRANCHES OF CHRISTENDOM (December 15, 2014)

*God in His wisdom created people as the crown of His creation in the polarity of man and woman and for complementarity (Genesis 1:1, 26-27; 2:21-24). This is where fellowship is reflected in the love that exists in Himself as the Triune God between the Father and the Son connected through the Holy Spirit. Therefore, the Bible recognizes in the conjugal union of the two sexes and the resultant family that is produced a creation order which is essential for the survival of humanity and is valid until the end of time. This is why God has protected marriage and family from decay through three commandments, the $4^{th}$, $6^{th}$, and $10^{th}$.*

*__Jesus Christ__ has confirmed and sanctified marriage as a unique, indissoluble union (Matthew 19:6). He also included children in protected love when He explained:*

> But whoso shall offend one of these little ones which believe in me, it were better for him that a millstone were hanged about his neck, and that he were drowned in the depth of the sea (Matthew 18:6, King James Version).

**The Apostles** direct their ethical statements primarily at parents and their children (e.g., Ephesians 5:21 to 6:4; 1 Peter 3:1-7). Paul describes (Ephesians 5:23 and 1 Corinthians 11:3) the man-woman relationship as a parable for the relationship of Christ to His Church.

**The Church** has held this view in its entire history and in all denominations up to the present. It is her high duty to defend this order of creation of marriage and family against all of today's tendencies to dissolve them.

## Alarming Developments

Not only Christians observe with horror as, in the present day, marriages break up to an ever increasing extent and families break down as a result. Even more: the institution of marriage and even the role of the two sexes are called entirely into question by modern ideologies (or "quasi-religions"). Alternative communities of gay, lesbian, transsexual and intersexual forms as expressions of sexual "diversity" are placed as supposedly equivalent beside the monogamous union of a man with a woman. Anyone who contradicts this is condemned as "homophobic". Here, the term "sex" is repressed in its bi-polarity by the original grammatical English word "gender", which is ambiguous.

# 1. The Term "Gender Mainstreaming"

## Definition

Behind the inscrutable strange term "gender mainstreaming" lies a hidden ideological agenda. Its aim is the complete abolition of creation polarity between the two sexes, men and women, and of their position as parents in a family.

The word *gender* here means the human social role acted out, regardless of his biological sex. The introduction of the concept of "gender" goes back to New Zealander psychologist *John Money* (1921-2008). Based on an extremely dangerous experiment with small children, he claimed that it is not the biological predisposition, but upbringing which defines the expression of gender roles. This corresponds to the thesis of the French philosopher *Simone de Beauvoir* (1908-1986), who wrote: "One is not born a woman, one becomes so."

## Historical Development

The program of *"gender mainstreaming"* originated in the further development of the women's rights movement that emerged during the 19th century. While this had initially demanded only *equal rights* for women and men, since the "third wave" of the feminist movement in the early 1990s, it has, in addition, been about the social and functional *equality* of women in all spheres of life. Now you can even assert the *equality* of all people regardless of their gender.

The term *"gender mainstreaming"* (GM) was first discussed in 1985 at the 3rd UN World Conference on Women in Nairobi and developed in Beijing in 1995 at their 4th World Conference. The Beijing decisions were implemented by United Nations resolutions and fixed so four years later as "gender mainstreaming" in the Amsterdam Treaty of the EU. In 1997, the European Union declared "GM" as a mandatory task for its Member States. This occurred on May 1, 1999, and was enshrined as legally binding. Consequently all governments – including the Federal Republic of Germany – laid down GM within their statutory guidelines. This meant, first, that no differences in the treatment of people of both sexes may be made in all sectors of public life. At many universities "gender studies" was introduced as a new subject. In this, the students should learn to call into question the gender identity of man and woman.

Lesbian philosopher *Judith Butler* (24. February 1956 in Cleveland), professor, among others, at the University of California, Berkeley, is considered to be a pioneering thinker of gender ideology. Even in the title of her book "Gender Trouble – Feminism and the Subversion of Identity" (German: Das Unbehagen der Geschlechter), published in 1990, she shows that she is interested in undermining the identity of the man as husband and wife as a woman. In her opinion, man and woman, marriage and family, father and mother are not based on natural differences. Because they establish the supremacy of man, Judith Butler wants to eliminate this distinction. Part of this for her is, despite – or in confirmation of – the absurdity of such ideas, the introduction of *"gender-neutral* language". Its essence is that all distinctions of male and female are eliminated by it In referring to any personal concept, one would either have both the male and the female forms with each use (e.g., the word "students" in German) or introduce cross-word forms which relate to both the female and the male sex (e.g., "people who study" instead of "students").

Even the distinction of gender polarity roles of father and mother should be avoided – as is usual today in some Swiss schools – by speaking of "Parent 1" and "Parent 2". In Sweden, teachers are not allowed to speak of boys and girls in their school classes; instead, they should be addressed together as "friends" (vänner).

The proponents of gender ideology want to introduce in this way a new view of the world in which space is created for the diversity of gender – including homosexuals – and all differences are absorbed into a large monotony. They want to make "gender-neutral" language the pioneer of a changed society, yes into the creation of a "new man".

Judith Butler has received high public recognition for her theories. For them, she was awarded, among others, the Theodor W. Adorno Prize of the City of Frankfurt in September 2012. – Within two decades, Judith Butler's ideas have become a regular curriculum subject on many campuses under the name "*gender studies*".

## 2. Implications and Effects of "Gender Mainstreaming"

Representatives of gender ideology endeavor to enforce the absolute equality of the sexes in all areas. In addition, they maintain that there are not only two sexes, man and woman, but a variety of genderAll sexual orientations are equivalent and each person has the freedom to choose his or her own sex and also be respected accordingly. At the same time, traditional values such as virtue, morality,and chastity are evaluated negatively, and key concepts of European culture are emptied to fill them with the content of the new ideology. For example, the term "freedom" is detached from reality and responsibility, and converted into a "Do whatever you like" ideology. People who reject the appreciation of homosexuality and its equality with heterosexuality (bisexuality) are accused of discrimination or "homophobia" (fear of homosexuals or hatred towards them) and are declared abnormal.

## 3. The Biological and Anthropological Revolution

Gender mainstreaming is a result of the biological revolution. After the previous two great revolutions, the French (1789) and the Bolshevik (1917), it is the third major revolution of world history. While those revolutions turned against man-made institutions, the political corporate state and the economic class society, this third revolution is directed against the order of creation of God and therefore *against God Himself*. Genderism is therefore a-theistic and anti-theistic and thus, as Pope Francis points out, of Satanic origin.

In an address to the College of Cardinals on December 21, 2012, Pope Benedict XVI also warned of the deep falsehood of gender ideology and its underlying "anthropological revolution". He explained: *"In the fight for the family, it's about the people themselves. And it is clear that where God is denied, the dignity of man dissolves."*

## 4. Gender Ideology as an Expression of Eschatological Lawlessness(anomia)

In fundamentally challenging the regulations set by God, gender ideology fulfills the Biblical prophecies in view of the end times that speak of the coming *lawlessness (anomia)*. As Jesus says in Matthew 24:12: "And because *iniquity* (in Greek: *anomia*) shall abound, *the love of many shall wax cold*."

In fact: An exuberant godlessness and confusion and deception of the heart cause "love to grow cold" and turn into a general paralysis and indifference. This is also reflected in the fact that, in modern society, consciousness is lost of the sanctity of human life and man presumes to decide sovereign over its beginning and its end. *Abortion* of unborn children and *euthanasia* ("active euthanasia) of the elderly and seriously ill whose lives no longer appear worth living are being legalized and practiced. The repeal of the polarity of the sexes is yet another aspect of the disrespect and threat to the good order of God's creation. The International Conference of Confessing Churches would like to treat this apocalyptic development in its overall context at its Sixth Ecumenical Congress of Confessing Churches, to be held in *Salzburg,* Austria, from the 3th to the 6th of September 2015.

In II Thessalonians 2:1-12, Paul looks at the "man of lawlessness" (*anthrōpos tēs anomias*), who opposes and exalts himself against every so-called god or object of worship, so that he takes his seat in the temple of God"(ESV).

The biblical context indicates that the apostle has in mind here the coming *Antichrist*. In this respect, we recognize gender mainstreaming as an ideological movement that – as other modern totalitarian ideologies before it, such as

Marxism, Fascism and Freudian Marxism founded by *Wilhelm Reich* (1897-1957) - paves the way for the Antichrist.

This is even more frightening when we encounter genderism in sublimer forms in the church and theology. Again, supporters of the gender idea are therefore also trying to introduce "inclusive language" in all areas of proclamation, teaching, and liturgy. Even the wording of the biblical texts does not make them stop. Thus, at the instigation of the modern feminist, a gender-neutral translation, the "*Bible in fair language*", was created. In this, using the masculine is desperately avoided, even where these are present in the original. Instead, for example, male and female disciples and followers are spoken of. In many prayers, male God salutations such as "Lord," Father "" Master" are avoided or reworded.

What's worse is that under the influence of gender mainstreaming, more recently, the biblical orders of marriage and family have been called into question as being allegedly trapped by an outdated patriarchal tradition, to give recognition to the de facto diversity of domestic relationships prevalent today.

This is done, for example, in the paper on the family "Between Autonomy and Dependence - Strengthening the Family as a Stable Community", published in 2013 by the Protestant Church in Germany(EKD) and defended by its former Council Chairman Dr. h.c. *Nikolaus Schneider*. Again, a variety of other living arrangements are presented as being on par with traditional marriage and family. All protests directed against these have been tacitly ignored by the leadership of the EKD.

## 5. Defense Against Gender Ideology

In dealing with gender mainstreaming, it is important to recognize that it is a totalitarian ideology that is practiced. It stands in stark contrast to the shame of every human being (which it seeks to destroy!), to common sense, to natural law written into the hearts of all people, and to God's created order revealed in the Bible. In its demand for acceptance and tolerance, it is itself highly intolerant and fanaticizes its own followers against any opposition.

In its approach and its implementation, gender ideology follows the basic pattern of all ideologies. It is one of modern philosophies invented by visionaries that all attempt to interpret the whole of reality from one single, worldly principle and convert it with the appropriate methods into their utopian visions. In this case, the worldly principle is the centrality of the so-called *gender*. It is given the role of forming and driving the mainstream in today's intellectual and social development of humanity. This means that all other intellectual movements are also pushed to the side as marginal and their truth and existence are denied them.

This applies in particular to the Biblical understanding of the relationship between the sexes. It is deprived of the right to prevail at home and in school as the design of marriage and family as well as of the education of children. The foundations of Western Christian culture are subverted in order to replace them with the utopia of gender mainstreaming. If this plan should be fulfilled, our previously ordered society would fall into chaos by the dissolution of all inherent distinctions and orders, to which tyranny would then follow.

All responsible citizens, men and women, fathers and mothers, but especially Christians, are therefore called to resist it in full force. Silence about this danger we would make us complicit. The background and goals of the gender movement should be publicly exposed in protest against them to break the hold of their influence in politics and culture – especially in the schools! This is the only way to prevent the souls of our children from being spoiled by genderism for their future in their sexuality as adults.

Our job is to be vigilant against the advance of gender ideology in day-care centers and kindergartens, in the curriculum plans of ministries of education, in the sex education in schools – which threateningly enough, is even being taught in all subjects today– as well as in legislation. In presentations to governments and church leaders we need to alert them regarding the dangers people are often not yet conscious of and move them to resolute intervention. All Christians should support these efforts with their prayers.

We are grateful to courageous women such as psychotherapist and author *Christa Meves* and *Dr. Gabriele Kuby* who first warned us through their books and lectures. Similarly, *Hedwig Baroness von Beverfoerde*, with four major demonstrations she organized in Stuttgart and Hannover in 2014, carried out the necessary unmasking in public. More demonstrations in other cities are in preparation. We also thank those Catholic bishops and bishops' conferences (for example, in Slovakia, Poland, and Portugal), who have rebutted gender ideology in solidly-based teaching documents.

Unfortunately, after the debacle of the EKD family paper, we still are missing similar calls from Protestant church leaders!

We are aware that, with our warning against gender ideology, we will bring the enmity of their followers upon ourselves. Yes, in as far as genderism will soar even as the prevailing view in politics and legislation, we need, as its opponents, to be prepared for persecution against us in the form of denunciation and professional harassment.

In this way, basic human rights are being increasingly curtailed with respect to religion and freedom of expression. Already so-called *hate laws* have been introduced in many countries, such as the UK and Sweden. These criminalize any utterance that makes gay and lesbian minorities feel "discriminated against". This is particularly true for Christians who adhere to the Biblical order of creation.

## Conclusion

The spreading threat of the gender ideology is serious, and our struggle is difficult and hard. But we are not alone. Many like-minded Christians, – yes, even humanists as well as Jews and Muslims – are standing with us. Thank God a growing resistance to the *gender* revolution is stirring in several European countries such as France, Hungary, Norway, and Russia. This is also happening in Germany: at the beginning of 2014, nearly 200,000 citizens signed a petition against the education reform plan of the coalition government of Baden-Württemberg, which establishes the goals of gender mainstreaming.

This was followed in the same year by demonstrations of concerned parents in Stuttgart and Hannover to protect children from state reeducation. In their procession through the downtown streets, they chanted incessantly:

Children need love and not sex!

For them, this was and still is a matter of working from the inside for a renewal of our society – in the hope that many people will turn back to listen again to the Biblical ordinances and commandments of God.

We find comfort in the vision of the seer John in Revelation 12:7-9: He describes how Michael and his angels fight with us against the forces of evil. He shows us that the fight is worthwhile, having promise of real victory. For God Himself is with us, and Christ coming again (Revelation 19:11-16) will put an end to the activities of anti-Christian forces.

### Literature

*Gender Studies*. Front Cover. Therese Frey Steffen, Caroline Rosenthal, Anke Väth. Königshausen & Neumann, 2004 - Sex role - 266 pages. -

Handbook of Gender and Women's Studies -*books.google.com > Social Science > Gender Studies*, Leading scholars discuss such topics as the state of women's and gender studies, feminist epistemology, cultural representations, globalization *books.google.com > Social Science > Gender Studies.*

### Gomaringen, Germany, at Advent 2014

### Initial Signatories

*Prof. Dr. Peter Beyerhaus D.D.;— Auxiliary Bishop Dr. Andreas Laun, Salzburg;— Bishop Rudolf Voderholzer,* Regensburg;— *Bishop Dr. Anba Damian* (Coptic-Orthodox Monastery of Brenkhausen);— *Archbishop Dr Julius Hanna Aydin, Syrian-Orthodox Church,* Delmenhorst;— *Prof. Dr. Edith Düsing,* Cologne;— *Prof. Dr. Helmuth Egelkraut,* Weissach;— *Lecturer Dr. Ingmar Kurg* (Tallinn; Estonia);— *Mrs. Dorothea Scarborough,* Capetown;— Missions Director (retired) *Lienhard Pflaum D.D.;— Rev. Dr. Rolf Sauerzapf;— Prof. Dr. Alma von Stockhau-*

*sen,* Heroldsbach;— *Rev. Winrich Scheffbuch, Stuttgart;*— *Prof. Dr. jur. Wolfgang Waldstein,* Salzburg;— *Dr. habil Marcus Zehnder*, Kristiansand (Norway).

### Further Signatories

*Rev. Burkhard Affeld*, Osnabrück;— Prof. Dr. theol. Knut Alfsvåg, Stavanger. (Norway);— Dr. Heinz-Lothar Barth, Bonn;— Rev. Dr. Martin Baier, Hechingen;— Ingegärd Beyerhaus MA, Gomaringen;— Rev. Karsten Bürgener, Bremen;— Prof. Dr. Jacques and Mrs. Rosemarie Cabaud, Erlangen;— Mission Director Dr. Peter Chang, University Bible Fellowship, Bonn/Seoul;— Pastor Dr. Joachim Cochlovius, Walsrode; - Assistant Bishop Dr. Klaus Dick, Köln;— Provost Lars Falkfors, Klippan (Sweden);— Rev. Sven Findeisen, Neumünster;— Dr. med. Heinrich Fiechtner, Stuttgart;— Prof. Dr. rer. nat. Michael Grewing, Gomaringen/ Tübingen;— Rev. Albrecht Hauser, Korntal;— Rev. Hans-Frieder Hellenschmidt, Filderstadt;— Superintendent Martin Holland, Tübingen; — Rev. Odd Sverre Hove, Frekhaug (Norway);— Dr. med. Dieter Kuhl, Essen; — Prof. Dr. Dong-Joo Lee, Seoul;— Rev. Dr. Theo Lehmann, Chemnitz; — Prof. Dr. Wolfgang Leisenberg, Bad Nauheim;— Prof. Dr. Konrad Löw, Bayreuth;— Dr. Marie Meaney, Rome;— Prof. Dr. Klaus Motschmann, Berlin; - Missions Director Manfred Müller, Uhldingen;— Dr. Uwe Siemon-Netto, Laguna Woods, California;— Rev. Dr. Horst Neumann, Bad Malente;— Rev. Erik Okkels, Tromsø (Norway);— Rev. Nikolaus Ostrowitzki, Catholic priest of Winterlingen-Straßberg; -Missionary Stephen Park, Bonn/Seoul;— Dr. med. dent. Waldemar and Mrs. Myung-Sook Roth, Schorndorf;— Dr. Kurt Scheffbuch, Weinheim;— Evangelist Lutz Scheufler, Waldenburg;— Rev. Volkhard Scheunemann, Winterberg;— Prof. Dr. Hans Schieser, Regensburg;— Prof. Dr. Günter R. Schmidt, Erlangen;— Composer Gerhard Schnitter, Gomaringen;

— Rev. Franz Schwarz, Priorate St. Wigberti;— Dr. Christa-Maria Steinberg, Limberg;— Rev. Helmut Steinlein, Buch/Inn;— Prof. Dr. Peter Stuhlmacher, Tübingen;— Missions Director Eberhard Troeger, Wihl;— Prof. Dr. Bodo Volkmann, Möglingen;— Dr. Helmut Waldmann, Rottenburg;— Prof. Dr. jur. Wolfgang Waldstein, Salzburg;— Mrs. Rothraut Weigelin, Eganville (Canada); Rev. Erik Wiberg, Värnamo, Sweden.

This list of signatories is open for further signatories until February 2015. This declaration can be ordered with a small free-will contribution for distribution costs from:

Institute of Apostolic Fraternities

Schulstr. 1; D-72810 Gomaringen, Fax: 07072-92 03 44.

E-mail: Prof@Peter-Beyerhaus.de- Homepage: www.Bekenntnisbruderschaft.de

Bank Account: KSK Tübingen Peter Beyerhaus, Sub-account Bekenntnisökumene

IBAN: DE12641500200000553021. - BIC: SOLADES1TUB.

 제2장
# 동성애 정당화 '퀴어신학'은 이단 사상

김영한 박사<br>
기독교학술원장

## 머리말

   필자도 처음에는 '동성애 이슈는 단지 윤리적 이슈지 교리적 문제가 아니다'라고 생각했다. 필자도 그렇게 생각하고 동성애가 교회에까지 들어오고 있구나 정도로 생각하고 기독교 윤리적 관점에서 접근하면서 교회와 교인들에게는 덕스럽지 못하니 막아내야 한다고 주장했다.

   필자가 이 이슈를 보다 신앙 교리상으로 접근하게 되면서 사상사적으로 맑시스트적 인류 문화적 성 혁명과 연결되는 것으로 보면서[1] 동성애 문제는 단지 윤리적 이슈를 넘어서서 교회가 서고 넘어지는가 하는 교리적 문제에 해당한다는 결론에 도달했다.

   이는 초대 교회에서 바울이 갈라디아 교회에서 가만히 일어나 믿음에다 율법 행위를 부가하려는 기독교 유대주의자들에 대해 '아나테마'(Anathema)를 선고한 것과 같은 맥락이다. 그리고 종교개혁자 루터가 초대 교회의 은혜 교리에 공로 교리를 첨가하여 기독교를 변질시킨 로마천주교에 대해 이신칭의라는 교리가 '교회가 서고 넘어지는 대들보 교리'라고 한 것과

---

[1] 김영한, 『젠더주의의 도전과 기독교 신앙』 (서울: 두란노, 2018).

같은 맥락이다.

오늘날 동성애를 수용하느냐 않느냐는 단지 한 교인의 개인 윤리에 국한되는 문제가 아니라 이를 수용하는 교회와 신학교의 영적 정체성이 결정되는 시금석이 된다는 것을 천명하고자 한다.

이 분야에서 총신대학교 신학대학원 기독교 윤리학 교수 이상원이 퀴어신학의 괴기한 교리에 대해 원전 『퀴어신학』(Queer Theology)[2]에 근거하여 종교개혁적 정통개혁신학 관점에서 기본적인 비판을 선구적으로 탁월하게 수행하고 있다.[3] 그리고 합신대 조직신학 교수 이승구가 제15회 샬롬나비 학술대회에서 발표한 논문[4]도 정통개혁신학에 입각한 예리한 비판적 통찰과 아울러 이에 대한 풍부한 학술적 자료를 비판적 연구를 위하여 제공하고 있다. 구약신학에서는 장신대 교수 배정훈이 "구약성경에 나타난 동성애"라는 논문에서 탁월한 비판적 분석을 보여 주고 있다.[5]

---

2   Loughlin, Gerard, ed., *Queer Theology* (MA: Blackwell, 2007); Gerard Loughlin, "Introduction: The End of Sex," in *Queer Theology: Rethinking the Western Body*, ed. Gerard Loughlin (Malden: Blackwell, 2007), 1-34; Mark D. Jordan, "God's Body," in *Queer Theology: Rethinking the Western Body*, ed. Gerard Loughlin (Malden: Blackwell, 2007), 281-292.

3   이상원, "퀴어신학에 대한 분석과 비판," in: 『기독교 동성애 대책 아카데미』 (2017.2.20), 343-367.

4   이승구, "퀴어신학의 주장과 그 문제점들," 『종교개혁 5백 주년 기념 제15회 샬롬나비 학술대회 자료집』, 주제: "동성애, 과연 인권인가?"(백석대, 2017.11.24), 27-42.

5   배정훈, "구약성경에 나타난 동성애," 김영한 외, 『동성애, 21세기 문화충돌』 (서울: 킹덤북스, 2016), 43-73.

## 1. 동성애 이슈는 단지 윤리적 문제를 넘어선 하나님이 보시기에 '가증한 악'이다

신구약 성경은 여러 곳에서 확실히 동성애를 가증한 악(衒賑, '토에바', 'detestable')이라고 정죄하고 있다.

### 1) 구약의 경고

> 롯을 부르고 그에게 이르되 오늘 밤에 네게 온 사람들이 어디 있느냐 이끌어 내라 우리가 그들을 상관하리라 롯이 문 밖의 무리에게로 나가서 뒤로 문을 닫고 이르되 청하노니 내 형제들아 이런 악을 행하지 말라(창 19:5-7).

> 그들이 마음을 즐겁게 할 때에 그 성읍의 불량배들이 그 집을 에워싸고 문을 두들기며 집 주인 노인에게 말하여 이르되 네 집에 들어온 사람을 끌어내라 우리가 그와 관계하리라 하니 집 주인 그 사람이 그들에게로 나와서 이르되 아니라 내 형제들아 청하노니 이 같은 악행을 저지르지 말라 이 사람이 내 집에 들어왔으니 이런 망령된 일을 행하지 말라(삿 19:22-23).

> 너는 여자와 동침함 같이 남자와 동침하지 말라 이는 가증한 일이니라(레 18:22).

> 누구든지 여인과 동침하듯 남자와 동침하면 둘 다 가증한 일[תועבה, '토에바', 'detestable']을 행함인즉 반드시 죽일지니 자기의 피가 자기에게로 돌아가리라(레 20:13).

> 네 아우 소돔의 죄악은 이러하니 그와 그의 딸들에게 교만함과 음식물의 풍족함과 태평함이 있음이며 또 그가 가난하고 궁핍한 자를 도와 주지 아니하며 거만하여 가증한 일을 내 앞에서 행했음이라 그러므로 내가 보고 곧 그들을 없이 하였느니라(겔 16:49-50).

내가 예루살렘 선지자들 가운데도 <u>가증한 일</u>을 보았나니 그들은 간음을 행하며 거짓을 말하며 악을 행하는 자의 손을 강하게 하여 사람으로 그 악에서 돌이킴이 없게 하였은즉 그들은 다 내 앞에서 <u>소돔</u>과 다름이 없고 그 주민은 <u>고모라</u>와 다름이 없느니라 (렘 23:14).

## 2) 신약의 경고

이 때문에 하나님께서 그들을 <u>부끄러운 욕심</u>에 내버려 두셨으니 곧 그들의 여자들도 순리대로 쓸 것을 바꾸어 <u>역리</u>로 쓰며 그와 같이 남자들도 순리대로 여자 쓰기를 버리고 서로 향하여 음욕이 불 일듯 하매 남자가 남자와 더불어 부끄러운 일을 행하여 그들의 그릇됨에 상당한 보응을 그들 자신이 받았느니라 (롬 1:26-27).

불의한 자가 하나님의 나라를 유업으로 받지 못할 줄을 알지 못하느냐 미혹을 받지 말라 음행하는 자나 우상 숭배하는 자나 간음하는 자나 탐색하는 자나 <u>남색하는 자나</u> 도적이나 탐욕을 부리는 자나 술 취하는 자나 모욕하는 자나 속여 빼앗는 자들은 하나님의 나라를 유업으로 받지 못하리라 (고전 6:9-10).

<u>소돔과 고모라</u>와 그 이웃 도시들도 그들과 같은 행동으로 <u>음란하며 다른 육체를 따라 가다가</u> 영원한 불의 형벌을 받음으로 거울이 되었느니라 (유 1:7).

## 2. 퀴어신학의 신론, 기독론

### 1) 신론, 삼위일체론

#### (1) 하나님에 대한 불가지론, 남신 그리고 범재신론

퀴어신학자들은, 오랜 신비주의 전통을 언급하면서, 불가지론을 말한다.

> 인간이 사용하는 은유(metaphor)는 하나님이 어떤 분이신지를 정확히 표현하기에 적절하지 않으므로 그 <u>누구도 하나님에 관해서 최종적인 말을 할 수 없다</u>.[6]

'퀴어신학자들'(Cornwall, Johnson, Swicegood, Althaus-Reid 등)은 결국 '퀴어 하나님'(queer God)을 요구한다.[7] 여성 퀴어신학자 콘웰은 아래와 같이 피력한다.

> 알타우스-레이드 저서는 퀴어 이론과 후기 식민지 이론을 정치학과 경제학과 함께 엮는다. 그리고 하나님은 역시 퀴어(*God is also queer*)라고 선언한다. 그녀는 주장한다. 사실 하나님은 <u>교회에서 추방당해서</u>, 변두리 사람들, 특히 정치적, <u>성적 그리고 젠더 소외자들</u>(political, sexual and gender dissidents)과 함께 계신다.[8]

---

[6] Cornwall, "Queer Theology and Sexchatology."
[7] Thomas L. P. Swicegood, *Our God Too* (New York, NY: Pyramid Books, 1974); Marcella Althaus-Reid, *Indecent Theology* (London: Routledge, 2000); idem, *The Queer God* (London and New York: Routledge, 2003); Jay Emerson Johnson, "A 'Queer God'? Really? Remembering Marcella Althaus-Reid," *Center for Lesbian and Gay Studies*, Pacific School of Religion (March 5, 2009).
[8] Cornwall, "Queer Theology and Sexchatology."

퀴어신학은 하나님을 남근을 지닌 남신으로 해석하고 있으며, 삼위일체 하나님에 대한 표명이 없는 것으로 보인다. 심지어 어떤 퀴어신학자는 삼위일체는 "세 사람이 동성애적 관계를 하는 것"(gay, sexual threesome)을 표현한다고까지 주장한다.[9]

**(2) 신자와 성애를 나누는 남신: 하나님에 대한 외설적 해석**

퀴어신학자들은 하나님을 신자들과 성애를 나누는 분으로 묘사한다. 영국 더험(Durham)대학교의 게이(gay) 로마천주교 퀴어신학자 제라드 로흘린(Gerard Laughlin)은 에스겔 1:27에 있는 "그 허리 아래의 모양도 불 같아서 사방으로 광채가 나며"라는 표현을 하나님의 성기(남근)를 우회적으로 표현한 것이라고 본다. 로흘린은 에스겔 16:8 "내 옷으로 너를 덮어 벌거벗은 것을 가리고"를 성관계를 갖기 위해 자리에 누운 것으로 해석했는데 이 장면은 특히 합법적인 아내와 잠자리를 같이 하는 것이 아니라 처녀를 강간하는 장면으로 해석한다.[10]

> 📝 **반론**
>
> **하나님을 남신으로 해석: 몸을 지니시지 않은 영적 존재인 성경의 하나님 모독**
> 로흘린이 에스겔 1:27의 "그 허리 아래의 모양도 불 같아서 사방으로 광채가 나며" 표현을 "하나님의 성기"로 우회적으로 표현한다고 해석하는 것은 하나님을 남신으로 보고 성기를 지닌 분으로 본다. 이는 외

---

9  Brown, *A Queer Thing Happened to America*; "The Darker Side of LGBT Theology: From Queer Christ to Transgender Christ," available at: https://stream.org/the-darker-side-of-lgbt-theology-from-queer-christ-to-transgender-christ.

10  Gerard Laughlin, "Omphalos," in *Queer Theology* (MA: Blackwell, 2007), 125-126.

설적(猥褻的) 해석으로 전혀 비성경적 해석이다. 하나님은 영이시다. 그는 몸을 지닌 분이 아니시다. 그분은 남신도 여신도 아닌 하나님이시다. 이런 하나님에 대해 남근을 지닌 분으로 해석하는 것은 젠더주의적 해석이다.

그의 패역한 백성에 언약을 회복하시는 하나님에 대한 모독
에스겔 16:8 "내 옷으로 너를 덮어 벌거벗은 것을 가리고"는 처녀를 강간하는 장면이 아니라 하나님을 배신한 이스라엘에게 하나님 백성의 언약을 주신 것을 옛 중동 지역의 결혼 예식으로 상징적으로 표현하고 있다. 옛 중동에서는 남자가 겉옷을 가지고서 여자를 덮음으로써 여자를 아내로 맞아들이는 상징적인 몸짓을 했다.[11] 에스겔은 그 지역의 풍습 문화적 언어로 패역한 이스라엘을 용납하시는 하나님의 구속적 사랑을 표현하고 있다.

## 2) 기독론은 외설적 기독론

### (1) 역사적 예수를 동성애자 내지 여성적 요소를 지닌 남성으로 간주

① 역사적 예수는 동성애자라고 왜곡

퀴어신학자들(Montefiore, Jennings 등)은 예수가 동성애적 성향을 가지고 있었다고 본다.[12] 여성 퀴어신학자(Isherwood 등)들은 "퀴어링 그리스

---

[11] 에스겔 16:8에 대한 관주 해설을 참조 바람. 『독일해설관주성경』(서울: 대한성서공회, 1997), 1301.
[12] 그 대표적인 예로 H. W. Montefiore, H. W. "Jesus, the Revelation of God," in *Christ for Us Today*: Papers read at the Conference of *Modern Churchmen*, Somerville College, Oxford, July 1967, edited by Norman Pittenger (London: SCM Press, 1968), 109("The homosexual explanation is one which we must not ignore"). ; Theodore Jennings, Jr., *The*

도"(Queering Christ)라고 말하기도 한다.[13] 패트릭 쳉도 퀴어 성 해방 승리의 상징인 "퀴어 그리스도"(Queer Christ)를 선언한다.

이들은 요한복음의 다음 구절에 근거하여 예수가 제자 요한과 동성애 관계에 있었다고 주장한다.

> 예수의 제자 중 하나 곧 그가 사랑하시는 자가 예수의 품에 의지하여 누웠는지라 (요 13:23).

이런 해석은 전혀 본문의 맥락에 맞지 않은 젠더주의적 왜곡이다.

---

📋 **반론**

**제자를 사랑하는 예수와 신실한 제자인 사제 관계를 왜곡하는 외설적 해석**

공관복음과는 달리 요한복음에 연속적으로 나타나는 "그가 사랑하시는 자"(요 13:23; 19:26; 20:2; 21:7, 20)는 저자 자신이 예수의 사랑을 받은 사도 요한이라는 것을 나타내는 것이다. 사도 요한은 자신이 예수의 총애를 받는 신실한 제자로서 예수에 대한 자신의 기록이 참되다는 것을 증언하는 것이다.

> 오직 이것을 기록함은 너희로 예수께서 하나님의 아들 그리스도이심을 믿게 하려 함이요 또 너희로 믿고 그 이름을 힘입어 생명을 얻게 하려 함이니라(요 20:31).

---

Man Jesus Loved: Homoerotic Narratives from the New Testament (Cleveland: Pilgrim Press, 2003)을 보라.

13  Lisa Isherwood, "Queering Christ: Outrageous Acts and Theological Reflections," *Literature and Theology* 15/3 (2001): 249–261; Robert E. Goss, *Queering Christ: Beyond Jesus Acted Up* (Cleveland, OH: Pilgrim Press, 2002).

### (2) 성육신한 예수의 몸을 생물학적으로 자웅동체적 존재로 해석

여성 퀴어신학자 엘리자베스 스튜어트(Elizabeth Stuart)는 성육신하신 아기 예수의 몸은 남성성과 여성성을 한 몸에 지닌 몸이었다고 해석한다. 스튜어트는 그 근거로서 예수님은 "남성으로 탄생하셨으나 순전히 여성의 몸의 요소들로만 구성되었음"을 지적한다. "아기 예수는 생물학적으로 남성과 여성으로 구분되는 기존의 인간 존재 방식과는 다른 새로운 피조물"이다.[14]

> **반론**
>
> **예수의 몸을 자웅동체로 보는 것은 젠더주의적 해석이다**
>
> 퀴어신학이 예수의 몸이 기존 인간 존재 방식과는 다른 새로운 피조물, 즉 남성과 여성을 모두를 한 몸에 지닌 자웅동체로 보는 것은 이단적 해석이다. 초대 교회 영지주의자들은 예수가 몸으로 오신 것을 부인했다. 예수는 육체를 지니지 않고 가상적 몸을 입고 영적으로 오셨다고 주장했다.
>
> 그러나 성경과 정통개혁신학에 의하면 예수는 자웅동체가 아닌 남성 아기로 태어나셨고 성장했고 남자로서 사셨다. 예수는 사마리아 여인에게 남자로서 다가가 물을 달라고 청했다. 그러므로 사마리아 여인은 다음과 같이 반응한다.
>
> 사마리아 여자가 이르되 당신은 유대인으로서 어찌하여 사마리아 여자인 나에게 물을 달라 하나이까 하니 이는 유대인이 사마리아인과 상종하지 아니함이러라(요 4:9).
>
> 제자들도 동네에서 먹을 것을 사고 돌아와 예수가 여인과 이야기하는 것을 보고 이상히 여겼다고 요한은 기록하고 있다.

---

14  Elizabeth Stuart, "Sacramental Flesh," in *Queer Theology*, 65.

> 이 때에 제자들이 돌아와서 예수께서 여자와 말씀하시는 것을 이상히 여겼으나 무엇을 구하시나이까 어찌하여 그와 말씀하시나이까 묻는 자가 없더라(요 4:27).
>
> 예수 자신은 십자가 상에서 자기에게 <u>다가온 어머니 마리아를 보면서 자신이 어머니의 '아들'임을 소개한다.</u>
>
> 예수께서 자기의 어머니와 사랑하시는 제자가 곁에 서 있는 것을 보시고 자기 어머니께 말씀하시되 <u>여자여 보소서 아들이니이다</u> 하시고(요 19:26).

정통개혁신학은 예수의 몸은 우리와 동일한 몸임을 분명히 한다. 바울은 그리스도 찬가를 인용하면서 예수가 우리와 같은 몸으로 인간이 되셨다고 증언한다.

> 오히려 자기를 비워 종의 형체를 가지사 사람들과 같이 되셨고(빌 2:7).

예수의 몸은 특별한 몸이 아니라 우리와 같은 연약한 몸이었다.[15] 히브리서 저자는 예수는 "모든 일에 우리와 똑같이 시험을 받으신 이로되 죄는 없으시니라"(히 4:15b)고 증언하고 있다.

**(3) 십자가에 죽으실 때 '예수의 옆구리에서 나온 피와 물은 여성의 성기에서 나온 액체요 젖'이라는 외설적 해석**

① 예수의 옆구리 상처는 자궁이라는 해석은 외설이다

여성 퀴어신학자 엘리자베스 스튜어드는 다음같이 젠더주의적으로 해석한다.

---

[15] 이상원, "퀴어신학에 대한 분석과 비판," 347.

그 중 한 군인이 창으로 옆구리를 찌르니 곧 피와 물이 나오더라(요 19:34).

이 상처는 곧 여성의 자궁이고 이 상처에서 흘러나오는 액체는 곧 여성의 성기에서 흘러나오는 액체이며 또한 젖이다.[16] 이처럼 남성성과 여성성을 자웅동체로 지니고 계신 예수님은 십자가의 죽음에서는 여성으로 전환되신다고 왜곡한다.

> **반론**
>
> **예수의 옆구리를 자궁으로 보는 것은 예수의 몸을 여성화시키는 것이다**
> 예수의 피를 여성이 생리적으로 흘리는 피로 간주하는 것은 외설적이다. 이런 해석은 예수의 대속 피를 젠더주의적으로 해석하는 것이다. 이런 해석은 성경의 전 맥락에서 벗어나는 젠더주의적 왜곡이다. 성경과 정통개혁신학에 의하면 예수의 옆구리 피는 우리의 죄를 대속하기 위하여 흘리는 하나님 아들의 거룩한 피다. 히브리서 저자는 다음과 같이 증언한다.
>
> 염소와 송아지의 피로 하지 아니하고 오직 자기의 피로 영원한 속죄를 이루사 단번에 성소에 들어가셨느니라(히 9:12).

② 창에 찔린 상처에 입을 맞추는 행위를 구강 섹스로 신성 모독 해석
여성 퀴어신학자 에미 홀리우드는 다음과 같이 젠더주의적으로 해석한다.

---

16  Elizabeth Stuart, "Sacramental Flesh," in *Queer Theology*, 66.

창에 찔린 상처에 입을 맞추는 행위는 여성 성기의 외음부에 입을 맞추는 구강 섹스(oral sex)이며, 상처에서 나오는 피를 핥는 것은 구강 섹스에서 여성의 성기에서 나오는 액체를 받아 마시는 행위다. 따라서 수녀들이 그리스도 상의 옆구리에 난 상처에 입을 맞추는 것은 여성 동성애(lesbianism) 행위다.[17]

이런 해석은 성경의 맥락에서 전적으로 벗어난 신성 모독적 해석이라고 아니할 수 없다.

### 반론

**예수의 상처에 입맞춤을 구강 섹스로 해석하는 것은 외설의 극치다**
정통개혁신학에 의하면 예수의 피 흘리시는 상처에 입맞춤은 성찬식 때 떡과 포도주를 마시면서 행하는 상징적 행위로 이루어진다. 떡은 예수의 몸, 포도주는 예수의 피를 상징한다. 이런 상징적 행위 속에서 예수는 영적으로 임재한다. 영적 임재의 사건을 젠더주의적으로 왜곡하는 것은 신성 모독이다.

### (4) 부활한 예수의 몸은 다젠더적이라는 해석도 젠더주의적 왜곡

① 부활한 예수의 몸을 남성성과 여성성의 자리바꿈이 가능한 몸으로 왜곡

스튜어트에 따르면 예수의 몸은 부활을 통하여 '다젠더적인 몸'(multi-gendered body)이 된다.[18] 그리스도의 다젠더적(多性的)인 몸 안에 있는 성도들도 "투과적이고, 범신체적이고, 자리바꿈이 가능한"(permeable, transcorporeal,

---

[17] Amy Hollywood, "Queering the Beguines: Mechthild of Magdeburg, Hadewijch of Anvers," in *Queer Theology*, 163.
[18] Elizabeth Stuart, "Sacramental Flesh," in *Queer Theology*, 66.

and transpositional) 몸이 된다.

> 📇 **반론**
>
> **부활한 예수의 몸은 남성과 여성이라는 인간의 몸을 초월한 몸**
> 부활하신 예수의 몸은 더 이상 남성과 여성에 갇힌 몸이 아니다. 그의 몸은 신령한 몸이다. 예수의 부활의 몸을 의심하는 도마에게 예수는 나타나셔서 말씀하신다.
>
> 도마에게 이르시되 네 손가락을 이리 내밀어 내 손을 보고 네 손을 내밀어 내 옆구리에 넣어 보라 그리하여 믿음 없는 자가 되지 말고 믿는 자가 되라(요 20:27).

② 부활한 예수를 붙잡고 대화한 막달라 마리아와 행위를 이성애적 사건으로 왜곡

제라드 와드(Gerard Ward)는 요한복음 20:17에서 막달라 마리아가 무덤에서 부활하신 예수님을 만나 대화하고 예수님을 붙들려고 시도한 행동을 남성의 입장에 서신 예수님과 막달라 마리아가 이성애적인 사랑을 주고받은 사건으로 외설적으로 해석한다.

> 📇 **반론**
>
> **초자연적 능력의 부활 사건을 남녀 애정 사건으로 평가절하시키는 소설적 공상이다**
> 와드의 퀴어적 해석은 다빈치 코드의 연장 선상으로 소설적으로 상상된 예수와 마리아 사이의 연인 관계를 예수 부활 사건에 주입시키는 젠더주의적 해석이다. 이는 분문의 맥락에도 배치된다. 예수는 마리아에게 나의 몸을 만지지 말라고 만류하시기 때문이다.

> 예수께서 이르시되 나를 붙들지 말라 내가 아직 아버지께로 올라가지 아니하였노라 (요 20:17a).

### ③ 부활한 예수님 옆구리에 상처에 손을 넣는 도마의 행위를 동성애적 사건으로 왜곡

제라드 와드는 요한복음 20:27에서 도마가 예수님의 옆구리에 난 창에 찔린 상처에 손을 넣는 사건은 <u>여성의 입장에 서서 도마와 더불어 동성애적인 사랑을 주고받은 사건</u>으로 해석한다.[19]

#### 🗨 반론

**도마의 신앙 고백을 도외시한 젠더주의적 왜곡**

와드의 해석은 전혀 본문과 거리가 먼 젠더주의적 왜곡이다. 예수는 그의 부활을 믿지 못하는 도마에게 나타나셔서 그의 <u>부활 사실을 알려 주시고 그의 믿음을 강화시킨다</u>.

> 도마에게 이르시되 네 손가락을 이리 내밀어 내 손을 보고 네 손을 내밀어 내 옆구리에 넣어 보라 그리하여 믿음 없는 자가 되지 말고 믿는 자가 되라 도마가 대답하여 이르되 나의 주님이시오 나의 하나님이시니이다 (요 20:27-28).

실증주의자 도마는 부활하신 예수를 만나고 "<u>나의 주 나의 하나님</u>"이라고 고백했다.

### ④ 예수 부활을 '퀴어 성 해방의 소망'으로 왜곡

중국계 미국 성공회 신부(神父)요 퀴어신학자요 미국 매사추세츠 주 캠브리지성공회신대 교수인 패트릭 쳉(Patrick S. Cheng)은 예수의 부활이란 '퀴어 성 해방의 승리'를 나타내는 것으로 해석한다.

---

19　Graham Ward, "There is no sexual difference," in *Queer Theology*, 78.

부활절이란 퀴어 성 해방(queer sexual liberation)의 희망이 된다. 성 해방을 위한 퀴어 투쟁은 승리할 것이다. 이것은 부활절의 희망이다.[20]

> **반론**
>
> **예수의 부활 사건을 단지 성 해방 사건으로 젠더주의적으로 왜곡**
> 예수의 부활은 십자가에서 죽으신 하나님 아들의 부활이며 이는 동성애 등 죄와 사망의 사슬을 성령의 능력으로 깨뜨리고 새로운 생명을 인류에게 부여하신 것이다. 사도 바울은 예수 그리스도 안에서 신자는 죄와 사망의 법에서 해방되었다고 증언한다.
>
> 그러므로 이제 그리스도 예수 안에 있는 자에게는 결코 정죄함이 없나니 이는 그리스도 예수 안에 있는 생명의 성령의 법이 죄와 사망의 법에서 너를 해방했음이라(롬 8:1-2).

쳉은 예수의 부활이 사회적 죄와 억압된 제도와 왜곡된 성과 동성애 중독으로 비인간화된 성 소수자들의 해방 사건임을 간과하고 있다. 오히려 탈동성애 해방의 기원이라고 해석하는 것이 옳다.

---

20  Patrick S. Cheng, *From Sin to Amazing Grace: Discovering the Queer Christ* (New York, NY: Seabury Books, 2012).

## 3. 성경 해석론, 교회론, 구원론, 묵상론을 젠더주의로 왜곡

### 1) 성경은 동성애를 죄로 여기지 않는다고 왜곡하여 가르친다

퀴어신학자들은 소돔과 고모라 거민이 심판을 받은 사실(창 19:1-29)은 동성애 때문이 아니라 <u>나그네를 환대하지 않았기</u>("끄집어 내어 알려고 했던 무례함") 때문이라고 왜곡한다. 퀴어신학자들은 소돔 고모라 심판 이야기를 "네 아우 소돔의 죄악은 이러하니 그와 그의 딸들에게 교만함과 음식물의 풍족함과 태평함이 있음이며 또 그가 가난하고 궁핍한 자를 도와 주지 아니하며"(겔 16:49)에 연결해 소돔과 고모라의 죄악은 <u>가난한 자들을 학대한 것</u>이지 동성애가 아니라고 주장한다.

<u>제닝스</u>는 '동성애에 대한 정죄'는 "성서가 죄라고 판정하는 것이 탐욕과 교만과 폭력이라는 것"을 잊게 하며, "<u>동성애자라는 것</u>은 저주도 아니고, 범죄도 아니다. <u>하나님이 주신 놀라운 선물</u>이다"고 주장한다.[21] 알타우스-레이드(Althaus-Reid)는 동성애가 죄가 아니고 정당한 사랑의 표현의 하나라고 하며 오히려 이성애가 정상적이라고 하는 것이 <u>변태적인</u>(pervasive) 주장이고 이데올로기적 질서(the ideological order)이므로 우리는 과감히 그것을 벗어나려고 해야 한다고 주장한다.[22] 패트릭 히긴스(Patrick Higgins)는 동성애를 변태적이라고 생각하는 그것이 변태적인 사고라고 역공격한다.[23]

---

21 Theodore W. Jennings, Jr., *The Man Jesus Loved: Homoerotics Narratives from the New Testament* (Pilgrim Press, 2003), 박성훈 역, 『예수가 사랑한 남자: 신약성서의 동성애 이야기』 (동연, 2011), 20-23; 이승구, "퀴어신학의 주장과 그 문제점들," 41-42.
22 Marcella Althaus-Reid, *Indecent Theology*, 200.
23 패트릭 히긴스(Patrick Higgins)는 "이성애적 독재"라는 표현도 사용한다. Patrick Higgins, *Heterosexual Dictatorship* (London: Fourth Estate, 1996).

> 📝 **반론**
>
> "상관하리라"(야다, ידע. 창 19:5; 삿 19:22)는 "악을 행치 말라"와 연관시키면 동성애 폭행인 것을 알 수 있다.

(1) 롯이 소돔과 고모라의 폭도들에게 딸을 내어 주려고 한 것은 이들이 성적 목적으로 나그네에 접근("상관하리라", [야다, 隅, 창 19:5])했기 때문이다. 그런데 이들이 롯의 딸을 거부한 것은 이들이 동성애자들이라는 사실을 입증해준다. 롯은 이들에게 "악을 행치말라"(창 19:7)고 했다.

(2) <u>사사기 19장</u>에서 레위 사람이 아내를 데리고 노인의 집에서 유숙할 때 그 성읍의 불량배들이 그 집을 에워싸고 주인에게 말한다.

> 네 집에 들어온 사람을 끌어내라 우리가 <u>그와 관계하리라</u>(삿 19:22b).

여기서 불량배들이 원하는 대상은 레인의 남자가 아니라 레위인 남자 자신이다. '야다'(ידע)라는 단어는 창세기 19장에서와같이 <u>성적 의미</u>를 담고 있다.[24] 이들은 이성 아닌 동성에 대해 성행위를 하되, 상대방의 의사와 상관없이 일방적인 성폭행을 하겠다는 것이다. 창세기 19장에서와같이 노인은 말한다.

> 이같은 악행을 저지르지 말라 ⋯ 이런 망령된 일을 행하지 말라(삿 19:23).

---

[24] 배정훈, "구약성경에 나타난 동성애," 60.

노인은 나그네 대신 자기 첩을 내어, 이들이 첩을 밤새도록 욕보여 죽게 만든다. 이런 행위는 "음행과 망령된 행위"(삿 20:6, 10)다. 이런 악은 반드시 이스라엘에서 제거되어야 한다(삿 20:12-13).

(3) 레위기 18:22은 '동성애를 가증한 일'이라 금하는 동성애 금기 규정이고, 20:13은 '동성애자는 가증한 일을 행한 자니 반드시 죽이라'는 동성애 처벌 판례법이다.[25]

(4) 선지자 에스겔의 소돔 죄악 책망 "네 아우 소돔의 죄악은 이러하니 그와 그의 딸들에게 교만함과 음식물의 풍족함과 태평함이 있음이며 또 그가 가난하고 궁핍한 자를 도와 주지 아니하며"(겔 16:49)는 그 후속 절이 말하는 가증한 일, "거만하여 가증한 일을 내 앞에서 행했음이라 그러므로 내가 보고 곧 그들을 없이 했느니라"(겔 16:50)와 연결되어 있다. 50절에 교만하고 가증한 일이란 '동성애'를 말하는 것이다.

선지자 예레미야도 예루살렘 선지자 중 소돔과 고모라 주민의 가증한 일을 행하는 자가 있다고 언급하고 있다.

> 내가 예루살렘 선지자들 가운데도 가증한 일을 보았나니 그들은 간음을 행하며 거짓을 말하며 악을 행하는 자의 손을 강하게 하여 사람으로 그 악에서 돌이킴이 없게 했은즉 그들은 다 내 앞에서 소돔과 다름이 없고 그 주민은 고모라와 다름이 없느니라 (렘 23:14).

동성애는 소돔과 고모라 사람들의 유일한 죄는 아니다. 이들은 이웃을 행한 불의와 음란한 성행위 등 불법을 행했다. 동성애는 그 중에 가장

---

25  배정훈, "구약성경에 나타난 동성애," 61.

두드러진 죄악 중 하나였다.[26] 그래서 하나님이 불과 유황으로 심판하신 것이다.

### 2) 교회는 죄인들의 공동체라는 것만 강조: 동성애자 회개(용서 받은 자들의 공동체) 부인

퀴어신학자들은 교회는 성적 정향이 어떠하든지 누구든지 예수님을 믿는다고 고백하면 세례를 주어야 하고, 세례를 받은 사람들은 그가 어떤 성적 정체성을 가졌든지 그것은 전혀 문제가 안 되고, 이제 세례로 그가 타고 난 성이 상대화된다고 주장한다.[27]

> **반론**
>
> 죄 용서를 받은 죄인들의 공동체라는 교회의 본질을 거부하고 있다 퀴어신학은 죄인들의 공동체라는 것만을 강조하고 교회가 죄에서 돌아선 용서받은 죄인의 공동체라는 사실을 간과한다. 독일의 보편사 신학자 판넨베르크는 동성애 결합을 결혼과 대등한 것으로 인정하는 교회는 "더 이상 하나의, 거룩한, 보편적, 사도적 교회가 아니다"[28]라고 했다.

---

26 배정훈, "구약성경에 나타난 동성애," 59
27 Kathy Rudy, *Sex and the Church: Gender, Homosexuality, and the Transformation of Christian Ethics* (Boston: Beacon Press, 1997); Elizabeth Stuart, "Sexuality: The View from the Font (the Body and the Ecclesial Self)," *Theology and Sexuality* 11 (1999): 7-18.
28 Wohlfart Pannenberg, Interview, *Christianity Today*, November, 1996.

## 3) 구원론: 성경과는 거리가 먼 이단적 구원론

퀴어신학은 성경과 전혀 다른 다음의 왜곡되어 그릇된 구원론을 주장한다.

### (1) 동성애자들도 하나님이 받으신다고 왜곡한다

퀴어신학은 동성애자들도 하나님의 복내림 대상이다. 하나님은 아브라함에게 복을 약속했다고 주장한다.

> 아브라함은 강대한 나라가 되고 천하 만민은 그로 말미암아 복을 받게 될 것이 아니냐 (창 18:18).

구절에 있는 "천하 만민"에는 동성애자들도 포함된다고 본다.

📝 **반론**

**하나님의 언약과 약속은 그의 계명과 말씀을 지키고 믿는 자에게만 해당한다**

구약과 신약은 동성애자의 행위들은 하나님의 말씀에 위배된다고 가르친다. 창세기 12:1-2과 18:8의 복의 약속은 만민에게 주어져 있으나 우리 편에서 그 언약을 받아들이고 지키는 자들에게 실현된다.

> 여호와의 인자하심은 자기를 경외하는 자에게 영원부터 영원까지 이르며 그의 의는 자손의 자손에게 이르니 곧 그의 언약을 지키고 그의 법도를 기억하여 행하는 자에게로다 (시 103:17-18).

사도 요한은 계시록에서 하나님이 행한대로 갚아 주리라고 말씀하신다.

> 불의를 행하는 자는 그대로 불의를 행하고 더러운 자는 그대로 더럽고 의로운 자는 그대로 의를 행하고 거룩한 자는 그대로 거룩하게 하라 보라 내가 속히 오리니 내가 줄 상이 내게 있어 각 사람에게 그가 행한 대로 갚아 주리라(계 22:11-12).

## (2) 예수의 십자가 피흘리심의 공로로 인한 구원이라는 대속 교리가 필요 없다고 한다

퀴어신학은 동성애 행위가 죄가 아니라고 하며, 그로부터 벗어날 필요가 없다고 주장한다. 예수님의 십자가나 성령의 능력이 동성애로부터 인간을 자유롭게 할 필요도 없다. 헬미니악은 동성애 습성으로 태어난 사람들은 끝까지 그런 식으로 자신들의 사랑을 표현해야 한다고 주장한다.[29] 퀴어신학은 구원받는 것이 동성애를 포용하며 조장하는 삶이 된다[30]고 주장한다.

### 반론

**퀴어신학은 동성애를 죄로 인정하지 않으니 그리스도의 대속 사역을 부인한다**

동성애도 그리스도인의 정체성으로 인정하니 그리스도의 대속 사역이 필요 없다고 본 퀴어신학의 주장은 그리스도의 대속 사역의 본질을 훼손한다. 정통신학은 주님의 구속 사역에 근거해서 동성애를 비롯한 죄의 권세로부터도 해방될 수 있음을 주장한다.

사도 바울은 로마서에서 이 사실을 증언하고 있다.

> 곧 우리가 원수 되었을 때에 그의 아들의 죽으심으로 말미암아 하나님과 화목하게 되었은즉 화목하게 된 자로서는 더욱 그의 살아나심으로 말미암아 구원을 받을 것이니라(롬 5:10).
>
> 우리가 알거니와 우리의 옛 사람이 예수와 함께 십자가에 못 박힌 것은 죄의 몸이 죽어 다시는 우리가 죄에게 종 노릇 하지 아니하려 함이니 이는 죽은 자가 죄에서 벗어나 의롭다 하심을 얻었음이라(롬 6:6-7).

---

29　이승구, "퀴어신학의 주장과 그 문제점들," 36.
30　이승구, "퀴어신학의 주장과 그 문제점들," 43.

## 4) 묵상을 성관계의 오르가즘과 동일시

로버트 고스(Robert Goss)는 묵상을 통한 하나님과의 범신론적인 연합의 체험을 성관계에서 겪는 오르가즘과 동일시한다.

> 오르가즘의 행복은 친밀하고 장엄하며 개념으로는 표현 불가능한 그리스도에 대한 묵상의 많은 요소를 포함하고 있다. 몸과 마음이 묵상을 통하여 함께 사랑에 참여할 때 성적이면서도 영적 잠재성은 평범한 오르가즘의 문턱을 넘어서서 두 사랑의 파트너들을 새로운 실재의 차원으로 옮겨 놓는다.[31]

### 반론

**묵상을 성적 절정 경험인 오르가즘에 비유함으로써 묵상을 외설화시킨다**

정통개혁신학에 의하면 묵상은 하나님과의 영적 접근이며, 이는 어떤 성적 희열과 아무런 상관없다.

> 하나님의 나라는 먹는 것과 마시는 것이 아니요 오직 성령 안에 있는 의와 평강과 희락이라 (롬 14:17).

---

[31] Robert Goss, *Queering Christ: Beyond Jesus Acted Up*, 22.

## 3. 퀴어신학은 성경을 자의적(恣意的), 독신적(瀆神的)으로 해석해 동성애를 정당화한 다른 괴기(怪奇) 사상이요 사도적 교리를 부인하는 이단 사상이다

### 1) 성경 해석 방법이 젠더 이데올로기(인간을 젠더로 해석하는 무신론)에 지배되고 있다

종교개혁적 성경 해석의 기본 원리인 '성경에 의한 성경 해석'이 아니라 '동성애는 정당하다'는 젠더 이데올로기에 지배되고 있다. 일반 이단들과 다를 바 없이 임의적 성경 해석을 하고 있다. 이단인 여호와증인, 몰몬교, 구원파, 신천지 같은 이단에서는 성적 음란을 공개적으로 조장하지 않으나 퀴어신학은 21세기 성 문화에 어필하면서 음란과 방탕을 미끼로 이 시대의 그리스도인을 영적으로 무력하게 만든다.

지난 2018년 8월 다시 한국을 방문해 동성애 퀴어신학을 강연해 동성애 급진적 신학을 한국 교회와 신학계에 퍼트리고 있다. 지난 1960년대 토마스 알타이저(Th. Altizer)의 사신신학의 토대에서 신학 수업을 받은 미국 시카고신학대학교 교수요 신부(神父)인 테오도르 제닝스(T. W. Jennings)의 퀴어신학(queer theology)이 오늘날 기독교 신앙의 근간을 뒤흔들고 있다.

제닝스는 그의 스승보다 더 급진적으로 나아가는데, 그는 한때 존재했던 하나님이 더 이상 실존하지 않기 때문에 기독교가 소멸할 세속 사회가 도래할 것이며, 바로 이런 연유에서 '기독교 이후의 신학'(Post-Christian Theology)에 대해 고민해야 한다고 공언하고 있다.[32]

---

[32] 참조. 최근 한국 방문하여 강연한 테오도르 제닝스의 퀴어신학 논평서, 2018년 10월 1일: "테오도르 제닝스의 퀴어신학은 예수를 동성애자로 보고 동성애를 합법화하는 이단 신학이다."

## 2) 퀴어신학은 예수를 동성애자로 보면서 기독교를 동성애교로 만들고 있다

제닝스는 역사적 예수마저 동성애자로 해석함으로써 거룩한 신성을 모독하는데, 특히 예수와 사랑하는 <u>제자 요한의 사이가 동성애 관계였을 개연성을 제기한다.</u>[33] 요한이 예수의 가슴에 안겨 누워있는 육체적 친밀함에서 평범한 스승과 제자 사이가 아니라, 동성 간에 육체 관계를 나누는 모습이 엿보인다는 것이다(요 13:21-26). 더 나아가 제닝스는 예수께서 최후의 만찬에서 제자들의 발을 씻어주실 때 옷을 벗은 상태였고 제자들은 그의 무릎에 눕거나 가슴에 닿을 정도로 바짝 기대었다고 말한다. 그는 이것은 성애적 사랑의 관계를 나타낼 뿐만 아니라, 제자들의 발을 씻겨주신 것은 예수가 여자로서의 역할을 한 것이라고 해석하기도 한다.[34]

그러나 예수는 동성애자나 간음한 자들을 회개하라고 하신 분이다. 예수는 간음하다 현장에 붙잡힌 여인에게 다음같이 말씀하신다.

> 나도 너를 정죄하지 아니하노니 가서 <u>다시는 죄를 범하지 말라</u>(요 8:11b).

예수는 다섯 남편을 가졌던 사마리아 여인과의 대화에서도 '가서 네 남편을 불러오라'고 불륜 생활의 회개를 <u>명하셨다.</u> 그녀가 나는 남편이 없나이다고 대답했을 때 "네가 남편이 없다 하는 말이 옳도다"고 그녀의 삶을 청산하도록 가르쳤다(요 4:16-18).

---

33 Theodore W. Jennings, Jr., *The Man Jesus Loved*, 『예수가 사랑한 남자: 신약성서의 동성애 이야기』 (서울: 동연, 2011), 411-416.
34 Theodore W. Jennings, Jr., 『예수가 사랑한 남자: 신약성서의 동성애 이야기』, 117-122.

### 3) 퀴어신학자들은 퀴어축제, 성평등 정책, 동성애 차별 금지법 제정을 지지하여 음란과 방탕을 공개적으로 지지한다

퀴어신학은 성경이 음란과 타락을 용납하고 정당화 한다고 해석하여 심지어 기독교인들이 동성애 행위를 하고 동성 결혼을 하는 것을 종교적으로 제도적으로 허용하고자 한다. <u>미국, 영국, 캐나다의 주요 교단</u>(미연합장로교, 루터교, 감리교, 성공회, 그리스도교회, 구세군 등)들은 동성애자들에게 성찬과 세례를 주고, 심지어 동성애자 항존직(목사, 장로, 안수집사)을 허용하고 이들에게 안수하고 있다.

이에 거부하는 2014년 복음주의 성직자들과 신자들을 중심으로 <u>복음주의장로교회언약회</u>(ECO: Evangelical Covenant Order of Presbyterians)가 새로운 교단이 설립되고 거대한 모임을 형성하고 있다.

### 4) 동성애는 가증한 일(성 중독)이고 이를 지지하는 퀴어신학은 교리적으로 이단 사상이다

'국제 성 소수자 혐오 반대의 날'(아이다호 데이)로 알려진 5월 17일 장로회신학대학교에서 한 학생이 소위 '무지개 깃발'을 몸에 두른 채 예배를 드려 논란이 되었다. A학생 자신이 해당 학생과 예배를 드리는 모습과 예배당의 십자가 아래서 자신을 포함해 여러 학생이 무지개 깃발을 들고 찍은 사진을 자신의 SNS에 게시했다. 자신은 그러면서 "<u>무지개 언약의 백성들</u>… 내가 복음을 부끄러워하지 아니하노니 이 복음은 모든 믿는 자에게 구원을 주시는 하나님의 능력이 됨이라"라는 글도 남겼다. 그는 "오늘 채플 시간에 무지개색으로 입고 예배드린 걸 불편해 하는 사람들이 많다. 심지어 학교에 제재나 징계를 청원할거라 한다"고 말문을 열었다.

동성애를 언약의 무지개로 본 장신대 무지개 사태(2018년 5월)는 심각한 신학적 이단적 행사라고 말할 수 밖에 없다.[35] 무지개 사건은 성경이 명백히 가증하다(徇賑, '토에바,' 'detestable,' 레 18:22)고 정죄한 동성애를 미화시키나 윤리적으로 문제 없다고 보고 있기 때문이다. 이런 <u>동성애와 동성 결혼을 성경적으로 지지하는 퀴어신학은 교리적으로는 이단 사상</u>이라고 말할 밖에 없다.

이단 사상 가운데 크게 두 가지 부류가 있다. 하나는 교회 기생적 이단과 교회 적대적 이단이다.

<u>교회 적대적 이단</u>이란 통일교, 천부교, 여호와의증인, 몰몬교, 안식교(제7일 안식일 예수재림교), 신천지, 하나님의 교회(안상홍파) 등 기존 역사적 교회를 이단으로 보고 구원이 없다고 보고 기독교와는 전혀 다른 조직으로 기독교에 대해 적대적 입장을 취하는 이단이다.

<u>교회 기생적 이단</u>이란 교회 안에서 일어나 기존 교회의 교리에 새로운 해석을 해 새로운 분파 운동으로 나타나는 운동이다. 초대 교회 시 갈라디아 교회에서 일어난 유대주의자들(은혜에다 할례 첨가), 4세기 어거스틴의 은혜 교리에 대해 반대했던 펠라기우스(인간의 자유 의지 강조), 타락한 성직자들의 성례 효력에 관련하여 효력 없다고 선언한 도나투스파, 루터의 노예 의지론에 대해 자유 의지론을 주장한 에라스무스 그리고 루터의 이신칭의 교리에 대해 은혜와 공로를 결정한 17세기 트렌트 회의 등이 교회 기생적 이단 사상이라고 말할 수 있다.

---

35 "장로회신학대학교 '동성애 무지개' 신학 사태 논평서"(샬롬을 꿈꾸는 나비행동, 2018년 7월 18일): "장로회신학대학교 '동성애 무지개' 신학 사건은 선지 동산의 영적 근간을 무너뜨리는 사건이다", "예장 통합 총회가 장로회신학대학교 '동성애 무지개'를 막지 못하면 통합 교단이 무지개로 덮일 것이다."

필자는 동성애 교리를 성경적이라고 보는 퀴어신학은 단지 동성애 행위만이 비윤리적일 뿐 아니라 이런 교리를 인정하는 퀴어신학의 전 체계가 삼위일체 하나님 교리와 구원론, 교회론을 총체적으로 외설화하기 때문에 이런 교회 기생적 이단 가운데보다 심각한 상태라고 본다. 이런 교회 기생적 이단은 이미 역사적으로 있었는데 남왕국 유대나 북왕국 이스라엘의 유대교 안에서 야웨 신앙과 함께 있었던 바알 신앙, 두 신앙의 혼합이었던 혼합주의 신앙을 말한다.

오늘날 기독교는 혼합주의(syncritism)를 경계해야 한다. 그렇지 않으면 기독교는 이 시대의 이데올로기인 젠더교로 변화될 것이다. 만일 그렇게 된다면 역사적 기독교는 젠더 기독교로 변모될 것이다.

### 5) 동성애 복음은 사도적 복음인 예수 그리스도의 복음이 아니다

퀴어신학은 동성애는 하나님이 허용한 것으로 보고 동성애자들이 회개할 필요 없이 천국에 간다는 동성애 복음을 전하고 있다. 이는 죄인(동성애자 포함)이 회개하고 예수를 믿고 새 사람(탈동성애자)이 되도록 하고 거룩한 성도의 삶을 살도록 하는 사도적 복음과는 다르다. 그러므로 오늘날 사도 바울은 동성애 복음에 대해 똑같은 경고의 말을 할 것이다.

> 다른 복음은 없나니 다만 어떤 사람들이 너희를 교란하여 그리스도의 복음을 변하게 하려 함이라 그러나 우리나 혹은 하늘로부터 온 천사라도 우리가 너희에게 전한 복음 외에 다른 복음을 전하면 저주를 받을지어다(갈 1:7-8).

퀴어신학 추종자들의 신앙은 예수를 동성애자로 보고, 하나님을 동성애를 허락하시는 분으로 성령을 동성끼리의 성애를 일으키는 분으로 본다면 이는 선지자들, 사도들, 교부들, 종교개혁자들이 전해준 성부 성자, 성령

삼위일체 하나님을 믿는 신앙에서 이탈하는 배도(背道)다.

### 맺음말

신약 교회 이단 문제가 예수의 성육신 이슈였고, 3세기 교회의 이단 문제는 예수의 신성 문제였고, 종교개혁 시의 문제는 이신칭의론이었다면, 오늘날 교회의 본질적 문제는 동성애 이슈다.

<u>동성애가 성경적으로 허용되느냐 않느냐는 것이다.</u> 이는 문화적 문제가 아니라 교회가 서고 넘어지는 본질적 문제이다. 오늘날 자유주의 교회는 동성애 복음을 전한다. 그러나 사도 바울처럼 하늘에서 내려오는 천사라고 할지라도 다른 복음을 전하면 저주를 받을 수밖에 없다.

동성애는 하나님이 가증하게 여기시는 것이다. 동성애 복음은 다른 복음이다. 동성애는 성 중독이며 이에서 치유를 받아야 한다. 그러면 새 사람이 되고 구원받을 수 있다.

### 제3장
# 동성애에 대한 신약 신학적 · 영성 신학적 고찰

오 성 종 박사

전(前), 칼빈대학교 신약학 교수

## 1. 서론

### 1) '동성애' 용어와 그 정의

우리의 논의를 시작하기 전에 먼저 '동성애' 용어의 개념 정의부터 하겠다. 혼란을 사전에 없애줄 수 있기 때문이다. 동성애(同性愛, homosexuality)를 위키피디아는 "생물학적 또는 사회적으로 같은 성별을 지닌 사람들 간의 감정적, 성적 끌림 또는 성적 행위"[1]을 뜻한다고 정의한다. 적절한 정의로 여겨진다. 이하에서 종종 '동성애'와 '동성애 행위'를 나누어 표현할 때는 전자는 내면적인 감정적 성적 욕구와 태도를, 후자는 외적 행위를 강

---

[1] https://en.wikipedia.org/wiki/Homosexuality. "동성애자로서의 성 정체성(sexual identity)을 가짐"이라는 동성애에 대한 정의(길원평 외, 『동성애, 과연 타고나는 것일까?』 [서울: 라온누리, 2014], 25-26)는 전문가적 시각에서 제시하는 것으로 역시 적절한 정의로 볼 수 있겠다. 그러나 한글학회 편 『우리말 큰 사전 ㄱ~ㅅ』([서울: 어문각, 1994], 1114)의 "남자끼리나 여자끼리의 사랑"라는 뜻 풀이는 너무 단순한 사전적 · 문자적 정의라고 하겠다. 흔히 무작위로 행해지고 있는 동성애자들의 성적 행위도 사랑의 행위라고 말해야 하는가.

조할 때이다. 또 '동성애적 성향을 가지고 있는 자'와 '동성애자'는 구별되어야 할 것이다.[2]

동성애 옹호자들은 이성애(異性愛) '다수자'로부터 차별받는다는, 인권 또는 집단적 권리의 담론을 위해 전략적으로 '성 소수자'라는 용어를 사용하기 선호한다. 이 성 소수자 집단에는 소위 'LGBT,' 즉 남녀동성애자(gay, lesbian), 양성애자(bisexual), 트랜스젠더(transgender) 등이 포함된다.[3] 동성애 옹호자들은 '동성애자'(homosexual)보다 '게이'/'레스비언'이라는 명칭을 선호한다. 전자가 정신과적 질환자라는 부정적인 의미가 암시적으로 내포된 데 반하여 후자는 독특한 개성을 가진 사회의 구성원으로서의 정체성을 함의하기 때문이라는 것이다.[4]

한편 치유 사역자 맥너트(Francis MacNutt)는 이렇게 말한다.

> 동성애의 이슈를 다룸에 있어 성향을 나타내는 형태에 '동성애자'라는 단어와 '게이'라는 단어 중 어떤 단어를 더 많이 쓰는지 알 수 있다. 동성애는 바뀔 수 있다고 믿는 단체들은 … '동성애자'를 사용하는 반면에 그들의 성적 생활 방식을 받아들이도록 로비 운동하는 사람들에게는 '게이'라는 단어를 사용한다.[5]

---

2  앤드류 코미스키(Andrew Komiski), 『동성애, 온전한 변화를 위한 시작』, 민지현 역 (서울. 웰스프링, 2006), 45: "동성애자라고 지칭한다면, 그것은 그런 감정들에 무한한 힘을 실어 주어 그를 거기에 동일시 해 버리는 것이다."; 프란시스 맥너트(Francis S. MacNutt), 『동성애同性愛 치유될 수 있는가?』, 문금숙 역 (서울: 순전한 나드, 2006), 54: "우리는 동성애적 성향과 동성애 활동과는 분명한 구분을 해야 한다. 동성애적 성향은 그 상황에 대한 해결책을 찾을 수 있지만 동성애 활동은 문제가 된다."

3  그밖에 TQQIAAP (Transsexual, Queer, Questioning, Intersex, Asexual, Ally, Pansexual)가 추가되며, 실제로 더 많은 다양한 '사회적 성 소수자'가 존재한다. 참조: https://en.wikipedia.org/wiki/LGBT.

4  M. A. Yarhouse, "Same-Sex Attraction, Homosexual Orientation, and Gay Identity: A Three-Tier Distinction for Counseling and Pastoral Care," *The Journal of Pastoral Care & Counseling* 59 (2005), 201-202.

5  맥너트, 『동성애 치유될 수 있는가?』, 103. 영어 'gay'는 본래 'cheerful, carefree'의 뜻이

그러므로 가치 중립적이지 못한 그 용어는 본 논문에서 기본적인 용어로 사용하지 않도록 하겠다.[6]

## 2) 동성애 문제에 대한 신약신학적 접근

동성애 문제를 여러 시각에서 다룰 수 있다. 문화인류학적, 의료·보건학적, 정신신경과적, 또는 심리학적 시각에서 다룰 수 있다. 기독교의 입장에서 다룰 때, 구약적, 신약적, 기독교 윤리적, 또는 기독교 상담 측면에서 다룰 수 있을 것이다. 필자는 특히 신약신학적 측면에서 동성애 문제를 고찰하고자 한다.

구약과 신약은 다 같이 하나님의 계시 책으로 오늘날 우리에게 하나님의 뜻을 보여 준다. 한편으로 지금은 율법 시대가 아니고 은혜 시대이기 때문에, 예수님이 창녀와 간음한 여인을 받아주신 것처럼 동성애도 용납되는 시대라고 주장하는 사람들도 있다. 전통과 권위의 굴레에서 자유를 추구하고 진정한 인간 개인의 존엄과 인권과 사랑을 추구하는 차원에서 동성애는 정죄 되어서는 안 될 대상이라는 주장도 있다.

신약 내지는 복음의 빛에 비춰볼 때 어떻게 보아야 하나?

구약에서와 다른 차원으로 볼 여지는 없나?

예를 들면, 율법에서는 여호와 하나님 외에 다른 신을 섬기는 자나 그 일을 부추기는 자는 용서하지도 말고 불쌍히 여기지도 말고 죽이라고 했다(출 22:20; 신 7:1-5 등). 또 율법은 간음하는 자와 근친상간자, 동성애자, 수간자(獸姦者) 역시 "죽이라"(출 22:19; 레 20:10-16)고 했고 제사장의 딸이 행음을 했을 때 "불사르라"(레 21:9 참조. 창 38:24)고 명령했다. 물론 신약

---

가진 단어였으나 오늘날 남성 동성애자를 가리키는 전문 용어로 쓰이고 있다.
6 참조. 민성길 외, 『성·사랑·가정』(서울: 한국성과학연구협회, 2016), 48-49.

시대에는 그런 계명들을 문자적으로 준수하는 시대는 아니다. 그렇다고 그런 죄악을 인정하고 용납하라는 것도 아닐 것이다.

그런 행위는 여전히 분명한 죄(고전 6:9-10; 엡 5:5)이다. 마음의 죄로도 사람이 더러워지며 마음과 언행의 죄로 인해 성령은 근심하신다(막 7:21-23; 마 5:28; 엡 4:22-31). 그리고 음란은 근본적으로 '육신'과 '지체' 내지는 '육신의 정욕'에서 나오는 것이며 성령을 거스른다(갈 5:16-21; 골 3:5). 이런 견지에서, 동성애를 단순히 율법에서 죄라고 보았느냐 여부의 차원에서 더 나아가, 신약에서 말하고 있는 동성애에 대한 새로운 교훈은 무엇인지에 대해 신약신학적인 고찰을 해보는 것은 의미 있는 시도라고 본다.

### 3) 동성애 문제에 대한 영성신학적 접근

또 한편으로 신약의 교훈을 따르면, "이 세대"에 존재하는 그리고 이뤄지고 있는, 모든 권력, 종교, 사상, 제도, 질병, (음란 등의) 세상 풍조와 문화의 배후에 흔히 보이지 않는 영적 영향력이 역사하고 있다(엡 2:2; 요일 5:19 등). 구약에서는 분명하게 계시하지 않은 부분이기도 하다. 신약은 또한 십자가에서의 대속의 죽으심과 부활을 통한 그리스도의 마귀 세력에 대한 승리와 신자의 영적 권세에 대해서도 교훈하고 있다(엡 1:19-23; 2:6; 골 1:13; 계 17:14 등).

그뿐만 아니라 복음 전파와 신자의 거룩한 삶과 윤리 생활에 있어서 마귀과 그의 세력들과의 영적 싸움이 있고(눅 8:12; 고후 4:3-4; 엡 6:10-20 등), 또한 이단과 세상 불신자들의 삶에서도 어둠의 권세의 영향력이 있음을 강조하고 있다(딤전 4:1-2; 요일 4:1-3 등). 또 한편 신약 시대의 신사는 그리스도의 십자가 죽음과 부활을 통해 그와 연합되었고 죄를 섬기던 '옛사람'이 죽고 '새 사람'이 되었으므로 죄의 지배에서 벗어날 수 있게 되었다(롬 6장; 골 3:1-4 등).

그리고 하나님의 자녀가 된 신자는 마음속에 성령이 내주하시며(갈 4:6; 고후 1:22; 딤후 1:14 등) 성령의 감화로 육신의 정욕을 제어할 수 있게 되었다(갈 5:16-24; 롬 8:1-17; 고후 3:2-18 참조. 겔 36:27). 이런 점에서 세상 풍조에 속한 동성애 현상(동성애가 세상 풍조에 속한 것이라면!)이 오늘날 구미 국가들과 한국에 그리고 교회 안에까지 밀려들어와 강력하게 도전하고 있는 현실을 영성 신학적 측면에서 다룰 필요가 있다고 본다.

영성신학에서는 그리스도인의 새로운 삶을 위해서 하나님과 동행하는 삶과 그리스도와의 연합의 삶, 성화와 성령 충만한 삶을 추구함과 동시에 죄와 육신, 자아, 정욕, 마귀와 악령들, 영적 싸움, 성령의 은사, 기도, 내적 치유와 같은 요소들을 적극적으로 고려한다. 그래서 필자는 동성애 문제는 밖으로 드러난 현상을 다루는 사회적, 법률적, 의학적, 심리학적, 윤리적 문제일 뿐만 아니라, 근본적으로는 복음을 통한 전인적인 변화와 회복의 가능성의 문제요 영적 문제로 보아야 하며 여기에 궁극적인 문제해결의 길이 있다고 보려는 입장이다.

### 4) 본 논문의 내용 전개

먼저 동성애 관련 성구들의 해석 문제를 다룰 것이다. 기독교 내의 동성애 지지자들의 나름대로의 성경 해석을 알아보고 평가하는 일도 동시에 하겠다 (그들이 무어라고 말하는지를 알기 위해 종종 인용을 길게 할 것이다). 이어서 사회와 교회 속에서의 동성애자들의 영향과 현황을 먼저 살피고자 한다. 다음으로 동성애의 정체성 문제를 다루도록 하겠다. 문제의 핵심은 이것이다.

동성애적 성향은 선천적이며 치료 내지는 변화가 불가능한가?

실제 동성애자의 치료와 회복의 실례가 많은가?

이 문제의 접근을 위해서는 의료 전문가들과 탈동성애자들의 증언이 필수적이겠다. 마지막으로 본 논문에서 영성신학적 진단과 해결책을 제시하겠다. 하지만 마지막 두 부분은 현실과 경험 부분을 다뤄야 하므로 이론적인 접근을 하기 어려운 측면이 있다. 그래서 체험을 말하는 간증들을 가끔 소개하는 것이 의미가 있을 것이다.

## 2. 성경에서 동성애에 대해 언급하고 있는 구절들의 해석과 교훈

### 1) 동성애 관련 성경 구절들

구약과 신약에서 "[남자가] 여자와 동침함 같이 남자와 동침하는 [자]," "남색[하는 자]," 또는 분명하게 동성애 행위(자)를 가리키는 표현들이 나오는 구절들은 다음과 같다: 레위기 18:22; 20:13; 열왕기상 14:24; 15:12; 22:46; 로마서 1:24, 26-27; 고린도전서 6:9; 디모데전서 1:10. 그밖에 전통적으로 문맥상 동성애 행위와 관련된 표현이 나타난다고 보아왔던 성구로 창세기 19:5과 사사기 19:22이 있다.[7]

### 2) 동성애 옹호자들(기독교인들)의 기본 입장

기독교인 중에도 동성애적 감정을 가지는 것과 동성애적 성행위를 하는 것을 죄악시하면 안 되며 하나님도 정죄하지 않으신다고 생각하는 사람들이 있다. 그들은 동성애에 대해 부정적으로 말하고 있는 위의 성구들은 실은 동성애와는 관계가 없는 구절들이라고 주장한다.

---

7 남창과 남창의 활동을 금하고 있는 신명기 22:5; 23:17; 열왕기하 23:7; 호세아 4:14도 포함시킬 수 있겠으나 뒤에서 간단하게 언급하고 지나가도록 하겠다.

그들은 유아 시절 또는 청소년기 시절부터 자신과 같은 성(性)의 다른 사람에게 성적으로 끌리는 감정을 갖게 되고 발전해 가는, 일반적이지 않은, 이른바 '성 소수자들'의 '성적 지향'[8]인 '동성애'는 의식적으로 선택한 것이 아니며 동성애자로 행동하는 것은 그들만의 자연스러운 사랑의 방식이라고 옹호한다.

따라서 위에 열거된 성구들에서 말하는 경우들은 '폭력적'이고 '착취적'인 성행위들이므로 자기들의 '동성애'와는 다르다는 것이다.[9] 결국 동성애 감정을 가지는 것은 선천적이며, 그래서 동성애적 성행위와 동성 커플의 결혼은 죄가 되지 않고 오히려 아름다운 것으로 보아야 한다는 것이다.[10] 그러면 동성애와 관련된 위의 성경 구절들에서 말하고 있는 바는 실제로 무엇이며 오늘날의 '동성애'에 대한 교훈은 무엇인가?

### 3) 레위기 18:22 - 동성애에 대한 율법의 계명

> 너는 여자와 동침함 같이 남자와 동침하지 말라 이는 가증한 일이니라(레 18:22).
>
> 누구든지 여인과 동침하듯 남자와 동침하면 둘 다 가증한 일을 행함인즉 반드시 죽일지니 자기의 피가 자기에게로 돌아가리라(레 20:13).

---

[8] 최근 동성애의 선천성 여하에 대한 논란 인해, 동성애 옹호자들은 '성적 지향'(sexual orientation)은 타고난 것이어서 스스로 통제하지 못하는 것을 의미하며 '성적 선호'(sexual preference)는 의식적 선택을 의미한다고 보아 의식적으로 구별하여 사용한다. 민성길, "정신의학에서 보는 동성애," 김영한 외, 『동성애, 21세기 문화충돌』 (서울: 킹덤북스, 2016), 584. 이하 『동성애』.

[9] 참조: T. E. Schmidt, "Homosexuality," in *Baker Theological Dictionary of the Bible*, ed. W. A. Elwell (Grand Rapids: Baker Books, 1996), 351-352; 다니엘 헬미니악(Daniel A. Helminiak), 『성서가 말하는 동성애 - 신이 허락하고 인간이 금지한 사랑』 (서울: 한울, 2003), 32.

[10] 그들의 주장에 대해 뒤에 가서 좀더 구체적으로 다룰 것이다.

여호와 하나님의 선민 이스라엘 백성이 애굽 땅과 가나안 땅의 풍속을 따르지 말 것을 경고하고 성별된 삶을 살기를 요구하면서 주신 계명들이다(18:1-5; 20:22-26). 18:2의 "나는 여호와 너희 하나님이니라"로 시작되는 서문은 시내 산에서의 십계명 선포 때의 서문(출 20:2; 신 5:6)을 상기시킨다.[11]

남자와 남자가 성관계를 가지는 것은 가나안 족속들을 포함한 이방인들의 풍속이며 하나님의 선민이 따라서 행해서는 안 될, 가증한 일이라는 것이다.[12] 여기서 죄악시하면서 배격하는 것은, 남성과 여성 간에 이뤄지는 것이 아닌, 같은 남성끼리의 성행위 자체를 말하는 것이 분명하며, 그 행위가 강제적, 폭력적으로 이루어지는지 아니면 서로 동의하에 사랑과 친밀감 속에 이루어지는지 아닌지에 따라 다르게 평가될 수 있는 여지는 없어 보인다.[13] 바로 동성애적 성행위가 하나님 앞에서 "가증한 일"이 됨을 명시하고 있는 것이다.

여기 두 구절에 나오는 "가증한 일"은 히브리어로 *tô'ēbâ*('토에바')인데, 본질에서 도저히 용납할 수 없을 정도로 서로 맞지 않아 혐오스럽고 꺼리

---

11  J. E. Hartley, *Leviticus*, WBC 4 (Dallas: Word Books, 1992), 291.
12  동성애를 죄로 보고 금지 명령을 하는 예는 이스라엘의 율법 외에 다른 고대 근동의 법에는 나타나지 않는다는 사실에 유의하는 것도 의미가 있다고 보겠다. 참조. Tikva Frymer-Kensky, "Sex and Sexuality," *ABD* 5:1145. 가나안 종교에서는 동성애가 주전 14세기 이후 제의(祭儀) 곧 종교적 매음 행위에 속했다는 증거(Ras-Schamra-Fragment 8252)가 있기도 하다. 참조: Georg Strecker, "Homosexualität in biblischer Sicht," *KuD* 18 (1982), 130-131.
13  K. R. Lings("The 'Lyings' of a Woman: Male-Male Incest in Leviticus 18.22?," *Theology & Sexuality* 15 [2009], 231-250)는 레위기 18:22에서 금하고 있는 계명은, 남성 간의 동성애적 행위에 대한 것이 아니라, 가족 중 남성 간의 성행위에 대한 것이라는 독특한 해석을 한다. 그는 이렇게 확대 번역을 시도한다: "You shall not commit incest with any close relative, male or female." 그러나 근거가 약한 주관적 번역이라 할 것이다. 레위기 18:6-17에서 근친상간을 금하는 계명이 나오고 18:19 이후에는 다른 계명들을 말하고 있기 때문이다. 성경 번역가이면서 게이의 성 정체성을 가진 저자가 동성애의 정당성을 변증하려는 욕망에서 나온 해석으로 이해된다. 참조: http://www.renatolings.com/eaboutme.html(접속: 2017.3.24).

는 대상이므로 금기시해야 할 일이라는 뜻이다.¹⁴ 예를 들어 설명하자면, 창세기 43:32에서 히브리 사람과 애굽 사람이 같이 식사하는 것은 *tôʿēbâ*가 되는 것이기 때문에 따로 식사했다고 말하고 있을 때처럼, 그리고 시편 5:6에서 "피 흘리기를 즐기는 자와 속이는 자"는 여호와께 *tôʿēbâ*가 된다고 표현할 때처럼 말이다.¹⁵

### 4) 열왕기상 14:23-24, 15:12, 22:46 - 유다 왕국 시대의 동성애자들에 대한 처벌

열왕기상 14:23-24에서 르호보암왕 때 유다 백성이 산당과 우상과 아세라 상을 세우고 그 땅에 "남색하는 자들"(*qādēš*, '카데쉬,' NRSV: "male temple prostitutes")이 있었는데, 이 악행들은 여호와께서 쫓아내신 이방인들의 모든 "가증한 일들"(*tôʿăbôt*, '토아보트,' 복수!)이었다고 표현하고 있다. 위의 레위기의 두 구절에서와같이 동성애 행위가 우상 숭배와 함께 극히 사악한 죄악임을 밝히 말하고 있다. 열왕기상 15:12에서는 같은 의미를 부정적으로 표현한다. 아사 왕이 "남색하는 자를 그 땅에서 쫓아내고 그의 조상들이 지은 모든 우상을 없앴다"고 했다. 역시 동성애 행위와 우상 숭배가 함께 "가증한 일들"에 속하는 죄악이기 때문에 아사왕이 선민 이스라

---

14 E. Gerstenberger, "*tʿb* pi. verabscheuen," *THAT* 2:1051-52. 헬미니악(『성서가 말하는 동성애』, 57-65) 등 동성애 옹호자들은 레위기의 금지 명령에 나오는 *tôʿēbâ*가 윤리적인 것이 아니라 (여자의 월경이나 할례 계율에서처럼) 제의적(祭儀的) 성결의 의미로 쓰인 경우로 보아야 한다고 주장한다. 그러나 분명히 윤리적 책임을 동반한 행동을 요구하는 계명의 경우에도 그 단어가 쓰였다. 참조. 배정훈, "구약성경에 나타난 동성애," 『동성애』, 66-67.

15 물론 신약 시대인 오늘날 동성애와 관련된 율법의 계명 중 동성애 행위자를 "반드시 죽일지니라"고 한 부분까지 문자적으로 적용해야 하는 것은 아닐 것이다. 다음의 적용적 해석도 참조 바람: 신득일, "레위기의 동성애 법," 김영한 외, 『동성애』, 97: "'백성 중에서 끊처지는 것'은 언약의 공동체의 교제에서 배제되는 것이기 때문에 수찬 정지 혹은 그 이상으로 적용할 수 있을 것"이다.

엘 중에서 그것들을 철저하게 제거시켰다고 칭송하고 있다. 아사왕보다 더 의로운 왕으로 평가받은 여호사밧이 행한 일에 대해 **열왕기상 22:46**에서 "그가 그의 아버지 아사의 시대에 남아 있던 남색하는 자들을 그 땅에서 쫓아내었다"고 기록하고 있는데, 동성애 행위의(용납해서는 안 되고 반드시 제거되어야 할) 죄악성에 대한 동일한 인식을 보여 주고 있다.

일반적으로 주석가들은 이 "남색하는 자들"을, NRSV에서처럼, "성전 남창"으로 이해한다. 고대 중동의 성전 제사 풍속에서처럼, 이스라엘 성전에서도 제사 의식과 연관시켜 성행위를 하는 성전 창기들이 있었는데, 선지자들의 강한 책망의 대상이었다고 보는 것이다. 근거로 호세아 4:14("이는 남자들도 창기와 함께 나가며 음부[*haqqĕdēšôt*, '하케데쇼트,' NRSV: "temple prostitutes"]와 함께 희생을 드림이니라")와 열왕기하 23:7 ("[요시야가] 또 여호와의 성전 가운데 남창의 집을 헐었으니")를 들 수 있다.[16]

## 5) 로마서 1:24-27 – 동성애에 대한 바울의 교훈 1

로마서 1:24-27에서 바울이 말하고 있는 바는 다음과 같이 분명하다.

(1) "창조주"(25절) 하나님을 바로 섬기지 못하고 우상 숭배의 죄에 빠진 결과 어리석게 된 이방인들[17]은 하나님께로부터 내버려 짐을 받아

---

16　참조. *HAL*, 1005: "Geweihte(r) Kultprostituierte(r)"; H.-P. Müller, "*qdš*, heilig," *THAT* 2:596. 고대 중동과 이스라엘에서의 동성애적 성전 창기가 있었다는 사실을 부정하는 Phyllis Bird의 주장에 대한 적절한 비판에 대해 다음을 참조 바람: Robert A. J. Gagnon, "The Old Testament and Homosexuality: A Critical Review of the Case Made by Phyllis Bird," *ZAW* 117 (2005): 373-75.

17　로마서 1:18-32에서 묘사하고 있는 부패한 인간의 모습은 특히 불경건과 불의에 빠져 있는 이방인의 모습이라고 이해하는 것이 가장 바람직하다고 본다. 로마서 1:16-17에서 유대인과 이방인 모두에게 이신칭의의 복음이 필요함을 말하고 그 이유를 모든 인생이 죄인이기 때문이라는 사실을 1:18-3:20에서 논하고 있다. 1:18-32 중 '이방인'이

이방인들에게 특징적인 성적 타락[18]으로 떨어지게 되었다.
(2) 곧 같은 성(性)의 성적 파트너끼리 "서로에 대해 정욕이 불타서" "본성에 따른 성행위"(τὴν φυσικὴν χρῆσιν, '텐 퓌시켄 크레신')가 아니라 "본성을 거스른"(παρὰ φύσιν, '파라 퓌신')[19] 성행위를 했다.
(3) 그 행위는 "불결함"과 "부끄러움"과 "그릇됨"의 결과로 나타났다.

바울은 여기서 흔히 '성행위'를 말할 때 쓰인 헬라어 χρῆσις('크레시스')[20]와 함께 κατὰ φύσιν('카타 퓌신')과 대조적인 의미의 표현인 παρὰ φύσιν(롬 11:24)

---

라는 표현이 안 나오고 1:18에서 모든 죄인에게 임할 보편적 심판에 대해 말하고 있는 것은 사실이다. 그러나 실제에 있어서 적어도 1:19-27에서 특별 계시가 없는 이방인들의 창조주 신앙의 부재와 우상 숭배를 말하고 있고 이것이 유대인들에게 해당되는 것이 아님이 분명하다. 더욱이 2:1-29에서 집중적으로 율법을 소유한 유대인도 죄 가운데 있음을 밝히고 있는데, 이에 상응하게 이방인의 죄를 1:18-31에서 다루고 있다고 보는 것이 자연스럽다. 참조: J. A. Fitzmyer, *Romans*, AB 33 (N.Y.: Doubleday, 1993), 269-272. 크랜필드(C. E. B. Cranfield, *The Epistle to the Romans*, ICC [Edingurgh: T. & T. Clark, 1975], 105)는 1:18-32에서 "바울이 일차적으로 이방인을 염두에 두고 있다는 사실은 의심의 여지가 없다"고 말하면서도, 1:23에서 묘사하고 있는 우상 숭배의 죄는 시편과 선지서에서 묘사하고 있는 이스라엘의 우상 숭배의 죄를 연상시키므로 유대인에게도 해당된다고 설명한다. 그러나 바울은 지나간 역사에서의 유대 민족의 죄를 이 부분에서 말하고자 하는 의도는 없었다고 보아야 한다. 마카비와 하시딤의 봉기 (B.C. 167-164) 이후 초기 유대교 시대에 우상 숭배는 유대인들에게 거리가 멀었다. 그들은 안식일에 회당에서 그리고 매일 아침 저녁으로 가정에서 신명기 6:4의 유일하신 야훼 하나님에 대한 신앙을 고백하면서 신앙 공동체로서의 유대인의 정체성을 확실하게 지켜 가고 있었다. 참조. G. Fohrer, *Glaube und Leben im Judentum* (Heidelberg: Q & M, 1985), 9-17.

18 바울 당시의 그리스-로마 시대의 세속 문화 속에서 동성애는 심각한 죄의식 없이 만연되어 있던 풍속이었음을 많은 문헌들이 증언해 주고 있다. 레이 탄나힐은 『성의 역사』 (김광진 역, [서울: 김영사, 1987], 80-83)에서 고대 근동 전체와 고대 이집트인들에게서 동성애가 성행했음을 증언하고 있다. 남성 동성애는 이성애와 같이 '정상적'이었다는 것이다. 남자들의 매음 행위에 대해서도 제약이 적었다고 한다. 1세기 때의 네로 황제도 동성애자였는데, 이후의 로마 황제들도 동성애를 즐겼고 귀족들도 방탕한 성생활을 문화로 인식했다. 윤가현, 『성 문화와 심리』(서울: 학지사, 2006), 35.

19 동성애 옹호자인 헬미니악(『성서가 말하는 동성애』, 102-122)은 거꾸로 해석해 바울이 로마서의 본문에서 παρὰ φύσιν이라는 표현을 통해서 말하고자 한 것은 당시 사회의 관습으로 보았을 때 동성애 행위가 '비정상적인' 행동이라는 뜻이었다고 본다. 매우 주관적인 해석으로 보인다.

20 *A Greek-English Lexicon of the NT and Other Early Christian Literature*, rev. and ed. by F.

을 사용하여 말하고 있다.[21] 또 바울은 창세기 1:27(LXX)의 "'남성'(ἄρσην, '아르센')과 '여성'(θῆλυς, '쎌뤼스')을 창조하셨다"는 말씀과 남성과 여성의 성관계를 염두에 두면서 여기서 '남자'(ἀνήρ, '아네르')와 '여자'(γυνή, '귀네') 대신에 우리의 로마서 구절에서 의도적으로 '남성'(ἄρσην)과 '여성'(θῆλυς)을 언급한 것으로 보인다.[22] 즉, 하나님의 창조 질서를 따라 남자와 여자가 성행위를 하는 것(과 이를 통해 자손을 번식하게 되는 것)을 염두에 두면서, 창조주 하나님을 잘못 섬기는 이방인이 부패 되어 창조 질서와 자연질서를 거슬러 같은 성끼리 하는 동성애적 성행위의 죄악성을 드러내고 있다.[23]

동성애 옹호자들은 바울이 로마서 1장에서 하나님의 형상을 따라 사람을 남자와 여자로 창조하신 창조주께서 세우신 창조와 자연의 질서를 거슬러 성생활을 하는 죄에 관하여 서술하고 있다는 해석에 반대한다. 바울의 표현은 당시 사회-문화의 배경 속에서 상황적 교훈을 하는 것이므로

---

W. Danker, Third Ed. (Chicago: Univ. of Chicago, 2000) (= BDAG³), 1089.

21 Fitzmyer, *Romans*, 286.
22 R. Jewett, *Romans*, HCHCB (Minneapolis: Fortress, 2007), 174; J. D. G. Dunn, *Romans 1-8*, WBC 38A (Dallas: Word Books, 1988), 64.
23 이것은 대부분의 로마서 주석가들의 해석이다. 로마서 1:26에서, 여자들의 동성애적 성행위가 아니라 이성애적인 부자연스런 성행위를 말하고 있다고 보는 소수의 해석이 있다. 예: J. E. Miller, "The Practices of Romans 1:26: Homosexual or Heterosexual?" *NovT* 37 (1995): 1-11. 문맥을 떠난, 주관적인 해석에 불과하므로 거부되어야 할 것이다. 또 바울은 당시 로마에서 성행했던 바 성인 남자가 미소년과 가진 착취적인 동성애를 정죄한 것이지 오늘날의 자발적 동성애를 말한 것은 아니라는 호모필리아쪽의 반론도 있으나 잘못된 해석이라고 보아야 할 것이다. 바울은 여성 간의 (자발적) 동성애도 함께 언급했다. 모든 형태의 동성애는 창조 질서를 거스른 것이요 부끄러운 짓임을 가르칠 것이다. 허호익, 『동성애는 죄인가-동성애에 대한 신학적·역사적 성찰』(동연, 2019), 61. 스트레커(Strecker, "Homosexualität in biblischer Sicht," 133-135)는 롬 1:24-27에서 동성애의 죄에 대해 말하면서 이방인 세계가 하나님으로부터 떠나 있음과 도덕적 타락과 죄에 빠져있음을 드러내고 있다고 바로 이해를 제시한다. 그러나 1:19-23의 우상 숭배의 죄를 언급한 것과 관련하여 당시 이방인 세계에서 제의(祭儀) 행사 중에 우상 숭배와 함께 행해진 동성애 관습을 배경으로 말하고 있다고 해석하는데, 불필요한 종교사학파적 설명으로 사족을 붙이고 있는 것 같다.

보편적인 진리의 교훈으로 볼 수 없다는 것이다.[24] 그러나 20년간의 극도로 방탕한 동성애자의 삶에서 벗어나 탈동성애자 상담자로 활동하고 있는 앤드루 코미스키(Andrew Komiski)는 그의 통찰을 이렇게 말한다.

> 성의 상호 보완성은 하나님의 이미지를 투영하는 것이기 때문이다. 동성과의 결합은 그런 이미지를 더럽히는 것이다. 그런 결합은 성경에 적어 놓으신 하나님의 창조 의지를 더럽히는 것이 되기 때문에 하나님의 형상으로서 축복받을 수 없다. 다만 사탄의 영역에 들게 될 뿐이다.[25]

물론 여기서 바울이 동성애가 하나님을 섬기지 못해서 짓는 유일한 죄라거나 가장 큰 죄라는 것을 말하려는 것이 아니다. 왜냐하면, 그 이하 28절부터 하나님을 마음에 두기 싫어함으로 말미암아 부패한 인생이 짓는 여러 가지 죄를 언급하고 있기 때문이다. 어떻든 하나님을 떠난 불경건한 이방인이 창조주 하나님을 섬기지 않고 우상 숭배를 한 근원적인 죄를 지은(1:18-23) 결과 다른 수많은 죄악을 행하게 되었는데,[26] 바울은 그 두드러진 첫 번째 증거로 동성애의 죄[27]를 지적하고 있다.

---

[24] 이 문제 대한 적절한 반박과 주석적인 바른 설명에 대해 다음의 논문을 참조 바람: 이재현, "바울이 말하는 동성애와 하나님의 진노: 로마서 1:24-27을 중심으로," 『동성애』, 142-183.

[25] 코미스키, 『동성애, 온전한 변화를 위한 시작』, 129-130.

[26] 구약에서와 마찬가지로 초기 유대교 랍비들은 우상 숭배와 이방인의 죄악된 삶과의 연관성을 강조했다. P. Billerbeck, *Die Briefe des NTs und die Offenbarung Johannis, Kommentar zum NT aus Talmud und Midrasch*, Band 3 (München: C. H. Beck, 1985), 62-63.

[27] 스스로 게이로서 대표적인 게이 대변인으로 활동했던 역사학자 존 보스웰(John Boswell)은 그의 책 *Christianity, Social Tolerance, and Homosexuality* (Chicago: University of Chicago, 1980)에서 로마서 1:26 중의 헬라어 전치사 παρά('파라')가 동성애 행위의 "특이함"을 묘사한 것이지 "도덕적으로 비난받을" 행동이라는 뜻은 아니라고 했는데, 이에 대해 피츠마이어(*Romans*, 286)는, 헤이스(R. B. Hays)의 말을 빌려, 1:29-31의 죄악 목록에 대한 평행구 위치에 있는 1:24-27에서 동성애 행위를 언급한 것이라는 점에서 동성애의 죄악성을 말한 것이 분명하다고 바로 비판했다. 무엇보다 로마서 본문 중 "마

구약에서 유대왕조 시대의 부패한 이스라엘 백성이 이방인의 풍습을 따라 특히 우상 숭배와 동성애의 죄를 지었다(열왕기상 14:24; 15:12; 22:46)고 말한 것과 궤를 같이 하고 있음이 분명하다. 초기 유대교 랍비들은 이방인들에게 음란이 많은 데 비하여 이스라엘은 부부의 순결에 있어서 칭송할 만하다고 강조하여 가르쳤다는 사실을 상기하면 좋을 것 같다. 그들은 이스라엘 안에는 동성애 행위는 없으며 만일 그런 일이 있으면 행위자는 돌로 쳐서 죽여야 한다고 경고하기까지 했다.[28]

창조주 하나님께 대한 바른 신앙을 가지고 하나님께 찬양과 경배를 드리고 기도할 때 동성애에서 벗어날 수 있음을 임상 경험을 통해 증언하고 있는 코미스키는 시사성 많은 그의 해석을 이렇게 제시한다.

> 찬양과 경배의 물결이 한 사람 한 사람에게 전해지면서 그 모임은 동성애로 고투를 겪고 있던 이들이 고통을 끌어안고 연민을 나누는 장에서 창조주의 신성한 장으로 탈바꿈하게 되며 그곳에서 창조주께서는 당신의 피조물들이 보다 위대한 열망 즉 당신을 향한 열망으로 다시 깨어나게 하신다. … 영혼의 창조주를 영접하고 그분께서 처음에 의도하셨던 대로 그분의 사랑에 흠뻑 젖어들 필요가 있는 것이다. 로마서 1:18-32에 보면, 이런 경우에 대한 확실한 예가 있다. 바울이 성에 관한 질서를 지키시려는 창조주의 역할에 대해 설명하면서 인간이 하나님에게서 눈을 돌려 그 피조물을 향해 정신을 쏟게 되었을 때 초래되는 성적 혼란을 묘사한다.[29]

---

"음악 정욕대로 더러움에 내버려 주심"과 "그들의 몸을 서로 욕되게 하심," "부끄러운 욕심에 내버려 두심," "부끄러운 일을 행함"과 같은 부정적인 일련의 가치 판단의 표현들이 나오는 문맥에서 동성애 행위를 부정적으로 말했다고 보는 것이 명백한데도, 보스웰은 그렇지 않다고 보는데 손바닥으로 해를 가리는 억지 해석을 하고 있다고 볼 수밖에 없다.

28 참조. Billerbeck, *Die Briefe des NTs*, 3:66-67, 70-73.
29 코미스키,『동성애, 온전한 변화를 위한 시작』, 63-64.

## 6) 고린도전서 6:9-10 - 동성애에 대한 바울의 교훈 2

고린도전서 6:9-10에서 바울은 성도 간에 서로 다투면서 세상 법정에 소송과 관련된 불의에 대해 경고한다. "불의한 자들이 하나님의 나라를 유업으로 받지 못할" 것인데, 하나님의 나라에 들어가지 못할 '불의한 자들' 목록에 "음행하는 자나 우상 숭배하는 자나 간음하는 자나 탐색하는 자나 남색하는 자"를 포함하 있다. 9-10절의 본문을 양식 비평적으로 분석하는 이들은 이 두 절에 나오는 문장은 일반적으로 교회들 안에서 전통적으로 사용되고 있던 표현임이 확실하다고 본다.[30]

바울은 비슷한 표현이 담긴 목록을 사용하면서 위협적으로 경고하는 말을 다른 편지들에서도 쓰고 있는 것을 볼 수 있으므로(참조. 갈 5:19-21; 엡 5:5-7; 딤전 1:9-10) 그 같은 판단도 일리가 있을 것 같다.[31] 어떻든 이 본문에서 바울은 강력한 종말론적 경고를 말하고 있음이 분명하다.

9절의 "탐색(貪色)하는 자"와 "남색(男色)하는 자"는 원어로 각기 μαλακός('말라코스')와 ἀρσενοκοίτης('아르세노코이테스', [원문에서는 각기 복수임!])이다. 전자는 여성적인 부드러움을 가진 젊은 남자로서 수동적으로 남색하는 자를 가리키는 말이므로 흔히 '남창'(男娼) 노릇을 하는 자(표준새번역), 'male prostitute'(NRSV, NIV)으로 그리고 후자는 (공격적으로 남색하는 자를 가리키는 말이므로) 보통 '남색자', '동성연애를 하는 남자'(표준새번역), 'sodomite'(NRSV), 'homosexual offender'(NIV)로 번역되는 단어이다.[32] 바울

---

[30] Hans Conzelmann, *Der erste Brief an die Korinther* (Göttingen: V & R, 1981), 135.
[31] 예루살렘 총회의 결의로 이방인 교회들에게 보낸 회람 서신에도 신자가 금지해야 할 것들의 목록에 '음행'이 들어가 있음도 참조하라.
[32] BDAG³(135, 613)에 따르면 두 헬라어 명사의 의미는 각기 다음과 같다: "pertaining to being passive in a same-sex relationship, effeminate esp. catamites, of men and boys who are sodomized by other males in such a relationship, opp. ἀρσενοκοίτης (…) 1 Cor 6:9"; "a male who engages in sexual activity with a person of his own sex, pederast 1 Cor 6:9." 이 헬라어 명사는 신약성경 이전에는 나타나지 않았고 대신 같은 의미의 ἀρρενοκοίτης라는

은 여기서도, 로마서 1:18-27에서와같이, 구약에서 이방인들의 특징적인 두 가지 죄로서 여긴, 우상 숭배의 죄와 동성애 행위의 죄를 묶어 열거하면서 "하나님의 나라를 유업으로 받지 못할" 자에게 있는 특징적 모습을 묘사하고 있다.

고린도전서 6:9에 나오는 두 헬라어 단어 μαλακός와 ἀρσενοκοίτης에[33] 대해 주석가들은 대부분 위에서 우리가 해석한 대로 동성애자들을 가리킨다고 보는데 반하여, 존 보스웰(John Boswell)[34]은 그런 이해를 부정한다. 그는 '동성애자'('homosexual')라는 말은 19세기 말에 처음으로 사용되기 시작했는데 바울이 말한 문장을 번역할 때 그 번역어를 사용한다면 시대착오적인 일이 되는 것으로 지적한다. 또 보스웰은 자신의 고대 교회 문헌 연구를 통해 바울이 언급한 ἀρσενοκοίτης는 '남창'을 뜻하는 말이었지 오늘날의 동성애자, 곧 '(같은 성 정체성을 가진) 남성 간의 동성애 행위'를 뜻하는 말은 아니었다고 주장했다. 그러나 데이빗 라이트(David F. Wright)는 철저한 고증을 통해 보스웰이 제시한 증거들은 오류가 많고 대부분 해석이 편향적이고 주관적인 것임을 설득력 있게 논증했다.[35]

---

단어가 있었다. 참조: H. G. Liddell, & R. Scott, *A Greek-English Lexicon*, ed. H. S. Jones (Oxford: At the Clarendon, 1983), 246. 바울이 레위기 18:22와 20:13의 LXX 본문에 μετὰ ἄρσενος("with a male/man")와 κοίτην("marriage-bed, intercourse")이 함께 나타나 있고 다같이 동성의 성행위를 금하는 계명을 말하고 있어서, 바울이 이 LXX 본문(특히, 레 20.13 κοιμηθῇ μετὰ ἄρσενος κοίτην)을 참고히여 합성어 ἀρσενοκοίτης를 주조한 것으로 설명될 수 있겠다. 참조: David F. Wright, "Homosexuals or Prostitutes? The Meaning of APΣENOKOITAI (1Cor. 6:9; 1Tim. 1:10)," *Vigiline Christianae* 38 (1984), 126-129; Schmidt, "Homosexuality," 353-354. 위경의 '시빌의 신탁'(SibOr) 2:73에는 '(남성 간의) 동성애를 하다'는 의미의 ἀρσενοκοιτεῖν이라는 동사가 나타난다. 참조. BDAG³, 135.

33 이 헬라어 단어에 대한 다양한 연구에 대해 다음을 참조 바람: W. D. Mounce, *Pastoral Epistles*, WBC 46 (Dallas: Word, 2000), 38-39.

34 *Christianity, Social Tolerance, and Homosexuality: Gay People in Western Europe from the Beginning of the Christian Era to the Fourteenth Century* (Chicago: Chicago UP, 1980), 339-352.

35 Wright, "Homosexuals or Prostitutes? The Meaning of APΣENOKOITAI," 125-153. 라

호모필리아의 또 다른 대변자인 다니엘 헬미니악(Daniel A. Helminiak) 신부(神父)는 우리의 고린도전서 구절의 μαλακός는, 성행위와 관계없는 단어로 보아, "방종한 (자)"이라고 번역하고, 반면에 ἀρσενοκοίτης는 "남자들 사이의 착취적이고 음탕하며 방자한 섹스"를 가리킨다고 해석하면서, 이 구절에 근거하여 상호 동의와 애정 속에 이뤄지는 동성애까지 죄악시하는 것은 잘못이라고 강변했다.[36]

그러나 착취적인 동성애 행위와 상호 동의 아래 이뤄지는 동성애 행위라는 이분법적인 개념은 오늘날의 호모필리아의 이론적 지도자들의 창안일 뿐이다. 고대 근동에서와 그레코-로마 문화에서 광범하게 이뤄졌던 동성애는 그런 구별이 없었기 때문이다.

우리의 고린도전서 본문을 호모필리아 입장에서 주관적으로 왜곡하여 해석하는 예를 하나 더 들어본다. 전형적으로 자신의 의도를 성경 본문에 집어넣어 원하는 해석을 얻으려고 시도한 예라 하겠다.

> 예를 들어 고린도전서 6장만 하더라도 '남색 하는 자'에 해당하는 *malakoi* 와 *arsenokoitai*가 다양한 말로 번역되어 있답니다. *malakoi*라는 말은 본래

---

이트는 시리아어와 콥트어로 번역된 성경들에도 고린도전서 6:9의 우리의 헬라어 명사는 "남자들과 자는 사람"의 뜻으로 번역되었고(145쪽), 고대 교회의 교부들과 문헌들(Hippolytus, Irenaeus, Chrysostom, *Acts of John* 등)은 그런 의미의 동성애를 죄악시했으며(141-144), 바울처럼 필로와 요세푸스 등의 고대 유대교 작가들 역시 남자들 간에 행해지는 (착취적인 것만이 아닌) 동성애 일반에 대해 죄악으로 보았음을 증거했다(145-146). 다음도 참조 바람: Gordon D. Fee, *The First Epistle to the Corinthians* (Grand Rapids: Eerdmans, 2014), 268-269.

36 『성서가 말하는 동성애』, 154-167. 그러나 로마서 1:27에서 바울이 "서로에 대해 정욕이 불타서" 행해지는 동성애의 죄악을 말하고 있는 사실에 유의하자면, 바울은 오히려, 청소년이나 노예 등을 대상으로 한 착취적이고 폭력적인 동성애 행위가 아니라, 남성 서로 간의 동의와 적극적인 욕망 속에서 이뤄지는 동성애 행위를 죄라고 말한 것으로 보아야 할 것이다. 참조. P. Sprinkle, "Paul and Homosexual Behavior: A Critical Evaluation of the Excessive-Lust Interpretation of Romans 1:26-27," *Bulletin for Biblical Research* 25 (2015): 497-517.

'부드럽다'라는 뜻으로 많이 쓰이지만 동시에 '여자 같은', 때로는 '규율 없는' 등의 뜻으로도 쓰인다는 것이지요. 마찬가지로 *arsenokoitai*도 다양한 번역의 여지가 있습니다. 정확히 남자와 동침하는 남자라는 뜻인지, 그 말이 당시에 어떤 의도로 쓰였는지 많은 성서학자의 연구로도 현재를 사는 우리로서는 정확히 알 수 없다는 이야기입니다. 그러니 말씀의 본디 의미를 살피기보다는 편견과 오해로 이미 결론을 내린 상태에서 성경의 본문을 해석하려는 태도를 조심해야 합니다.[37]

고린도전서 6:9-10의 "불의한 자들" 목록에 들어있는 "탐색하는 자와 남색 하는 자"의 언급에 이어 (아마도 당시 일반 교회들에서 사용되었을 세례식 예문으로 여겨지는) 11절 첫머리에 의미 있는 표현이 나오는 사실에 유의할 필요가 있다고 본다. 11절은 이렇게 시작된다. "여러분 가운데 이런 사람이 더러 있었습니다. 그러나 여러분은 …"(표준새번역 참조. [NRSV] "And this is what some of you used to be. But you…"). 여기서 바울은 고린도 교회 교인 중에 과거에 9-10절에 언급된 불의를 행하는 자들이 있었는데, 세례받고 그리스도인이 된 후엔 더 이상 그런 죄악을 짓는 자가 없다는 사실을 전제하면서 말하고 있는 셈이다. 우리의 주제와 관련하여 이렇게 다시 표현할 수 있을 것이다.

> 바울은 동성애를 교정될 수 없는 것으로 이해하지 않는다고 여기에서 결론 내리는 것은 정당하다.[38]

---

[37] 임보라, "모태 신앙인 내 아이, 무엇이 잘못된 걸까요?" 숨 프로젝트 편, 『하느님과 만난 동성애』 (서울: 한울, 2010), 29-30.
[38] Strecker, "Homosexualität in biblischer Sicht," 135. 고든 피(Fee, *The First Epistle to the Corinthians*, 268 및 각주 243)는 바울이 고린도전서 6:9에서 말할 때 동성애 행위(behavior)를 가리키고 있지 단순히 동성애적 태도나 특성을 가리키고 있는 것은 아니라고 보면서 그 해석의 근거로 이렇게 말한다: "esp. from the first sentence in v. 11: 'Such *were*

### 7) 디모데전서 1:9-10 - 동성애에 대한 바울의 교훈 3

디모데전서 1:9-10은 율법주의적 이단 지도자들에 대해 공격하며 경계하는 말을 하는 문맥 속에 있다. 바울은 율법이 악한 사람들을 위하여 필요한 데, 그 악한 사람들의 범주에 포함되는 대상을 열거한다. 그 목록에 "남색 하는 자"가 포함된다. 헬라어는 고린도전서 6:9에 나오는 바로 그 ἀρσενοκοίτης('아르세노코이테스')다. 당연히 의미는 양 구절에서 동일하다.

고린도전서 구절에서 이 단어 앞에 '우상 숭배자, 남창'이 나왔는데, 디모데전서 구절에서는 '부모를 죽이는 자'와 '살인자'가 나오며 뒤에 나오는 단어는 '인신매매하는 자'가 나온다. 역시 여기서도 동성애자가 큰 죄인이라는 사실을 암묵적으로 확언하고 있다.[39]

### 8) 창세기 19:5, 사사기 19:22 - 소돔과 기브아 사람들의 죄는 동성애? 환대하지 않은 죄?

이제 마지막으로 명시적인 동성애 표현이 나오지는 않지만, 암시적으로 문맥 가운데서 동성애 행위에 대해 말하고 있다고 전통적으로 추정되어왔던 구절들을 살펴볼 차례다. 즉 오늘날 논란이 많은 구절인 창세기 19:5과 사사기 19:22의 경우다. 창세기 구절은 이렇게 표현되고 있다.

> 롯을 부르고 그에게 이르되 오늘 밤에 네게 온 사람들이 어디 있느냐 이끌어 내라 우리가 그들을 상관하리라(창 19:5).

---

some of you,' implying that behavioral change had taken place." 맞는 말 같기도 하지만, 쓸데없이 지나친 의미 분석을 한 것 같다. 동성애 행위는 더 이상 하지 않지만 동성애 성향은 바뀌지 않았을 수 있다는 뉘앙스를 줄 수 있기 때문이다.

**39** Strecker, "Homosexualität in biblischer Sicht," 136-137.

이 중 마지막 문장은 히브리어로 *wĕnēdĕʿâ ʾōthām*('웨네데아 오탐')이다. 문제의 핵심은 히브리어 동사 *yāda*('야다')의 의미를 어떻게 보느냐 하는 것이다. 이 히브리어 동사의 가장 일반적인 의미를 따라 번역한다면, "우리가 그들을 알도록"/"so that we may know them"(NRSV)이 될 것이다.

히브리어 *yāda*('야다')는 단순히 지식적으로 안다는 뜻만이 아니라 경험적 실제적인 지식을 가지는 것을 뜻한다. 그래서 *yāda*의 대상이 여호와 하나님인 경우 인격적인 친밀한 교제를 가지고 순종하는 바른 행동을 하는 것까지를 포함한 지식을 뜻한다.⁴⁰

구약에서 특히 결혼한 부부간에 또는 성인 남자 간의 성행위를 독특하게 이 히브리어 동사를 가지고 표현하기도 한다.⁴¹ 그래서 창세기 19:5의 경우 악하고 크게 부패했던 소돔 사람들⁴²이 성 윤리에 있어서 역시 마찬가지여서(참조. 창 19:30-38) 외지에서 온 낯선 젊은 남자들을 대상으로 한 동성애적 성행위 요구를 이 히브리어 동사로 표현했다고 볼 수 있다.⁴³ 그래서 문맥을 따라 NIV는 이렇게 번역했다. "… so that we can have sex with them." 이런 이해가 가장 자연스럽기 때문에 전통적으로 그리고 오늘날

---

40  W. Schottroff, "*ydʿ* erkennen," *THAT* 1:691-97. 그래서 유대인의 영역 성경 JPS는 호세아 4:6의 "(여호와께 대한) 지식 없음"을 "disobedience"로, 6:3의 "힘써 여호와를 알자"를 "Let us pursue obedience to the LORD"로 번역했다.

41  창 4:1, 17, 25; 19:8; 24:16; 38:26; 삿 11:39; 19:25; 삼상 1:19; 왕상 1:4. Schottroff, "*ydʿ* erkennen," 691. 같은 언어 사용 관습을 따라 마태복음 1:25에서 "[요셉이] 아들을 낳기까지 [마리아와] 동침하지 아니했다"고 말하면서 (히브리어 동사 *ydʿ*의 헬라어 상응어인) γινώσκω('기노스코') 동사를 사용하여 표현했다.

42  창 13:13, "소돔 사람은 여호와 앞에 악하며 큰 죄인이었더라"; 창 18:20, "소돔과 고모라에 대한 부르짖음이 크고 그 죄악이 심히 무거우니."

43  물론 '호모필리아' 사람들은 물론 이런 해석에 반대한다. 헬미니악(『성서가 말하는 동성애』, 41)은 이런 해석의 대안을 제시한다: "실제로 소돔 사람들이 다만 이 이방인들이 누구이며 소돔에서 무엇을 하려고 했는지 알아보려 한 것일지도 모른다." 소돔 사람들의 행동이 그런 의도가 아니었다는 것을 19:7-8의 롯의 대답("내 형제들아, 이런 악을 행하지 말라. 내게 남자를 가까이 하지 아니한 두 딸이 있노라 … 이 사람들에게는 아무 일도 저지르지 말라")이 증언한다. 여기 "남자를 가까이 하지 아니 한"(*lōʾ-yādĕʿû ʾîš*, '로 야데우 이쉬')이란 표현에서도 *yāda*('야다') 동사를 '성행위' 의미로 썼다.

구약 주석가들도 대부분 그런 해석을 취한다.[44]

동성애 옹호자들은 동성애적 성행위/성행위자를 가리키는 영어 단어 'sodomy'/'sodomite'가 창세기 18장과 19장에 나오는 소돔과 고모라의 심판과 멸망에 대한 내러티브가 그곳 주민들의 극심한 죄악, 특히 동성애 죄악 때문이었다는 전통적인 해석에 근거한 것이기 때문에 민감한 반응을 보인다(그래서 그들은 'sodomy'와 'homosexuality'를 명확히 구별하여 사용하기를 원한다).[45] 그들은 창세기 19:5의 히브리어 동사 *yāda'*가 동성애적 성행위를 뜻한다고 보는 해석은 확실한 근거가 없다고 반발한다. 그들은 소돔의 심판과 멸망의 원인이, 소돔 주민들의 죄악 때문이긴 했으나(창 13:13; 18:20; 19:13), 그들의 동성애 죄악 때문이었다는 통속적인 이해는 성경상 근거가 없다고 주장한다.

사실 소돔 사람들이 롯의 집에 찾아와 소란을 피운 것은 천사들이 소돔 심판을 집행하러 온 이후의 행동이었다. 그들은 성경 다른 곳에서 소돔과 고모라의 심판 사유를 언급하는 곳(사 1:10; 겔 16:49-50)에서 동성애의 죄를 지적하지 않았다고 이의를 제기한다. 동성애 옹호자들의 입장은 전형적으로 아래와 같이 표현된다.

---

44 Schottroff, "*yd'*erkennen," 691; *HAL* 374; E. A. Speiser, *Genesis*, AB 1 (N.Y.: Doubleday, 1962), 139; G. von Rad, *Das erste Buch Mose Genesis*, ATD 2/4 (Göttingen: V & R, 1981), 171: "하늘의 사신(使臣)들이 꽃다운 청춘의 모습으로 나타난 것이 틀림없을 텐데, 특별히 그들의 아름다움이 악한 정욕을 자극했던 것이다"; Strecker, "Homosexualität in biblischer Sicht," 129: "동사 *yāda'*는 '성교(性交)하다'는 의미의 '인식하다'(erkennen)를 뜻한다. 그러므로 이로써 성폭력을 가하는 것을 뜻하고 있음은 의심의 여지가 없다." 초기 유대교 전통도, 비록 의미는 다른 면이 있지만, 소돔 사람들의 멸망이 그들의 음행 때문이었다는 이해를 가지고 있었다는 많은 증언이 있다. 참조. D. J. Harrington, *Jude and 2 Peter* (Collegeville: Liturgical Press, 2003), 205-206. 다음의 의역한 번역 성경들 참조: "… so that we can have sex with them" (NIV); "그자들하고 재미를 좀 보게 끌어내어라"(공동번역).

45 플로랑스 탈마뉴(Florence Talmagne), 『동성애의 역사』, 이상빈 역 (서울: 이마고, 2007), 12.

우리 대부분이 아담과 이브 이야기가 성과 원죄에 관한 것이라고 배웠던 것처럼 소돔 이야기도 특정한 성의 죄악, 즉 동성애에 관한 것이라고 배웠다. '소돔사람들'은 나쁘고 비도덕적인데, 그 이유는 방문자들을 강간하고 싶어 했기 때문이다. 그러나 이 이야기를 더 면밀히 읽어보면 소돔의 죄악은 결코 성적인 죄가 아니라 냉대, 곧 환대하지 않은 죄임을 알 수 있다. 사실 구약 에스겔서의 기자도 이 점을 확증해 준다. "네 동생 소돔의 죄악은 이러하다. 소돔과 그의 딸들은 교만했다. 또 양식이 많아서 배부르고 한가하여 평안하게 살면서도, 가난하고 못사는 사람들의 손을 붙잡아주지 않았다."(겔 16:49) … 요컨대 소돔의 죄악은 사회적 불의이고 이방인을 환대하지 않은 것이다. 성경은 소돔을 악의 상징으로 자주 사용하지만 그중 어떤 것도 동성애를 언급하지는 않는다.[46]

그러나 창세기 19장의 문맥을 따라 선입견 없이 읽을 때 소돔 사람들이 롯에 요구한 것과 행동한 것의 죄악성을 일차적으로 이방인을 환대하지 않은 문제와 연결해 이해하기는 어렵다. 기본적으로 소돔이 불로 심판받은 원인이 단순히 롯의 집에 온 손님들을 환대하지 않았다든가 그들에게 동성애 행위를 했다는 것 때문만으로 볼 수는 없다. 왜냐하면, 천사들이 롯의 집에 오기 이전에 이미 하나님이 소돔의 심판을 결정하셨고 천사들은 그 일을 집행하러 온 것이기 때문이다. 본래 소돔 사람들은 "큰 죄인"이었고(13:13) 그들의 "죄가 심히 무거웠다"(18:20).

---

[46] 캐시 루디(Kathy Rudy), 『섹스 앤 더 처치: 젠더, 동성애, 그리고 기독교 윤리의 변혁』(서울: 한울아카데미, 1997), 215. 대전신학대학교에서 조직신학을 가르쳤던 허호익 교수는 동성애는 성경적으로 죄임을 인정하면서도, 주석가들보다는 동성애자들인 헬미니악과 보스웰 등의 주장을 참조하여, 창세기 19장의 소돔 사람들의 죄는 동성애가 아니라 "나그네에 대한 행패"였다고 해석한다. 참조. 허호익, 『동성애는 죄인가』, 19-39.

심판의 원인은 소돔 사람들의 그런 크고 많은 죄 때문이었다.[47] 19:4-9에 나타난 소돔 사람들의 악한 행위는 그들의 평소의 죄악이 기회를 타서 부분적으로 드러난 것일 뿐이다. 하지만 그 구절 중에 나타난 소돔 사람들의 죄는 분명히 동성애 행위였음을 부인할 수 없다. 이에 대해서는 창세기 주석가들의 설명들을 참조하면 될 것이다.[48] 그리고 무엇보다도 유다서 7절이 명백한 성경적 판단을 내려주고 있다고 볼 수 있다.

> 소돔과 고모라와 그 이웃 도시들도 그들과 같은 행동으로 음란하며 다른 육체를 따라 가다가 영원한 불의 형벌을 받음으로 거울이 되었느니라(유 1:7).[49]

---

[47] 에스겔 16:49-50에 구체적인 소돔의 죄악이 열거되어 있다: "교만함과 음식물의 풍족함과 태평함이 있음이며 또 그가 가난하고 궁핍한 자를 도와 주지 아니하며 거만하여 가증한 일을 내 앞에서 행했음이라." 그러나 50절의 "가증한 일"(tô'ēbâ)은, 49절의 "가난하고 궁핍한 자를 도와주지 아니한" 죄를 가리키지 않고, 오히려 그런 죄 외의, 소돔 사람들의 다른 죄를 가리킨다고 보는 것이 옳은 해석일 것이다. 에스겔 18:11-12에서도 "가난하고 궁핍한 자를 학대하는" 죄와 별개로 "(우상에게 눈을 들거나) 가증한 일을 행하는" 죄를 언급하고 있다. 참조. Gagnon, "The Old Testament and Homosexuality," 372-373. 초기 유대교 랍비들은 소돔 사람들의 죄악들을 구체적으로 추정하면서 음행, 우상 숭배, 살인, 폭력, 풍요면서도 가난한 형제를 돌보지 않음, 탐욕 등을 지적했다. 참조. P. Billerbeck, *Das Evangelium nach Matthäus, Kommentar zum NT aus Talmud und Midrasch*, Band 1 (München: C. H. Beck, 1989), 571-574. 요세푸스(*Ant.* 1.11.1)는 소돔인들의 죄악에 나그네를 미워한 것과 동성애를 포함시켰고, 초기 유대교 묵시 문학(2 Enoch 10:4-6; Jubil 16:5-6; 20:5)에서는 소돔을 멸망케 한 죄악으로 특히 음행과 동성애를 적시했다. Billerbeck, *Die Briefe des NTs*, 785-786.

[48] 특별히 다음 논문을 참조 바람. 배정훈, "구약성경에 나타난 동성애," 54-61; 강규성, "구약은 동성애에 대해서 어떻게 말하는가?" 「성경과 신학」 81 (2017): 89-94. 오늘날 소돔의 멸망이 성적인 죄악이 아니라 나그네를 박대한 죄 때문이었다는 식의 해석을 지지하는 창세기 주석가는 거의 없다. 참조: J. Robert Wright, "Boswell on Homosexuality: A Case Undemonstrated," Review Article: *Christianity, Social Tolerance, and Homosexuality* by John Boswell, *Anglical Theological Review* 66 (1984): 82-83.

[49] 참조. R. Baukham, *Jude, 2 Peter*, WBC 50 (Waco: Word Books, 1983), 54: "As the angels fell because of therir lust for women, so the Sodomites desired sexual relations with angels. The reference is to the incident in Gen. 19:4-11." 그러나 그들이 실제 천사들이 사람으로 변신한 것을 알고서 음행을 하려고 한 것은 아니었다. 문제는 소돔 사람들이 음행을 했고 그 죄의 결과로 불의 심판을 받았다는 사실이다.

사사기 19:22의 경우 역시 동성애 옹호자들은 기브아의 불량배들의 요구와 악행을 나그네를 환대하지 않고 학대한 문제로 보려 한다. 실제 나그네를 박대하고 폭력을 행한 악행이 있었던 것은 사실이다. 사사기에서 강조하고자 하는 중심 교훈은 이스라엘 백성이 하나님 앞에서 악을 행하고 불경건하여 심판과 징계를 받았다는 것이다(삿 2:11-15; 3:8-9 등). 그러나 사사기의 이 본문에서 말하고자 하는 것은 오히려, 창세기 19장에서와 같이 불경건한 베냐민 사람들의 사악한 죄성이 동성애의 부끄러운 행동으로 나타났다는 것이다.[50]

## 9) 동성애 성구들에 대한 동성애 옹호자들의 해석

이제까지 구약이나 신약이나 동성애 행위가 언급되고 있는 구절들을 살펴보았는데, 동성애 행위자는 우상 숭배자와 음행하는 자, 살인자, 인신매매자 등과 똑같이 중죄수라는 교훈을 얻게 되었다. 이 사실에 대해 이의를 제기할 수 없을 만큼 성경에서 명백하게 그리고 중복적으로 교훈하고 있다.

그런데 호모필리아 편에 있는 기독교 학자들은 한결같이 성경에서 동성애를 죄악시하지 않으며 동성애를 반대하는 성구로 알려진 표현들에 대한 지금까지 해석은 문자적으로만 읽은 결과였고 그래서 잘못된 것이라고 강변한다. '동성애에 관한 표준적 참고서'로 소문난 헬미니악의 『성서가 말하는 동성애 – 신이 허락하고 인간이 금지한 사랑』의 "추천의 말"에서 미국 성공회 주교인 존 스퐁(John S. Spong)은 전형적인 호모필리아적 성경 해석 입장을 이렇게 제시했다.

---

50  Strecker, "Homosexualität in biblischer Sicht," 129.

다니엘 A. 헬미니악은 이 책에서 게이와 레즈비언인 하느님의 자녀들을 단죄하고 억압하며 소외시키는 데 쓰이는 『성서』의 각 구절을 통렬히 파헤친다. 헬미니악의 『성서』 분석에는 항상 극악한 편견의 희생양 편에 서 온 그리스도교 사제의 마음이 담겨있다. 그렇게 그는 『성서』의 문자를 넘어 『성서』의 정신에까지 다다름으로써 우리 모두를 당신의 형상대로 창조하신 하느님, 우리 하나하나를 한없이 귀하게 여기시는 예수 그리스도, 그리고 우리를 일깨워 인간성을 완성케 하시는 성령과 대면한다. 그는 문화적으로 조건 지워진 『성서』의 어구들은 과감히 제쳐두고 나병(癩病) 환자든 사마리아인이든 악령에 사로잡혔다고 여겨지는 사람이든 간에 사회에서 버림받은 자들을 끌어안으셨던 주님의 권능을 그 자리에 세운다.[51]

헬미니악 저자 본인도 그의 책에서 이렇게 자신의 신념을 피력한다.

이제 우리는 배웠다는 사람들이 동성애를 단죄하려는 목적으로 『성서』를 인용한다면 이에 대해 분개해야 마땅하다. … 이 책에서 드러나듯이 오늘날 벌어지는 동성애 논의와 관련해 연관성 있는 단죄의 근거를 전혀 제시하지 않는다는 사실이다. … 『성서』를 어떻게 읽느냐가 이 문제의 핵심이기 때문이다.[52]

그러나 실제 헬미니악의 저서에서 성경 구절들을 해석하는 방식을 볼 때, 너무도 자주 지극히 주관적인 상상과 추리의 방법을 동원하는 것을 보게 된다. 실소를 금할 수 없게 만드는 몇 성경 해석의 예들을 지적해 본다면, 이런 것들이다: 사울 왕이 소년 다윗과 동성애 관계를 맺었다는 근거

---

51 존 스퐁, "추천의 말," 헬미니악, 『성서가 말하는 동성애』, xviii-xix.
52 헬미니악, 『성서가 말하는 동성애』, xxi-xxii, 10.

구절로 제시하는 사무엘상 15:23과 16:21의 해석, 나오미와 룻이 동성애적 성관계를 나눴을 것이라는 추정 그리고 다니엘이 그에게 호의를 베푼 환관장과 동성애 관계를 맺었고 그 덕분에 궁정에서 순조롭게 높은 지위에 오를 수 있었을 것이라는 추정 등.[53]

구약이나 신약에서 말하고 있는 본래적이고 정상적인 결혼과 가정의 행복은 항상 하나님의 형상을 따라 창조된 남자와 여자의 결합과 이들 부부의 사랑에 근거한 것으로 한정시켜 말하고 있을 뿐이다.[54] 같은 성끼리 사랑하여 부부가 되어 가정을 이룬다는 관념은 성경에서 전혀 생소한 것이다.

## 3. 현 사회와 세계 교회 속에서의 동성애

### 1) 현대 유럽과 미국 교회들의 동성애에 관한 입장

2001년 네덜란드에서 시작해 과거에 기독교 전통 속에 있던 서구의 대부분 나라는 동성애와 동성 결혼을 합법적으로 인정하는 쪽으로 급선회하고 있다. 21세기에 들어와 상황은 더욱 급변하고 있다.[55] (무슬림권 국가들을

---

53 헬미니악, 『성서가 말하는 동성애』, 185-190.
54 창 2:18-24; 29:18-20; 신 24:5; 잠 5:15-20; 말 2:14-16; 막 10:6-9; 고전 7:2-5, 12-13, 33-34; 엡 5:22-33. 이 모든 구절이 남자와 여자가 결혼하여 육체적으로 하나가 되어 온전함을 이룬다는 교훈을 말한다. 참조. Gagnon, "The Old Testament and Homosexuality," 369-370, 386-389.
55 미국에서는 2009년에 3개 주에서만 동성 결혼을 허용했으나, 오바마 대통령과 양당 유력 정치인들의 지지, 유명인들의 커밍아웃, 목사와 신학자들의 지지 증가로 미국 여론은 급변하게 되었다. 드디어 2015년 6월 26일 미국 연방대법원의 동성 커플의 결혼 허용 판결 후 미국인의 압도적 다수는 동성 결혼을 지지하는 쪽으로 기울게 되었다. 리 배지트(Lee Baget), 『동성 결혼은 사회를 어떻게 바꾸는가』, 김현경·한빛나 역 (서울: 민음사, 2016), 18-19. 캐나다 트뤼도 총리와 미국의 힐러리 클린턴은 동성애 퀴어축제에 적극 참여했고 영국의 윌리엄 왕세자는 동성애 잡지 표지 모델이 되었다. 참조: http://lake123172tistory.com/9812.

제외한) 세계는 점점 동성애는 개인과 개성의 문제이므로 자유롭게 선택할 대상이며 동성애자들을 종교적인 계율로 억압하기보다 관용을 보여 줘야 인도주의와 인권을 지향하는 시대에 걸맞다고 보려는 경향으로 달려가고 있는 것 같다.[56]

한 통계 조사[57]에 의하면, 유럽과 북미, 호주 국가별 동성애 혐오 비율은 1990년에 비하여 2000년에 대부분 현저하게 감소했다. 조사 대상 23개국 중 혐오율이 30퍼센트 이상인 나라가 1990년에 12개국이었으나 2000년엔 3개국(헝가리, 폴란드, 터키)뿐이었다. 혐오율이 특히 체코는 53.2퍼센트→19.7퍼센트로, 독일은 35.2퍼센트→12.6퍼센트로, 미국은 41.0퍼센트→23.3퍼센트로 줄어들었다. 성 소수자를 보호하고 합법화하는 국가적 결정에 따라 오늘날 오히려 동성애(결혼)를 반대하는 그리스도인들이 공권력과 교권에 의해 신앙과 양심의 자유를 침해받고 불이익을 받는 현상까지 나타나고 있다.[58]

동성애에 대해 전통적으로 정죄하고 거부하는 전통을 유지해 왔던 미국과 서구의 주류 교회들, 즉 장로교, 감리교, 그리스도의교회, 루터교, 성공회 등의 교단들까지도 오늘날 시대의 거센 조류를 받아들이는 경향을 보인다.[59] 심지어 미국연합감리교회의 한 목사는 동성애를 반대하는 내용의

---

[56] 타마뉴, 『동성애의 역사』, 226: "21세기의 문턱에 들어선 오늘날의 동성애는 서구 사회에서 예전에 생각할 수 없었던 사회적 인정을 얻게 된 듯하다."
[57] 배지트, 『동성 결혼은 사회를 어떻게 바꾸는가』, 378-379.
[58] 특히, 오바마 미국 대통령이 2012년 5월 9일에 <ABC> 방송과의 인터뷰에서 동성 결혼을 찬동한다고 공언한 후 미국은 급속한 동성애 합법화의 길로 달려가게 되었다. "거의 즉시 논쟁은 제압된 것처럼 보였다. 게이 공동체와 주류 언론들은 승리를 선언했고… 도덕적 혹은 종교적 양심의 가책을 느끼는 빵집과 꽃가게와 웨딩플래너들은 위협을 당하고, 고소를 당하고, 실직을 당했으며, 언론에서는 편협한 사람이라거나 동성애 혐오자라는 등 조롱을 받았다." 스티븐 스트랭(Stephen E. Strang), 『하나님과 트럼프』, 오태용 역 (서울: Puritan, 2017), 242-243.
[59] 동성애 성직자 안수를 허용하는 교회들을 보면, 미국: United Church of Christ, Evangelical Lutheran Church in America, Presbyterian Church (USA), Episcopal Church in the US, Christian Church (Disciples of Christ), United Christian Church, Mennonite

탄원서에 서명했다는 이유로 교단에서 면직당하는 일까지 벌어졌다.[60] 최근 미국 프린스턴신학대학원(PCUSA 교단 신학교)이 팀 켈러(Tim Keller) 목사(뉴욕 리디머교회)의 카이퍼(A. Kuyper)상 수상을 취소했는데, 이유는 켈러가 동성애(LGBT)를 부정하는 교단(PCA)에 속해 있는 목사라고 프린스턴신학대학원 동문들이 반발했기 때문이라고 한다.[61]

주님의 교회에서조차 '악화(惡貨)가 양화(良貨)를 쫓아내는' 구조가 정착되어가고 있다는 신호인가?

전통적으로 동성애 문제에 대해 보수적이었던 미국 카톨릭교회에서 점점 동성애 조류에 영향받고 있는 것으로 나타나고 있다. 미국 카톨릭 신학생의 약 50퍼센트, 신부 중 약 40퍼센트가 동성애 성향을 가지고 있다는 보고가 있을 정도다.[62]

### 2) 미국의 복음주의자들의 동성애에 관한 입장

그러나 복음주의 입장을 견지하고 있는 미국의 교단들[63]은 여전히 동성애를 죄악으로 보고 동성애자를 성직자로 안수하지 않고 있다. 복음주의적 기독교 윤리학자들은 일반적으로 동성애는 하나님 앞에서 죄이며 가정

---

Church, 캐나다: Evangelical Lutheran Church, Anglican Church, United Church; 영국: Church of Scotland, Church of England, Church in Wales, Methodist Church, Quakers; 기타 유럽: Lutheran Church of Sweden, Lutheran Church of Norway, Lutheran Church of Denmark, Church of Iceland, Lutheran Church of Finland, Lutheran Church in Germany, Protestant Church in the Netherlands, United Protestant Church in Belgium, Swiss Reformed Church, United Protestant Church of France. 참조. https://en.wikipedia.org/wiki/LGBT_clergy_in_Christianity. 접속: 2017.3.24.

60 이태희, "동성애, 과연 인권의 문제인가?", 『동성애』, 826.
61 http://news.kmib.co.kr/article/view.asp?arcid=0011349769&code=61221111&sid1=mis (입력: 2017.3.23).
62 참조. 맥너트, 『동성애 치유될 수 있는가?』, 8.
63 남침례교, 루터교-미조리 시노드, Christian & Missionary Alliance 등.

파괴적이며 따라서 심판의 대상이라고 보며, 임상의학적 및 정신과적 연구 결과에 근거하여 동성애의 원인은 후천적이며 성 중독 증상의 하나라고 이해한다.[64]

하지만 동성애를 죄악시하며 반대하는 많은 이들 가운데서도 흔히 동성애자를 이해와 사랑의 대상으로 여기려는 태도와 겸양을 보이기도 한다.[65] 정통 신앙을 견지하며 교회 중심적 신앙생활을 하는 자 중 자신은 '커밍아웃'한 동성애자인데 동성애자끼리의 결혼과 동성애자 성직 임명은 반대한다고 말하는 이들도 적지 않다.[66]

### 3) 우리나라에서의 동성애에 대한 인식의 변화

우리나라의 상황도 미국과 서구와 다르지 않다. 우리 사회의 동성 결혼 찬성 여론의 비율은 점점 높아지고 있고, 특히 젊은이들 층에서는 기성 세대보다 확연히 높은 비율로 찬성하는 경향이다.[67]

2015년과 2016년에 서울대학교와 연세대학교 총학생회장은 입후보자 때 레즈비언임을 커밍아웃했지만, 높은 득표율로 당선되었다. 개신교인이

---

[64] 최근의 보도에 따르면, 전통적인 복음주의 신학과 세계관을 대변해왔던 국제 IVF의 임원 중에도 동성애를 찬성하는 사람들이 섞여 함께 활동하고 있다. 참조. 「국민일보」 2016.10.10.일자 29쪽.
[65] 이태희, "동성애, 과연 인권의 문제인가?" 800: "동성애가 성경에서 언급하고 있는 유일한 죄도 아니고, 물론 가장 큰 죄도 아니다. 사실 우리의 탐욕은 동성애보다 더 큰 죄일 수 있다. 따라서 우리가 동성애자들보다 윤리적으로나 영적으로 더 우월한 위치에 있다고 단정 지어서 말할 수는 없다."
[66] 예. 루디, 『섹스 앤 더 처치』, 9. 이 책에서 레즈비언인 저자는 이런 입장을 말한다: "우리에게 필요한 것은 레즈비언, 게이, 양성애자 같은 기존의 구조와 범주에 적응하는 것이 아니라 하느님의 말씀과 성령에 전적으로 귀를 기울여 기독교 공동체의 비전을 다시 생각해보는 것이다"(15쪽).
[67] 2001년엔 찬성 17퍼센트이었으나, 2014년에 35퍼센트가 찬성했는데, 그 중 20대는 60퍼센트가, 30대는 50퍼센트가 지지했고 반면에 60대의 76퍼센트가 반대했다. 전수안, "봄다운 봄을 기다리며," 리 배지트, 『동성 결혼은 사회를 어떻게 바꾸는가』, 8-9.

면서 탤런트와 연예인으로서 동성애자인 홍석천 씨는 현재 KBS 1TV의 <이웃집 찰스>를 비롯하여 여러 TV 방송 프로그램에 고정 출연자로 활발하게 활동하고 있으며 여러 예술 대학에서 인기 교수로 가르치고 있다. 홍석천 씨가 연예인 최초로 커밍아웃했던[68] 2000년도만 하더라도 동성애자에 대한 사회의 시선은 매우 싸늘했으나, 현재는 동성애자들 자신들은 온라인에서는 물론이거니와 오프라인에서도 '문화'와 '소수자 인권 운동'의 이름으로 당당하게 활동하고 있다.[69] 2010년에 SBS 드라마 <인생은 아름다워>가 방영되었는데, 김수현 작가는 성 소수자를 깊이 이해하고 편견을 없애기를 바라는 의도로 이 작품을 썼다고 한다. 잘 생긴 두 젊은 남자 탤런트를 주인공으로 내세워 동성애를 미화하는 내용의 드라마였는데, 많은 청소년이 동성애에 대해 호의적인 인식을 하게 되는 계기가 되었다고 한다.

오늘날 중고교에서도 동성애와 동성 결혼을 옹호하는 방향으로 성교육이 이뤄가고 있다.[70]

기독교장로회 소속인 임보라 목사(섬돌향린교회)는 동성애 옹호자로 유명하며 '퀴어문화축제'에서 설교도 하고 성찬식도 집례하기도 하는 '퀴어'

---

[68] 참조. "홍석천 '난 호모다,'" 「일간스포츠」 2000.9.17.일자, 18. 홍석천 씨는 그의 자서전 『나는 아직도 금지된 사랑에 가슴 설렌다』(서울: 제이피유비, 2000)에서 네덜란드인 유부남 도니와의 동성애를 미화시켜 묘사하면서 토니의 아내 사라의 음독, 토니와의 3개월의 뉴욕 생활 후 그가 흑인 청년 고든과 바람이 나서 버림받은 경험 등을 솔직하게 털어 놓았다.

[69] 동성애자들과 지지자들은 '차별 금지법'을 제정하려고 2007년부터 8번이나 시도했는데, 그들은 동성애 반대를 동성애 혐오와 증오로 과장하여 처벌 대상으로 삼게 하려는 목적이 있다. 김승규 변호사(전 법무부 장관)는 현재 상황의 심각성을 이렇게 말한다: "만약 차별 금지법이 제정되면 '동성애는 죄'라고 설교하거나 동성애자 결혼 주례를 거부할 경우 처벌받게 되고 초·중·고등학교에서도 동성애를 의무적으로 가르쳐야 한다." 「국민일보」 2016.9.22.자 27쪽. 한국 교회에 심각한 이슈지만 본 논문에서 논할 문제는 아니다. 이 문제에 대해 다음을 참조 바람: 김영훈, "동성애를 옹호하는 차별금지법안의 헌법상 문제점," 『동성애』, 789-799.

[70] 길원평 외, 『동성애, 과연 타고나는 것일까?』, 13.

활동가이다. 예장 백석대신, 예장 통합, 합신 교단은 총회에서 그녀를 이단 또는 이단성 있다고 정죄했다. 반면에 그가 속한 기장 교단은 그녀를 두둔하면서 타교단의 이단 규정을 철회하라고 요구했고, 동 교단 육순종 목사 부총회장은 "한국 교회가 이 문제를 잘못 다루면 더욱 세상으로부터 고립될 수 있다"고 우려한다고 말했다.[71]

예장 통합교단은, 자매 교단인 미국장로교회(PCUSA)가 동성애자 목사 안수를 인정한 것과 달리, 동성애를 반대하는 입장이다. 그러나 이 교단 총회에서 운영하는 장로회신학대학교의 학생들과 교수들 사이에는 동성애 문제로 갈등이 심각한 상황이다.

2017년 5월 30일 자 장신대 기관지인 「신학춘추」(발행인 임성빈 총장, 편집인 겸 주간 하경택 교수, 편집국장 한승민 신대원생)의 두 면 전체에 향린교회에서 개최된 '한국퀴어신학운동에 관한 토크 마당'을 소개하고 임보라 목사와의 인터뷰 기사를 실었다. 한승민 편집국장은 공개적으로 '성 소수자 지지'를 선언한 바 있다. 또 2018년 5월 17일 '국제 성 소수자 반대의 날'을 맞이하여 장로회신학대학교에서 채플 후 한 동아리 회원들이 강단에 올라가 동성애 옹호 상징인 무지개 펼침막을 들고 기념 촬영을 했고 이 사건을 계기로 예장 통합 측 교단 내에서 동성애 문제에 대해 뜨거운 논란이 발생했다.[72]

---

71 https://www.youtube.com/watch?v=rjmr1f8WpaQ (접속: 2017.3.24).
72 문화와 교육 속에서의 사탄의 전략을 경계하도록 깨우치는 유튜버 김영현 씨의 다음 말을 참조 바람: "죄가 문화와 교육이 되었을 때 죄책감이 정당화된다." https://www.youtube.com/watch?v=gSclQ9PFFR0 (접속: 2017.3.24).

## 4) 동성애 문제에 대한 사회의 인식 변화-신맑스주의, 페미니즘, 포스트모더니즘

동성애 문제와 관련해 이런 급변하는 상황이 전개되게 된 원인은 다중적이라고 보겠다. 먼저 20세기 후반에 강력하게 대두된 진보적 사상의 영향을 꼽을 수 있겠다. 종교를 포함한 기존 권력과 제도의 억압으로부터의 인간 본성의 해방을 추구하는 맑스주의가 신맑스주의(Neo-Marxism)의 이름으로 발전하면서 1970년대 이후 비판적이고 진보적인 성(性) 교육학과 성(性) 정치학을 강하게 주창하기 시작했다.[73] 여기에 가부장적 남성 우월주의의 전통을 지양하고 인간과 하나님을 젠더 중립적 표현으로 호칭하자는 급진적 페미니스트 사상과 포스트모더니즘 시대의 상대주의와 개인주의, 평등주의, 관용주의를 추구하는 진보적 시대정신의 세찬 물결은 교회가 동성애자들을 용납하고 차별하지 말아야 한다는 방향으로 이끌어 가려 애쓰고 있다.[74]

동성애와 관련된 우리와 같은 시대적 상황 분석을 한 국내 철학자는 다음과 같이 제시한다.

> (동성애) 해방 운동을 지원하는 두 가지 사상은 고전적 맑스주의와 포스트모더니즘이다. 고전적 맑스주의자들은 자본주의적 가족 제도를 공격하기 위해 동성애를 끌어안았으며, 포스트 모더니스트들은 다양성은 다양성 그 자체로서 긍정되어야 하며, 정상과 비정상의 이분법으로 동성애 문제에 접근

---

[73] H. Brandes, "Sexualität," in *Europäische Enzyklopädie zur Philosophie und Wissenschaften*, hg. von H. J. Sandkühler, Bd. 4 (Hamburg: Felix Meiner, 1990), 281-282.
[74] 캐시 루디, 『섹스 앤 더 처치』, 220: "지금 많은 교파는 여성 증오, 동성애 혐오, 에이즈와 투쟁하고 있는 게이, 레즈비언, 양성애자, 트랜스젠더, 여성주의 공동체들과 힘을 합쳐야 하는 특별한 위치에 있다. … 우리 대부분은 이런 교회-증오, 차별, 학대, 오해에 맞서 담대히 선지자적 입장을 견지하는 교회-를 갈망한다."

해서는 안된다는 다양성의 논리 위에서 동성애를 인정하자고 한다. 이리하여 동성애를 지지하는 것은 진보적 지식인 혹은 신식 지식인의 징표가 되어버렸다. 그리고 동성애는 이런 사상적 지원을 받으며 사회적 소수자의 인권도 존중되어야 한다는 인권 운동의 일환으로 전개되고 있다.[75]

## 5) 현대의 동성애 현상에 대한 영적 진단

동성애 현상이 오늘날 전 세계에서 활발하게 전개되고 있는 것은 또한 오랜 역사 속에서 기독교적 전통과 가치관을 존중해 왔던 서구의 교회들이 선한 영향력을 잃어버리고 세속적 인본주의 세계관과 자율주의에 점령당한 데 원인이 있다고 볼 수 있다.[76] 20세기 후반부터 시작하여 현재까지 세차게 몰아치고 있는 '성의 혁명'의 바람은 '죄의 약화 현상'의 결과로 해석해야 할 것이다.[77]

---

[75] 문성학, "진보, 인권 그리고 동성애," 「철학논총」 새한철학회 25집 (2001년 7월), 289. 1960년대 후반부터 사람들의 삶과 행동과 사고에 있어서의 패러다임의 변화를 말하고 그 대표적인 정신적 흐름인 포스트모더니즘과 기독교윤리와의 관계를 다룬 다음의 책도 참조 바람. 김정우,『포스트모던 시대의 그리스도교 윤리』(서울: 위즈앤비스, 2008). 빌헬름 라이히(Wilhelm Reich)의 네오맑시즘적인 성 혁명 이론과 쥬디스 버틀러(Judith Butler)의 '퀴어 이론'(Queer theory) 및 젠더 주류화운동 내지는 성평등 운동에 대해서는 다음 책을 참조 바람. 김영한,『젠더주의 도전과 기독교 신앙』(서울: 두란노, 2018). 또 '(억압받는) 성 소수자'의 인권 프레임을 가지고 동성애자에 대한 차별 금지와 '혐오표현' 규제를 법제화하려는 동성애자들의 반기독교적 투쟁전략을 간파하기 위해서는 다음을 참조 바람. 이정훈,『교회 해체와 젠더 이데올로기』(서울: 킹덤북스, 2018), 175-211.
[76] 미국의 전 기독교윤리학회 회장이며 복음주의 윤리학자인 데이벳 거쉬(David Gushee, Mercer대학교)는 본래 동성애 반대 입장에 있었다. 그러던 그가 21세기에 들어와 빌 클린턴 부부와 버락 오바마의 영향하에 이뤄지고 있는 성 모럴 자율주의 운동 속에서 LGBT 인권 운동의 옹호자로 완전 선회했다. 이 사건은 미국 기독교계에 있어서의 시대적 변화에 대한 상징적 의미가 있다. 스스로를 "진보적 복음주의자"로 부르고 있는 그는 동료 복음주의자들에게 몰려오는 성 혁명의 대세에 순응하기를 권유하고 있다. http://www.amennews.com/news/articleView.html?idxno=14685.
[77] 존 포트만(John Portmann),『죄의 역사』, 서순승 역 (서울: 리더스북, 2008), 15, 35. 오

그리고 서구 교회들과 진보적 또는 좌파적 신학자들은 인간의 삶과 행위에서의 유일하고 절대적인 표준이 되는 성경에 대한 주관적인 해석과 인본주의 세계관과의 타협으로 동성애가 하나님의 창조 질서에 어긋나며 심판받을 죄라는 명백한 성경의 교리를 왜곡시킨 것이 또 하나의 원인이라고 보겠다.

또 동성애 드라마와 영화가 다수 등장하여 동성애에 대한 거부감을 없애는데 이바지했다고 지적할 수 있겠다. 인터넷과 스마트폰 시대에 젊은 이들이 아무런 제약을 받지 않고 수많은 동성애 사이트[78]에 접촉하여 동성애자가 되고 있다. 이 웹사이트들이 동성애자 간에 교제와 활동 공간이 되고 있다.

## 4. 동성애의 정체성과 동성애자들의 현실

### 1) 동성애의 기원과 원인

동성애 행위는 본래 이스라엘 선민 가운데 일반적으로 있었던 것은 전혀 아니다. 야훼 하나님을 모르고 율법을 모르는 이방인들의 풍속이었음

---

늘날 세속주의와 "죄의 약화 현상"이 심화되고 있다는 사실을 다음의 통계 보고가 상징적으로 증거해 준다: 1964년엔 미혼모 출생이 10퍼센트였으나, 2011년엔 18세-29세 사이의 여성 75퍼센트가 혼외 성관계를 통해 출산을 했다. 참조. http://www.raptureready.com/rap27.html. 또 지난 2013년 한국기독교목회자협의회가 발표한 '한국기독교 분석리포트'(만 18세 이상 기독교인 1000명 대상 설문 조사)에서 국내 기독교인들의 48.7퍼센트만이 혼전 성관계에 대해 '해서는 안된다'고 답했다. 「기독교연합신문」, 2016.6.26, 7.

[78] 국내 한 동성애자 커뮤니티는 가입 회원이 23만 9,400명으로 알려졌는데, 남성 간 성매매와 유사 성행위를 알선하는 통로로 이용되고 있다. 그 사이트의 대표는 운영 수익에서 퀴어축제 때 거액 후원자로 활동하고 있다고 한다. 「국민일보」 2016.8.22.일자.

을 구약은 분명히 증언해 주고 있다.⁷⁹ 그래서 동성애의 기원과 성격에 대해 성경에서는 특별한 언급이 없다.

동성애 행위에 대한 증언들은 세속 역사 속에서 조각과 그림, 문학 작품 등을 통해 찾아볼 수 있는데, 고대로부터 많은 민족에게 드물지 않게 있었음을 알려 준다. 그러나 동성애의 정체성에 대한 의학적, 생물학적 및 심리학적인 연구는 20세기에 들어서 비로소 전문적으로 이루어지기 시작했다. 동성애에 대해서는 보는 시각에 따라 다양한 해석과 평가가 있다.

오늘날 대체로 다음과 같이 간단히 정의되고 있다고 말할 수 있다. 동성애는 "남자에게 있어서나 여자에게 있어서 동성(同性)의 사람에게 끌리는 일반적인 성향이 있음을 가리키며," 동성애 성향은 "유아 시절의 환경 여건에, 특히 어릴 때 어머니와의 관계 또는 아버지와의 관계가 모자람에 따른 정서적인 불안정에 기인한다."⁸⁰

## 2) 동성애적 '성적 지향성'에 대한 인권 운동적 시각

그런데 실제에 있어서 동성애자로서 또는 동성애 옹호자로서 소위 '성 소수자 인권 운동'에 앞장서고 이에 동조하는 사람들은 동성애를 타고날 때부터 가지게 된, 불변의 '성적 지향성'(sexual orientation)으로 이해하며 이를 전제로 생각하며 행동한다. 그래서 '성 소수자'인 동성애자들은 이해와 관용과 동정의 대상이며 '성적 지향'이 다르다고 하여 그들을 가정과 사회를 파괴한다느니, 비도덕적이라느니, 비정상적이라느니, 또는 '성 중독'이라느니 하면서 '차별'하는 것은 인간의 기본 '인권'에 반하는 행위라고 보

---

79 레 18:3, 22는 동성애 행위는 "애굽 땅의 풍속"과 "가나안 땅의 풍속과 규례"와 관련된 것임을 밝혀 주고 있다. 왕상 14:24에서도 남색은 "여호와께서 이스라엘 자손 앞에서 쫓아내신 국민의 모든 가증한 일을 무리가 본받아 행한" 것이었음을 증언한다.
80 S. Bailey, "Homosexualität", *RGG*³ 3:441.

는 것이다.

그들은 평등과 자유와 인권이 온전히 실현되는 민주 사회를 살아가는 현대인들, 특히 예수님의 사랑과 관용의 정신을 따르는 그리스도인들은 본래 동성애 지향성을 가지고 태어난 자기들 성 소수자들을 품어 주는 사회를 만들어 가야 한다고 주장한다. 그들은 같은 이유로 동성 커플의 결혼도 당연히 합법화되어야 하고 어떤 차별도 해서는 안된다고 본다. 이와 같은 생각은 약자와 소외 계층 대변가를 자임해온 전수안 전 대법관의 다음 말에 잘 나타나 있다.

> 결혼이란 남자와 여자가 하는 것이라는 생각은 사회 다수의 통념이지만, 남자와 남자, 여자와 여자가 사랑할 수밖에 없도록 태어난 사람들의 입장에서 보면 그렇게 생각하는 사람들의 숫자가 다수인지 소수인지는 무의미하며, 다수의 생각에 맞추기 위해 사랑이 불가능한 이성과 결혼할 수는 없을 터라 사랑하는 사람과 결혼할 수 있어야 한다는 생각은 특별한 생각도, 비정상적인 생각도 아니며, 그것이 가능한 법과 제도를 요구하는 것은 인간과 시민의 기본적인 권리 행사다.[81]

### 3) 한 동성애 옹호 기독교 목사의 상담 편지

한 예를 더 들어보자. '호모필리아'의 전형적인 사고를 보여 주는 경우이다. 고교생 아들이 남자 친구와 동성연애에 빠져 있는 현장을 목격하고 충격 속에서 편지로 상담 요청한 여 집사에게 임보라 목사는 이렇게 답장을 써 보냈다.

---

81 전수안, "봄다운 봄을 기다리며," 10.

그러나 집사님! 결코 누구의 잘못으로 J가 '동성애자로 변한 것'이 아니랍니다. J는 그저 동성에게 자연스레 사랑의 감정을 느끼는 사람으로 태어났을 뿐, 누구 때문에 또는 어떤 문제가 생겨서 동성애자가 된 것은 아니라는 거지요. 그러니 이제까지 지나 온 세월에 대해 잘잘못을 따지지 마시고 그런 잣대로 자신을 괴롭히는 부정적인 에너지에 속지 마세요. 그리고 현재 J에게 가장 필요한 것은 무엇일지 헤아려 보는 데 긍정적인 에너지를 쏟아보세요. 그것이 바로 성령의 도우심이 아니겠어요? … 동성애자 기독교인들이 '이성애'와 '동성애' 사이에서 어떤 것이 하나님의 뜻인지 고민하기보다는 동성애자인 자신 또한 하나님이 만드신 사랑스러운 존재라는 것을 인정하고 받아들이기를 기도합니다.[82]

그러나 '동성끼리 사랑할 수밖에 없도록 태어난 사람들', '이성 간의 사랑과 결혼이 불가능하게 태어난 사람들'이라는 관념과 성 정체성을 바꾸는 일은 불가능하다는 신념은 오히려 호모필리아가 자기 정당화를 위해 애써 만들어낸 허구이며 의도적 기망 행위 또는 무지로 결국 자신과 타인을 속이는 일이라는 사실을 아래에서 더 구체적으로 밝힐 것이다.

### 4) 동성애자들의 불행한 현실과 동성애 옹호자들의 가식

동성애자들이 사회에서 차별과 피해를 당하는 '소수자'요 '약자'라는 생각에서 그들을 무조건 옹호하고 그들의 주장을 일방적으로 지지하며 그들의 삶을 응원하고 있는 사람들은 실제에서는 매우 순진(naive)하고 현실 감각이 무딘 면이 있음을 지적하지 않을 수 없다. 왜냐하면, (예외의 경우도 어

---

82 임보라, "모태 신앙인 내 아이, 무엇이 잘못된 걸까요?" 28, 30. 임보라 목사는 향린교회(기장) 부목사로 '차별없는세상을위한기독인연대' 공동 대표임.

느 정도 있겠지만) 대부분의 동성애자 자신의 실제의 삶은 매우 불행하며 위험하며 불안정하며 자신과 자신의 가정과 사회와 국가와 교회에 심각한 피해와 불안과 파괴를 가져다 주는 면이 많기 때문이다.

그런데 동성애자들은 그들의 비참한 실제에 대해 솔직하게 인정하기보다 감추기 급급하며 '인권'과 '평등', '관용'이라는 가면(假面) 뒤에 숨고, 심지어 '예술'과 '사랑'이라는 이름으로 미화시키기까지 한다.

> 여기서 한 탈동성애자의 솔직한 '양심 고백'을 진지하게 읽어 볼 필요가 있다. 지면 관계상 앞부분과 끝부분만 소개한다.
>
> 동성애 주제가 논란이 되는 이 시점에, 저의 동성애 체험을 고백하고자 합니다. 저는 초등학생 고학년 때부터 동성애를 느꼈고 대학에 들어와 종로, 이태원에서 동성애자 커뮤니티에 가입했습니다. 29살에 동성애를 극복하기 위해 결심했고 6년이 지난 지금은 여성과 교제 수준에 이를 정도로 동성애는 거의 없어졌습니다. … 지금 드라마에서 영화에서 동성애가 쏟아져 나오고 있습니다. 두 남자가 산에서 일을 하며 동성애를 경험하고 사랑하게 된 내용으로 화제가 되었던 영화가 개봉되었을 때 일반인들은 감동적이었다고 했으나 정작 동성애자들은 그다지 공감하지 못했습니다. 이유는 동성애는 그런 것이 아니기 때문입니다.
>
> 그런데도 무조건 정상으로 인정하면 되는 것입니까?
>
> 실상은 저러한데 동성애자 결혼 제도, 입양 제도, 차별 금지만 해 놓으면 인권법입니까?
>
> 동성애를 치료하고 그 세계에서 나올 수 있는 길을 만드는 것이 진정 그들을 위한 인권 아닐까요?
>
> 적어도 국민이 동성애가 무엇인지, 동성애자들의 실태가 어떠한지 제대로 알아야 하지 않을까요?

대통령/장관/재판관/국회의원님, 저는 앞서 말씀드렸듯이 직접 이 모든 것을 확인시켜 드릴 수 있습니다. 저를 부르시면 제가 찾아갈 수 있습니다. 동성애자 세계의 모든 것이 인권이라는 이름으로 합법화가 된다면 그것은 전국민적 재앙입니다. 부디 올바르게 판단해 주시기 바랍니다. 우리나라가 동성애로 진통을 앓고 있는 서구 사회를 모델링할 필요는 전혀 없습니다. 동성애가 합법화되지 않은 건강하고 밝은 나라가 되어 전 세계를 선도하는 선진 한국이 되어야 할 것입니다.

동성애자에서 전향한 김정현 올림[83]

국내 1,300개 요양병원 중 에이즈 환자를 돌보는 유일한 병원인 '수동연세요양병원' 염안섭 원장은 에이즈에 감염된 남성 동성애자들의 실상에 대해 다음과 같이 증언하고 있다:

에이즈 환우들을 돌보다 보니 특이한 사실을 알게 되었는데, 수동연세요양병원에 온 에이즈 환자가 거의 다 남성 동성애자였고 이성애자는 거의 없었는데, 에이즈에 이환된 동성애자의 말로는 정말로 눈을 뜨고 볼 수 없을 만큼 비참했다. 그것을 보게 되니 필자는 절대 동성애를 찬성할 수가 없다. 필자가 본 분들은 남성 간의 항문 성관계에 중독되어 항문 성관계를 통해 에이즈바이러스에 감염된 후 에이즈바이러스가 뇌를 갉아 먹어 20대에 치매, 식물 인간, 전신 마비, 반신 마비 등이 와서 평생을 그렇게 불행하게 살아야 했다. 그런데 또 알게 된 놀라운 사실은 국내에서 치료비(600만 원), 입원비 전액에 간병비까지 모두 지원받는 환자는 에이즈 환자밖에 없다는

---

[83] 「조선일보」 2010.11.10. 게재. 전문은 다음을 참조 바람. 김정현, "부록 1: 동성애자들이 말해 주지 않는 '동성애에 대한 비밀' - 동성애자의 양심 고백," 백상현, 『동성애 is』 (서울: 미래사, 2016), 196, 213-214.

것이었고 보훈 대상자보다도 혜택이 월등히 좋다는 것이었다.[84]

## 5) 동성애자들의 비참한 현실에 대한 사실적 증거들

여기서 전문가들의 연구와 조사 결과를 통해 알려진 '동성애자들이 겪는 문제'와 '동성애의 사회적 영향'[85]을 나열하는 식으로 간단하게 들춰본다. 동성애자들(과 기타 성 소수자들) 또는 커플들은,

① 이성애자들에 비해 정신 건강이 심각할 정도로 좋지 않다.[86]

② 이성애자보다 우울증 1.5배, 알콜 의존도 1.5배, 자살 시도 2배 높다.[87]

③ 남성 동성애자는 성행위를 통해 에이즈에 걸릴 위험이 높고 수명이 20-30년 단축된다.[88]

---

[84] http://blog.naver.com/febcweb/220741140163 (입력 : 2016.06.20).

[85] 신현우, "동성애의 원인과 해결: 성경과 과학의 진단과 처방," 『동성애』, 110-115; 공성욱, 오강섭, 노경선, "남성 동성애자와 남성 이성애자의 삶의 질과 정신 건강 비교," 신경정신의학(대한신경정신의학회) 41권 5호(2002년 9월), 930-941, 941: "동성애자군이 이성애자군에 비해서 삶의 질과 가족 결속력이 저하되어 있었으며, 우울감과 자살 사고가 높게 나타났다."

[86] 다음은 수많은 에이즈 환자를 헌신적으로 진료한 경험이 있는 수동연세요양병원장의 증언이다: 염안섭, "동성애 에이즈 감염 실태," 『동성애』, 542: "필자는 동성애를 통해 에이즈에 감염되고 후유증에 시달리다 죽어간 많은 사람을 보아 왔다. 에이즈 바이러스는 단순히 면역력만 저하시키는 것이 아니라, 뇌에 침투하여 뇌를 갉아 먹어 멀쩡한 20-30대의 젊은 사람을 식물인간, 중풍, 치매 환자로 만들었고 그들은 그런 처참한 상태로 여생을 살아야 했다. … 20대의 나이에 에이즈 감염으로 인해 뇌가 망가져서 지능이 3-4세 수준밖에 안 되는 치매가 왔다."

[87] 포스터, 『성의 치유』, 문금숙 역 (서울: 순전한나드, 2007), 128: "(미국의) 레즈비언의 91퍼센트가 마약에 중독되어 있다는 보고도 있다." 민성길, "정신의학에서 보는 동성애," 607: "동성애가 사회적으로 널리 받아들여지고 있고 차별이 없는 뉴질랜드나 네덜란드 같은 나라에서도 동성애자들에게서 주요 우울증, 불안 장애, 물질 남용, 자살, 성폭력 등이 많이 발견된다는 것은 동성애자의 행동이 주변의 차별 때문만은 아님을 시사한다."

[88] 미국의 한 전문가의 연구 분석에 따르면, AIDS 없는 동성애자들의 수명이 42세였고 AIDS가 확산된 이후엔 수명이 39세로 더 짧아졌다. 민성길, "정신의학에서 보는 동성

④ 동성애자 커플 간의 폭력이 이성애자들 경우보다 게이들은 131배, 레즈비언들은 24배 많이 발생한다. 이성애자 커플에 비해 연애와 결혼 생활 지속율은 현저히 낮고 성생활이 문란하며 이혼율과 외도율은 훨씬 높다.[89] 특히 게이들은 대체로 책임감이 적고 성적으로 난잡한 경향이 있다.[90]

⑤ 그들의 독특한 성행위에 속하는 '리밍'(rimming, 항문 성교) 행위로 인한 치명적인 감염성 질환들에 노출되기 쉽다.[91]

---

애," 609-610; 김지연, "남성 동성애자 간 성관계의 보건적 고찰," 『동성애』, 645-647; 맥너트, 『동성애 치유될 수 있는가?』, 35-36.

[89] "『글로벌 성 혁명』의 저자, 獨 사회학자 가브리엘 쿠비 인터뷰," 「국민일보」 2017.6.9.일자, 31; 맥너트, 『동성애 치유될 수 있는가?』, 30: "남성 동성애자들 중 약 2퍼센트만이 일부일처의 관계를 원한다." 게이들보다는 덜 하지만 레즈비언들도 애인을 자주 그리고 즉흥적으로 바꾸는 일이 흔하다는 사실을 자전적으로 증언해 주고 있는 다음 책을 참고 바람. 안 안드리쉬, 『同性愛』, 김영년 역 (서울: 신생사, 1961). 1978년의 한 연구서는 다음과 같이 보고하고 있다: "남자 동성애자의 43퍼센트가 오백 명 혹은 그보다 더 많은 성 상대가 있었고 28퍼센트는 천 명 혹은 그보다 더 많은 다른 상대자가 있었고 그들 중 79퍼센트는 성 상대의 반 이상이 처음 보는 사람과의 관계였다." A. P. Bell and M. S. Weinberg, *Homosexualities: A Study of Diversity among Men and Women* (N.Y.: Simon and Schuster, 1978), 308-309. 맥너트, 『동성애 치유될 수 있는가?』, 62에서 재인용.

[90] 정신과 의사이며 심리학자인 게이 커플은 그들의 조사 보고에서 이렇게 말한다: "서로 신실한 관계를 기대하며 시작한 156쌍의 남성 동성애자 커플을 조산한 결과, 오직 7쌍만이 성적인 정절을 지켰으며, 그 7쌍도 5년 이내에 모두 헤어졌다. 여성 동성애자들은 남성 동성애자들보다는 낫지만 신실하지 못하다." D. P. McWhirter and A. M. Mattison, *The Male Couple* (Englewood Cliffs: Prentice-Hall, 1984). 백상현, 『동성애 is』, 165에서 재인용. 인터넷 게시판에 올린 한 동성애자의 다음 글도 참조 바람: "제가 오래 알고 지낸 형이 하나 있어요. 그 형이 3년 전에 에이즈 걸리고 지금껏 숨기고 지내다가 우연히 약 봉투를 발견하고 찾아봤죠. 에이즈인데 뻔뻔하게 속이고 있었죠. 근데 이 쓰레기 X는 하루에 번개를 두 번도 하고 1주일에 6번은 섹스를 해요. 같이 놀다가도 혼자 번개하러 간다고 사라져요." 백상현, 『동성애 is』, 31. 유명 연예인 홍 모 씨는 서울대 신입생을 위한 한 강연에서 초등학교 4학년 때 '첫 경험'을 했고 "중고등학교 때 관계를 가진 남자 선배들이 300명은 넘을 것"이며, 자신들과 같은 동성애자가 4년 사귀는 것이 이성애자가 40년 사귄 것이나 마찬가지일 정도로 "그만큼 '사랑'을 찾기도 이어가기도 쉽지 않다"고 밝혔다. 참조: http://news.donga.com/3/all/20070518 (입력: 2007-05-18).

[91] https://en.wikipedia.org/wiki/Anilingus; 김지연, "남성 동성애자 간 성관계," 652.

⑥ 이성애자들에 비해 더 파괴적이고[92] 더 소비적이다.

⑦ 불치병인 AIDS와 매독 감염자 비율이 매우 높으며 다른 사람들에게 감염시킬 위험이 크다[93](국내 에이즈 환자를 위한 국가 부담 의료 비용이 매년 수천억 원에서 수조 원이 소요된다).[94]

⑧ 게이들은 지속적 항문 성관계로 괄약근이 파괴되고 항문이 늘어나 생긴 대변 실금 증상 때문에 흔히 기저귀를 착용한다.[95]

⑨ 동성 부모보다 이성 부모에게서 양육받은 자녀가 더 좋은 교육과 사회적 환경을 제공받고 있고 학교 성적도 더 우수하며, 발달 장애인 ADHD 비율은 더 낮다.[96]

⑩ '성 소수자' 인권 운동을 통해 '차별금지법안'을 통과시키려고 계속 시도하고 있다.[97] 동성애자들은 스스로를 '성 소수자'라고 부르면서

---

[92] 아동 성추행 사건의 3분의 1에 동성애자들이 연루되었다는 보고가 있다. 포스터, 『성의 치유』, 129.

[93] "김지연 약사의 '덮으려는 자 펼치려는 자'<13> 남성 간 성행위와 에이즈(3)," 「국민일보」2019.9.17.일자, 38: "미국 질병관리본부는 2017년 보고서에서 전체 미국 인구 중 2퍼센트를 차지하는 남성 동성애자들이 전체 에이즈 바이러스 겸염인의 70퍼센트를 차지한다고 밝혔다. … 13-24세 에이즈 감염자 중 무려 94.8퍼센트가 남성 간 성행위를 한 것으로 집계됐다. … 영국 「가디언」은 2013년 7월 태국 방콕의 남성 동성애자들의 31퍼센트가 에이즈 바이러스에 감염된 상태라고 보도했다." 국내에서는 국가인권위원회 인권 보도 준칙에 의해 남성 동성애와 에이즈와의 관계에 대해 밝힐 수 없다. 염안섭, "동성애 에이즈 감염 실태," 568.

[94] 최근 국내 에이즈 감염자 수는 급속히 증가하여 1만 명이 넘었고 10대 증가율이 가장 높다. "국내 남성 동성애자가 AIDS에 걸릴 확률은 일반 남성에 비해 148배가 높고, 특히 10대 동성애자가 에이즈에 걸릴 확률은 일반 청소년에 비해 275배가 높다." 민성길, "정신의학에서 보는 동성애," 609.

[95] 김지연, "남성 동성애자 간 성관계," 649-650; 게이 연예인 홍석천 씨는 하루 12-15번 변을 보러 화장실에 간다고 TV 방송에서 스스로 밝혔다. 참조: http://www.instiz.net/pt/1863805 (입력: 2014.02.28).

[96] 민성길, "정신의학에서 보는 동성애," 611.

[97] 차별 금지법이 문제가 되는 것은, 단순히 차별을 금지하는 법이기 때문이 아니라, 동성애자를 '성 소수자 인권'이라는 이름으로 특혜를 주는 법이며, 동성애가 죄라거나 비윤리적이라고 말할 수 있는 양심과 종교와 표현의 자유를 억압하는 법이며, 만일 그런 말을 하게 되면 혐오와 차별 행위를 했다는 이유로 불이익을 주고 벌금형과 징역형에 처

도 선천적으로 동성애 성향이 있는 사람의 비율이 낮지 않음을 은근히 강조하고 있으나 그들의 인권 운동을 위한 위장 전략일 뿐이다. 실은 사회 속에서 그들의 수는 예외적이라 할 정도의 수준이다.[98]

⑪ 미국정신의학회(American Psychiatric Association)에 동성애를 정신 장애 분류에서 제거할 것을 동성애 운동가들이 3년간(난동과 협박과 함께) 강력히 요구해 동성애가 1973년 '정신장애진단통계편람3'의 '성도착증' 범주에서 삭제되었다.[99] 한국 표준 질병 사인 분류(통계청 2014년)에는 동성애를 가리키는 'F66 성적 발달과 지남력에 관계된 심리적 장애와 행동장애'와 'F66.1 자아 이질적 성적 지남'이라는 병명이 올라와 있다.[100]

⑫ 유전적 요인에 의해 호르몬과 뇌 구조가 동성애자가 되도록 태어나는 것이라는 가설의 연구 논문이 1973년에 동성애자인 헤이머(D. H. Hamer)에 의해 발표되었으나, 1979년에 반대 논문이 발표되었고, 다시 1985년에 해머 자신이 이전의 가설을 취소하는 논문을 발표했다.

---

해지도록 하는 법이기 때문이다.

[98] 미국의 저명한 성과학자들의 조사(Edward O. Laumann, etc. *The Social Organization of Sexuality* (Chicago, Univ. of Chicago Press, 1994), 8장에 의하면, "자신이 동성애 성향을 가지고 있다고 밝히고 있는 사람들은 (미국 인구 중) 남성의 2.0퍼센트 그리고 여성의 0.9퍼센트이다." Yarhouse, "Same-Sex Attraction, Homosexual Orientation, and Gay Identity," 203. 그러나 저자는 동성애 성향이 있는 자들이 성 정체성을 말할 때 정작 자신이 게이/레즈비언이라고 말하는 사람은 위의 비율보다 더 적다고 본다.

[99] 그들이 1970년 미국정신의학회 학술 대회에서부터 3년간, 시위, 세미나장 난입, 마이크 뺏기, 소란, 위장 입장, 전시장 난동, 이사회 이름 도용 등을 통해 불법적으로 결정된 것이었다. 1977년 APA 정신과 의사 2,500명을 대상으로 여론 조사한 결과, 69퍼센트가 동성애는 병리적 적응이라 답했고 병적이지 않다고 응답한 정신과 의사는 18퍼센트에 불과했다. 민성길, "정신의학에서 보는 동성애," 580-582, 611-613.

[100] http://www.koicd.kr/2016/kcd/v6.do#5.7&y: "F66.1 자아이질적 성적 지남성 (Egodystonic sexual orientation): 성주체성이나 동성애, 이성애, 양성애 등의 성적 선호에 대한 의심은 없으나 환자는 수반된 심리적, 행동적 장애에 의해 자신이 이성이었으면 하고 바라며 성을 변화시키기 위한 치료법을 찾게 된다."

이후 유전설에 대한 확실한 증거는 아직까지 나타나지 않았다.[101]

⑬ 동성애자들에게 있어서 또 하나의 문제는 본인들이 이성애자와의 결혼을 통해 자녀를 가질 수 있는 기회가 없다는 것이며 나아가 세계에서 출산율이 가장 낮은 우리나라의 재앙적 현실을 만드는 원인 제공자가 된다는 사실이다.

## 6) 동성애의 '성적 지향'이 선천적이라는 가설의 문제점

동성애자들은 선천적으로 '성적 지향'이 결정된 것이라 할 때 자신들의 인권이 크게 보장받게 될 것으로 생각해 유전적 요인설을 선호한다. 그러나 그런 생각은 오히려 치유에 대한 기대를 미리 포기하고 노력을 하지 않게 하는 역기능을 하게 된다. 치유받고 탈동성애자로 살아가는 사람들도 많은데,[102] 이 사실은 성적 지향이 유전적으로 결정된다는 가설의 근거를

---

[101] 1993년에 해머가 Xq28이 동성애와 상관성 있는 유전자라는 가설을 「Science」에 발표함으로써 동성애의 유전적 원인설의 증거가 밝혀졌다는 잘못된 인식이 널리 퍼지게 되었다. 그러나 6년 후 라이스(G. Rice)가 Xq28이 동성애와의 상관성이 없음을 입증하는 논문을 「Science」에 게재했고, 다시 6년 후 해머 자신이 Xq28이 동성애와 상관없는 유전자라고 동의하는 논문을 발표했다. 2010년에 라마고팔란(Ramagopalan)이 전체 게놈을 조사했으나 역시 동성애 관련 유전자는 발견하지 못했다. 또한, 태아기의 성 호르몬이 성적 지향에 미치는 영향이 없음도 밝혀졌으며, 일란성 쌍둥이를 대상으로 한 조사연구에서도 같은 결론을 얻게 되었다. 참조. 길원평 외, 『동성애, 과연 타고나는 것일까?』(라온누리, 2014), 35-59, 71-83; 김지연, "남성 동성애자 간 성관계," 641-45; 맥너트, 『동성애 치유될 수 있는가?』, 40: "(일란성) 쌍둥이가 한 가정에서 자랐을 때 (성적인 성향이) 50퍼센트의 일치율을 보였고 다른 가정에서 분리되어 자랄 때는 0퍼센트의 일치율을 보였다."

[102] 한편 1973년에 미국정신의학회에서 정신진단통계편람(DSM)에서 동성애가 성 중독의 정신 질환이 아니라고 결정을 내리는데 주도적 역할을 했고 게이에게 호의적인 정신병학자였던 로버트 스피처 박사는 후에 이런 결론을 내렸다: "나는 내가 면담한 사람 중 많은 이가 이성애자가 되는 실질적인 변화를 만들어 가고 있는 것을 확인할 수 있었다. … 그것은 기사감이라고 생각한다. … 나는 이 연구에 회의적으로 임했었다. 그러나 이제는 이런 변화가 지속될 수 있다고 주장한다." Robert Spitzer, interview with Dr. Laura Schlessinger, *The Dr. Laura Schlessinger Program*, January 21, 2000. 포스터, 『성의 치유』,

무너뜨리게 만든다. 또 사람이 각기 고유하게 가지고 태어나는 유전 정보, 즉 DNA는 삶의 방식과 태도에 따라 얼마든지 다른 삶의 결과를 만들게 되어 있다.[103]

그런데도 동성애자들은 차별받지 않기 위하여, 자신들의 삶의 태도와 방식을 바꾸려 하는 대신, 자기 정당화를 힘쓰고 자기중심적인 '성 소수자 인권' 운동을 벌인다. 따라서 "이런 동성애 옹호 운동은 '우리 시대 최악의 위선'이라는 비판을 받는다."[104]

한편 동성애가 원천적으로 유전에 의해 결정되는 것은 아니라고 확신하는 이들도 동성애 성향이 "다른 환경적 요인과 연결된 탄생 전 어머니의 자궁 속에서의 호르몬의 영향을 포함하여 초창기의 복잡하고 다양한 영향이 있는 것 같다"고 인정하기도 한다.[105]

그렇다고 하여, 이전에 동성애가 죄라고 인정했다가 자기 아내의 영향을 받아 친동성애 경향의 '진보적' 복음주의자로 활동하고 있는 토니 캠폴로(Tony Campolo)처럼, "300명의 남성 동성애자를 만났고 그들 중 누구도 동성애를 택했다고 하는 사람은 없었다. … (동성애 성향이) 그들의 정신 세계 발전 단계의 아주 초기에 일어나서 선택했는지조차도 기억할 수 없다"고 증언한다. 그러므로 선천적으로 동성애자로 태어난 사람들에게 하나님의 이름으로 동성애를 정죄하는 설교해서 안된다[106]고 말한다면, 이런 주

---

130-131에서 재인용.
103 박영호, 『DNA를 치유하는 영성』 (서울: 일송북, 2007), 23-25, 87-92; 포스터, 『성의 치유』, 245-246: "나는 개인적으로 믿음 체계와 행동의 변화가 어떻게 신체의 뇌의 불규칙성에 대한 치유를 만드는가를 경험했다. … 나의 믿음과 행동의 변화에 대한 반응으로 내가 가지고 있었던 불규칙한 염색체 접합의 모양이나 화학 물질의 불균형과 같은 것들이 교정 되었다."
104 민성길, "정신의학에서 보는 동성애," 583.
105 맥너트, 『동성애 치유될 수 있는가?』, 50-51.
106 Tony and Peggy Campolo, "Holding It Together," *Sojourners* May-June 1999, 28, 30. 맥너트, 『동성애 치유될 수 있는가?』, 50에서 재인용.

장은 성경적으로 정당화될 수 없다.

왜냐하면, 모든 사람이 부모와 조상으로부터 무수한 죄악의 성향을 태중에서와 유아기 때 강한 영향을 받는 것이 일반적이지만, 그렇다고 하여 그런 모든 성향과 거기로부터 유발해 나타난 행동들이 하나님 앞에서 악한 것이라고 말하는 것이 잘못이라고 하면 안 되기 때문이다. 부모로부터 영향받은 부정적인 성향들도 바른 교육과 각성과 절제를 통해 그리고 무엇보다 거듭나 성령의 감화를 받는 성화 생활의 노력을 통해 얼마든지 변화될 수 있다.

'호모필리아'쪽 사람들은 하나같이 탈동성애는 원천적으로 불가능하며 그런 일은 없었다고 주장하는데, 한 가지 예만 들겠다. 에릭 마커스(Eric Marcus)는 『Is it a Choice? 동성애에 관한 300가지 질문』[107]에서 이렇게 말한다.

> 그 누구도 성적 지향을 바꿀 수는 없습니다. 다시 말해, 이성애자의 이성에 대한 성적 감정을 제거할 수 없듯이, 동성애자의 동성에 대한 그 감정 역시 제거할 수 없습니다. … '동성애자를 이성애자로 만들려고 노력하는 치료가들은 모두 감옥에 가야 합니다. 왜냐하면, 그들이 해야 할 일은 환자들이 진정한 자기를 찾아가는 과정에서 '나는 누구인가'에 대해 좀더 편안한 느낌이 들 수 있도록 하는 것인데, 그들은 오히려 반대를 하고 있기 때문입니다. 만약 자신이 원한다면 동성애자가 이성애자로 될 수는 없나요?
> 없습니다.

---

[107] 에릭 마커스, 『Is it a Choice? 동성애에 관한 300가지 질문』, 컴투게더(연세대 동성애자 인권 모임) 역 (서울: 박영률출판사, 2006), 15, 18.

## 7) 수많은 탈 동성애자의 치유 사례들

그러나 그런 동성애 옹호자들의 주장과는 정반대로 실제 수없이 많은 탈동성애 사례가 있다. 그들의 증언들은 책과 <유튜브>(YouTube), 교회 홈페이지[108] 등을 통해 얼마든지 읽고 보고 들을 수 있다. 국제적인 탈동성애운동 웹사이트들도 있다.

여기서 동성애자들을 비롯한 성 중독자들을 위한 치유 사역 단체인 '매스터링라이프미니스트리'(Mastering Life Ministries)를 설립해 지난 30년 동안 전 세계를 다니며 활발하게 사역해 오고 있는 데이비드 카일 포스터 (David Kyle Foster) 박사의 생생한 간증 일부를 소개하고자 한다. 이 짧은 간증이 호모필리아에 대한 효과적인 반증이 될 수 있기 때문이다.

> 나는 할리우드 거리에서 7년 동안 나의 모든 것을 던진 남창 생활을 했다(그것은 미친 짓 바로 자체였다). … 사춘기 시절 이전에 충동적인 자위행위(마스터베이션)가 시작되었다. 그것은 다른 아이들과의 적절하지 못한 접촉, 포르노그라피, 이성 간의 혼음, 동성애 행위(10대 소년들을 희생물로 하는 남자들의 성적 학대를 포함), 노출증, 매춘, 혼음, 성욕 이상 항진증 등으로 이어졌다.
> 
> 그런 나의 문제의 핵심은 성 중독이었다. 29세가 될 때까지 성 중독을 조절할 수가 없어서 나는 나 자신이 미친 것이 아닌가 생각했다. 어처구니없는 위험에 봉착하기도 했고 내가 전혀 원하지 않는 것도 해야만 했다. 어떤 강력한 힘에 잡혀 그것을 하도록 강요당하는 것 같았다. 내가 아주 보잘것없는 정상적인 모습으로 돌아올 수 있었다면 그것조차도 하늘에 계신 하나님이 이루어 주신 것이다.

---

108  예. <춘천한마음교회 홈페이지>(www.hmuchurch.com).

왜냐하면, 나는 실제로 인간이 도울 수 있는 경지를 벗어나 있었다. 이 이야기의 놀라운 결과는, 내가 하나님을 만났고 그분이 나를 정상으로 회복해 주셨을 뿐 아니라 그 이상의 것을 해 주셨다는 것이다. 주님은 나의 무분별함을 고쳐 주셨다. 내가 아직도 마음에 무슨 일이 있었는지 기억하고 있음에도, 하나님은 내게 부패를 전혀 모르는 어린아이의 순수하고 민감한 영을 주셨다. 다시 한 번 부끄러울 뿐이다.[109]

포스터와 같은 수많은 탈동성애 사례가 있음에도 불구하고 동성애 인권 운동 지도자들과 작가들은 그들은 귀를 막고 들으려 하지 않고 눈을 가리고 보려 하지 않는다(사이비 종교의 교인들이 교주의 말에 세뇌되어 누구의 말도 들으려 하지 않고 일사불란하게 행동하는 것처럼. 이런 현상은 배후에 어떤 어둠의 세력이 역사하는 때문은 아닐까?).[110]

이상과 같은 심각한 문제들이 있음에도 '성 소수자'와 '인권'과 '문화'의 이름으로 동성애자들의 정치적 활동은 점점 더 커지고 힘과 영향력을 얻어 가고 있는 추세이다. 특히, 젊은 세대들일수록 동성애에 열려 있고 호의적인 태도를 취하는 것을 보게 되는데, 앞으로 머지않아 우리나라도 서구의 현실을 경험하게 되지 않을까 우려하는 사람들이 많다.

---

[109] 포스터, 『성의 치유』, 16-17. 포스터는 1980년에 예수 그리스도와의 인격적 만남을 통해 동성애를 비롯한 성 중독으로부터 치유받고 자유를 얻었다. 이 후 글을 쓰는 이외에 TV와 라디오에 출연하여 성적 죄와 상처들을 치유하시는 하나님의 사랑에 대해 전하는 자가 되었다. 그는 여러 신학교에서 교수로 가르치기도 했으며, '성의 치유' 비디오 과정을 통해 효과적으로 각종 성 중독에 대한 치유 사역을 해오고 있다. 참조. http://www.masteringlife.org.

[110] 음란과 동성애의 배후에서 역사하는 악한 영에 관련해서 뒤에 가서 자세히 다룰 것이다.

## 5. 동성애 문제에 대한 복음적·영성 신학적 진단과 대안

이제 동성애에 대한 율법적 정죄와 사회적 경계, 사후적 관리의 차원을 넘어서, 예수 그리스도의 복음을 통한 회개와 변화, 회복, 치유의 길에 대해서 말하려고 한다.

### 1) 복음의 빛 속에서 그리고 예수 그리스도의 이름으로 동성애자 바라보기

**(1) 율법 시대와 복음 시대에 있어서의 동성애에 대한 접근 태도의 차이**

율법 시대엔 이스라엘 중에 있는 동성애자들은 우상 숭배자와 마찬가지로 정죄하고 죽이거나 쫓아내야 할 대상이었고, 그래서 이스라엘 선민 공동체의 성결이 유지되도록 해야 하는 경계의 대상이었다. 그러나 신약 시대는 율법 시대와 같이 그들을 대하는 것은 합당하지 않으며 신정 국가 체제가 아니므로 그렇게 할 수도 없다.

미국의 일부 과격한 근본주의자들이 하는 것처럼, 동성애자들을 세 든 집에서 쫓아내거나 집에 방화하는 일도, 폭력적 언사로 대하거나 구타하거나 살해하는 일[111]이 있어서는 안 될 것이다. 중세 시대에 종교 재판하고 마녀사냥 했던 것처럼 또는 십자군이 비기독교인 팔레스타인 사람들에게 했던 것처럼 해서도 안 될 것이다.

지금은 율법 시대가 아니고 복음 시대요 은혜 시대이며(눅 4:18-21; 16:16; 요 1:17; 롬 6:14-15; 고후 6:2) 성령 시대(요 7:37-39; 14:16-17; 행 2:39; 롬 8:1-4; 고후 3:1-18)이기 때문이다. 하나님은 "죄인의 괴수"를 위해서도 당신의 아들 예수 그리스도를 세상에 보내시고 십자가에 내 주셨다. 동성애자들 앞

---

111 헬미니악, 『성서가 말하는 동성애』, xvi.

에서 '하나님은 동성애자를 증오하신다!'고 쓴 피켓을 들고 비난하는 일은 복음적이지 못한 행동이라고 해야 할 것이다.

### (2) 동성애자들을 대하는 그리스도인과 교회의 바람직한 태도

"그리스도 예수께서는 죄인을 구원하시려고 세상에 임하셨고," 바울이 스스로 고백했던 것처럼, "죄인의 괴수"를 위해서도 주님은 세상에 오신 것이다(딤전 1:15). 예수님은 간음 현장에서 붙잡힌 여인을 정죄하지 않으셨으며(요 8:2-11), 오히려 "세리와 죄인의 친구"가 되셨고(눅 7:34), 그들과 함께 식사하셨다(15:2). 동성애자들을 향하여 혐오감을 느끼고 그것을 표정과 언행으로 나타내는 것은 그리스도인들이 취할 태도가 아니다. 그들이 교회에 들어왔는데 비록 자신들의 행동에 대해 회개하는 일이 없다 하더라도, 그들을 욕하고 저주하는 행위는 합당하지 않다(약 3:9-11).

심지어 그들이 교회 안에서 목회적 권면에 순종하지 않고 대적하는 태도를 보인다 하더라도, 지나친 논쟁을 삼가며 온유한 마음으로 대해야 할 것이다. 그런 때 목회자가 가져야 할 태도에 대해 사도 바울은 이렇게 가르친다.

> 거역하는 자를 온유함으로 훈계할지니 혹 하나님이 그들에게 회개함을 주사 진리를 알게 하실까 하며 그들로 깨어 마귀의 올무에서 벗어나 하나님께 사로잡힌 바 되어 그 뜻을 따르게 하실까 함이라(딤후 2:25-26).

실제 동성애 성향을 스스로 선택한 것도 아니고 오히려 유아와 소아 시절에 그리고 태중에 여러 환경적 요인에 의하여 생성되고 발전되어 온 그 성향을 청소년기에 발견하게 되어 동성애자로 살아가게 된 사람들이 적지 않다.

오늘날 호기심에 동성애자 웹사이트에 들어갔다가 동성애에 빠지게 된 사람들도 많아지는 추세다. 양심과 성경의 가르침에 비추어 자신의 동성애 성향이 스스로 옳지 않음을 깨닫고 고쳐 보려 기도하고 최선의 노력을 다해 보지만 안 되어 무력감을 느낀 채 좌절감과 두려움 속에 어찌할 줄 몰라 하는, 교회 안에 있는 동성애자들도 상당수 있다.

그런 사람들이 "동성애자들은 구원받지 못한다", "지옥에 간다"는 식의 단정적인 말을 교회에서 들을 때 낙심하고 정죄감 속에서 결국 교회를 등지고 신앙생활을 포기하거나 극단적 선택을 할 수도 있다. 그러므로 교회는 섬세한 마음을 가지고 동성애자들이 주님이 부르시는 대상인 "수고하고 무거운 짐 진 자들"(마 11:28) 속에 자기들도 당연히 포함되어 있음을 믿고 주님을 의지하도록 이끌어 줘야 할 것이다. 동성애자들은 통상적으로 유아 때 아버지나 어머니로부터 온전한 사랑과 돌봄을 받지 못해 참된 성정체성이 개발되지 못한 자들이기 때문에 교회 안에서 그들에게 하나님의 절대적인 사랑을 보여 줄 때 그들의 내면이 치유되고 변화되는 데 도움이 될 수 있을 것이다.

> 가끔 자신의 고통스러웠던 시간을 기억하며 눈물을 흘리는 남자를 적절하게 안아 주어야 할 때가 있다. 이런 상황에서는 그 남자를 안아 주는 것이 바로 치유가 될 수 있다. 내가 그렇게 했을 때, '하나님이 나를 안으시고 내가 경험해 보지 못한 사랑으로 채우시는 것 같았다'고 말하는 것을 들은 적이 있다. … 커플이 있을 때는 남편이 의뢰자를 안는 것이 내부에 잠재되어 있는 아이가 소년 시절의 그의 아버지에 의해 안겨 있는 것과 같아 그것이 바로 치유가 될 수 있다. … 반대로 여성 동성애자들은 전형적으로 어머니의 사랑을 느끼기를 원한다. 사역 팀의 여성 사역자가 하나님이 사용하시는 이 빈 공간을 채우는 사람이 될 수 있다.[112]

---

112 맥너트, 『동성애 치유될 수 있는가?』, 69-70.

물론 복음을 모르는, 교회 밖에 있는 동성애자들은 그 수가 더 많다. 그러나 그 모든 사람에 대해, 예수님 때에 바리새인들이 했던 것처럼, 무조건 죄인처럼 여기고 혐오감을 가지고 멀리하는 태도는 신약 시대의 그리스도인들에게 합당하지 않다.

존 스토트가 말한 것처럼, "(오직 나사렛의 예수를 제외하고는) 성적인 죄를 짓지 않는 사람은 하나도 없다. … 게다가 성적인 죄만이 유일한 죄는 아니며 가장 심각한 죄도 아니다. 교만과 위선이 훨씬 더 심각한 죄다."[113] 존 화이트도 같은 의미에서 다음과 같이 말한다:[114]

> 성적 죄악들은 거짓을 유도한다. 다른 이에게 거짓을 말하게 한다. … 그때 교만-무엇보다도 더 나쁜 죄-이 태어난다. 교만은 사탄을 극악무도하도록 만드는 죄이다. 바울이 고린도전서 6장에서 동성애자를 "불의한 자들"의 범주에 포함시킬 때(6:9-10) 바로 앞에서 신자들끼리 세상 법정에서 소송을 제기하는 자들을 "불의를 행하는" 자들이라고 지칭했다(6:6-8). 여기서 본문 중 전자가 후자보다 더 악한 자라고 해석하는 것은 바울의 의도가 아닐 것이다.

한편 여기서 한 가지 간과해선 안 될 점은, 전혀 회개하는 마음이 없고 부끄러움과 죄의식이 없는 동성애자들과 다른 음행하는 자들은 대체로 마음이 교만하며 강퍅한 것이 특징적이라는 사실이다. 왜냐하면, 성적 타락은 양심을 더럽게 만들기 때문이다.[115] 그러나 그런 대상의 사람들에 대해

---

113 존 스토트(John Stott), 『존 스토트의 동성애 논쟁: 동성간의 결혼도 가능한가?』, 양혜원 역 (서울: 홍성사, 2006), 12. 참조. David J. Lull, "Jesus, Paul, and Homosexuals," *Currents in Theology and Mission* 34 (2007) 204. 그러나 저자 럴이 교회가 율법주의가 아닌, 하나님의 사랑과 은혜로 동성애자들을 용납할 것을 강조하는 데서 더 나아가 헌신적인 동성애자 커플을 목사로 안수하는 것을 복음적인 행위라고 지지하는 데(같은 책, 207쪽), 상황 윤리의 오류에 빠져 있는 예를 보는 것 같다.
114 존 화이트(John White), "추천의 글," 포스터, 『성의 치유』, 11.
115 이에 대해 아래에서 자세히 다룰 것이다.

서도 우리는 하나님과 예수 그리스도께서 보시는 눈으로 긍휼과 사랑과 관용과 인내심을 가지고 대하며 그들을 위해 기도해야 할 것이다.

### (3) 동성애를 옹호하는 기독교인들의 비복음적 행태와 복음적 대안

그러나 소위 '성 소수자' 인권 운동을 지지하는 일부 목회자들과 신앙인들이 하는 것처럼, 동성애자들의 행위를 무조건 인정해 주고 받아 주기만 하는 데서 멈추는 것은 결코 잘 하는 것이 아닐 것이다. 특히, 진보적이고 좌파적인 일부 목회자들은 동성애자들에 대한 성경의 명백한 경고와 교훈을 왜곡시켜 주관적으로 해석한다. 그래서 "성경은 (오늘날의) 동성애를 죄라고 말하지 않는다"고 말한다. 이것은 동성애자들을 타락과 멸망의 길로 가게 만드는 '거짓 선지자'와 '거짓 교사'의 위장된 평화와 위로일 뿐이다.[116]

오히려 동성애가 죄라고 가르치는 성경 말씀을 통해 회개하게 되었고 사죄와 참 평강을 얻고 마침내 바른 성 정체성을 회복하게 되었다든가, 더 나아가 회복 후 사명감을 가지고 탈동성애 지도자로 활동하게 되었다는 간증을 얼마든지 들을 수 있다.[117] 동성애 지지자들이 모이는 미국의 메트로폴리탄교회 교인들은 예수님이 자기들을 축복하신다고 서로를 위로하면서 예배드린다. 그러나 실제 그들에게 회개도, 치유도, 회복도 없다. 그들의 예배에 참석하고 받은 인상을 탈동성애자 코미스키는 이렇게 전한다.

---

116 렘 14:14; 23:25-32; 28:9; 마 7:15; 고후 11:3, 13-15; 계 2:4.
117 코미스키는 심각하게 타락한 동성애자의 길에 있다가 고린도전서 6:9-11과 로마서 1:16-32을 통해 동성애가 죄라는 사실과 성 정체성 회복의 필요성을 깨닫고 "온전한 변화를 위한 시작"을 하게 되었다고 고백하는 책을 썼다. 코미스키, 『동성애, 온전한 변화를 위한 시작』, 26-27, 96: "지금까지 언급된 사람들의 경우에 결정적으로 하나님이 그들 안에서 치유의 역사를 이루실 수 있었던 것은, 그들이 모두 동성애는 죄이고 불완전함의 결과라고 말씀하시는 하나님의 말씀을 따랐기 때문이었다."

> 그들은 예수님을 찬양하기보다는 자신들의 동성애적 성향을 높이 추켜세우기에 더 열심이었다. 그들의 동성애는 더 이상 주님께 맡겨지지 않았고, 개인의 권리로써 당당히 내세워졌다. 그들의 신앙에는 성령의 교통하심이 심하게 결핍되어 있었다.[118]

기독교 '성 소수자' 인권 운동가들은 흔히 '성 소수자들'의 인권을 보호해 주고 차별받지 않게 해준다는 미명 아래 복음으로 깨우치고 양육하고 경고하며 징계하는 목회자적 사명을 전혀 하지 않는다. 그들은 무엇보다도 확실한 근거도 없이 동성애 감정과 행위가 선천적인 원인에 의한 것이므로 그대로 받아들이고 현재의 모습으로 긍정적으로 살라고 격려한다.

그러나 그렇게 함으로써 회개와 치유의 기회를 사전에 포기하며 범죄와 심판의 길로 가도록 방조하는 결과를 가져다 줄 뿐이다. 동성애는 대부분 환경적 영향으로 나타난 것이며 치료될 수 있는 길이 꼭 있다는 기대와 희망을 품는 것은 매우 중요하다.[119] 더욱이 동성애자가 그리스도인이라면 복음과 예수 그리스도의 이름과 성령으로 얼마든지 치유와 회복을 할 수 있다고 믿도록 도와 주는 일이 우선되어야 할 것이다.

예수 그리스도를 영접한 창녀와 강도에게도 주님은 사죄와 평화와 구원을 약속하셨다(눅 7:36-50; 23:39-43). 그러나 회개와 믿음을 전제한 것이었고 그들의 죄를 정당화하신 것은 아니었다. 바리새인들에 의해 간음 현장에서 붙들려 끌려 나온 여인에게 우리 주님은 "나도 너를 정죄하지 아니하노니 다시는 죄를 범하지 말라"(요 8:11)고 말씀하셨다. 치유와 회복을 위해서는 반드시 죄를 인정하고 회개하는 일이 먼저 있어야 하며 복음에 대한 깨달음과 믿음과 간구와 성령의 역사가 있어야 한다. 복음의 빛 속에서

---

118 코미스키, 『동성애, 온전한 변화를 위한 시작』, 29.
119 정동섭, "상담심리학자가 본 동성애적 장애," 『동성애』, 737-738.

동성애 문제에 대한 최선의 대답으로 스탠리 그렌츠(Stanley Grenz)의 표현을 빌려 이렇게 말할 수 있겠다.

> 교회가 모든 사람을 환영하듯이 동성애자들도 마찬가지로 환영하는 것이 우리 주님의 명령(이며) 다른 한편으로 교회가 동성 간 결혼은 물론, 동성 간 성행위 자체도 용납하지 말아야 한다는 점 역시 주님의 명령이다.[120]

## 2) 세상과 세상 풍속의 정체성을 간파하고 성경적 세계관·가치관·문화를 세움

### (1) 동성애 풍속은 마귀가 지배하고 있는 "이 세대"에 속한 것임

레위기의 율법 계명과 로마서 1장에서 가르치고 있는 것처럼, 동성애 현상은 우상 숭배와 함께 애굽 땅과 가나안 땅의 문화에 그리고 그리스-로마 시대에 속한, 즉 세상 문화에 속한 풍속이다. 세계는 하나님이 창조하셨고 그리스도께서 만유의 주로서 하늘과 땅을 통치하시지만,[121] "세상의 신/왕" 마귀[122]와 그의 다양한 세력은 일정한 권세를 가지고 궤계를 써 가며 세상을 다스리고 있다.[123] 마귀의 세력은 "이 세대"의 풍조를 조장한다(엡 2:2; 롬 12:2).

특히, 유행하고 있는 세속적인 성 윤리[124]의 탁류가 전통적인 미풍양속과 성경적인 성 윤리적 순결을 삼키려 하는 중이다. 마귀는 믿지 않는 사

---

[120] 스탠리 그렌츠, 『환영과 거절 사이에서-동성애에 대한 복음주의 응답』, 김대중 역 (새물결플러스, 2016), 22. 또 교회 안에 있는 동성애적 성향자 및 동성애자들에 대해서 교회는 어떤 태도를 가져야 하는지에 대한 다음의 감동적인 설교를 참조 바람. 김형민, "동성애자에게 주는 하나님의 복음," https://youtu.be/3RYt30JHyLg (게시일: 2016. 11. 11).
[121] 창 1:1; 시 24:1; 마 28:18; 행 3:26; 엡 1:20-22; 고전 8:6; 골 2:10; 히 1:2-3; 계 17:14.
[122] 눅 4:6; 요 12:31; 14:30; 고후 4:4; 요일 5:19.
[123] 눅 4:6; 요 12:31; 14:30; 고후 4:4; 엡 2:2; 요일 5:19.
[124] 스탠리 하우어워스(Stanley Hauerwas), 『교회됨』, 문시영 역 (서울: 북코리아, 2010),

람들 속에서 역사하고 있는데(엡 2:2), 그들의 생각과 행동과 풍속 안에서 그리고 그것들을 통하여 역사하면서 속이고 미혹한다. 동성애 현상이 바로 전형적인 "이 세대"의 풍조에 속한 것이다.

### (2) 동성애 행위는 죄이며 마귀의 종이 되며 성령을 거스르는 길임, 회개의 필요성

그러므로 동성애를 아무리 사랑과 인권이라는 이름으로 포장하고 미화시켜도 하나님의 창조 질서를 거스르는 것이며 세상과 마귀에게 속한 것임을 간파해야 할 것이다. 성경이 동성애가 죄라고 가르치고 있는 것이 사실이라면, 동성애자로 사는 것은 결국 "죄의 종"(요 8:34; 벧후 2:19 참조. 롬 6:14)과 "마귀의 종"(요일 3:8)이 되는 것이며, 회개하지 않고 계속 육신의 정욕을 따를 때 결국 사망과 멸망의 길로 나아가게 되는 것임(롬 8:6, 13; 갈 5:19-21; 고전 6:9-10)을 분명하게 가르쳐야 할 것이다.[125]

의지를 가지고 겸손한 마음으로 회개하게 되면 하나님이 마귀의 손아귀에 사로잡힌 영적 현실을 깨닫게 해 주시고 마침내는 하나님의 강력한 사랑으로 온전한 치유를 허락해 주실 것이다.[126] 어떤 죄도 회개하면 하나님이 그리스도의 대속의 피로 씻어 주시고 새 은혜를 주시며 그들의 영과 혼

---

335: "(40년 전 뉴저지대학교 의대 성인의학연구소장의 말을 인용하면서) 뉴저지의 고등학교 2학년과 3학년 여학생 20퍼센트 정도가 인신을 경험한다는 것이다."

125 현재 탈동성애 운동의 지도자로 활동하고 있는 이요나 목사는, (2019.10.4.일 기독교여자절제회관에서 있었던) '바이어하우스학회'의 동성애 문제 세미나에서, 이 점을 강하게 강조했다. 그는 자기가 젊었을 때 동성애자의 대부로 살며 세 개의 '게이 바'를 하면서 여장을 하고 헌금 많이 하는 교인으로 (주위의 교인들이 자기가 동성애자임을 알았음!) 교회를 다녔다고 한다. 그 때 동성애자는 죄를 짓는 것이며 회개하지 않으면 구원받지 못할 것이라고 교회에서 분명하게 경고하고 바로 가르쳐주었더라면, 자신은 좀 더 빨리 그런 생활을 청산할 수 있었을 것이라고 아쉬워했다.

126 코미스키, 『동성애, 온전한 변화를 위한 시작』, 135. 코미스키는 선조들이 성에 관계된 죄를 저지른 경우 그로 말미암아 죄와 마귀에게 억압되어 자손들이 동성애에 빠질 수 있음을 임상 치유 경험을 통해 깨닫고 조상의 성적인 범죄에 대해 회개할 때 효과적인 치유가 이뤄질 수 있음을 말한다. 참조. 같은 책, 134쪽.

과 몸을 전인적으로 새롭게 해 주실 것이다.[127]

"회개하고 복음을 믿으라!"

심판과 저주를 받을까 봐 두려워할 것이 아니라 사랑과 긍휼의 하나님께 나아와 회개하고 예수 그리스도를 삶의 주인으로 모시고 성령의 인도하심따라 살도록 이끄는 일은 문제 해결의 문 안으로 들어가도록 돕는 일이 된다.

동성애자들과 동성애 옹호자들은 흔히 고상하고 낭만적이며 신실한 관계를 유지하는 '동성애'는 성경에서 금하는 대상이 아니라고 주장한다. 그들은 단지 성경에서 정죄하는 대상은 난잡하고 조악한 형태의 동성애 행위에 한정된다고 강변한다. 그러나 동성애는 특별한 형태의 '성적 욕구'이며 성적 욕구는 본래 몸과 마음에서 우러나오는 강렬한 열망인데, 성행위는 성적 욕구가 표출된 두드러진 표징이기는 하나 본질은 성령을 거스르는 육적 욕망이다(갈 5:19; 살전 4:3-8).[128] "육신의 생각은 사망이요 성령의 생각은 생명과 평안이다"(롬 8:6).[129]

**(3) 동성애 행위를 통하여 더럽힘과 더러워짐이 생기고 양심이 마비되며 부끄러움을 모르게 됨**

그런데 강렬한 성적 욕구를 가지고 동성애자끼리 성행위를 할 때 엄청난 영적 문제를 일으킨다는 점을 간과해선 안된다. 결혼한 남녀 부부간의

---

[127] 롬 3:23-26; 5:9; 고전 6:11; 고후 5:17; 엡 1:7; 살전 5:23; 딛 3:5; 히 9:14; 10:10-21; 벧전 1:18-19; 요일 1:9-10; 계 7:14.
[128] 코미스키, 『동성애, 온전한 변화를 위한 시작』, 43-44.
[129] 탈동성애자로서 성 중독 치유 사역을 하고 있는 D. K. 포스터는 이렇게 말한다: "'게이 그리스도인'이라고 잘못 이름 붙여진 사람들-그들은 회개 없이 동성애 행위를 하며 그래서 그리스도인이라고 할 수 없는 사람들인데-도 자기들의 입으로 하나님을 찬양하나 그의 마음은 하나님에게서 먼 사람들(마 15:7-9)의 예에 속한다. 그들은 예수님을 '주여, 주여'라고 부르기는 하나, 그들은 주님이 말씀하시는 것을 행하기를 거부한다(마 7:21-23; 눅 6:46)." www.charismanews.com/opinion/44691.

성관계 외에 가지는 다른 모든 육체적 성관계는 강렬한 성욕의 만족을 얻게 하지만 '더러움'과 '부끄러운 욕심' 속으로 타락하게 된다(롬 1:24, 26; 엡 4:19). 성적인 범죄를 성경에서는 자주 '더럽힘'/'더러워짐'이라는 말로 표현하고 있다.[130] 예수께서는 마음속의 악한 생각과 간음과 음란이 사람을 더럽게 한다고 하셨다(마 15:18-20).

성적인 죄를 지속으로 범하여 더러워진 자들은 수치를 모르고 회개하지 않는 것이 특징이다(렘 3:3). 또 그런 자들과 같이 성관계를 하게 될 때 "한 육체가 되어" 몸과 마음이 더욱 심각한 죄와 부패에 빠지게 된다(고전 6:15-17). 양심이 더러워지고(고전 8:7) 화인 맞은 자가 되면 부끄러움을 모르고 거짓말을 일삼게 된다(딤전 1:18-20; 4:1-2; 벧후 2:18-21). 과격한 동성애 운동가들이 '퀴어축제' 등에서 보이는 바, 교만하며 부끄러움을 모르는 행위를 하는 것은 그런 결과로 설명될 수 있을 것이다.[131]

같은 죄를 계속 범하고 회개하지 않을 때 죄와 마귀의 종이 되며(요일 3:8) 어둠 가운데 있으므로 빛이신 하나님과 교제를 가질 수 없다(1:5-7). 계속 동성애와 음란의 죄 가운데 있는 자들은 하나님의 나라를 유업으로 받지 못한다고 성경은 엄하게 경고하고 있다(고전 6:9-10; 갈 5:19-21; 벧후 2:18-22; 계 21:8). 그러므로 동성애의 죄를 계속 짓고 있는 사람을 교회 안에서 받아 주면서 복음을 전해 주고 회개로 인도하지 않는 것은 그 영혼을

---

[130] 창 34:5; 49:4; 레 18:20, 23; 19:29; 20:21; 21:9, 14; 민 5:13-14, 19; 대하 5:1; 렘 3:2, 9; 겔 16:26-27; 18:6, 11; 22:11; 33:26; 고후 12:21; 갈 5:19; 히 13:4; 벧후 2:10; 계 14:4; 17:4; 19:2.

[131] 죄 중에서 가장 근본적인 죄는 교만이다. 이 죄는 가장 마귀적이고(딤전 3:6, 사 14:12) 사악한 성격을 가지고 있어서 치명적이어서 회개하기가 쉽지 않다. 세례 요한과 예수께서도 당시의 유대인의 종교지도자들의 교만과 위선을 여러 번에 걸쳐 강하게 직면하셨지만 그들은 자기들의 교리 지식과 전통과 권위에 근거한 교만 때문에 끝내 회개하지 않았다(마 3:7; 마 23장; 눅 7:30; 요 7:31-32, 45-52). 축사 전문가이 에드 머피(Ed Murphy)는 오랜 경험을 통해 교만이야말로 "사탄이 신앙인들이 가는 길 앞에 놓아 두는 덫"이라고 증언한다. 에드 머피, 『영적전쟁: 핸드북』, 노항규 역 (서울: 두란노, 2004), 976.

멸망에 빠지도록 방조하는 자가 되는 것이며 결국 자신도 그 책임을 면치 못하게 될 것이다(마 15:14; 고전 8:11).

### (4) 죄악된 성 문화의 가치관을 변혁시킬 복음적 기독교 대학의 설립과 기독교 문화의 계발 필요성

그리스도인은 소극적 방어적 차원에서의 성화 운동뿐만 아니라, 이 세상 문화와 풍조를 변화시켜야 한다. "이 세대를 본받지 말고 오직 마음을 새롭게 함으로 변화를 받아 …"(롬 12:2)라는 권면 중 '마음'과 '변화를 받아'의 두 단어는 각기 헬라어로 νοῦς('누스', 'mind')와 μεταμορφόω('메타모르포오', 'to transform') 수동태인데, 여기서 세계관과 가치관의 변혁을 말하고 있다. 그러므로 대안으로 거룩하고 고차적이고 영향력 있는 교회 문화나 기독교 문화의 계발과 교육이 시급히 요구되는 시대이다. 미국에서는 큰 교단과 교회들은 기독교 세계관으로 운영하는 손꼽히는 복음주의적 대학교들을 세워 성공적으로 운영해 왔는데,[132] 한국 교회가 참으로 배워야 할 부분이라고 생각한다.

신약에서 육신의 정욕에서 나오는 두드러진 죄악 중 '음란'과 '음행'이 대표적인 죄로 자주 열거되고 있고 엄하게 경고하고 있는데,[133] 특히, 대학생활에서 술과 음란 문화가 만연하고 있는 것이 현실이다. 그리고 무엇보다도 오늘날 인터넷과 스마트폰을 통해 음란 문화가 급속하게 퍼지게 되었다. 이런 도도한 세상 풍조를 거슬러 대항하는 기독교 문화를 계발할 필요가 절실하다.

---

132 예. Wheaton College, Calvin College, Hope College, Asbury College, The Master's College, Biola University, Bob Johns University, Liberty University, Trinity International University 등.
133 마 15:19; 막 7:21; 롬 13:13; 고전 6:9; 고후 12:21; 갈 5:19; 엡 5:3, 5; 골 3:5; 살전 4:3; 딤전 1:10; 히 13:4; 벧전 4:3; 계 9:21. 참조. 마 5:28; 행 15:20, 29; 롬 1:25-27.

신약 시대에는 성도의 몸은 값을 주고 사신 것이 되어 "그리스도의 지체"가 되었고 "성령께서 거하시는 성전"이므로 음행의 도구로 사용되어서는 결코 안 될 것이다(고전 6:15-20). 동성애 행위는 분명히 음행의 죄에 해당하며 신약 시대의 성도들이 관계되어서는 안 되는 세상 풍속이며 육신의 일이다. '호모필리아' 편에 서 있는 기독교 지도자들은 흔히 동성애는 사회에 해악을 끼치지 않으니 대신 인종 차별이나 빈 격차, 사회 구조악, 폭력, 전쟁 같은 문제에 더 신경을 쓰라고 말하나, 그들은 동성애 행위가 창조 질서와 가정과 사회를 파괴하는 무서운 죄악이며 하나님이 매우 싫어하시는 죄악임을 모르기 때문에 그런 유화적 태도를 보이는 것이다.

**(5) 동성애 풍조에 대한 해독의 길로서의 예배와 경건 생활**

세상 세계관과 가치관, 인간관, 문화관을 하나님 중심적이고 그리스도 중심적으로 변화시키고 재조정하기 위한 가장 효과적인 방법은 예배에 대한 바른 이해와 그리스도와의 인격적 교제의 삶을 배우고 실천하는 것과 주기적인 성경 공부, 그리고 그리스도의 몸인 교회에 지체로서 적극적으로 살아가는 삶이다.

바울이 로마서 1:18-27에서 교훈하는 것도 바로 이것이다. 즉, 거기서 바울은 단순히 동성애를 정죄하고자 함이 아니라, 창조주 하나님께 합당한 영광과 감사를 돌려드리지 않는 불경건의 결과가 동성애로 나타나게 된다는 사실을 교훈하고 있다.[134]

오늘날 특히 인터넷을 통해 접하게 되는 동성애 등의 포르노 동영상은 청소년들과 남성 성도들과 목회자들을 타락시키고 성 중독에 빠지게 만드는 독배이다. 동성애 행위와 포르노 시청은 성 중독의 길로 이끌게 되어

---

[134] 코미스키, 『동성애, 온전한 변화를 위한 시작』, 64: "하나님 아버지가 열망의 첫 번째 대상이어야 한다. 그렇게 되면, 그 분은 동성애와 같은 덜 위대한 열망들을 당신의 의지와 사랑으로 다스려 주실 것이다."

있다. 성 중독이나 게임 중독은 뇌에 문제가 생겨서 나타나는 것이다.

휘튼 대학의 생명 심리학자인 윌리엄 스트래더스(William Strathers)의 다음의 증언에 유의해야 한다.

> 특정 자극에 반복적으로 노출되면 신경 회로가 형성된다. 학습이 이루어지는 것이다. … 포르노그래피는 영적 문제이면서 동시에 생물학적으로도 매우 복잡한 우리의 성적 설계에 근거한 '육체적' 문제이기도 하다. 나는 성적 본성의 복잡성이 가장 잘 드러나는 부분이 바로 우리의 뇌 회로 배선이라고 생각한다. 성에 대해 논의할 때 생식기 기관에만 집중하는 경우가 많다. 하지만 성적 갈망과 흥분, 집중, 성적 친밀함에서 오는 환희 등을 느끼는 곳은 바로 뇌다.
>
> 영적이고 심리학적인 언어를 사용해 포르노그래피의 막강한 장악력을 묘사하는 것도 도움이 된다. 하지만 더 열심히 기도하고, 컴퓨터를 거실로 옮기고, 책임 있는 단체에 가입하는 것만으로는 한계가 있다. 그런 시도는 포르노그래피를 경험하고, 뇌가 바뀌고, 뇌 회로의 배선이 달라진 수많은 남자들에게는 별로 소용이 없다. 그들은 자신이 소비하는 포르노그래피에 성적으로 반응하도록 자신의 뇌를 훈련해 왔기 때문이다.[135]

가톨릭교회는 성직자들의 성적 순결과 물질적 청빈을 수련하는 수도원 제도가 있고 평신도들을 위해서는 피정(避靜) 제도가 있다.

그러나 개신교에는 어떤 대안적 수련 운동이나 제도가 없지 않은가?

---

[135] 『포르노그래피로부터의 자유』, 황혜숙 역 (서울: 대성Korea.com, 2011), 13, 17. 포스터, 『성의 치유』, 142-143: "동성애 포르노그래피에 노출된 아이는 성 정체성의 혼돈을 가져오게 된다. 그림으로 보여진 성행위는 어린 아이의 마음에 새겨진다. 그런 일이 일어난다는 것을 상상도 해본 적이 없는 아이라면 특히 그러하다. … 성장하는 동안 동성애 행위를 짧게 접해본 어린 소년들에 반해, 그 행위를 몇 차례 반복해 본 아이는 자신이 동성애에 반응하는 위험한 상황에 놓이는 것이 된다."

매년 여름 가족과 함께 두 주간 동안 가지는 영국의 케직사경회(Kwesick Convention)같은 조직적 성화 운동을 일으키는 것은 어떨까?[136]

## 3) 정신과 약물 치료와 상담이 치료와 회복에 (제한적으로) 도움이 될 수 있음

### (1) 정신과 약물 치료와 상담의 필요성과 효과

정신역동(psychodynamic) 이론에 따르면, 동성애자는 대체로 유아기 때 부모의 잘못된 성 역할 모델 또는 과도한 애착, 학대, 무시 등의 영향과 부모가 부부로서 자녀들에게 잘못 보여 준 행위와 관계의 영향으로 "성인 이성애자로의 발달(성숙)이 정지되거나 후퇴(regression)하여 감정적으로 미숙한 상태이므로, 의미 있는 대상 관계를 맺지 못하는 인격체"[137]이다. 그래서 이런 성 정체성의 발달 장애로 이해되는 동성애는 개인의 환경적·심리적 원인을 찾아 들어가 정신분석적 또는 상담 심리적인 도움을 통해 원인을 제거해 주고 의학적·생리적 원인에 따라 적절한 약물의 도움을 통해 점차 치료가 이뤄질 수 있다는 기대를 할 수 있을 것이다. 특히 청소년기와 청년기에 동성애 성향으로 고민하다가 적절한 상담과 성교육을 통해

---

[136] 분당 지구촌교회와 온누리교회는 각기 가평과 남한산성에 '필그림 하우스'와 '묵상의 집'을 지어 운영하고 있는데 한국 교회에 많은 시사를 던진다고 본다.

[137] 민성길, "정신의학에서 보는 동성애," 595-599; 소지혜, "'나는 남자'라고 생각 … 죄책감 없이 여자와 사랑," 「국민일보」 2016.8.8.일자, 30: "어려서부터 아버지는 나를 철저히 아들처럼 키웠고 내가 듣는 말과 접하는 대상 또한 항상 남자였다. 이런 환경에서 어느새 '나는 남자다'라는 생각이 자리 잡았다. 아무 죄책감 없이 '나는 남자니까 여자를 사랑하는 것이 당연하다'고 생각했고, 동성애의 쾌락을 즐겼다"; 이미자, "'여자가 되고 싶다'는 아들의 정체성 혼란 바로 세우신 주님," 「국민일보」 2016.1.18.일자, 30: "고정되지 않은 중성적인 이미지가 좋았다. 그래서 결혼하면 아들은 여자처럼, 딸은 남자처럼 키우고 싶었다. 그런데 막내아들이 네 살쯤부터 '공주 스티커'에 집중하더니 '난 여자야'라며 여자가 되고 싶다고 했다. 누나 드레스를 입고 '엄마, 나 여자 같지?' 하며 좋아했다. … 아이는 확고하게 '난, 여자야!'라고 외쳤다. 달래다가 순간 화가 나서 '그럼 거기 잘라야 돼!'라고 말해버렸다. 그런데 아이는 뜻밖에도 '그럼 잘라줘'라고 답했다. 아이의 간절한 눈빛이 너무 두려웠고 내 마음은 완전히 무너졌다."

문제해결을 경험한 예들이 많이 보고되고 있다.[138]

　동성애 옹호자들은 동성애를 정신과적 질병으로 보기를 거절하고 선천적인 '성적 지향'으로 이해하고 그래서 동성애자의 삶은 천부적 인권이라고 강조한다. 그래서 그들은 정신과 치료가 성공하기 어렵고 치유 과정에서 상처만 준다고 반대한다.[139] 그러나 이것은 이데올로기적 태도를 보이고 치료의 기회를 차단하는 행위이다. 동성애자는 본인이 원하거나 가족이 원할 때 치료받을 수 있는 권리 존중이 필요하다. 전문가들은 깊은 이해심과 인간애를 가진 치료자가 강한 동기를 가진 내담자에게 정신과 치료를 시행할 때 성공률을 높일 수 있는데, 한 정신과 전문의는 남녀동성애자 200여 명 중 남자 64퍼센트, 여자 43퍼센트를 이성애자로 전환하는 데 성공했다고 한다.[140]

### (2) 정신과 상담과 치료의 제한적 효용성, 동성애의 영적 원인을 인정할 필요성

　그러나 일반적으로 세속적 정신분석가들은 그들의 치료에 있어서 창조주 하나님을 인정하지 않기 때문에 심층 심리적 원인 분석과 공감에는 이를 수 있으나, 가치 중립적이어서 성 대상 도착(倒錯)도 '변태'로 보지 않으며, 그래서 변화와 회복에는 관심이 없으므로 한계가 있다.[141] 그런 점에서 반드시 경건한 그리스도인 정신과 전문의와 상담가의 도움을 받도록 할 필요가 있다. 개신교와 가톨릭 신앙을 배경으로 하면서 동성애의 성 중독 치료 사역을 하는 전문적인 단체들[142]도 있고 효과적인 프로그램들도

---

[138] 민성길 외, 『성·사랑·가정』, 142-144.
[139] 민성길, "정신의학에서 보는 동성애," 614.
[140] 민성길, "정신의학에서 보는 동성애," 614-619.
[141] 박종서, "동성애에 관한 정신분석학적 견해," 『동성애』, 705-708; 요한 바오로 2세, 『사랑과 책임』, 김율 역 (서울: 누멘, 2005), 409: "생물학적, 생리학적 성 지식이 … 인격 그 자체와 인격의 자연적이며 동시에 초자연적인 소명(즉, 사랑)에 대한 객관적 관점에 근거하지 않는다면, 성교육에서든 치료에서든, 이런 지식만으로 본래의 목적을 달성하는 것은 불가능하다."
[142] 포스터, 『성의 치유』, 317-318에 단체명과 웹사이트 목록이 있다.

개발되어 사용되고 있다.

한편 동성애는 성 중독이라는 정신과적 질병의 형태와 특성이 있기는 하지만, 이 성 중독은 동시에 하나님의 창조 질서를 거스르는 죄와 관계되어 있으므로 영적으로는 마귀에게 속박이 되는 면이 있다. 또한, 청소년기에 (피동적 비자발적인) 동성애적 성적 경험을 하거나 동성애 동영상을 통한 간접적 경험을 하면서 학습된 행위 또는 학습된 성향으로서의 동성애에 빠진 이들 역시 어둠의 세력에 묶이게 된다.[143] 믿지 않는 정신과 의사들은 당연히 이 측면을 무시하려 들겠지만 말이다.

성경의 교훈을 보면, 지속해서 성적 죄악을 행하게 될 때 그 죄악을 기회로 삼아 악한 영이 틈을 타고 들어와[144] 생각과 감정을 강력하게 조종하게 된다.[145] 동성애 사이트에 자주 접속하거나 게이 바 등의 장소에 간다든가 해도 악한 영이 침투할 수 있다.

동성애 영의 영향을 받게 되면 동성애자는 전보다 더욱 강렬한 동성애적 쾌락을 추구하게 되고 죄의식 없이 난잡한 성생활을 하게 되며 동성애를 정당화시키기 위해 애쓰게 된다. 또 다른 한편으로는 사람들로부터 차별을 받고 혐오의 대상이 되고 있다고 생각하게 되며 또한 부정적이고 낮은 자존감을 가지다가 결국 자살하기도 한다.

동성애자들은 그와 같은 내면적인 생각과 감정의 변화가 (선천적으로 또는 후천적으로) 순전히 자기 자신에게서 나온 것으로 착각하지만 실은 악한 영, 거짓 영의 영향으로 인하여 촉발되고 촉진된 것이다.[146] 마귀는 본래

---

[143] 이 주제에 대해 다음을 참조하면 유익할 것이다: 포스터, 『성의 치유』, 234-262.
[144] 지속적인 분노는 "마귀에게 틈을 준다"(엡 4:26-27). 가인은 동생 아벨에 대해 질투심과 분노와 미움을 지속적으로 품고 있다가 "악한 자에게 속하여 그 아우를 죽였다"(요일 3:12; 창 4:5-8). 사울 왕은 새로운 전쟁 영웅 다윗의 인기를 시기하여 분노했는데 이튿날 "악령이 사울에게 힘있게 내렸고" 다윗을 죽이려 창을 던졌다(삼상 18:6-11). 아나니아는 재물에 대한 탐욕을 품고 있다가 사탄이 그의 "마음에 가득하여" "성령을 속였다"(행 5:1-4).
[145] 포스터, 『성의 치유』, 16-17.
[146] 이런 영적 사실에 대해 탈동성애자로서 세계적인 CCM 작곡가인 데니스 저니건(Den-

속이는 자요, 살인자요, 파괴자이기 때문이다(요 8:44; 10:10). "죄를 (습관적으로/지속적으로) 짓는 자는 마귀에게 속한다"(요일 3:8). 영적 전투와 축사 사역의 권위자인 찰스 크래프트(Charles Kraft)는 이렇게 증언한다.

> 죄악된 태도와 행동에 젖는 것도 사탄적인 존재들로 하여금 사람들 속에 들어올 수 있게 한다. … 동성애, 사기, 낙태, 사교적 집회와 같은 악한 목적을 위해 정기적으로 사용될 때 사탄의 능력을 지닐 수 있다.[147]

내적 치유와 축사 사역 전문가들[148]에 의하면, 불결한 성욕의 영은 죄와 직접적인 관계없이 또한 어린 시절의 상처들을 통해도 침입한다. 동성애 성향을 강하게 가지게 하려고 견고한 진을 생각 속에 구축해 자신은 동성애자로 행동해야 하며 그 행동은 정당한 것으로 생각하게 만든다. 불경한 영에 지배받는 동성애자는 결과적으로 참사랑을 할 수 없고 왜곡되고 파괴적인 인간관계를 가지도록 조종받는다.

---

nis Jernigan, 1959-)은 그의 간증 속에서 리얼하게 증언하고 있다. 그는 아주 어렸을 때 (5세 때)부터 동성애 성향을 느끼면서 내면의 갈등과 죄책감으로 고통스런 젊은 시절을 보냈으나 '2nd Chapter of Acts' 집회 때 예수 그리스도를 영접하고 거듭나 탈동성애 운동가와 복음 전도자로 살아가고 있다. 참조. "동성애 극복 사례 ─ 데니스 저니건," https://youtu.be/CIBtd36dESQ (게시일: 2013. 5. 31).

147 찰스 크래프트(Charles Kraft), "영적 능력: 원리와 관찰," 찰스 크래프트 외, 『영적 전투에서 승리하라』, 장미숙 역 (서울: 은성, 2004), 59, 65. 참조: 맥너트, 『동성애 치유될 수 있는가?』, 77: "악한 영으로부터의 축사를 위해 기도할 필요가 있다. 이런 영이 존재하고 있는데도 우리가 그것을 빼내기 위해 기도하지 않는다면, 악한 영이 변화를 막을 것이다. 대체로 우리는 치유를 위한 기도에 집중하지만, 동성애자들에게 영향을 끼치는 영들이 있다는 것을 알아야 한다. 그 영들의 이름은 이렇다. 동성애, 욕정, 외설, 자학, 중독 영 등등(이런 것들 모두는 첫 번째 것만 제외하고 이성애자에게도 영향을 미친다)."

148 존 샌드포드 & 마크 샌드포드(John & Mark Sandford), 『축사사역과 내적치유의 이해 가이드』, 심현석 역 (서울: 순전한나드, 2005), 347-348.

## 4) 창조주 하나님이 성 정체성을 변화시켜 주시고 회복시키실 수 있음

### (1) 하나님은 동성애자의 성 정체성을 변화시키실 수 있음, 죄와 질병을 짊어지신 그리스도

하나님께 대한 경건한 신앙이 있으면서도 미성숙하고 왜곡된 성 정체성의 회복을 위한 자신의 간절한 열망과 노력에도 불구하고 성공하지 못하고 좌절감을 느끼고 자포자기해 버리는 그리스도인 동성애자들도 적지 않다. 그래서 하나님께 버림받았다는 생각과 함께 양심의 가책을 느껴 괴로워하다가 스스로 목숨을 끊는 경우도 종종 있는 것이다.

어디에 문제가 있는 것일까?

무엇보다도, 호세아서에서 깨우치시는 말씀처럼, 죄와 교만으로 인해 하나님을 알지 못하기 때문이며 또 하나님을 알지 못함으로 인해 하나님을 온전히 믿지 못하기 때문이다(호 4:6; 5:4; 6:3, 6). 즉, 하나님이 선하시고 거룩하시며 전능하시고 완전한 공급자 되심과 모든 질병의 치유자되심을 믿지 못하기 때문이다.[149]

마귀는 거짓말로 하나님의 말씀을 의심하게 만든다(창 3:1, 4-5; 요 8:44; 살후 2:10). 마귀는 하나님이 만드신 창조 질서와 하나님의 형상으로서의 인간에 대해 왜곡된 이해를 하도록 만든다. 호모필리아 운동을 하는 사람들이 그런 일에 쓰임을 받는 것이다. 또한, 부모와 인간에 대한 왜곡된 이미지를 가지고 두려움, 분노, 적의, 반항의 태도를 보일 때 하나님에 대한 바른 지식을 가지는 데 방해되고 성장 단계에 따른 성 정체성의 발전이 저해되고 지체될 수 있다.

탈 동성애자로서 '성의 치유' 전문가인 데이비드 포스터가 강조한 것처럼, 진정한 치료는 '하나님은 누구신가'에 대한 진정한 깨달음에 달려 있

---

[149] 광야에서의 이스라엘 백성들처럼 말이다: 민 14:11; 신 1:32; 시 78:22, 32; 106:24.

다.[150] 또 우리 주님이 친히 가르쳐 주신 것처럼, '진리'에 대한 참된 지식이 죄로부터의 자유를 준다(요 8:31-36). 예수께서 우리의 죄와 질병을 담당하셨기 때문에 온전한 치유와 자유와 회복을 주실 수 있다(마 8:16-18; 11:28-30; 사 53:4-6). 그러므로 그리스도인 동성애자들이 체계적인 성경 공부와 간절한 기도와 성령의 역사를 통해 하나님 아버지의 선하심과 아가페적 사랑에 대해[151] 그리고 우리 주 예수 그리스도 구원의 완전성과 은혜의 풍성함에 대해 깨달음을 얻도록 도와 주는 일이 필요하다.

동성애 성향은 선천적이므로 동성애자의 성 정체성이 변화될 수 없다고 믿는 '성 소수자' 인권 운동가들의 주장은 진실을 왜곡하고 있다. 이유는 대부분 자신이 치유와 변화의 체험이 없고 주위에서 그런 사례가 있음을 알지 못한 데 연유한다고 보겠다. 그리고 무엇보다도 하나님의 은혜와 복음의 능력을 모르고 참된 인간관과 세계관을 아는 '마음의 눈'이 어두워져 있는 것이 문제이다(엡 1:17-19; 고후 4:3-4; 롬 12:2). 그러므로 적극적이고 복음적인 탈동성애 운동이 필요하다.

게이 인권 운동가에서 탈동성애 운동가로 극적인 변신을 한 바 있는 토니 포나바이오(Tony Fornabaio, 52세, 뉴욕 리디머장로교회 성경 공부 리더)의 간증[152]은 시사하는 바가 크다. 그는 20대부터 패션 모델과 댄서로 활약했고, 뉴욕에서 가장 유명한 게이 클럽을 운영하기도 한 대표적인 LGBT 인권 운동가였는데, 동성 결혼과 동성애 인권을 위한 대규모 퀴어축제를 기획하기도 했다.

---

150 포스터, 『성의 치유』, 31-60.
151 다음의 책들도 도움이 될 것이다: 제임스 패커(James Packer), 『하나님을 아는 지식』, 정옥배 역 (서울: IVP, 2008); 플로이드 맥클렁(Floyd McClung), 『하나님의 아버지 마음』, 김대영 역 (서울: 예수전도단, 2010).
152 "Healing Together(coming out again) 토니 포나바이오(탈 동성애자 초청 특별 강연)," https://youtu.be/8qquB8COKgA; 『국민일보』 2017.7.15일자, 19.

10대 때부터 동성애자로 살아온 자신의 무절제한 삶에 대한 회의와 좌절감 속에 있다가 친구와 누나의 도움으로 교회에 나왔으나 죄책감이 느껴져 자살을 시도하기도 하고 했고 평안을 잃고 동성애 생활로 돌아가기도 했다. 그러다 예수님을 삶의 중심으로 모시기를 싫어해 하나님 중심의 세계관 강의를 준비하던 어느 날 "내가 너를 창조한 하나님이다. 지금 하는 일을 그만두고 내게 돌아와라"는 세미한 음성을 듣고 회개와 거듭남의 체험을 했으며 주님을 섬기기로 결단했다. 이후로 그의 세계관과 인간관, 특히 동성애에 대한 관점이 이전과 완전히 달라졌다.

## 5) 부활하신 그리스도의 복음의 능력으로 변화되고 회복될 수 있음

### (1) 초대 교회 시대에는 성도들이 동성애를 포함한 음란에서 회개하고 변화된 성화의 삶을 살았음

1세기 당시 신생 그리스도의 교회는 도도한 세속 문화 특히 음행과 우상 숭배가 만연하고 있던 분위기 가운데에서 복음의 거룩한 능력을 체험하고 변화되어 그 능력을 나타내며 박해 속에 순결을 유지하면서 선한 싸움을 잘 싸워나갔다. "음란한 자들, 우상 숭배자들, 간음하는 자들, 남창들, 남색자들"이 과거의 습관을 벗어버리고 거룩한 주님의 교회 지체들로 변화되었다(고전 5:11; 6:9; 엡 6:1-3). 죄악 세상에서 살았던 이방인들이 변화되어 선한 열매를 맺는 빛의 자녀들이 된 것이다.

바울은 죄 사함을 받은 성도들에게 이렇게 증언했다.

> 그때 너희는 그 가운데서 행하여 이 세상 풍소를 따라 공중의 권세 잡은 자를 따랐으니 지금 불순종의 아들들 가운데서 역사하는 영이라(엡 2:2).

동성애 행위도 분명히 "이 세상 풍조"에 속한 것이며 그 배후에는 "공중 권세 잡은 자"요 "불순종의 아들들 가운데서 역사하는 영"인 마귀인데, 마귀에게서 해방되었기에 동성애 습관에서도 해방될 수 있었다.

베드로도 변화된 신자들에게 이렇게 증언했다.

> 너희가 음란과 정욕과 술 취함과 방탕과 향락과 무법한 우상 숭배를 하여 이방인의 뜻을 따라 행한 것은 지나간 때로 족하도다 이러므로 너희가 그들과 함께 그런 극한 방탕에 달음질하지 아니하는 것을 그들이 이상히 여겨 비방하나(벧전 4:3-4).

초대 교회 신자들은 이방인들의 풍습이었던, 동성애 행위가 포함된 음란과 방탕과 우상 숭배의 길에서 더 이상 달음질하지 않게 되었던 것이다. 그와 같은 변화된 삶은 오직 "예수 그리스도의 죽은 자 가운데서 부활하심으로 말미암아 거듭났기" 때문이었다(1:3). 다르게 표현하여 복음 곧 "하나님의 살아있는 말씀으로 거듭났기" 때문이었다(1:23-25).

### (2) 복음과 부활하신 그리스도를 통해 탈동성애의 변화가 이뤄짐, 그에 대한 수많은 증언

골로새 교인들과 데살로니가 교인들이 변화되어 믿음·사랑·소망이 충만하고 열매를 맺는 모범적인 신앙의 사람들이 된 것 역시 오직 "복음 곧 진리의 말씀을 들었기" 때문이었다(골 1:3-7; 살전 1:3-10). '천국 말씀'의 씨가 좋은 땅에 떨어졌을 때 풍성한 열매를 맺게 된 것이다(마 13:18-23). 동성애자들에게 지속으로 복음 곧 진리의 말씀을 들려줄 때 변화를 받게 되어 있다.

특히, 부활하시어 그리스도의 새 생명과 연합하여 그리스도께서 주인 되시는 새로운 삶을 살게 된다는 복된 소식[153]을 바로 가르칠 때 놀라운 치유와 회복의 역사가 나타나게 된다. 그런 변화된 삶에 대한 수많은 탈동성애자의 증언을 어렵지 않게 접할 수 있다.[154]

참고로 <기독교텔레비전>(CTS)의 '미라클 아워' 쇼(브라이언 박 목사 진행)에 출연한 두 명의 동성애자의 간증[155]을 아래에 소개한다.

**강순화(43세):** 30년 동안 동성애자로 살았습니다. 토요일 밤이면 레즈비언 클럽과 동성애자 채팅 사이트 통해 모임에 참여하며 교제했습니다. 그 모든 것이 제가 주인되어 저의 자유 의지로 동성애를 선택해 산 것이었습

---

[153] 마 28:18-20; 요 14:18, 21, 27; 15:1-12; 행 2:36; 16:14-15, 31-34; 롬 6:3-11; 8:31-39; 10:9; 14:7-9; 고전 1:9; 3:21-22; 고후 2:14; 4:7-15; 5:14-17; 엡 3:17; 빌 3:7-10; 4:11-13; 골 2:6-7; 3:16-17; 히 2:18; 4:14-16; 5:7-10; 7:25; 10:19-22; 13:8; 벧전 5:8-9; 요일 5:4-5, 13-15; 계 3:20; 17:14.

[154] <춘천한마음교회 홈페이지>(www.hmuchurch.com)에는 부활하신 예수 그리스도를 자신의 주님으로 모신 후 동성애 생활에서 해방되고 완전 치유되어 복음 전도자로 살아가고 있는 많은 성도의 간증(C채널 '오직 주만이' 프로그램에서 간증 녹화) 동영상과 「국민일보」 간증기가 올라와 있다. 간증 제목들 참조: "나는 동성애자였다"(2013.11.14); "나는 동성연애자였다"(2014.1.24); "나는 남자가 되고 싶었다"(2014.1.24); "동성애, 세상 관점에서 하나님의 관점으로 바꾸다"(2014.9.14); "운동 선수 생활 중 빠진 동성애 예수님 알게 되고 자유 얻어"(2015.9.16); "한때 레즈비언 동성애 끊게 해달라고 간절히 기도하자 치유"(2015.9.16); "잘 나가던 골프 진로 막았던 동성애서 해방시켜 주신 예수님"(2015.11.16); "'남자가 되고 싶다'며 동성애 두둔하던 죄인의 굴레 벗어나"(2016.1.19); "'나는 남자'라고 생각… 죄책감 없이 여자와 사랑 동성애 고쳐주신 예수님"(2016.6.1); "동성애의 늪에서 벗어나 주님과 동행하다"(2016.6.27); "15년간 동성애 소설에 중독… 부활인식하자 정체성 회복"(2016.9.22); "동성애 만연 미국 학교서 말씀 따라 이겨낸 아들… 진리의 소중함 더 절감"(2017.3.15); "동성애 팬픽 소설에 중독, 용서하고 살리신 주님"(2018.9.10). 한때 헐리우드 최고의 스타였다가 타락의 나락으로 떨어졌던 여배우 그레이스 리 휘트니(Grace Lee Whitney, 1930-2015)는 예루살렘 여행 중 겟세마네 동산에서 예수님을 만나는 체험을 하고 자신의 마음과 삶을 주 예수께 드린 후, 불륜과 온갖 죄책의 속박에서 자유케 되었고 간증사역자로 열심히 살다 최근 하늘 본향으로 갔다. 참조. 레이 시 스테드먼(Ray C. Stedman), 『영적 전쟁』, 문창수 역 (서울: 정경사, 2006), 43-44.

[155] https://www.youtube.com/watch?v=9LoEGsbQwQs (게시일: 2015. 9. 15).

니다. 모태 신앙인이어 양심에 가책도 되고 공황 장애가 오기까지 했습니다. 그래서 금식과 작정 기도를 해보았으나 동성애에서 벗어나기 힘들었습니다. 그래서 제가 내린 결론은 '이건 정말 선천적인 것이구나, 벗어날 수 없으니 교회는 다니지만, 동성애자로 살아야 하는구나'라는 것이었습니다.

성경에 동성애에 대한 계명과 심판에 관한 경고를 보면서 하나님은 두려운 대상이 되어버렸습니다. 자연히 하나님을 믿을 수 없게 되고 가까이 갈 수 없게 되었습니다. 그러나 부활하신 예수님을 믿고 모시게 되니 성경 말씀이 믿어지게 되었습니다. 하나님이 사랑하셔서 죄를 지으면 심판과 형벌이 있을 것이기 때문에 동성애의 죄를 짓는 것을 경고하신 것이라는 하나님의 사랑의 마음을 깨닫게 되었습니다. 그리고 동성애에서 완전히 벗어날 수 있게 되었습니다. 동성애는 선천적이어서 벗어날 수 없다고 말하는 이들에게 나 자신의 경험을 통해 확실히 말할 수 있다.

동성애는 절대로 선천적인 것이 아니고 선택일 뿐이다!

동성애를 사랑이라고 주장하는 사람들에게는, 하나님의 말씀을 따라 볼 때, 그것은 결코 사랑이 아니고 거짓 사랑일 뿐이며 자신의 선택 때문에 죄를 짓는 행위라고 말하고 싶습니다. 나도 동성애자로 살았을 때 상대에 대한 간절한 그리움이 있어 우리의 관계는 절대 끊어지지 않으리라고 생각했으나, 예수님을 주님으로 모시고 난 후 3개월이 지나니 모든 감정이 싹 사라지고 말았습니다. 제 마음에는 예수님의 사랑만이 남게 되었습니다. 그러자 제가 그동안 속았다는 깨달음이 왔습니다. 어떤 동성애자라 할지라도 살아계신 창조주 하나님과 복음을 통해 반드시 다 해결된다는 사실을 꼭 말하고 싶습니다.

부활하신 예수님을 삶의 주인으로 모시면 동성애는 완전히 끝납니다! 동성애자들은 누구나 동성애에서 자유롭게 되고 기쁨이 넘치는 가운데 남자와 여자를 하나님의 형상으로 창조하신 하나님의 말씀을 누리고 사는 저처럼 될 수 있습니다.

**오혜진(25세):** 저는 여자가 끌렸고 여자가 좋아 동성애를 하며 살았습니다. 그러나 사실은 참된 사랑을 따라 동성애를 한 것이 아니라 저 자신의 정욕을 만족하게 하고 쾌락을 추구하여 선택한 행위였을 뿐입니다. 스스로 제어하기 힘들어 동성애를 멈출 수 없었습니다. 선택의 순간이 되면 항상 동성애를 선택하게 되었습니다. 자책감에 불면증과 우울증에 시달리게 되었습니다. 급기야는 자살 충동까지 느끼게 되는 심각한 상태가 오기도 했습니다. 한편 동성애가 죄라는 생각을 한 번도 해 본 적이 없었습니다. 제가 저의 삶의 주인이 되어 동성애라는 쾌락을 즐기며 살았던 것입니다.

그러나 부활하신 예수님을 마음에 주인으로 영접하고 주님의 마음을 따라 말씀에 순종하기로 한 뒤로 동성애로부터 완전히 탈피할 수 있게 되었습니다. 주님이 제 안에 계시고 말씀의 능력이 나타나니 하나님을 기쁘시게 해 드리는 정상적인 삶을 살 수 있게 된 것입니다. 우리나라에서는 절대로 동성 결혼이 합법화되지 않았으면 하는 것과 세상 모든 사람이 복음을 통해 진리 안에서 자유를 얻게 되는 것이 저의 기도 제목입니다.

물론 예수님을 자기 삶의 주인으로 모시는 단회적 행동을 통해 오랜 세월 동안 젖어 있던 모든 동성애적 욕망과 습관에서 하루아침에 그리고 영원히 해방되고 과거 생활에 대한 유혹이 떠나버리게 될 수 있다는 말은 아닙니다.[156] 시간이 걸리는 전인적 치유의 과정이 필요하고 많은 내면적인 영

---

[156] 종종 예수님을 삶의 주인으로 영접하는 결단 기도로 단번에 동성애와 성병이 치유되었고, 성령의 강력한 능력이 나타나는 집회에서의 몇 번의 기도를 받고 동성애로부터 완전히 치유된 예들도 있다. 예. 카를로스 아나콘디아, 『믿는 자들에게는 이런 표적이 따

적 투쟁의 과정도 거쳐야 하는데, 무엇보다 필요한 것은 죽으시고 부활하신 그리스와 연합되어 '새 생명'을 가진 '새 사람'이 되고(롬 6:3-11; 고후 5:17; 골 3:1-11) 이제는 '주/그리스도 안에' 있으며(고전 1:30; 갈 2:20) 주님과의 온전한 연합과 교제를 통해 동성애 문제를 포함한 모든 삶에서 '주/그리스도 안에서' 감사와 승리 생활과 풍성한 삶을 살 수 있다는 사실을 굳게 믿어야 할 것이다.[157]

탈동성애 상담자들은 심지어 이런 식으로 말하기까지 한다.

> 동성애를 치유하기 위한 자신의 외로운 싸움까지도 내려놓으세요. 그것을 주님께 맡기세요.

"수고하고 무거운 짐"인 '동성애 지향성'의 문제를 예수님께 맡길 때, 온전한 치유와 창조 질서에로의 참된 변화와 회복을 경험하게 될 것이다(마 11:28-30).[158] 우리는 있는 모습 그대로 모든 인생 문제의 해결자요 주인 되시는 분, 자신을 위해 죽으시고 부활하신 예수 그리스도를 마음속에 모셔드리는 일이 주 안에서의 새 생활의 첫걸음이다.[159] 그 후 날마다 자신

---

르리니』, 김병수 역 (서울: 은혜, 1999), 129-134.
157 마 11:28-30; 요 15:1-11; 롬 8:34-39; 고전 15:57; 고후 2:14; 4:10; 골 2:6-7, 15-17; 엡 3:17; 빌 4:11-13, 19; 히 13:8.
158 코미스키, 『동성애, 온전한 변화를 위한 시작』, 85-86: "주님께 내어놓고 기도를 드린 지 얼마 지나지 않아 예수님을 카렌에게 놀라운 일을 보여 주셨다. … 카렌은 받아들였고 처음으로 바람직한 방법으로 남자에게 이끌린 것 같은 느낌이 들었다. 그리스도는 여성적이고 이성애적인 감정으로 그분께 응답할 수 있도록 그녀를 해방시켜 주셨던 것이다. 카렌은 성적인 느낌이 전혀 들지 않으면서 남자의 팔이 주는 안정감에 대한 그리움을 경험했다. 그 순간의 예수님은 인간의 모습에 담긴 진정한 하나님의 이미지이셨다. 그 모습으로 이성애자로서 카렌의 진정한 여성적 이미지를 이끌어 내셨다."
159 예. 김송이, "잘 나가던 골프 진로 막았던 동성애서 해방시켜 주신 예수님," 「국민일보」 2015.11.16.일자, 30: "'난 유전자부터 잘못됐는데, 난 동성애자로 태어났는데.' 하나님이 나를 잘못 만들었다는 생각이 들었지만 그래도 매일 살려 달라고 기도했다. 어느 날 예배 중에 갑자기 부활하신 예수님이 하나님이시고 내 주인이시라는 사실이 너무 확실

을 부인하고 십자가를 지고 주님을 따르는, 즉 제자도를 실천하며 주님과 동행하는 삶이 이어질 때 반드시 승리의 새로운 삶은 경험될 것이다.

## (3) 동성애를 옹호하는 기독교 지도자들에게 있어서의 인격적 신앙과 성령과 치유 경험의 결여

동성애를 옹호하는 그리스도인들의 글 속에는 놀랍게도 그리스도의 십자가와 부활과 주님 되심에 대한 강조와 깨달음에 대한 간증이 전무하며, 대신 좌파적 '하나님의 선교' 신학 내지 자유주의 신학이 기초에 있음을 보게 된다.[160] 예를 들면, 본인은 경건한 그리스도인이라 자처하면서 20여 년 동안 레즈비언 파트너와 동거하고 있는 캐시 루디(Kathy Rudy)는 그녀의 책 『섹스 앤 더 처치: 젠더, 동성애, 그리고 기독교 윤리의 변혁』에서 '우파 기독교'의 고정 관념을 비판하면서 열정적으로 동성애를 지지하는 변증의 글을 쓰고 있다. 그러나 그의 책 가운데 예수 그리스도에 대한 인격적 신앙 고백이나 성령이나 치유에 대한 언급은 전혀 없다.

교회 내의 동성애자들에게 있어서 근본적인 문제가 무엇인지를 깊이 느끼게 해 주는 한 실례이다. 게이이면서 저명한 역사가였던 존 보스웰(John E. Boswell)에게서도 같은 평가를 할 수 있겠다. 존 보스웰은 33세에 쓴 책 『기독교, 사회적 관용, 동성애』(Christianity, Social Tolerance, and Homosexuality)로 출판상(National Book Award)을 받았고 그밖에 '기독교 역사 속에서의 게

---

해졌다. 기도하는데 눈물이 계속 쏟아졌다. … 예수님을 주인으로 믿으니 동성애 문제에서 완전히 벗어나게 되었다. 결혼의 소망도 갖게 되었고…."

160 하우어워스, 『교회됨』, 29, 32: "리처드 니버(H. R. Niebuhr)가 말한 것처럼, '무엇이 이루어지고 있는가?'(what is going on)를 알아야만 '무엇을 해야 하는가?'(what we should do)를 알 수 있으며, 그리스도인은 예수 그리스도의 십자가와 부활 안에서 '무엇이 이루어지고 있는가'를 분명하게 알 수 있다. … 그리스도인들은 너무도 기꺼이 자유주의를 기독교의 이야기에 적합한 사회 전략인 것처럼 수용하는 경향을 극복해야 한다. … 자유주의가 얼마나 치명적인지, 우리들 스스로 이해하지 못할 정도로 우리는 자유주의에 깊이 물들어 있다."

이 사랑' 등의 동성애 변증을 위한 책들을 썼다. 그는 히브리어와 고전 헬라어를 비롯한 17개 언어를 알았던 언어학자요 역사학자이며 예일대학교의 명망 높은 교수요 작가였다. 크리스천 동성애자들을 위한 열렬한 학문적 변증가로 활동했던 보스웰 자신 역시 게이로서 20여 년간 파트너와 함께 살았는데, 결국 AIDS로 인해 47세의 나이로 요절했다.[161]

그의 주장의 요지는 두 가지다.

**첫째**, 성경에서 동성애를 혐오스런 죄악으로 가르치지 않았다는 것
**둘째**, 고대 교회나 중세 교회 역사에서 동성애자들에 대해 적대적이지 않았고 교회 안에서 용납했으며 게이 결혼식도 있었다는 것

둘째 주장은 사실인 면이 있다. 그러나 교회 내의 그런 관용은 고대 그리스-로마 시대의 게이 전통의 유산이 교회에 들어 온 결과였으며, 오히려 그런 중세 시대가 영적으로 타락한 시대였기 때문에 그랬다고 볼 수 있다. 그리고 성경에서 동성애를 죄악시하지 않았다는 그의 주장은 주석가들의 명백한 설명들을 애써 외면하고 있고, 논거가 매우 박약한 억지 이론일 뿐이다.

그러면 지적으로 탁월한 두뇌를 가졌던 보스웰이 왜 그처럼 동성애에 대해 왜곡된 이해를 하고 억지와 같은 주관적인 논리를 펴게 되었을까?

성경의 명백한 교훈을 따라 바로 판단하고 회개하려고 하기보다 오히려 자신의 동성애 생활의 정당성을 적극적으로 변호하려다 보니 이데올로기적 마인드를 가지게 되었고 그런 마음의 눈이 고착된 것이 아니었을까?

---

161 참조. https://en.wikipedia.org/wiki/John_Boswell.

기도를 통하여 성령의 역사로 말미암아 영적 지혜와 총명으로 마음의 눈이 열렸을 때 비로소 동성애에 대한 성경의 진리를 바로 알 수 있었을 텐데, 그는 전혀 그런 시도를 하지 않았다.

## 6) 영적 싸움과 축사를 통해 온전한 회복과 승리를 얻을 수 있음

### (1) 동성애 치료가 어려운 이유는 그것이 영적 싸움의 성격이 있기 때문임, 축사의 필요성

정신과 전문의와 상담가의 도움도 받아보았고 끈질기게 기도도 해보았으며 주변에서도 오랫동안 인내와 긍휼의 마음을 가지고 함께 지원해 주었는데도 동성애자들이 치료에 성공하지 못하는 예가 많은 것이 현실이다.

왜일까?

특별히 부족한 어떤 무엇이 있다는 말인가?

필자는 오랫동안의 목회 경험과 다양한 치유사 역과 영성 사역 현장에서의 직간접적인 임상 경험을 가져오면서 그리고 관련된 영성 서적과 치유 서적, 영적 전투 서적들을 읽으면서 느낀 점이 있다. 곧 오랫동안 의료상의 노력과 기도가 있었는데도 치유되지 않은 질병과 (동성애 등을 포함한) 어려운 문제들을 해결받기 위해서는 두 가지 방면에서 추가로 해결해야 할 것이 있다는 것이다. 첫째 내면에 저장돼있는 과거의 깊은 상처와 부정적인 기억이 있을 때 그에 대한 치유와 회복해야 한다는 것. 그리고 특정한 죄와 연약함으로 인해 또는 열린 문으로 침입하여 들어와서 괴롭히고 있는 악한 영들(= 귀신들)의 역사가 있으므로 쫓아내야 한다는 것.

둘째 방면이 더 근본적인 문제이므로 여기서 이 문제에 집중해보겠다. 성경에서 악한 영들의 역사로 질병과 연약함이 생기고 악한 영들을 쫓아냈을 때 건강을 회복하게 된 일들을 많이 증언해 주고 있다. 예수께서 치유와 축사 사역을 하셨을 때와 사도들 시대[162]뿐만이 아니라 오늘날도 예수님의 이름으로 악한 영들이 쫓겨나가면서 사람들이 여러 가지 질병과 연약함에서 치유를 받고 있다는 간증을 얼마든지 들을 수 있다.

### (2) 거듭난 신자 속에 악한 영이 침투하여 영향을 줄 수 있음

마귀와 악한 영들은 사람에게 악한 생각을 집어넣을 수도 있고 들어가서 그 사람을 지배할 수도 있고 거짓말을 하게 할 수도 있으며 병약하게 만들 수도 있다.[163] 믿지 않는 세상 사람들 속에서 세상 풍속을 따르게 만들고(엡 2:2) 복음을 믿지 못하도록 사람들의 생각을 혼란하게 하고 완악하게 만들기도 한다(고후 4:3-4). 하나님이 아비멜렉과 세겜 사람들 사이에 악한 영을 보내시어 세겜 사람들이 배반하도록 하셨다(삿 9:23).

여호와께서 보내신 악한 영이 성령은 받은 적이 있었던 사울 왕에게 역사하여 그를 괴롭게 만들고 심한 질투심을 갖도록 하게 했다(삼상 16:14; 18:10; 19:9). 하늘의 만군 중 한 영이 "거짓말의 영"이 되어 아합의 선지자들의 입속에서 거짓 예언을 하게 만들기도 했다(왕상 22:19-23 비교. 24절). 또 여호와께서는 이사야 선지자 때 거짓되이 하나님을 섬기는 유대 백성 위에 "깊이 잠들게 하는 영"을 보내시어 그들이 영적으로 눈이 잠기고 완고하게 하셨다(사 29:10; 롬 11:7-8). 호세아 선지자는 "음행의 영"이 음행하도록 이끈다고 말했다(호 4:12). 사도 바울은 빌립보에서 "점치는 영"을 가진 여인을 만났는데 예수 그리스도의 이름으로 그 영을 쫓아냈을 때 그 여인은 점을 칠 수 없었다(행 16:16-19).

---

162 마 8:16-17; 막 9:17-39; 눅 4:40-41; 11:14; 13:10-16; 행 10:38; 19:11-20; 참조. 고후 12:7.
163 참조. 요 13:2, 27; 눅 13:11-13; 22:3; 행 5:3; 10:38; 계 18:2-3.

신약 시대에는 거듭난 하나님의 자녀가 된 신자의 몸과 마음속에 성령께서 내주하신다.[164] 그럼에도 마귀가 신자에게 틈을 타 공격하고 시험하며 복음을 전하지/듣지 못하게 막기도 한다.[165] 신자가 분노했어도 해가 지기 전에 풀지 않으면 마귀가 틈을 탄다(엡 4:26-27). 사람이 죄를 범하면 마귀에게 속하게 된다(요일 3:8).

마귀가 성도를 넘어뜨리려고 공격해오지 못하도록 세상을 멀리하고 믿음을 굳게하여 대적할 필요가 있다(약 4:7; 벧전 5:8-9). 성도들은 영적 싸움을 싸워야 하는데, "(영적) 통치자들과 권세 자들과 이 어둠의 세상 주관자들과 하늘에 있는 악의 영들"과의 싸움을 싸우는 것이다(엡 6:12).

### (3) 포르노와 음란 풍조 배후에 음란과 동성애의 영이 역사함

여기서 사탄과 악령들의 다양한 역사에 대해 약간 장황하게 다루는 이유가 있다. 이 시대에는 여러 음란의 죄(포르노, 음란 비디오, 간음)와 함께 동성애의 풍조가 전 세계에 그리고 교회 안에 급속하게 퍼지고 있다. 그 배후에 마귀(엡 2:2; 요일 3:8; 5:19)와 음란의 영[166]과 동성애의 영이 역사하고

---

164 마 10:20; 요 14:16-17; 갈 4:6; 롬 8:9, 11, 15; 고전 6:19; 고후 1:22; 딤후 1:14; 요일 2:20, 27; 3:24; 4:13; 참조. 겔 36:27; 37:14.

165 마 16:23; 눅 8:12; 살전 2:18; 고후 2:11; 11:2-3.

166 여기서 빌헬름 라이히(Wilhelm Reich, 1897-1957)의 생애를 살펴보는 것이 참고가 될 것이다. 라이히는 정신 분석기이면서 네오맑시스트였으며 20세기 전반기에 이미 '성 해방'(sexual liberation) 즉 프리 섹스(free sex) 운동의 기수가 되었다. 20세기 말부터 서구와 북미와 호주와 UN에 거세게 몰아닥친 '젠더 주류화' 운동의 원조가 된 사람이다. 라이히는 부모가 유대인이었으나 유대교 전통과 거리가 멀게 양육 받았다. 그는 네 살 때 한 침대를 썼던 가정부와 성관계를 시도하는 등 성적으로 조숙했다. 11세부터는 거의 매일 가정부들과 성관계를 가졌다. 12세 때 어머니와 가정 교사와의 정사 장면을 보고 질투심에서 아버지에게 알렸다(어머니는 심한 매를 맞고 자살했다). 17세부터 매일 창녀촌을 찾았다. 22살 때 쓴 일기에는 어머니를 생각하며 자위행위를 했고 어머니에 대한 성적 판타지를 발전시켰다고 썼다. 비엔나대학의 프로이드 연구실에서 일하면서 환자인 19살 처녀와 정사를 가졌는데 아이를 가져 낙태시켰다(그 후유증으로 그 여자는 죽었다는 말이 있다. 그의 파트너 중 세 명의 다른 여자도 낙태를 했다). 30세에 '오르가즘'에 대한 연구서를 출판했다. 31세엔 오스트리아 공산당에 가입했으며, 맑스

있다는 사실을 인지해야 한다.

18년간 "꼬부라져 조금도 펴지 못했던" 한 여인을 예수께서 고쳐 주셨는데, 주님은 "아브라함의 딸"이지만 "병약의 영을 가지고 있었고 … 18년간 사탄에게 매여 있었던" 그녀를 사탄의 매임에서 풀어 주신 것이라고 설명해 주셨다(눅 13:10-17).[167]

모든 연약함과 질병의 원인이 악한 영에 있다고 볼 수는 없으나, 악한 영이 일으킨 질병이 있다는 사실을 우리 주님이 분명히 밝혀 주신 것이다. 공관복음과 사도행전의 보도에 따르면, 예수님은 "더러운 영"/"악한 영"을 가진 자들을 많이 고쳐 주셨고 사도들과 70명의 제자와 빌립도 그렇게 했다.[168]

특히, 정신병리학자들이 동성애를 질병으로 분류했고 동성애 행위가 음란한 죄와 관계가 있다면, 동성애 행위에 집착하고 있는 이들 배후에 "더러운 영"/"악한 영"의 역사가 있다고 보는 것은 오히려 성경적인 추론이 될 것이다. 많은 탈동성애 사역자가 바로 그런 사실을 자신의 경험과 임상 경험을 통해 증언하고 있는데, 무시하면 안 될 것이다.[169]

---

와 프로이드를 통합할 필요를 느꼈기에 성적 억압과 경제적 억압이 연결되어 있다고 믿어 『성 혁명』(The Sexual Revolution, 1936)을 출판했다. 라이히는 여러 여자와 동거하거나 결혼 생활을 했는데 그러는 중에도 다른 여자와 정사를 가진 경우도 여러 번 있었다. 정신과 의사였던 그의 둘째 딸은 자기 아버지는 소아 성학대의 희생물이었다고 평했다. 참조: https://en.wikipedia.org/wiki/Wilhelm_Reich. 그러나 영적으로 볼 때, 그는 어려서부터 성 중독에 빠지면서 음란의 영에게 강하게 사로잡히게 되어 그런 일생을 살게 되었다고 설명할 수 있을 것이다.

167 원어: πνεῦμα ἔχουσα ἀσθενείας('프뉴마 에쿠사 아스쎄네이아스') '(a woman who) had had a disabling spirit' (ESV).
168 마 8:16; 10:1; 12:43; 막 1:23-27; 3:11, 30; 5:2, 8, 13; 6:7; 7:25; 9:17-25; 눅 4:33-36; 6:18; 7:21; 8:2, 29; 9:38-42; 10:20; 11:24; 13:11-16; 행 5:16; 8:7; 10:38; 16:16-18; 19:12-18.
169 포스터, 『성의 치유』, 145: "'동성애 마귀'는 없지만, '동성애적 도착(倒錯) 특성을 지닌 마귀의 영'은 있다. 그들은 학대를 당하고, 거부당하고, 무시당한 아이들의 마음에 거짓을 말할 모든 기회를 이용하여 일찍이 아이들의 삶 속에서 움직이고 있다. … 마귀는 우리가 비정상적인 행위에 빠져 있는 사람과 성적으로 연합할 때 우리 안에 기반을 구

불신자들에게나 신자들에게 동성의 남자/여자에게 강력한 성적 끌림의 성향이 있으면서, 전문가와 주위의 도움을 받아 최선의 노력을 하면 그 유혹과 습관을 끊어버릴 수 있는 그런 정도가 아닌, 어떤 노력에도 불구하고 끊어버리기 어려운 초강력의 동성애 성향이 있는 경우, 분명히 그 배후에 바로 '동성애의 영'이 있다는 것이다.[170]

바로 동성애의 영이 어릴 때 깊은 상처 때문에 성적 정체성이 제대로 발달하지 못한 사람에게 들어온 경우, 또는 유년기나 청소년기에 (능동적으로나 피동적으로나)[171] 동성애 행위를 하게 되었거나 호기심으로 동성애 동영상을 보거나 동성애 사이트를 방문했을 때, 이 열려진 문으로 동성애의 영이 타고 들어온 경우 등을 생각할 수 있다. 크리스천 탈동성애자들의 간증에서 흔하게 듣게 되는 바 동성애를 시작하게 된 경위들이 바로 이런 영적 상황을 잘 설명해 준다. 이해를 돕기 위해 실제 네 명의 동성애 사례를 참조해 보자.

---

축한다. 예를 들면, 남편이 양성애인 것을 모르는 아내는 그녀가 전혀 겪어보지 못한 사악한 영이 그녀 안에 갑자기 작동하는 것을 경험한다. 그런 일이 일어나는 것은 그녀의 남편과 그의 동성애 파트너 사이에서 만들어진 '혼의 묶임'이 남편과의 성관계를 통해 그녀에게 연결되었기 때문이다." 참조. 고전 6:16-18.

170 거듭나 성령께서 내주하고 계시는 신자 안에 악령이 들어와 거할 수 있는가의 문제는 논란이 많은 것이 사실이다. 그러나 그것은 사실이며 성경의 교훈과 배치되는 것도 아니다. 목회를 오래해 본 사람들과 치유 집회에 자주 참석해본 사람들은 어렵지 않게 임상적으로 영적 세계에 대해 이해하게 될 것이다. 댈러스신학교 교수였던 메릴 엉거(Merrill F. Unger)는 한 때 우리의 문제에 대해 부정적인 이해를 하고 그의 책『성서적 마귀론』(서울: 요단, 1980)을 썼으나, 후에 임상 체험을 통해 새로운 이해를 하고『성도를 향한 귀신들의 도전』(서울: 요단, 1985)에서 자기의 이전 주장을 철회했다. 이 문제에 관해 다음의 책이 유익하다: 프레드 디카슨(C. Fred Dickason),『그리스도인도 귀신 들릴 수 있는가?』(서울: 요단, 1994).

디카슨은 이 책에서 악령/귀신이 결코 거듭난 신자를 소유하지는 못하나 단지 신자 안에서 있어서 강력한 영향을 끼칠 수 있다는 사실을 강조한다. 또 다음의 관련 서적들을 참조 바람. 딘 셔만(Dean Sherman),『영적 전쟁』, 이상신 역(서울: 예수전도단, 2002); 데일 라이언(Dale Ryan),『중독 그리고 회복』, 정동섭 역 (서울: 예찬사, 2005); 티모씨 워너(Timothy M. Warner),『영적전투』, 안점식 역 (서울: 죠이선교회, 1993); 머피,『영적전쟁: 핸드북』.

171 포스터,『성의 치유』, 130: "레즈비언이었던 연구자 앤 폴크는 그의 조사에서 60퍼센트 이상의 여성들이 어린 시절 성 추행을 당한 경험이 있다고 했다."

제가 만나 본 많은 동성애자가 저처럼 어릴 때 남성성을 제대로 채우지 못하는 환경에서 자랐고, 저처럼 여성성이 채워진 동성애자는 행동도 여성적입니다. 어릴 때 누나들 틈에서 자랐습니다. 그리고 누나들처럼 아무것도 모르고 여장 놀이를 했습니다. 이것이 제 인생을 망쳤습니다. 백지상태의 유년기에 여자 역할 놀이를 했던 저는 제대로 된 남성성이 자라지 못하고, 대신 여성성이 그 자리에 심어졌습니다. 그래서 저는 '여자같다'는 말을 많이 들었습니다.

그 외에 성적 관계를 통해 동성애를 배우는 경우도 있습니다. 실제로 어떤 동성애자 A는 동네 사우나 수면실에서 자는 동안 옆에 누운 남자가 성기를 만지는데 거부하려다 음욕을 풀자는 생각으로 그냥 두었습니다. 그런데 집에 가서도 그것이 자꾸 생각 나 다시 그 사우나를 찾았는데, 다시 그 남자를 만나 수면실에서 은밀히 몸을 허락했습니다. 자신을 만진 남자는 중년 아저씨였는데 이 일로 A는 식성이 중년으로 굳어져 동성애자 세계에 들어오게 되었습니다.

제가 잘 아는 B형은 정상적이었으며 결혼도 하고 애정 관계도 무척 좋았습니다. 그런데 이 형이 가끔 야동을 보곤 했는데 좀 더 색다른 것을 찾다가 게이 포르노를 보게 되었습니다. 그 형은 그것을 보며 자위행위를 했고 점점 동성애적 섹스에 몰입하게 되었습니다. 결국, 동성애자 세계에 발을 디디게 되었고, 부인과 이혼하고 게이 바에서 만난 남동생을 애인으로 둘 만큼 그는 동성애가 주는 자극에서 벗어나지 못하게 되었습니다. 그의 식성은 귀여운 느낌을 주는 연하의 남자였습니다.

저에게 상담해 온 대학생 C는 고등학생 때 집에서 부모님이 PC 음란사이트를 막아 놓아, 볼 수 있는 것이 게이 사이트밖에 없었습니다. 그 이전에 그는 한 번도 동성애에 대해 생각하지 않던 평범한 학생이었는데, 게이 포르노를 보다가 그만 아주 짧은 시간 내에 동성애의 자극에 크게 휘둘려 버렸습니다. 그는 동성애자 세계에서 있으면서도 이성애자였던 과거의 자신을 그리워했습니다. 그 학생은 자신을 정상이라고, 원래부터 동성애자였다고 포장하지 않았습니다.[172]

동성애자이든 이성애자이든 강력한 성 충동이 일어나면 자기의 의지를 갖추고 자제하려고 애써 보지만, 번번이 실패하여 결국 정욕의 노예가 되어 성 중독자로서 정상적이지 못한, 때로는 난잡한 성행위를 반복해서 하게 되는 것은 실제로는 음란의 죄를 통하여 침투한 "이 세상 신/임금"(고후 4:4; 요 12:31)인 마귀의 충동 결과이기 때문이다.[173] 그러므로 마귀의 충동에서 자유롭게 되도록 위하여 기도하고 축사하는 사역을 할 필요가 있는 것이다. 이 해결책을 잘 모르는 오늘날의 교계의 현실을 탄식하면서 한 축사 사역자는 이렇게 말하고 있다.

사람들이 의심 없이 깨달을 때도, 주류 교회는 그들이 현재 당하고 있는 곤궁에 대한 하나의 가능한 해결책으로, 악한 영으로부터의 축사나 귀신을 쫓아낼 수 있다는 사실을 통상적인 방법으로 생각하지 않는다. … (축사가 필요할 때 성직자가 축사 사역을 등한시한다면) 그는 태만의 가장 심각한 죄를 짓는 것이다.[174]

---

[172] 김정현, "부록 1: 동성애자들이 말해 주지 않는 '동성애에 대한 비밀'," 202-204.
[173] 참조. 요일 3:8, 12; 요 12:6; 13:2, 27; 행 5:1-3.
[174] Gabriele Amorth, *An Exorcist Tells His Story* (San Francisco: Ignatius, 1999), 54-55. 맥너트, 『동성애 치유될 수 있는가?』, 63에서 재인용.

### (4) 동성애자들에게서 동성애의 영이 나갈 때 온전한 치유와 회복이 일어남

유아기와 청소년기에 동성애적 환경의 영향을 지속해서 받을 때 동성애의 영이 틈을 타서 자리 잡는다. 또한, 한 번의 실제적인 동성애 성행위의 경험을 통해, 또는 한 번의 동성애 포르노를 보는 간접적 경험을 통해 동성애의 영이 그 열린 문을 통해 침투해 자리를 잡을 수 있다.[175] 한 축사 전문가는 이렇게 증언한다.

> 죄의 힘은 강력한 부정적인 영적 자석과 같아서, 사탄과 귀신들을 끌어들인다.[176]

어둠의 세력이 들어와 자리를 잡은 경우 인간의 의지로 극복하고 이전의 삶으로 돌아가려 힘쓰지만, 매우 어렵다. 영적 문제가 되었기 때문이다. 그러나 한편 "모든 (영적) 통치자과 권세자의 머리"이신 그리스도(골 2:10)를 통해서 그리고 성령의 능력으로 확실하게 동성애의 영을 추방할 수 있다. 왜냐하면, 성령께서는 거룩한 하나님의 영이시기 때문에 더러운 영들이 성령의 능력으로 쫓겨나가게 되어 있으며(참조. 마 12:28), 그리스도께서는 "(영적) 통치자들과 권세들을 무력화하여 드러내어 구경거리로

---

[175] 참조: 포스터, 『성의 치유』, 270: "포르노그라피 산업에서 발견되는 악한 영의 깊이를 생각할 때, 포르노그라피의 사용이 당신의 삶에 마귀의 견고한 진을 위한 입구가 되었다는 것을 아는 것은 어렵지 않다. 그러므로 당신이 해야 할 첫 번째 것은 포르노그라피를 본 것으로 인하여 당신에게 뿌리 내린 마귀의 견고한 진을 드러내 주시기를 하나님께 구하는 것이다. 이것은 종종 당신이 첫 포르노그라피에 노출된 어린 시절에 생성된다"; 아나콘디아, 『믿는 자들에게는 이런 표적이 따르리니』, 131-132: "동성애는 질병이 아니고, 사람을 지배하는 악령의 짓입니다. … 만일 동성애가 하나의 질병이라면 하나님이 이처럼 정죄하시지는 않았을 것입니다. … 많은 사람이 동성애자가 된 맨 처음의 계기가 어린 시절에 받은 폭력과 성적 학대를 당한 것에 있었다고 말했습니다. 양친이 남자아이에 "꼭 여자애 같애!"라는 식으로 말하여 아이의 감정에 상처를 주거나 함부로 말함으로 인해 결과적으로 그 남자아이가 양친으로부터 들은 대로 속박된다는 사실을 모르는 것입니다."

[176] 머피, 『영적전쟁: 핸드북』, 972.

삼으시고 십자가로 그들을 이기셨기"(골 2:15) 때문이다.

또 하나님은 모든 신자를 그리스도의 부활과 연합해 "함께 일으키시어 그리스도 예수 안에서 함께 하늘에 앉혀주셨고"(엡 2:6) "우리를 흑암의 권세에서 건져내시어 그의 사랑의 아들 나라로 옮기셨기"(골 1:13) 때문이다.

우리의 위와 같은 영적 통찰의 정당성을 웅변적으로 증언할 상징적인 인물이 있으니, 바로 '성 소수자 인권 운동'에 맞서 반동성애 운동의 최전선에서 '탈동성애 인권 운동'과 '홀리 라이프'(Holy Life) 운동을 벌이고 있는 이요나 목사이다.

그는 자서전[177]에서 다음과 같은 요지로 고백을 했다.

> 어릴 때 "계집애 같다, 예쁘게 생겼다"는 말을 들으면서 자랐다. 사춘기 시절부터 동성애자로 살아 왔다. 어머니는 아들이 동성애자임을 아시고 목을 매고 자살하셨다. 30세 때 '리애마마'라는 이름으로 커밍아웃하고, 이태원에 '열애클럽' 등 4개의 클럽을 운영했다. "유흥업의 귀재"로 불렸고 동성애자들의 대부 역할을 했다. 전도받고 예수 영접한 후 여의도순복음교회를 다니며 방언도 하고 전도 활동도 열심히 했다. 계속 동성애자로 살면서 방배동신학교에 입학해 다녔다. 단속이 심해져 피신 겸 일본으로 건너갔다. 도쿄에서 게이 바를 운영했다. 갈등이 심하던 중 게이로서 커밍아웃한 상황에서 신학교에 들어갔다. 동경 갈보리채플을 담임하고 있던 히라노 코오이찌 목사의 성경 강해를 들으면서 2년 동안 말씀의 은혜 속에 깊이 빠지게 되었다. 그에게 상담을 요청하고 게이로서 목사가 될 수 있느냐고 물으니 안된다고 하면서 고린도전서 6:9-11을 말씀을 따라 변화될 수 있다고 했다. 내면에는 절제하는 삶 속에서도 여전히 동성애의 작은 누

---

[177] 이요나, 『리愛마마 동성애 탈출』 (서울: 키네마인, 2015); "이요나 목사 동성애 탈출 간증 2," https://www.youtube.com/watch?v=fcXEPWvFEfk (게시일: 2015. 4. 13).

룩은 남아 있었다. 그러다 한국인 친구와 순간적으로 동성애 행위를 했다. 죄책감과 좌절감 속에 신앙도 포기하고 옛날 생활로 돌아가리라 생각하고 마지막으로 멘토 목사에게 고별 인사하러 신학교로 갔다. 마침 히라노 목사가 칠판에 "악령을 쫓으시는 예수 그리스도"라고 제목을 쓰고 성경 강해를 하고 있었다. 맨 뒤에 앉아 잠깐 칠판의 제목을 생각할 때였다. 큰 바위가 내 위에서 내리치는 것 같고 토네이도 같은 검은 구름이 하늘로 치솟고 알 수 없는 많은 고통이 내 몸에서 빠져나가는 것을 느꼈다. 기쁨의 눈물이 쏟아졌다. 한참 그런 상태가 지속하던 중 마음속에 "다 이루었다"는 음성이 들려오면서 절대적인 평안이 임했고 몸에서 향기가 느껴졌다. 이때 동성애로부터 완전 자유함을 받았다.

2000여 명의 크리스천 동성애자들을 상담한 바 있는 이요나 목사는 또한 다음과 같은 치유 사례를 공개했다.

의학이 발달하면서 현대 사회에서 대부분 정신과 의사들은 귀신에 대해 매우 냉소적인 입장을 취하고 있지만, 목사인 나는 동성애자들의 비정상적 성행위를 정신 질환 일부로 다루던 양식 있는 정신과 의사들의 대응에 상당한 관심을 두고 있다. 더욱 흥미로운 것은 성경은 여러 곳에서 부도덕한 음란한 행위를 악한 영들의 역사 속에 나타나는 정신병으로 우회적 표현을 했으며, 이같은 행위들이 모두 죄로부터 오는 영적 현상임을 밝히고 있다.

… (성도착증의 청년과 함께) 단 한 절의 성경 구절을 읽을 때 나타난 몸부림의 현상은 악한 영과 대결하는 처절한 영적 투쟁이었다. 그 사람에게 나타난 영적 현상은 앞에서 언급한 것과 같이 바로 옆에서 성경을 함께 읽던 부인에게까지 전이되어 순간순간 몽유병 환자처럼 휘청대었다. 그러나 하루하루 성경 공부가 거듭될수록 그 형제의 얼굴은 환하게 밝아졌고 마가복음이 끝나던 날 우리는 그의 가족과 함께 샤브샤브 파티를 열었다. 그 후 그 형제

는 정신적 후유증을 극복하는데 상당한 시간이 필요했지만, 더 이상의 정신병 증세는 일어나지 않았다. 지금 그는 사랑하는 가족들과 함께 그리스도 안에서 평안한 생활을 하고 있다.[178]

예수님은 죄인을 구원하려 이 땅에 오셔서 공생애 사역 중 하나님의 나라를 선포하시면서 각종 병을 고쳐 주시고 귀신을 많이 쫓아내셨고 또 제자들에게도 그렇게 하라고 하셨다.[179] 제자들은 부활·승천하시어 "주/그리스도"가 되신(행 2:36; 4:42; 엡 1:19-23; 빌 2:9-11) 예수님의 이름으로 병도 고치고 귀신도 쫓아냈다(행 5:15-16; 8:7; 19:12; 약 5:14-16). 오늘날의 그리스도인들도 예수 그리스도의 이름과 성령의 능력으로 동성애와 성 중독을 치유하고 그 배후에 있는 악한 영을 쫓아내는 영적 싸움을 해야 할 것이다. 영적 싸움을 위해선 '굳센 믿음'이 있어야 한다(벧전 5:8-9 비교. 행 19:13-17). 또 영적 전쟁에는 찬양이 효과적임을 탈동성애운동 지도자들은 자주 증언한다.[180]

---

[178] 이요나, 『동성애, 사랑인가?』 (서울: 지혜문학, 2008), 30-31, 35. 경건하고 성실했던 아들이 포르노를 보다가 음란 중독에 빠지게 되고 반항과 불순종의 사람이 되었다가 치유받게 될 경험에 대한 줄리 조(Julie Cho)의 간증을 다음의 유튜브에서 들을 수 있다: https://youtu.be/g1_8-LNu0WQ (게시일: 2017. 2. 1). 줄리 조는 "내 안에 계신 나의 주인 되시는 예수님과 성령님께 나의 의지를 드리고 맡길 때 사탄의 강력한 지배를 극복할 수 있다"고 조언한다.

[179] 마 4:23-24; 8:16-17; 12:28; 눅 4:40-43; 10:9, 17-20.

[180] 코미스키, 『동성애, 온전한 변화를 위한 시작』, 63-64; 포스터, 『성의 치유』, 259-260: "나의 개인적인 치유 과정에서, 하나님은 내게 영적 전쟁의 행동으로 밤마다 경배와 찬양을 하는 생활을 하게 하셨다. 나의 생각과 마음을 경배와 찬양으로 충만하게 함으로 아직도 내 안에 기반을 가지고 있는 마귀의 힘을 떠나게 했다. 그들은 하나님에 대한 가치 없는 찬양을 견딜 수가 없어서 떠났다(내 생각에 그들이 떠난 또 다른 이유는, 내가 그 찬양의 말씀을 노래할 때, 붙들고 있었던 이전의 거짓말 대신에 그 찬양의 말씀을 믿기 시작하게 되었기 때문이었다)." 참조. 삼상 16:14-23; 대하 20:14-23.

## 6. 결론

20세기 후반부터 불어 닥친 포스트모더니즘의 영향으로 전통적 권위와 윤리 관념은 상대화되고 개인의 자유와 다양성을 존중하고 인정하는 시대적 풍조 속에서 동성애 운동은 세계적으로 점점 세력을 확장했다. 21세기에 진입한 이후 상황이 더욱 급변했다. 청교도 정신으로 세워진 미국은 연방대법원이 동성 결혼 합법을 선언한 나라가 되었다. 유럽 교회들은 말할 것도 없고 미국의 주류 교회 총회들도 대부분 동성애와 동성 결혼을 인정하는 추세에 있다.

우리나라도 유럽과 미국을 닮아가고 있다. 사회가 동성애에 대해 점점 용인하는 분위기가 되어가고 있고 청소년과 청년들의 에이즈 감염이 급증하고 있는 현상이 나타나고 있다. 동성애 웹사이트 개수는 점점 증가하고 있다. 중고등학생들은 학교에서 동성애를 정상적인 삶의 한 방식이라는 교육을 받고 있다. 동성애 운동가들은 좌파 정치 세력과 합세하여 '차별금지법안'을 국회에서 통과시키려 시도하고 있고, 지방자치단체 중 차별금지인권조례를 제정한 곳이 늘어가고 있다.

오늘날 동성애 활동가들은, 성경에서 죄라고 말하는 동성애는 폭력적이고 착취적인 성폭행 성격의 것인데 반하여, 자기들의 동성애 행위는 상호 동의와 사랑, 신뢰, 헌신에서 나오는 것이므로 다르다고 주장한다. 그러나 동성애에 관련된 성구들을 선입견 없이 읽을 때 명백하게 동성애는 죄라고 가르친다. 동성애는 출산이 없는 동성 결혼을 지향하므로 가정과 사회의 기본 질서를 무너뜨린다.

동성애자들은 대체로 정신 건강이 좋지 않으며 자살률이 높고 수명이 짧다. 그들은 책임감이 약하며 성적으로 난잡한 경향이 있다. 남성 동성애자들은 AIDS와 매독 감염률이 극히 높고, 항문 성교로 인한 항문 파괴가 심하다. 동성애 커플에게 폭력이 자주 나타나고 결혼 지속률 또한 현저히 낮다. 동성애는 본래 성도착 내지는 성 중독으로 분류되어 있었는데 동성애자들의 폭력 시위와 로비를 통해 '정신 장애 진단표'에서 빠졌다. 동성애는 태어날 때 특정 염색체로 인한 특이한 '성적 지향'을 가지게 된 결과라는 가설은 근거 없음이 과학적으로 밝혀졌다. 그럼에도 불구하고 동성애자들은 '성적 지향'은 유전적이므로 천부적인 인권에 속한 것이라며 이렇게 외친다. "하나님도 동성애자로 태어난 우리를 그대로 받아 주신다. 무지개처럼 다양한 삶의 방식이 있는 것이다. 우리도 그렇게 긍정적인 태도로 서로 사랑하며 아름다운 세상을 살아가자. '성 소수자 인권 운동'을 적극 전개하자."

그래서 그들은 결국 자신들과 다른 이들의 회개와 치유와 회복으로 나아가는 길을 막아버리고 있다. 그런 점에서 그들의 소위 '인권 운동'은 결국 사악한 위선이며 사기극일 뿐이다.

구약과 신약에서 동성애 행위는 분명히 죄라고 가르친다. 성경은 마음 속에 품고 있는 음욕 역시 죄이며 그런 마음의 죄로 사람이 더러워진다고 가르친다. 음란은 근본적으로 '육신의 정욕'에서 나오는 것이며 '옛사람'의 행위임을 성경은 교훈한다. 그러므로 동성애자는 이해와 사랑과 전도의 대상이지만, 동성애 자체는 용납과 동정의 대상이 아니다. 동성애자 문제를 '성 소수자 인권' 프레임을 이용해 해결하려는 것은 동성애자 개인을 위해서도 그리고 그들이 사는 사회를 위해서도 결코 최상의 방도가 될 수 없다. 오히려 동성애자에게 먼저 복음을 전하고 하나님의 사랑과 거룩하심과 치유에 대해 말해야 할 것이다.

바울처럼, 음행하는 자나 동성애 행위자로 계속 살아가는 자는 하나님 나라에 들어가지 못한다(갈 6:19-21; 엡 5:5)고 단호하게 가르쳐야 한다. 회개하고 성별된 삶을 살 수 있도록 도와주어야 한다. 고린도 교회 중 동성애자로 있던 이들이 변화되고 성화 된 것처럼!(고전 6:6-11)

실제 동성애자로 살다가 치유 받고 성 정체성이 정상으로 회복되어 이성애자로 살아가고 있는 수많은 탈동성애자가 있다. 수많은 증언이 공개적으로 나와 있다. 그럼에도 불구하고 동성애 옹호자들 편에 있는 사람들은 애써 진실을 외면하고 치유와 회복의 가능성은 없다고 주장한다. 그러나 동성애 자체가 죄이며 죄의 배후에는 마귀와 악한 영들의 역사가 있기(요일 3:8) 때문에, 동성애자들의 문제는 곧 영적 전쟁 상황으로 이해해야 할 것이다. 이것을 모르면 우리는 "혈과 육에 대한 싸움"을 하다가 경솔하게 '호모포비아'에 빠질 수 있다(참조. 엡 6:10-12). "마귀의 계책에 속게" 되는 것이다(참조. 고후 2:11).

하나님의 아들 예수 그리스도께서 우리의 죄를 위해 죽으시고 부활하심으로써 우리를 죄와 마귀의 세력으로부터 속량해 주셨다는 은혜의 복음을 성령의 능력으로 전할 때, 이 복음을 들은 동성애자들이 새 피조물과 새 사람으로 변화를 받고 그리스도 안에서 거룩해지고 회복되고 치유될 수 있다. 물론 동성애의 뿌리는 매우 깊고 복잡한 면이 있기 때문에 단순하게 복음을 받아들이고 몇 번의 기도를 통해 완전한 치유와 회복이 일어나기는 어려울 것이다. 그러나 성령이 역사하시는 공동체 안에서 사랑과 용납의 분위기 속에서 확신과 인내심을 가지고 동성애자들을 위해 우리와 저들의 주가 되시는 부활하신 예수 그리스도의 이름으로 꾸준하게 기도할 때 분명히 변화가 일어나고 온전한 치유와 회복과 성화가 이뤄질 것이다.

> 또 주께서 우리가 너희를 사랑함과 같이 너희도 피차간과 모든 사람에 대한 사랑이 더욱 많아 넘치게 하사 너희 마음을 굳건하게 하시고, 우리 주 예수께서 그의 모든 성도와 함께 강림하실 때에 하나님 우리 아버지 앞에서 거룩함에 흠이 없게 하시기를 원하노라 (살전 3:12-13).

※ 본 글의 출처: 오성종, "동성애 문제에 대한 신약 신학적 영성 신학적 고찰," 「성경과 신학」 81 (2017), 241-300. 여러 부분에 보충이 있음.

 제4장
# 젠더 이데올로기의 도전 앞에 선 21세기 한국기독교의 과제

곽 혜 원 박사
21세기교회와신학포럼 대표

## 1. 젠더 이데올로기의 발흥과 인류 문명사의 위기

'해체의 문명'으로 일컬어지는 21세기는 이전 세기와는 전혀 차원을 달리하는 인류 문명사적인 위기에 봉착해 있다. 장구한 역사 동안 무수히 많은 문명이 흥망성쇠(興亡盛衰)를 거듭했었고 인류는 어느 시대에나 해결하기 어려운 난제로 인해 위기에 직면하기 마련이지만, 지금 이 시대의 위기는 과거의 위기와 전혀 성격을 달리해 우리를 경악시키고 있다.

지난 세기 내내 전 세계를 참혹한 이데올로기 냉전 체제로 몰고 갔던 맑시즘(Marxism)이 오늘날 21세기에 전혀 다른 모습으로 탈바꿈하여 기사회생(起死回生)함으로써 인류 문명을 가공할만한 위기로 몰아넣고 있기 때문이다.[1]

우리가 살아가는 이 시대는 포스트모더니즘(postmodernism) 시대라고 불리는데, 바로 이 시대사조가 문화의 가면을 쓴 맑시즘으로서 공산주의보

---

[1] 곽혜원, "젠더 이데올로기의 발흥과 인류문명사에 도래한 대재앙",「크레도」(2020.01), 37.

다 더 심각하게 이 세계를 위협하고 있다. 서구의 전통 기독교 사상을 전면 부정하는 후기 구조주의(post-structuralism)[2]와 인식을 같은 하는 포스트모더니즘은 20세기 후반 이후 글로벌 사회 전체를 장악하고 있는데, 그 대표적 특징은 거대 담론에 대한 불신과 절대적 진리의 거부이다. 이런 분위기 속에서 이 시대 문명의 가장 주목할 만한 동향은, 인간이라면 마땅히 받아들일 수밖에 없는 거대 담론과 절대적 진리 가운데서도 생로병사(生老病死)의 자연 질서를 해체하려는 움직임이다.

특별히 남성과 여성의 성별(性別)이라는 하나님의 창조 질서를 철폐하려는 움직임이 인류 문명사에 암울한 그림자를 드리우고 있다. 성별의 해체를 부르짖는 최선봉에는 맑시즘의 지대한 영향으로 세력을 확장한 '급진적 페미니즘'(radical feminism)과 '성 정치-성 혁명 이론'[3]이 서로 결탁해 발흥한 젠더 이데올로기(gender ideology)가 그 중심점에 서 있다. 주지하는 바와 같이, 젠더 이데올로기는 인간의 출생 시 선천적으로 부여받은 생물학적 성(sex)이 아닌 사회·문화·심리적 성으로 간주되는 젠더(gender)를 통해 후천적으로 임의대로 성별을 선택할 수 있다고 주장하는 시대사조이다.

젠더 이데올로기의 대표 주자 주디스 버틀러(J. Butler)는 남성과 여성이라는 구분 틀 자체를 해체해야 한다고 주장함으로써 남녀의 천부적인 성별을 허물어 버리는 데 주력하고 있다.[4] 특히, 그는 젠더 이데올로기의 핵

---

2   후기 구조주의는 보편적 이성과 절대적 진리에 입각한 구조를 해체하려는 급진적 시대사조로서 자크 데리다(J. Derrida), 미셸 푸코(M. Foucault), 질 들뢰즈(G. Deleuze), 자크 라캉(J. Lacan), 주디스 버틀러(J. Butler) 등이 후기 구조주의자로 분류된다.
3   사상사에서 '성 정치'라는 용어를 최초로 창안한 빌헬름 라이히(W. Reich)는 성 충동 해방 이론인 '성 정치학'을 주장하면서 정치가 거시적 제도의 차원을 넘어서 미시적 생활세계의 차원, 특히 사적인 성관계의 문제로 확장되어야 한다고 강조했다. 그러면서 그는 일부일처제 폐지와 성 윤리 해체를 부르짖으면서 진정한 해방이란 성 해방을 동반해야 하며, 성 혁명을 이루기 위해선 성 정치가 실현되어야 한다고 역설했다.
4   참조. J. Bulter/조현준 옮김, 『젠더 트러블: 페미니즘과 정체성의 전복』(서울: 문학동네, 2008).

심 전략인 젠더 주류화(gender mainstreaming)의 이론적·사상적 기초를 마련하기도 했는데, 이것은 서구 세계에서 아무도 반대할 수 없는 지배 이데올로기, 최고위층에 의해 강행되는 최고 순위의 국가 전략 중 하나로 자리매김했다.

인류의 장구한 역사 속에서 단 한 번도 인간 존재의 본질이 되는 남성과 여성이라는 성별의 정체성이 파괴된 적이 없었다는 사실을 인식할 때, 이것은 인류 문명사에 대재앙을 자초하는 일이라 아니할 수 없다.

이런 '젠더 이데올로기'는 오늘날 이 시대의 위기를 해명함에서 결정적으로 중요한 시대사조인데, 특히 '젠더'(gender)는 그 위기의 중심에 놓인 핵심적 키워드라고 말할 수 있다. 본래 젠더는 언어학에서 남성형 명사 혹은 여성형 명사에 사용되던 단순한 문법 용어에 불과했지만, 1950년대에 '존 머니'(J. Money)라는 존스홉킨스(Johns Hopkins)대학병원의 정신과 의사이자 성 심리학자에 의해 실험적으로 사용된 이후 1970년대에 들어와 급진적 페미니스트들에 의해 서구 세계에서 보편적으로 통용되기 시작했다.

그러다가 1995년 제4차 세계여성대회를 결정적 분기점으로 젠더 용어가 공식화되었는데, 이때부터 젠더는 사회·문화·심리적 성으로 명시되었고 '섹스'(sex)라는 용어를 대체하는 성 관련 용어로 정착하게 되었다.

일개 성 심리학자가 실험적으로 사용했던 용어, 그것도 결국 사람들을 기만한 허위 실험으로 판명된 희대의 사건에 오용되었던 용어가 오늘날 국제 사회에서 남녀를 위시하여 모든 성 소수자들의 성 정체성을 포괄하는 단어로 전환된 것은, 참으로 참담한 역사의 아이러니라고 말할 수밖에 없다.

어찌보면, 젠더란 용어가 성 소수자들을 정상화할 수 있도록 포석을 깔아 주었다고 볼 수도 있다. 더욱이 영어권에서는 섹스와 젠더가 명백히 구분되기 때문에 젠더의 의미가 쉽게 전달되지만, 우리나라에서는 두 용어가 모두 동일하게 '성'으로 번역되기 때문에 혼란스러움이 가중되는 상황이다. 엄밀히 말해, 우리나라에서는 젠더에 해당하는 용어가 존재하지 않기 때문에 적절한 번역이 매우 어려운데, 이제는 종전처럼 '섹스'와 '젠더'를 모두 '성'으로 모호하고 애매하게 번역하지 말고, 섹스와 젠더로 명확히 구분하면서 사회 전반에 젠더의 위험한 실체를 알려야 할 중대 시점이 되었다.[5]

여기서 인간의 성(性)에 대한 이해의 변천사를 간략히 살펴볼 필요가 있다. 인간의 성은 출생 때 타고나는 생물학적 성(sex)에 따라 남성(男性) 또는 여성(女性)으로 결정된다는 것이 일반적 통념이었다. 과거에는 이 생물학적 성으로 인간의 성별을 남녀 이분법적으로 이해했고, 오늘날 또 다른 성으로 통용되는 젠더(gender)는 불필요했다.

그런데 젠더 이데올로기가 널리 확산하면서 성을 다원주의적으로 이해함으로써, 인간의 성을 성기·염색체·성호르몬으로 결정되는 생물학적 섹스와 사회·문화·심리적 성으로 간주하는 젠더로 구별하게 되었다.[6] 그러다가 오늘날 섹스는 성관계를 나타내는 용어로 점차 제한되고, 젠더가 성 정체성을 나타내는 주류 용어가 되어가고 있다.

그러므로 섹스로 성별을 결정했을 때는 섹스 주류화(sex mainstreaming)였다면, 이제는 젠더가 주류가 되게 하자는 의미에서 젠더 주류화(gender mainstreaming)가 서구 세계에서 막강한 영향력을 행사하게 된 것이다.

그런데 젠더에 입각해 성을 다원주의적으로 이해하면서 파생되는 심각한 문제는 젠더의 실체가 기분과 상황에 따라 변화되는 성이다 보니까, 각자가 스스로 느끼는 대로 성별을 마음대로 선택할 수 있다는 것이다. 사실 인간의 정체성이란 일관성이 있어야 하는데, 젠더는 고정불변하는 것이

---

5  곽혜원, "젠더교육의 위험성과 올바른 다음 세대 교육의 당위성", <국회 세미나: 학교 교육에 침투한 젠더 전체주의>(2019.10.08), 20.
6  곽혜원, "젠더 이데올로기가 야기하는 가정 해체와 건강한 가정 공동체 구축의 당위성", <국회 세미나: 젠더 이데올로기에 대한 비판적 고찰> (2019.09.18), 43.

아닌 시시각각 사람들의 심리 상태와 사회문화적 상황에 따라 유동적으로 변하는 것이다 보니까, 사람들이 자신이 남성인지 여성인지 성 정체성에 혼란을 느끼게 되었다. 급기야 남성도 아니고 여성도 아닌 제3의 성을 법적으로 용인하기 시작했고, 수십 가지의 온갖 괴이하고 비정상적인 젠더 퀴어들(gender queer)을 양산하게 되었다. 사실상 젠더 이데올로기는 각종 부도덕한 성관계를 맺는 젠더 퀴어들을 정당화하려는 방편이라는 것이 그 실체적 진실이라고 말할 수 있다.

이런 문제 상황 속에서 성과 관련된 강고한 재제가 풀릴 뿐만 아니라, 음란의 규범이 형법을 통해 강제화되어가고 있다. 물론 성 규범이 해체되는 기저에는 사람들이 부(富)를 급격하게 축적하고 물질적 풍요를 누리게 되자 쾌락을 삶의 의미로 받아들이고, 특히 성을 삶의 중심에 두게 되었기 때문일 수도 있다. 하지만 좀 더 날카롭게 사태를 분석하면 이것이 성을 매개로 정치하려는 세력, 바로 성 혁명을 강행하려는 세력의 전략 때문이라는 것을 간파할 수 있다. 사실 그동안 많은 사람이 동성애를 단순히 동성 간의 애정 행각이나 성도덕 붕괴의 측면에서만 인식했지만, 젠더 이데올로기를 오랫동안 연구해 온 학자들은 성 소수자들의 정치 투쟁을 사회주의 혁명 그 자체로 보고 있다.[7] 구소련을 위시한 동유럽에서 맑시즘이 패배한 후 새로운 활로를 모색하던 맑시스트들은 마침내 서구 세계에서 성 혁명의 성공을 통해 부활하는 천운을 얻게 된 것이다.

이런 젠더 이데올로기의 막강한 영향력으로 말미암아 장구한 세월 동안 인류 사회를 보편타당하게 지배해 왔던 관습과 규범이 지난 50년 사이 급속도로 해체되고 있다.[8] 천부적으로 부여된 남성과 여성 고유의 신체적 기능은 물론 남녀 양성이 결합해 이루는 결혼 및 가정 제도 역시 해체되고

---

7   이정훈, 『교회 해체와 젠더 이데올로기』 (서울: 킹덤북스, 2018), 17.
8   G. Kuby, 『글로벌 성 혁명: 자유의 이름으로 자유를 파괴하라』, 정소영 역 (서울: 밝은생각, 2018), 17.

있다. 일부일처제(monogamy)를 해체 시키고, '인권' 혹은 '성적 다양성'이라는 명목으로 레즈비언적(lesbian)·게이적(gay)·바이섹슈얼적(bisexual)·트랜스젠더적(transgender)·간성적(intersexual) 파트너십, 그 외 온갖 괴이하고 비정상적인 관계를 대안적 생활 공동체로 제안하고 있다. 이를 통해 젠더 이데올로기는 성 규범을 와해시키고 도덕적·윤리적 기준의 해체를 강요함으로써, 예로부터 전승된 덕성·도덕·정절과 같은 숭고한 가치 개념을 거부하고 새로운 젠더 이데올로기의 내용(전통 거부·해방·자유·쾌락·난잡 등)으로 포스트모던 세계를 잠식해 나가고 있다. 이것이 인류 문명사에 어떤 암울한 그림자를 드리우게 될 것인지는 너무 명약관화한 일이다.

이런 젠더 이데올로기의 위험성에 대해 독일 튀빙겐(Tübingen)대학의 복음주의 선교신학자 페터 바이어하우스(P. Beyerhaus) 교수는 매우 의미심장한 발언을 한 바 있다. 즉, 그는 1789년 프랑스 혁명(정치적 신분제를 전복시킨 혁명), 1917년 볼셰비키 혁명(경제적 계급제를 전복시킨 혁명)과 함께 젠더 주류화를 '제3의 세계사적 혁명'(생물학적 질서를 전복시킨 문화인류학적 성 혁명)이라고 일컬으면서 남녀의 성별 질서, 결혼과 가정의 기본 질서를 부정하는 인류 문명사적으로 매우 위험한 혁명이라고 지적했다. 그러면서 바이어하우스는 이것이 남녀의 생물학적 성별을 창조 질서로써 주신 하나님의 창조 명령을 부정하는 사탄적 원천을 지니며 하나님의 주권에 정면으로 도전하는 무신론적·반신론적 이데올로기라고 역설했다.[9]

로마가톨릭의 교황들도 젠더주의를 경계했는데, 특히 교황 베네딕토 16세(Benedictus XVI)는 그 안에 깊이 숨겨진 비(非)진리성과 문화인류학적 혁명을 경고했으며, 교황 프란치스코(Francis)는 사탄적 근원을 지적한 바 있다.

---

9 P. Byerhaus, "Widersteht gegen Gender-Ideologie!"(젠더 이데올로기에 대항하라!), 2016년 6월 10일, <기독교학술원 제10회 해외석학 초청강연>.

## 2. 젠더 이데올로기가 강행하는 패륜적 성 혁명이 강타한 서구 세계

젠더 이데올로기가 21세기 들어와 서구 세계에서 가열차게 강행하는 것은 바로 글로벌 성 혁명(global sexual revolution)이다. 글로벌 성 혁명이 특히 우려스러운 것은, 한 남성과 한 여성의 신성한 결합인 일부일처제를 해체하고 온갖 다양한 성 정체성[10]을 가진 성 소수자들의 프리 섹스를 적극적으로 옹호함으로써 결혼 및 가정의 해체를 집중적으로 공략하기 때문이다.[11]

오늘날 젠더 이데올로기가 휩쓸고 지나간 서구 세계에서 결혼은 더 이상 한 남성과 한 여성의 신실하고 지속적인 결합이 아니라, 단지 육체적 쾌락을 즐길 수 있는 불순한 계약 관계(때로는 서로의 혼외정사도 허용할 것을 요구하는)로 간주하는 추세이다.[12] 심지어 젠더 이데올로기 추종자들은 일부일처제를 타파하기 위해 다수의 남녀가 동거하는 폴리 아모리(poly-amory), 다(多)애인제를 제안하기도 한다.[13] 사실상 동성애는 시작일 뿐이고 성 혁명의 끝자락은 폴리 아모리로 이행할 수밖에 없다는 게 필자의 진단이다.

서구 세계를 강타한 젠더 이데올로기가 강행하는 패륜적 성 혁명의 핵심은 바로 성 규범의 해체이며, 그로 인한 악영향은 사회 전체의 성애화(性愛化)를 통한 타락과 패륜의 확산이다. 성 혁명이 한창 진행 중인 서구 세계에서는 성 규범이 와해하고 도덕적·윤리적 기준의 해체가 강요됨으로

---

[10] 남성 동성애자 단체인 '친구 사이'는 안드로진(androgyne, 남녀가 혼합된 성별), 뉴트로이스(neutrois, 남녀가 아니라 제3의 성의 정체성을 가진 중성), 에이젠더(agender, 어떠한 성별에도 속하지 않은 무성), 젠더플루이드(genderfluid, 성 정체성이 고정적이지 않고 심리 상태에 따라 흐르는 물처럼 유동적으로 전환) 등 다양한 젠더 퀴어(gender queer)가 존재한다고 주장한다.
[11] 김영한, 『젠더주의 도전과 기독교 신앙』 (서울: 두란노서원, 2018), 24이하.
[12] P. Beyerhaus, 『현대 선교와 변증』, 이선민 역 (서울: 기독교문서선교회, 2011), 298.
[13] 김영한, "젠더 이데올로기 비판 V: 인권 및 가치 개념의 젠더주의적 조작", 「베리타스」 (2017.12.22).

써, 음란의 규범이 형법을 통해 강제화되고 있기 때문이다. 이에 성과 관련된 강력한 규범들이 급속도로 풀려서 사람들이 점점 더 성적으로 문란해지고, 특히 동성애가 또 하나의 묵인된 성 문화, 또 다른 인류의 대체적 쾌락이 되어가고 있다.[14] 이런 성도덕의 규제 완화는 문화가 부패한다는 징후인데, 이것은 개인에게 손상을 입힐 뿐만 아니라 사회적 혼란을 야기하기도 한다. 이혼의 급증으로 인한 가족 공동체의 붕괴, 광범위한 정신·심리적 장애의 만연, 사라져가는 질병이었던 성병의 전염병적 유행,[15] 엄청난 수효의 태아를 죽이는 일 등은 사회가 쇠퇴하고 있다는 신호이다.

오늘날 성 혁명이 휩쓸고 지나간 서구 세계에서는 포르노에 대한 규제 완화가 일반화되어 있다. 수십 년 전 포르노는 출판 미디어나 비디오, 성인극장에서 상영되는 영화로만 제한되어 성인 남성들이 배타적으로 소비하는 경향이었지만, 이제는 나날이 발전하는 새로운 커뮤니케이션 미디어가 광범위하게 선택권을 제공함으로써 '새로운 글로벌 재앙'으로 급부상하고 있다.[16]

포르노는 인터넷을 통해 언제 어디서 누구나 접근 가능함으로써 모든 사회, 모든 계층, 모든 직업, 모든 연령대에서 포화 상태에 있다.[17] 미디어

---

14　곽혜원, "여성신학자가 바라본 퀴어신학의 이단성 문제", <서울대학교 세미나: 신학과 윤리 포럼> (2018.08.08), 28.
15　매독이나 임질같이 완전히 사라진 것으로 생각되었던 성병이 귀환했고, 새로운 유형의 성병이 전염병 수준으로 급속하게 확산되고 있다. 특히, 치명적인 것은 클라미디아, 트리코모나스 그리고 자궁암을 유발하는 것으로 알려진 고위험성 인유두종 바이러스(HPV)이다. 미국에서는 매년 1,900만 건에 달하는 새로운 성병이 발생하는데, 감염자 중 절반이 15-24세 젊은이인 것으로 보고된다. 특히, 성적으로 왕성한 청소년들이 가장 위험한 집단인데, 미국 질병통제예방센터에서는 10대 소녀 중 25퍼센트가 성병을 앓고 있으며, 매년 2만 4천 명의 여성이 성병으로 인해 불임이 된다고 밝힌 바 있다. 가브리엘레 쿠비는 성애화가 매독과 임질 발병률을 다시 높였으며, 많은 젊은 여성을 영구적 불임으로 만드는 성병의 폭발적 확산을 불러왔다고 진단한다: G. Kuby, 『글로벌 성 혁명』, 314, 330.
16　Kuby, 『글로벌 성 혁명』, 186.
17　최근 포르노를 보는 사람들의 수효는 가히 충격적인데, 인터넷 사용자 4명 중 1명(특

의 시대는 악의 이미지로 인간의 정신에 지속적인 상흔을 남기는 시대인데, 그 이미지는 통제할 수 없는 힘으로 인간의 생각과 판타지, 꿈을 점령하고 인간의 행동에 영향을 미친다. 특히, 포르노는 인간의 존엄성을 위협하고 영적·육체적·사회적 차원에서 매우 심각하고 지속적인 해악을 끼치는데, 이것이 생명을 지속시켜 주는 관계를 파괴하고 병적 중독성을 갖는 것은 주지의 사실이다. 그러므로 포르노를 통한 이 세계의 음란화는 개인과 가족, 전체 사회에 재앙과도 같은 파괴적 결과를 초래한다.

무엇보다 심각한 것은 아이들이 성애화로 말미암아 크나큰 해를 입는 일이다. 앞서 언급했던 젠더 주류화의 패키지에는 의무 교육의 필수 교과목으로서의 성교육이 포함되어 있는데, 10대들의 성애화는 도덕성을 말살시켜버리는 방향의 주입식 세뇌 교육으로 실행되고 있다. 전 세계적으로 아동과 청소년의 성애화를 촉진하는 단체들에는 유엔 산하단체(대표적: 유네스코)도 개입되어 있는데, 이 단체들은 아동기부터 성적 충동을 활성화해 성행위에 대한 도덕적 한계를 제거하는 데 모든 자원을 투입하는 상황이다. 아동과 청소년의 성애화로 인해 조기 성관계가 유행처럼 번지고 있는데, 이것은 공권력과 학교, 언론이 끊임없이 성으로 아이들의 뇌리를 사로잡은 당연한 결과이다.

그러나 전문가들은 조기 성관계의 위해성, 이를테면 상호 헌신에 바탕을 두지 않은 난잡한 성행위로 인한 여러 부작용, 아이들의 심리적·정신적 상처와 자살 위험 등을 경고하는데, 특히 소녀들에게 치명적인 위험성

---

히 18-34세 남성의 경우 66퍼센트)은 매월 포르노 웹사이트를 방문하는 것으로 보고된다. 청소년기의 남자아이들에게 포르노의 소비는 이제 일상화된 상태이고, 아동 포르노 시장은 가장 빠르게 성장하는 시장으로 보고되지만, 스마트폰 시대에 더 이상 이들을 보호할 수 없게 되었다. 특히, 주목할 것은 포르노 소비자의 3분의 1이 여성인 상황 속에서 미국의 경우 41퍼센트의 여성이 최소한 한 달에 한 번은 포르노 웹사이트를 방문하고, 1천만 명 이상의 여성이 규칙적으로 음란물을 소비한다는 사실이다. 인터넷이 세계에서 가장 발전한 한국 사회는 이런 미국 사회의 포르노물 홍수 상황과 크게 다를 바 없을 것이다. 참조. 김영한, 『젠더주의 도전과 기독교 신앙』, 68.

(대표적: 성병 감염으로 인한 영구 불임)을 폭로하고 있다.[18]

인간에게는 자유 의지가 있으므로 선악을 위한 나침반이 필요한데, 특별히 성은 도덕의 닻에서 분리될 때 필연적으로 영적·사회적 붕괴가 일어나기에 이에 대한 올바른 지침이 필요하다. 사실 건전한 의식을 가진 사람이라면, 누구나 어린이와 청소년을 성애화로부터 보호해야 한다는 데 동의할 것이다.

그런데도 아이들에 대한 성애화는 여전히 진행 중이며, 이들을 대상으로 한 성적 학대는 근절되지 않는 상황이다.

왜 이 사안이 사회적·국가적 안건이 되지 않는 것인가?

왜 이를 척결하기 위한 사회적·정치적 행동이 일어나지 않는 것인가?

이에 대한 해답은 명백한데, 이것은 곧 타락과 패륜이 만연한 성 중독, 음란물의 전염병적 범람이 우리가 살아가는 시대 속에서 이미 대중적 현상으로 확고하게 자리 잡았기 때문이다. 이 시대의 문화는 성적 욕망을 통제하라고 가르치지 않고, 오히려 역으로 '섹스의 즐거움에 대한 권리'를 주장하는데, 끊임없이 성적 욕망을 유발하는 성욕 과다 사회가 욕구 충족 대상으로 가장 취약한 무방비 상태에 놓인 아이들을 악용한다는 데 문제의 심각성이 있다.[19]

사실 모든 사회 구성원의 인생사와 사회 전반에 지대한 영향을 끼치는 성 규범은 가장 사적이면서도 가장 중요한 공적 의미를 지니는데, 왜냐하면 그것이 인간의 희로애락(喜怒哀樂)에 강력한 영향을 끼치기 때문이다. 성도덕이 무너지면 한 개인은 물론 가정 공동체와 사회 공동체가 무너지고, 더 나아가 국가 공동체, 심지어 문명이 붕괴한다. 이런 연유로 인류는 시대와 지역을 초월하여 성적 일탈을 강력한 사회적·법률적 제재 대상으

---

18  M. Grossman, "You are Teaching My Child What?", cit., note 5, 35 et seq.
19  G. Kuby, 『글로벌 성 혁명』, 322.

로 삼음으로써, 성 규범은 오랜 역사 속에서 엄격한 처벌 규정으로 보호되어왔다.

그런데도 오늘날 왜 이토록 성 규범이 해체되는 것인가?

물론 오늘날 성 규범이 해체되는 기저에는 사람들이 부(富)를 축적하고 물질적 풍요를 누리자 성을 삶의 중심에 두게 되었기 때문일 수 있다. 하지만 좀 더 날카롭게 사태를 분석하면 이것이 성을 매개로 정치하려는 세력, 바로 성 혁명을 강행하려는 세력의 전략 때문이라는 것을 간파할 수 있다.

## 3. 젠더 이데올로기의 부산물, 친(親) 동성애적 퀴어신학이 횡행하는 기독교계

젠더 이데올로기가 기독교계, 특히 신학계에 끼친 심각한 폐해는, 바로 친(親) 동성애적인 퀴어 이론(queer theory)을 발판으로 퀴어신학(queer theology)이라는 이단적인 신학 분파를 만들어낸 일이다. 퀴어신학은 모든 만물이 유전(流轉)한다고 주장하는 후기 현대적 생성의 철학에 근거해 인간의 성(性)도 남성이나 여성으로 고정되지 않고, 양성이 자유롭게 유동(流動)한다는 사상의 기반 아래 해체주의적 세계관·인간관이 가세해 만들어 낸 신학 사조이다.

특별히 퀴어신학은 '낯설고 이상함'을 뜻하는 '퀴어'(queer)를 전면에 내세움으로써 정통 신학에서 낯설고 이상한 것, 괴기하고 비정상적인 것으로 배제되어 변두리로 밀려났던 테마를 신학의 중심에 내세우고 이를 억압에서 해방하기 위한 신학적 근거를 마련하고자 하는데, 여기서 낯설고 이상한 것은 동성애를 전적으로 의미하는 것이다.

결국, 퀴어신학은 생소하고 괴이한 대상으로 혐오되어 왔던 동성애를 신학적으로 정당화하고 비정상적인 동성혼을 정상화하는 데 종국적 목적이 있다고 말할 수 있다.

동성애에 대한 신학적 정당화를 위해 퀴어신학자들은 보수주의 성서학자들의 문자주의적 성서 해석을 통해 동성애가 죄악시되었다고 비판하면서 성서에 기록된 동성애를 역사 비평적으로 재해석한다. 퀴어신학의 대부이자 로마가톨릭 신부요, 철학자이자 심리학자인 다니엘 헬미니악(D. A. Helminiak)은 성서가 동성애자들의 도덕성이나 윤리성에 대해 아무런 직접적 입장을 표명하지 않음으로써 동성애에 관한 한 중립적 견해를 취한다고 책의 서두부터 끝까지 시종일관 강변한다.[20]

시카고신학교의 퀴어신학자 테오도르 제닝스(T. W. Jennings) 또한 동성애에 대한 기독교의 전통적 관점이 잘못된 동시에 왜곡되었다는 견해를 피력한다. 그러면서 그는 다수의 성서 텍스트들이 동성애 관계와 행위를 긍정함은 물론 찬양까지 한다고 주장하면서 동성애라는 것이 저주도 아니고 범죄도 아니며, 오히려 하나님이 주신 놀라운 선물이라고 결론짓는다.[21] 심지어 동성과 가까워지고자 하는 욕망이 축하받을 만한 하나님의 은총과 축복이라는 퀴어신학자들의 주장도 나오는 상황이다.

퀴어신학자들은 동성애가 죄악이 아니라는 것을 입증하기 위해 격론을 벌이기도 하는데, 특히 복음서에 나타난 예수가 동성애에 대해 한 번도 명시적으로 비난하거나 정죄하지 않았기 때문에 동성애가 죄악이 아니라고 강변한다. 하지만 이것은 잘못된 주장이라고 말할 수 있는데, 즉 동성애가 심각한 죄악이 아니므로 예수께서 동성애에 대해 논쟁하지 않으신 것이 아니라,

---

20  D. A. Helminiak, 『성서가 말하는 동성애: 신이 허락하고 인간이 금지한 사랑』, 김강일 역 (서울: 해울, 2003), 20-30.
21  T. W. Jennings, "성서는 동성애를 '긍정'한다", 제3시대그리스도교연구소, 테드 제닝스 강연회 연설내용, http://m.ildaro.com/5328에서 인용; T. W. Jennings, 『예수가 사랑한 남자: 신약성서의 동성애 이야기』, 박성훈 역 (서울: 동연, 2011), 436.

1) 구약의 동성애 정죄에 대한 율법적 교리에 논란의 여지가 있을 수 없으므로 아무 말씀도 하지 않은 것이며,

2) 이방 문화와 달리 성에 관해 매우 보수적이고 일찍이 동성애에 대해 엄격한 교육이 이뤄졌던 팔레스타인의 유대 문화에서 동성애가 큰 사회 문제로 드러난 적이 없으므로 복음서에서 동성애에 관해 언급하지 않은 것이며,

3) 남성 중심의 가부장적인 고대 유대인들이 성에 대해 드러내 놓고 말하기를 꺼리는 폐쇄적인 사회에서 살았기 때문에 동성애와 같은 패역한 행위에 대해 직접적 언급을 피했다고 말할 수 있다.[22]

퀴어신학자들은 동성애가 죄악이 아님을 증명하기 위해 성서 안에 동성애자들이 많다고 유추하면서 그 사례들을 다음과 같이 열거한다: 그들이 기본 텍스트로 채택하는 헬미니악의 『성서가 말하는 동성애』(*What the Bibel Really Says about Homosexuality*)에는 다윗과 요나단(삼상 18:1; 20:20; 삼하 1:26)의 애정 관계를 위시하여 다윗과 사울(삼상 16:21)의 관계 역시 연인 관계로 묘사되어 있다(요나단-다윗-사울의 삼각 관계).[23]

또한, 룻과 나오미(룻 4:16)의 관계를 문학 작품에 최초로 등장한 레즈비언 로맨스로 추정하고,[24] 다니엘과 환관장도 동성애 관계였을 가능성을 언급하며, 예수께 병든 하인을 고쳐달라고 청원했던 백부장과 종(마 8:5-13)의 관계 또한 동성애 관계라고 주장한다.[25] 듀크대학교 신학과 리처드

---

22　곽혜원, "여성신학자가 바라본 퀴어신학의 이단성 문제," 29이하.
23　다니엘 헬미니악은 성서가 다섯 군데에서 동성 성교를 공공연히 다룬다고 말하면서 첫 번째로 든 사례로 '요나단-다윗-사울' 사이에 추정되는 삼각 관계, 남성 간 섹스를 언급한다. 그는 성서를 매우 음란하게 자기 방식대로 번역하면서 성서 인물들의 동성애를 정당화한다: D. A. Helminiak, 『성서가 말하는 동성애』, 181-188; 참조: T. W. Jennings, 『예수가 사랑한 남자』, 444이하.
24　D. A. Helminiak, 『성서가 말하는 동성애』, 188-189; T. W. Jennings, 『예수가 사랑한 남자』, 445.
25　D. A. Helminiak, 『성서가 말하는 동성애』, 191-195; T. W. Jennings, 『예수가 사랑한

헤이스(R. B. Hays) 교수는 마리아와 마르다가 혈연적 자매라기보다는 레즈비언이었을 가능성도 주장한다.

퀴어신학자들은 성서의 거의 모든 인물이 우리의 상상을 초월해 훨씬 더 많이 동성애에 개방적이었을 거라는 무모한 주장도 제기한다.[26] 더욱 심각한 문제는 이들이 참담하게도 하나님마저 동성애자로 만들어버린 사실이다. 테오도르 제닝스는 그의 저서 『예수가 사랑한 남자』(The Man Jesus Loved)에서 예수와 어떤 '사랑받던 제자'(나사로 · 부자 · 청년 안드레 · 요한 등으로 추정) 사이가 동성애 관계였을 개연성을 제기하면서 소위 '게이적 성서 읽기'를 시도한다. '사랑받던 제자'가 예수의 가슴에 누워 있는 육체적 친밀함에서 평범한 사제지간이 아니라, 동성 간에 육체 관계를 나누는 모습이 엿보인다는 것이다(요 13:21-26).[27] 그뿐만 아니라 제닝스는 예수께서 최후의 만찬에서 제자들의 발을 씻어주실 때 옷을 벗은 상태였고 제자들은 그의 무릎에 눕거나 가슴에 닿을 정도로 바짝 기대었다고 말하면서, 이것은 성애적 사랑의 관계를 나타냄은 물론 제자들의 발을 씻겨 주신 것은 예수가 여자의 역할을 한 것이라고 해석하기도 한다.[28]

지면에 싣기에 대단히 민망하지만, 사태를 냉정하게 직시하기 위해 반드시 지적해야 할 내용이 있다. 이는 곧 동정녀(童貞女) 마리아가 낳은 아기 예수가 남성으로부터 물질적 요소(남성성)를 전혀 물려받지 않고 여성인 마리아로부터만 자양분을 받았으므로, 예수의 몸이 '자웅동체'(雌雄同體)라는 주장이다.

이에 예수께서 상황에 따라 남성도 되었다가 여성도 되었다가 유동적으로 바뀌는데, 십자가상에서 창으로 옆구리가 찔린 상처에 대한 해석이 망

남자』, 236-260.
[26] D. A. Helminiak, 『성서가 말하는 동성애』, 190.
[27] T. W. Jennings, 『예수가 사랑한 남자』, 43-72.
[28] T. W. Jennings, 『예수가 사랑한 남자』, 67-72, 291-298.

령되기 이를 데 없다. 그들은 예수의 옆구리 상처를 여성의 몸으로 변화되신 자궁으로 해석하면서, 외부 상처는 여성 성기의 외음부이고, 피와 물은 여성 성기에서 나오는 애액이라는 것이다.[29]

또한, 로마가톨릭에서 행해지는 예수의 상처에 수녀들이 입 맞추는 의식은 여성화되신 그리스도의 몸과 동성애적으로 구강 성관계하는 의식이라는 것이다.[30] 무엇보다도 예수가 성매매 여성의 아들 혹은 사생자라거나, 하나님이 남근(男根)을 지닌 남신(男神)으로서 신자들과 성애(性愛)를 나누는 신이라는 참으로 해괴망측하기 이를 데 없는 신성 모독적인 주장도 서슴지 않고 있다.[31]

우리는 퀴어신학자들의 성서 해석을 보면서 그들이 과연 어떤 마음가짐으로 성서를 읽는지를 간파할 수 있다. 그들에게는 우정과 동성애 사이의 구분이 존재하지 않아서 모든 친밀한 관계는 다 동성애 관계로 간주하는 경향이다. 음란의 프레임에 갇힌 상태에서 성서를 해석하니까 모든 것을 음란하게 생각하는 것 같다는 의구심도 든다. 그런데 퀴어신학자들은 성서의 다수 인물을 동성애자로 간주하는 한편으로, 명백히 동성애를 죄악으로 단정한 성서 구절들에 대해선 왜곡된 해석이라고 강변하기도 한다.

구약과 신약에는 동성애에 대해 직접 언급한 구절들(레 18:22; 20:13; 롬 1:26-27; 고전 6:9-10; 딤전 1:10)과 함께 문맥상 동성애와 관련된 성구들(창 19:5; 삿 19:22; 유 1:7)도 있는데, 퀴어신학자들은 그동안 보수주의 성서학자들이 이 구절들을 잘못 해석하면서 이성애를 하나님의 창조 질서로 바라보고(이성애 중심적) 동성애를 죄악으로 정죄(동성애 혐오적)해 왔다고 비판한다.

---

[29] E. Stuart, "Sacramental Flesh", in: *Queer Theology* (MA: Blackwell, 2007), 66.
[30] A. Hollywood, "Queering the Beguines: Mechthild of Magdeburg, Hadewijch of Anvers.", in: *Queer Theology*, 163.
[31] G. Laughlin, "Omphalos", in: *Queer Theology* (MA: Blackwell, 2007), 125이하.

위의 성구들에 대해 퀴어신학자들이 재해석한 내용을 살펴보노라면, 대단히 어리석은 궤변과 비논리적인 억지 주장에 놀라움을 금치 못하는데, 그들은 성서 전체를 문맥을 따라 읽으면 충분히 상식적으로 이해할 수 있는 내용도 막무가내로 왜곡시켜버리는 오류를 범하는 것이다.

특히, 소돔과 고모라 사건(창 19:1-11)이 명약관화하게 동성애와 연관되어 있음에도 불구하고 이를 전적으로 부정하는데,[32] 즉 이 사건이 약한 이방인들을 대상으로 집단적 강간을 저지르려는 불법을 지적한 것일 뿐만 아니라, 동성애자들에 대한 인류의 범죄를 정당화하는 데 악용됐다고 역공격하는 식이다. 과거엔 동성애자들이 자연적 순리에 어긋나는 자신들의 부끄러운 행동을 은폐하기에 급급했지만, 오늘날엔 이미 공공연하게 드러난 동성애자들의 비윤리적 행태보다 이성애자들의 혐오가 훨씬 더 심각하다면서 비난의 화살을 오히려 이성애자들에게 돌림으로써 논점을 흐리기도 한다.

퀴어신학자들은 동성애에 대한 이성애자들의 혐오를 비판하는 강도보다 훨씬 더 강한 어조로 이성애와 대립각을 세우는데, 특히 성애와 생식(출산)을 관련시키는 이성애 중심주의가 전통 기독교적 성 윤리라는 괴물을 만들었다면서 이것이 동성애 혐오의 뿌리라고 역설한다.[33] 그들은 동성애를 적극적으로 미화하는 만큼 이성애에 기반한 결혼과 가족 제도에 적대감을 드러냄으로써 결혼과 가족적 가치에 근본적 의문을 제기하기도 한다.[34]

퀴어신학자 중에서 특히 제닝스는 복음서에 나타난 역사적 예수가 명백히 성적인 비규정성에 크게 문제가 없었던 사람, 성적으로 부정한 행위에 전혀 충격을 받지 않고 책망도 하지 않았으며 오히려 관대한 태도를 보였던 사람

---

32 D. S. Bailey, *Homosexuality and the Western Christian Tradition* (London: Longmans, Green & Co., 1955), 5; D. A. Helminiak, 『성서가 말하는 동성애』, 41-49; T. W. Jennings, 『예수가 사랑한 남자』, 437.
33 T. W. Jennings, 『예수가 사랑한 남자』, 392.
34 위의 책, 312, 322, 324이하, 339, 343이하, 352이하, 361, 365, 370, 434, 447.

이라면서 성 일탈에 개의치 말고 살 것을 넌지시 암시하기도 한다.[35]

이처럼 제닝스가 결혼 및 가족적 가치를 깎아내리고 성 규범을 괘념치 않는 비윤리적인 방종은 성서에 기반을 둔 기독교적 윤리관에 전적으로 배치되는데, 왜냐하면 성서가 독려하는 그리스도인의 삶은 가족생활 중심의 성 규범과 성결한 삶이기 때문이다.

## 4. 무신론적·반신론적 젠더 이데올로기에 대항해야 할 21세기 한국 기독교의 과제

### 1) 동성애에 관한 총체적 연구와 분명한 견해 표명

무신론적·반신론적 젠더 이데올로기가 수용하는 동성애를 정죄하는 성서의 입장은 시종일관 너무 명약관화하다. 앞장에서 기술했듯이, 구약과 신약에서 직접 동성애에 대해 언급한 구절은 레위기 18:22와 20:13, 로마서 1:24-27, 고린도전서 6:9-10, 디모데전서 1:10이며, 문맥상 동성애와 관련된 성구는 창세기 19:5, 사사기 19:22, 유다서 1:7이다.

먼저 레위기 18장과 20장 말씀은 당시 이방 민족 사이에 동성애가 편만했음을 기술하면서 이 풍습을 하나님이 '가증스럽게'(徒脈, toevah)[36] 여기신다는 것과 이를 멀리하는 것을 하나님께 택함받은 선민(選民)의 정체성으로 명령하고 있다. 특히, 20장에서 동성애(13절)는 간음(10-11절), 근친상간(12,14절), 수간(15-16절) 등과 함께 반드시 죽여야 할 죄의 목록에 포함

---

35 위의 책, 128, 181이하, 255, 258, 446.
36 이 단어는 레위기에서 오직 동성애를 금지하는 조항에만 쓰인 가운데 비정상적인 성관계(레 18:26, 27, 29, 30)에 적용되었다는 점이 주목할만하다: 신득일, "레위기의 동성애 법", 『동성애, 21세기 문화충돌』(서울: 킹덤북스, 2016), 90.

됨으로써, 모든 민족이 다 동성애를 행해도 야훼 하나님의 백성은 절대로 해서는 안된다고 천명한다. 그러므로 구약 시대에 종교개혁을 단행할 때마다 동성애는 개혁의 대상이 되었던 것이다(왕상 14:24; 15:12; 22:46).[37]

신약 시대에 와서도 동성애를 죄악으로 규정하는 견해는 계속 견지되는데, 특히 성서 전체를 통해 동성애에 대해 핵심적 가르침을 제시하면서 레즈비언 성관계를 언급하는 유일한 본문은 로마서 1:26-27이다. 여기서 바울은 동성애로 말미암은 폐해를 '하나님의 보응'이라고 말씀하면서 당시 권세를 휘두르는 이들을 위시하여 수많은 사람이 동성애를 행하던 사회를 향해 준엄한 심판의 말씀을 선포한다.

동성애 지지자들은 바울이 오늘날과 같은 젠더 정체성에 무지하므로 동성애를 비판했다고 주장하지만,[38] 그가 동성애자들을 구분해 일부에게는 관대하고 일부에게는 가혹한 이중 잣대를 적용하지 않았음은 주지의 사실이다. 바울은 모든 동성애가 하나님의 창조 질서와 경륜을 거슬러서 '역리로' 나아가는 행위임을 분명히 명시하면서 '하나님 나라'를 유업으로 받지 못한다고 선언했다(고전 6:9).[39] 단언하면, 구약 시대와 동일하게 신약 시대에서도 동성애를 가증한 죄로 여기고 금지하는 것은 하나님의 자녀로서의 삶의 표지, 곧 세상과 구별되는 거룩한 정체성 일부라고 말할 수 있겠다.

동성애를 죄악으로 정죄한 성서의 명령에 따라 기독교가 로마 제국의 국교로 제정되면서 가장 먼저 금지했던 것이 바로 동성애였다. 초기 기독교 교부들은 동성애를 죄악시했는데(대표적으로 '거룩한 혼인'이라는 가정 윤

---

37 배정훈, "구약성경에 나타난 동성애", 『동성애, 21세기 문화충돌』 (서울: 킹덤북스, 2016), 72.
38 참조. J. Boswell, *Christianity, Social Tolerance and Homosexuality* (Chicago: University of Chicago Press, 1980), 109이하.
39 신원하, "성경, 동성애 그리고 기독교 윤리" <기독교동성애대책아카데미> (2018.1st), 166; 최승락, "바울의 순리와 역리 개념과 동성애 문제", 『동성애, 21세기 문화충돌』 (서울: 킹덤북스, 2016), 218.

리의 신성함을 고양하고자 했던 아우구스티누스는 동성애를 하나님이 정하신 창조 질서를 거스르는 범죄, '순리에 역행하는 죄'일 뿐 아니라 부당하고 불익한 행위로 간주),[40] 이에 따라 4세기 말엽 이후 로마 제국은 동성애를 엄격하게 금지했다.

특히, 유스티니안(Justinian)황제는 신성 모독과 동성애를 동일하게 불경건한 행위로 간주해 538년 이를 엄격하게 금지하는 법령(Justinian Novella)을 제정했는데, 여기서 동성애를 '자연에 반하는 행위'로 규정하고 사형에 준하는 범죄 행위로 규정했다. 중세 시대에 들어와서 동성애에 대한 기독교 신학자들의 입장은 더욱 공고해졌고(대표적으로 토마스 아퀴나스는 동성애를 하나님을 모독하는 행위일 뿐 아니라 자연에 어긋나는 죄악으로 정죄), 14세기부터 동성애 금지는 더욱 강화됨으로써, 당시 동성애자들은 서구 세계 어느 곳에서도 피난처를 찾을 수 없게 되었다. 이런 동성애자에 대한 극형의 역사는 20세기 초반까지 지속했다.

그러나 20세기 중후반에 들어와 그간 역사 속에서 기독교 전파와 함께 지하로 숨어들었던 동성애는 사회의 전면에 등장하게 되었는데, 그 배후에는 자본주의의 발달로 인한 물질적 풍요와 성적 쾌락의 추구, 욕망대로 살 수 있는 막대한 힘의 축적 등을 들 수 있다. 특히, 주변과 중심의 경계를 허물고 모든 사람의 의견과 감정과 가치를 존중해야 한다고 요청하는 포스트모더니즘(postmodernism)의 발흥을 틈타 기사회생한 맑시즘의 영향이 중요한데, 바로 이 포스트모더니즘이 문화의 가면을 쓴 맑시즘으로서 동성애 정당화 이론인 젠더 이데올로기를 배태시켰기 때문이다. 포스트모더니즘과 젠더 이데올로기가 확산함으로 말미암아 기존의 소외된 것, 주변적인 것에 관한 관심이 집중되면서 인종, 민족, 계급, 성에 대해 제 목소

---

[40] 이상규, "동성애 문제의 교회사적 고찰", 『21세기 문화충돌』 (서울: 킹덤북스, 2016), 248이하에서 재인용.

리를 낼 수 없었던 부류의 사람들이 전면에 나서기 시작했는데, 이때부터 오랜 세월 숨어있었던 성 소수자들이 차별당해 왔던 유색인종과 여성들의 틈에 끼어 그들의 존재감을 드러냈고 교묘히 자리를 잡아가게 되었다. 그러나 무엇보다도 동성애를 죄로 여기는 기독교의 쇠퇴가 동성애 번성의 가장 본질적인 원인이라고 말할 수 있겠다. 인류역사상 동성애를 가로막았던 유일한 세력은 교회 공동체였는데, 기독교가 영적인 권위를 상실하면서 동성애가 번성하게 된 것이다.

여기서 동성애에 대한 평가가 지난 세기 급변한 상황을 짚고 넘어갈 필요가 있다. 사실 심리학의 창시자인 지그문트 프로이트(S. Freud), 칼 융(C. G. Jung), 알프레드 아들러(A. Adler) 등의 영향 아래 동성애는 심리적 성 정체성 장애로 인식되어 왔다. 그러다가 1973년 미국정신의학회(APA)가 치료가 필요한 정신 질환 목록에서 동성애를 제외하기로 했는데, 이것은 과학적 논의의 결과가 아니었고 유약한 정신의학과 의사 개개인들에게 가해진 정치적 압력, 곧 고위층을 점유한 동성애 옹호세력의 로비와 회유, 압박으로 말미암은 일이었다.[41]

바로 이것이 동성애에 대한 그동안의 판세를 역전시키는 순간이 됨은 물론, 추후 동성애의 원인에 대한 과학적이고 합리적인 토론 자체를 차단해 버리는 결정적 계기로 작용하게 되었는데, 그 재앙적 결과는 진실에 대한 침묵의 강요와 정치적 악용이었다.[42] 이로부터 17년 후 세계보건기구(WHO)가 APA의 결정을 채택함으로써, 오늘날에는 동성애가 '자연의 변

---

41  미국정신의학회의 부당하고 불의한 결정은 수십 년간 논란이 됨으로써, 많은 의사가 유감을 표명하기도 했다. 이와 관련된 역사적 배경에 대해 다음의 논문을 참조: J. Drescher, "Out of DSM (Diagnostic and Statistical Manual of Mental Disorders): Depathologizing Homosexuality", *Behavioral Sciences* 5 (2015), 565-575.
42  정신의학과 교수로서 당시 현장을 목격했던 찰스 소커라이드(C. W. Socarides)의 보고서: C. W. Socarides, "Sexual Politics and Scientific Logic: The Issue of Homosexuality", *The Journal of Psychohistory* 19, no. 3 (Winter 1992).

이'로 간주하는, 그야말로 인류 문명의 흑역사가 열리게 되었다.

하지만 동성애를 인간의 자연스러운 행태로 아무리 정당화한다고 해도, 성 소수자들, 특히 남성 동성애자들(MSM: Man who have sex with Man) 위에 드리워진 치명적 자가 면역 질환(HIV/AIDS)이 전 세계인들의 건강을 심각하게 위협한다는 사실을 절대 간과할 수 없다.[43] 동성애자들은 정신 질환, 특히 심각한 우울증과 불안 장애, 자살 충동이 높을 뿐만 아니라, 실제로 자살률이 이성애자들보다 월등히 높다는 사실 또한 문제의 심각성을 드러낸다.[44] 무엇보다도 필자는 젠더 이데올로기의 최대 희생양인 남성 동성애자들의 고독사 위험성을 우려하고 있다.[45] 이처럼 상황이 위중한데

---

[43] "한국 HIV/AIDS 코호트 연구팀"이 2006년부터 2018년까지 HIV/AIDS 감염인들을 추적 조사한 결과, 전 세계적으로 매년 신규 HIV/AIDS 감염의 발생은 서서히 감소하는데 반해, 유독 우리나라의 신규 HIV/AIDS 감염은 급격히 증가하는 추세이다. 특히, 젊은 층(18-29세)의 감염 실태가 매우 심각한데, 주된 감염 경로로 동성 및 양성 간 성 접촉(71.5퍼센트)으로 지목되었다. 세계보건기구(WHO)는 HIV 감염 증가의 첫 1단계는 남성 간 성행위 때문이라고 명백히 밝히고 있다: 김준명, "국내 HIV 감염의 감염 경로: 한국 HIV/AIDS 코호트 연구", <서울대 세미나: 성과 생명 윤리 포럼> (2018.10.15.), 27-34.

[44] 남성 동성애자들은 정신 질환 발병률이 높아서 삶의 질이 매우 열악할 뿐 아니라, 자살률도 높고 단명한다는 사실이 지금까지 연구 조사의 공통된 결론이다. 로몬드와 소렐-퀴비졸스(B. Lhomond & M. J. Saurel-Cubizolles)는 1997-2007년 영어와 불어로 출판된 22개의 논문을 리뷰하여 동성애자들이 이성애자들에 비해 정신 건강 상태가 좋지 않고 양성애자들의 경우는 더욱 심각하다는 결론에 도달했다: 신현우, "동성애의 원인과 해결: 성경과 과학의 진단과 처방", 『동성애, 21세기 문화충돌』 (서울: 킹덤북스, 2016), 110이하에서 인용. 2015년에도 코크란(S. D. Cochran)은 동성애지들이 더 높은 자살 위험을 겪는다고 지적하는 논문을 발표한 바 있다: S. D. Cochran, "Morality Risks Among Reporting Same-Sex Sexual Partners: Evidence From the 2008 General Social Survey National Death Index Data", *American Journal of Public Health* 105/2 (2015), 358-364.

[45] 필자가 진단하는 자살 및 고독사의 최대 위험군은 일정한 직업 없이 지병을 앓으면서 혼자 사는 중장년 이혼 남성 혹은 독신 남성이다. 그런데 남성 동성애자들은 주로 40세 이전에 무수히 많은 파트너와 복수 연애하면서 성적으로 방종하는 삶을 살다가, 40·50대 이후가 되면 그로 말미암아 각종 신체적 질병으로 파트너들에게서 버림받고 실직하고 파탄난 인생을 살아가는 경우가 많다. 그러므로 필자는 향후 많은 남성 동성애자가 병든 몸으로 외롭게 살아가다가 홀로 쓸쓸하게 죽음을 맞이하는 고독사의 직격탄을 맞게 될 거라고 우려한다: 곽혜원, "젠더 이데올로기가 야기하는 가정 해체와 건강한 가

도 마땅히 책임감 있게 역사 변혁을 선도해야 할 유력한 국제기구들(대표적: UN·EU)[46]과 글로벌 세계에서 주요 요직을 점유한 파워 엘리트들(power elite)이 동성애를 둘러싼 부조리한 현실을 은폐하고 동성애 옹호 활동을 감행하는 일은 역사의 심판을 받을 만한 직무 유기라고 말할 수밖에 없다. 한때 유엔은 전 세계인들의 희망의 등불이었고 유럽 연합도 평화에 대한 유럽인들의 열망으로 탄생했지만, 이들 모두 현재는 젠더 주류화 정책을 추진함으로써 성 소수자들(LGBTI)을 대변하는 권력의 중심지가 되어가고 있다.

그뿐만 아니라 심각하게 문제를 제기하지 않을 수 없는 것은, 동성애 옹호세력이 이 문제를 '차별받는 소수자의 인권 보호' 프레임으로 선동함으로써, 동성애라는 비윤리적 현실의 본질, 곧 동성애자들의 문란하고 위험한 성 중독 실태를 철저히 은폐하고 일반 대중들이 이성적 판단을 내릴 수 없도록 사태를 호도해버린 일이다. 즉, 성 소수자라는 말이 어감상 동성 간 성행위자를 보호해야 할 사회 약자처럼 느끼게 만드는 논리에 대해 우려를 금할 수 없다. 이런 세태를 반영해 우리나라 중·고등학교 교과서들은 여성, 어린이, 초·중·고 학생, 장애인 등과 함께 성 소수자와 HIV/AIDS 환자를 주류 사회로부터 차별받는 존재로 규정하고 있다.[47]

이로 인해 동성애를 반대하는 것은 마치 사회 약자의 인권을 침해하는 비(非)인간적·반(反)지성적 행태로 오인됨으로써, 동성애 문제에 대한 건

---

정 구축의 당위성," 51.

46 유엔(UN)과 유럽 연합(EU)이 젠더 이데올로기에 편승하여 젠더 주류화를 강행하는 것은 이미 공인된 사실이다. 68혁명 세대 중에 최상 교육을 받은 핵심 그룹이 글로벌 정치·경제·사회·문화·교육·언론·종교계 전반에서 주도권을 거머쥐고 있는데, 이들에 의해 장악된 국제 기구들은 세계 각국 행정부에 성 혁명을 하도록 막강한 압력을 행사하고 있다. 참조. G. Kuby, 『글로벌 성 혁명』, 81-102, 129-146.

47 곽혜원, "젠더 페미니즘 교육의 위험성과 올바른 다음 세대 교육의 당위성," < 국회 세미나: 우리 아이들의 교과서에서 무슨 일들이 벌어지고 있나요? > (2019.06.29), 35이하.

전한 담론과 사회적 공론화가 아예 차단되어 버린 상황이다.[48] 더욱 착잡한 현실은 동성애 옹호 세력이 영향력 있는 미디어와 인권 단체를 앞세워 동성애를 미화하는 사회 분위기를 확산시키는 한편으로, 글로벌 국제 기구와 막강한 국가 공권력을 등에 업고 동성혼 법제화를 강행하면서 반대자들(주로 기독교 공동체)의 비판을 원천 봉쇄하는 일이다.

오늘날 성 소수자를 보호하고 동성혼을 합법화하는 국가들의 결정에 따라 반동성애를 외치는 교회와 신도들이 교권과 공권력에 의해 신앙과 양심의 자유를 침해당할 뿐만 아니라, 예수 그리스도의 몸된 교회 공동체에서조차 악의 세력이 편만하게 정착되는 시대가 도래했다. 그러나 인류 문명의 무모한 도전에 강력한 제동을 걸고 시대와 지역을 초월하여 인류가 반드시 사수해야 할 보편타당한 윤리적 대안을 제시할 수 있는 것은 바로 기독교 공동체만이 감당할 수 있는 시대적 과제이다.

특별히 동성애 문제와 관련하여 다른 종교들이 일체 함구하면서 불의한 타협의 길을 걸어가는 데 반해, 기독교는 동성애로 인해 인간의 존엄성이 훼손당하는 반(反)인권적 폐해와 국민 건강을 위협하는 보건 위생적 문제를 고발함으로 반(反)동성애를 표명하고 있다. 이로 말미암아 오늘날 전 세계적으로 동성애를 반대하는 기독교를 제외한 모든 세력의 연합, 일명 '악(惡)의 연합'이 이루어져 기독교를 핍박하는 위태로운 국면에 접어들게 되었다.[49]

---

48 이런 사회 분위기에 함몰되어 2001년 네덜란드를 필두로 과거에 유구한 기독교 전통 속에서 복음의 꽃을 피웠던 서구의 많은 국가가 동성혼을 합법적으로 허용하는 방향으로 급선회하게 된 것이다. 무엇보다 우려스러운 일은 동성애를 정죄하는 전통을 유지해왔던 북미와 서구 유럽의 주류 교회들, 곧 장로교, 감리교, 그리스도의 교회, 루터교 등의 교단들까지도 이 시대의 거센 조류에 굴복해 버린 현실이다.

49 현재 그리스도인들은 점차로 세상에서 가장 핍박받는 집단에 속하는 것으로 보고된다. 글로벌 성 혁명 세력은 기독교를 철저히 적으로 간주하는데, 왜냐하면 자본주의를 붕괴시키려면 이를 지탱하는 가족 제도와 인간의 성을 혁명적으로 재구성해야 할 뿐만 아니라, 그 이면에 정신적 지주로서 존재하는 교회를 파괴하지 않으면 안 되기 때문이다.

이런 문제 상황 속에서 21세기 한국기독교의 과제는 고난과 핍박에도 불구하고 동성애에 대한 학제 간 총체적인 연구를 진행하면서 동성애가 하나님의 창조 질서를 거스르는 죄악이라는 확고한 입장표명을 감행해야 할 것이다.

## 2) 동성애를 신학적으로 정당화하는 퀴어신학의 이단성 규명과 신학계의 갱신

그동안 한국 기독교계에서는 퀴어신학의 이단성에 관한 학문적 연구와 논의가 지지부진했다. 하지만 이제는 위중한 문제의식 속에서 퀴어신학의 이단성에 대해 성서에 근거해 단호한 입장 표명과 대책 마련을 서둘러야 하는 상황이다. 사실상 퀴어신학이 다른 이단보다 죄질이 훨씬 더 악한 것은 성결한 하나님의 말씀을 음란한 인간의 말로 치환시킬 뿐만 아니라, 거룩하신 하나님의 존재 자체를 음란한 잡신으로 전락시켜 버리기 때문이다.

2006년 영국에서 발행된 『퀴어 성서 주석』(*Queer Bible Commentary: QBC*)의 한국어 번역본이 현재 출판을 앞두고 있는데, 이 주석은 성서 66권을 모두 동성애적 관점으로 재해석함으로써 성서의 본질을 훼손했다는 지적을 받고 있다. 퀴어 주석 한글판이 보급되어 퀴어적 해석이 일반화되면, 성서적 윤리관에 대한 강한 충돌과 혼란으로 이어질 위험성이 매우 농후할 뿐만 아니라, 성서적 가치관을 지키려는 교회와 성도들이 사회적·문화적·제도적으로 공격당할 수 있다는 우려의 목소리가 높다.

더욱이 미래 세대·대학생 세대에서 동성애 옹호 움직임이 활발하게 일어나고 상당수 크리스천 청년이 주축이 되어 시대적 조류에 함몰되어 동성애 포용에 앞장서는 상황이다. 무엇보다도 한국의 신학 교육 현장에서 최근 일어나고 있는 일련의 친(親) 동성애적 행보들은 문제의 심각성을 여실히 드러낸다. 이런 현실은 퀴어신학의 폐해로부터 한국 교회의 청년들,

특히 예비 성직자들을 보호해야 할 당위적 과제와 책임을 한국 교회에 부과한다.

그러므로 한국 교회는 하나님의 거룩한 신성을 모독하는 퀴어신학을 이단으로 결의함으로써 미래 세대가 올바른 가치관과 신앙관을 가진 건전한 사회인이자 신실한 신앙인으로 자라날 수 있는 환경을 조성해야 할 것이다. 인류 문명과 서구 세계를 대신하여 대리전(代理戰)을 치르는 위중한 시대적 책임을 짊어진 한국 교회는 의에 살고 의에 죽는 일사각오(一死覺悟)의 일념으로 헌신하는 가운데 각계각층의 전문가들과 연합하여 여러모로 치밀하고 지혜롭게 대처함으로써, 대내적으론 퀴어신학을 이단으로 결의하는 한편으로, 대외적으론 동성혼 합법화를 반드시 막아내야 할 것이다.

그런데 '퀴어신학을 이단으로 결의하고 신학계를 갱신하면서 가장 큰 걸림돌은 다름 아닌 신학교가 아닌가' 이런 의구심을 갖지 않을 수 없다. 상당수 신학자는 동성애 옹호 세력에 점령당한 교육 현장에서 눈치를 보면서 포퓰리즘에 영합하거나, 신성 모독 수준으로 음란하게 성서를 재해석하면서 동성애를 지지하는 퀴어신학에 예언자적 비판의 목소리를 내지 못하는데, 이것이 동성애와의 영적·사상적 전쟁에서 가장 큰 장애가 될 거라고 우려하기 때문이다. 현재 한국 교회에서 진행되는 반(反)동성애 사역은 평신도와 목회자가 서로 동역하면서 조직적으로 잘 전개되는 양상이지만, 문제는 동성애 사안을 놓고 분열된 신학계다.

평신도와 목회자는 신학자가 교리를 굳건히 세워 영적·사상적 전쟁을 견인해 주길 기대하지만, 그 기대에 부응하지 못하는 현실이 너무 부끄럽다. 평신도들이 순교를 각오하고 헌신하고, 목회자들이 사생 결단으로 동역하는 이 사역에 신학계가 방관하거나 반대 목소리를 내는 현실이 너무 유감스럽다.

우리나라는 대다수 국민 정서가 동성애를 반대하고, 특히 한국 교회 평도들의 귀중한 자산 때문에 서구 교회와 달리 반드시 승리할 거라고 확신해왔지만, 신학자들 때문에 전체 한국 교회가 힘을 잃을 수도 있지 않을까 불길한 예감마저 든다.

시대를 선도(先導)하는 책임을 짊어진 학자는 결코 사사롭게 학문 활동을 하는 존재가 아니라, 인류의 미래를 거시적으로 내다보는 혜안(慧眼)과 역사에 대한 책임 의식, 살아있는 학자의 양심으로 시대 문명을 올바른 길로 이끌라고 그 직임을 부여받았다. 더욱이 신학자는 기독교 2천 년 역사에서 순교자가 거의 전무한 상황 속에서 듣는다.

> 내가 사람들에게 좋게 하랴, 하나님께 좋게 하랴 사람들에게 기쁨을 구하랴 내가 지금까지 사람들의 기쁨을 구했다면 그리스도의 종이 아니니라(갈 1:10).

사도 바울의 경고를 뼈아프게 되새김으로써, 어떤 상황 속에서도 전적으로 하나님 편에 서서 하나님을 기쁘시게 하는 그리스도의 종이 되어야 한다. 그리하여 예비 성직자들이 올바른 신학 교육을 받음으로써, 인류 문명사적 위기에 봉착한 이 시대를 하나님의 진리의 영으로 선도할 수 있어야 한다.[50]

그뿐만 아니라 이 땅의 다음 세대에게 인류가 반드시 사수해야 할 숭고한 가치 체계와 건전한 문화 유산, 무엇보다도 신실한 신앙 전통을 물려줄 수 있어야 한다. 이런 문제 상황 속에서 21세기 한국 기독교는 동성애를 신학적으로 정당화하는 퀴어신학을 교리적으로 연구해 이단으로 정죄하고 신학계를 새롭게 정화하는 갱신에 힘써야 할 것이다.

---

50 곽혜원, "한국 신학계는 패륜적 성 혁명을 막아낼 준비가 되었는가", 「크리스천투데이」 (2020.02.03).

## 3) 음란하고 패역한 성 혁명에 맞서는 거룩하고 성결한 성 혁명

인류 문명사를 연구하면서 패륜적 성 혁명 세력들이 최소한 200년 동안 조직적이고 치밀하게 준비해 왔다는 사실에 경악하고 있는데, 첫 번째 성 혁명이 일어났던 1789년 프랑스 혁명으로부터 오늘날 두 번째 성 혁명에 이르기까지 무수히 많은 사상가와 활동가가 검은 연기를 피우며 '그들의 때'를 기다려 왔음을 발견했다.

높은 학식을 갖춘 지성인들(장 자크 루소, 어거스트 콩트, 샤를 푸리에, 프리드리히 니체, 지그문트 프로이트, 칼 융, 빌헬름 라이히, 알프레드 킨제이, 존 머니 등)은 성 혁명을 위한 철학적·심리학적 아이디어를 제공했다. 이들 외에도 많은 활동가 그룹이 성욕을 사상적·정치적 도구로 악용함으로써 섹스의 정치화, 정치의 섹스화를 암암리에 추진해왔다. 활동가 중에 특히 칼 맑스(K. Marx)의 영향이 가장 치명적이다. 왜냐하면, 20세기의 모든 성 혁명이 맑시즘(Marxism)에 그 사상적·정신적 기원을 두고 있기 때문이다.[51]

이들 성 혁명 전략가들은 서로 다른 동기와 이해관계를 가졌지만 하나의 목표를 위해 서로 의기투합했는데, 그것은 다름 아닌 '성 규범의 해체-가정의 해체-기독교의 해체'였다. 이들은 세상적 명성을 얻고 사탄의 도움을 받는 듯 보였지만, 종국적으로 성적인 혼란과 깨어진 관계 속에서 스스로 망가진 인생을 살아갔을 뿐만 아니라(일례로 자기 자녀들을 유기했고 술과 마약에 의존했으며 광기와 절망 속에 자살로 생을 마감), 동시대인들을 파멸의 길로 이끌었다.

성 혁명 전략가들의 또 다른 공통점은 예수 그리스도의 가르침과 기독교 교리를 파괴하기 위해 전력투구했는데, 이들의 사악하고 집요한 노력으로 인류 역사에 고상한 문명과 높은 도덕성을 부여했던 유대-기독교적

---

51　G. Kuby, 『글로벌 성 혁명』, 40.

근본에 금이 가게 되었다. 지난 200년간의 흑역사는 마침내 1960년대 말엽 '반(反)체제-반(反)문화-반(反)기독교' 운동과 합류하여 사나운 기류를 형성함으로써, 오늘날 두 번째 성 혁명을 시작할 결정적 분기점을 마련하게 되었다.

그런데 심각한 문제는 '68혁명' 당시 패륜적 성 혁명 세력의 주장이다.

> 너 자신을 억압적인 기독교의 성도덕으로부터 해방시켜라.
> 너의 성적 충동을 만족시켜라.
> 그래서 모든 지배로부터 자유로운 사회라는 낙원을 창조하라.

기독교를 집중적으로 공략해 도발했을 때, 기독교 교회와 신도들은 방관하거나 침묵했다는 사실이다. 이로 말미암아 기독교 신앙과 가치 체계의 전복이 심각하게 가속화됨으로써, 결국 그리스도인들이 기독교 성도덕을 포기한 것이 50여 년 지난 오늘날 전 세계를 타락과 패륜으로 몰고 간 성 혁명을 자초했다고 볼 수 있다. 이런 사실은 패륜적 성 혁명의 맹렬한 도전 앞에 선 21세기 기독교에 던지는 메시지가 대단히 의미심장하다.

모든 시대에 걸쳐 교회는 변함없는 기독교 복음의 진리를 밝히 드러내야 할 책무가 있는데, 특히 성 규범을 철폐하려는 움직임에 대한 저항은 항상 그리스도의 교회로부터 시작되었기 때문이다.[52] 비록 잘못된 시대사조가 휩쓸고 지나가면서 세상을 부패시키지만, 그럼에도 불구하고 각 시대마다 그리스도의 진리를 위해 자신의 목숨을 희생한 이들로 말미암아 세상은 정결해지기 때문이다.[53]

---

52 위의 책, 265.
53 미국의 보수 가톨릭 대변인 프랜시스 조지(F. E. George) 추기경은 죽기 직전에 다음과 같은 어록을 남긴 것으로 전해진다: "나는 내가 침대에서 편안히 죽을 것이라고 생각한다. 그러나 내 뒤를 잇는 사람은 감옥에서 죽게 될 것이고, 그의 뒤를 잇는 사람은 광장

기독교가 음란하고 패륜적인 성 혁명에 맞서 거룩하고 성결한 성 혁명을 일으켜야 한다는 사실에 대한 성서적 근거는 너무 명약관화하다. 구약성서에 명료하게 제시된 바와 같이, 이스라엘 근동에는 절제된 성 규범이 존재하지 않아서 이방 족속들은 동성애(homosex)와 근친상간(incest), 수간(zoophilia) 등을 아무런 거리낌 없이 자행했지만, 이 음란하고 패역한 이교도 세계에서 하나님의 선민 이스라엘 민족이 하나님께로부터 받은 계시는 이전엔 전례가 없는 거룩하고 성결한 성 혁명이었다.

즉, 하나님은 동성애를 통해 상호보완적인 성(性)의 경계를 넘고, 근친상간을 통해 혈연 간의 경계를 넘고, 동물과의 성관계를 통해 생물 종(種) 간의 경계를 넘는 것을 철저히 금지하셨던 것이다(레 18-20장). 금번에 한국 기독교가 패륜적 성 혁명 세력들이 도모하는 음란에 대항하고 거룩함을 지키기 위한 일대 전쟁을 치르면서 성결함을 회복하는 역사적 분수령을 맞이할 수 있을 것이다. 그뿐만 아니라 기독교 신앙의 본질을 회복함으로 한국 교회의 체질이 근본적으로 변화됨으로써 개신교 전래 이래로 맞닥트린 절체절명의 위기 상황도 극복할 수 있을 거라고 확신한다.

현재 대한민국과 한국 교회는 인류 문명과 서구 교회를 대신해 대리전(代理戰)을 치르는 중차대한 역사적 사명을 감당해야 한다. 이미 알려진 바와 같이, 우리나라에 복음을 전해 주었던 서구 기독교 국가들은 젠더 이데올로기에 굴복함으로 교회 공동체들이 붕괴하는 위기 상황에 봉착해 있다.

서구의 복음적 교회들은 한국 교회가 성 혁명을 과연 막아낼 수 있을지 예의 주시하면서 중보 기도하고 있다는 전언이다. 이들 교회는 과거에 자신들이 한국에 선교사들을 보내서 기독교 복음을 전했지만, 이제는 역으로 한국 교회가 무너진 서구 교회들을 회복시켜 달라고 요청하고 있다.

---

에서 순교하게 될 것이다. 마지막으로 그의 뒤를 잇는 사람은 무너진 사회의 남은 조각들을 모아 인류 역사에서 교회가 늘 그래왔듯이 서서히 문명을 다시 일으켜 세우는 일을 돕게 될 것이다."

이런 상황 속에서 우리나라가 무방비로 성 혁명에 굴복당했던 서구 세계의 잘못된 전철을 지켜보면서 대책을 세울 수 있는 것은, 하나님이 우리에게 주신 천재일우(千載一遇)의 기회라 아니할 수 없다. 일단 법제화가 이루어지면 엎질러진 물이 되므로, 지금은 고군분투해야 할 때이다. 교회는 세상의 심장이므로, 한국 교회가 살아나야만 이 세상이 살아날 수 있다. 이런 책임의식을 갖고 21세기 한국 기독교는 음란하고 패역한 성 혁명이 횡행하는 이 시대에 거룩하고 성결한 성 혁명을 일으켜야 할 것이다.

### 4) 가정 해체에 대항해 '하나님 나라' 확장을 위한 건강한 가정 공동체 구축

젠더 이데올로기의 파급력이 우려스러운 것은 바로 가정 해체를 야기하는 매우 위험한 시대사조라는 점이다. 오랫동안 죽음 연구에 천착하면서 가정 공동체의 중요성을 절감했던 필자가 젠더 이데올로기를 연구하면서 특히 주목한 것은, 젠더 이데올로기와 가정 해체 사이의 상관성이다.[54]

젠더 이데올로기가 영향력을 확대함으로 말미암아 장구한 세월 동안 인류 사회를 보편타당하게 지배해 왔던 관습과 규범이 지난 50년 사이 급속도로 해체되고 있는데,[55] 특별히 일부일처제(一夫一妻制)에 기반한 전통적 결혼 및 가족 제도가 직격탄을 맞고 있다.

젠더 이데올로기는 한 남성과 한 여성의 신성한 결합인 일부일처제 대신 다양한 젠더 정체성을 가진 성 소수자들(LGBTQI)의 프리 섹스를 옹호함으로써 결혼 및 가정의 해체를 집중적으로 공략한다. 특히 '인권' 혹은 '성적 다양성'이라는 명목으로 다양한 젠더 정체성을 가진 성 소수자들의

---

54 곽혜원, "젠더 이데올로기가 야기하는 가정 해체와 건강한 가정 공동체 구축의 당위성", <국회 세미나: 젠더 이데올로기에 대한 비판적 고찰> (2019.09.18), 45.
55 G. Kuby, 『글로벌 성 혁명』, 17.

온갖 괴이하고 비정상적인 관계를 대안적 생활 공동체로 제안함으로써,[56] 젠더 이데올로기와 가정 해체 사이의 상관성은 너무 명약관화하다.

젠더 이데올로기가 전통적 결혼 및 가족 제도를 심각하게 위협하는 상황 속에서 필자가 건강한 가정 공동체 구축과 세대 전승의 중요성을 강조하는 이유는, 가정을 지키는 것이 바로 인간 자신을 지키는 일, 더 나아가 사회와 국가와 문명 자체를 지키는 일이라는 사실을 오랜 연구를 통해 발견했기 때문이다. 즉, 가정은 단순히 자연적·사회적 구성 단위가 아니라, 남녀 간의 관계와 세대 간의 관계를 끊으려야 끊을 수 없게 이어 주는 생명줄, 인류가 후손에게 대대로 전수해 주고 길이 보존해야 할 인류의 보고(寶庫)이다.

이런 가정은 서로에 대한 진실한 사랑의 결실인 자녀를 낳기 원하는 한 남성과 한 여성의 일부일처제에 기초해야 견고하고 올바르게 세워질 수 있는데, 그 연유는 이 안에서 인간의 성(性)이 거룩해지고 보호받고 축복받을 수 있음은 물론 다음 세대가 가장 잘 자라날 수 있기 때문이다. 그러므로 가정 중심의 성결한 성 규범은 성서가 독려하는 그리스도인의 삶이라고 말할 수 있다.

다음 세대는 갈등이 적은 결혼 생활을 하는 생물학적 어머니와 아버지의 사랑을 받으면서 가장 잘 성장함으로써, 건강하고 안정된 가정은 건전한 사회인이자 신실한 신앙인을 배출할 수 있음은 주지의 사실이다. 그러나 건강하지 못한 가정이 늘어날수록 그만큼 삶의 영역은 황폐해지고, 사회와 국가도 악영향을 받을 수밖에 없다. 이처럼 건강한 가족 공동체가 국민 개개인의 행복을 넘어 사회와 국가 공동체의 안녕과 긴밀한 상관관계에 있다면, 모든 수단과 방법을 총동원하여 건강한 가정을 구축할 수 있는 방도를 마련해야 할 것이다.

---

56  김영한, 『젠더주의 도전과 기독교 신앙』, 24이하.

그러므로 젠더 이데올로기가 감행하는 패륜적 성 혁명의 거센 파고 앞에서 가정이 해체되고 지구촌 사람들의 심령이 피폐해지는 위기에 직면하여, 한국 교회는 건강한 가정 공동체를 재건하는 데 총력을 기울여야 할 것이다. 이런 맥락에서 필자는 이 시대의 기초가 무너지는 것을 막기 위해 젠더 이데올로기가 강행하는 성 혁명의 핵심 전략인 '젠더 주류화'(=성 주류화, gender main-streaming)에 대항해 '가정 주류화'(family main-streaming)를 대안으로 제시한다.

특별히 필자는 존엄한 삶·존엄한 죽음·존엄한 사회를 실현하기 위한 실천적 과제에 몰두하면서 건강한 가정 공동체의 중요성을 절감하고 있다. 한 개인에게 있어서 가정적 유대 관계는 삶의 질은 물론 죽음의 질도 좌우하는 중요 조건, 곧 삶의 존엄·죽음의 존엄·인간의 존엄을 결정하는 최대 변수라고 진단한다.

또한, 현재 한국 사회의 심각한 현안 중에서 긴급히 해결 방안을 모색해야 할 사회 문제인 자살을 막을 수 있는 가장 중요한 예방 기제도 건강한 가정 공동체이다. 실제로 가족의 정서적·사회적 지지는 자살 시도자의 행동에 절대적으로 중요한 영향을 미친다고 많은 연구자는 보고한다.[57]

그 연구 결과에 따르면, 자살 시도자는 가족과 갈등이 많지만, 가족으로부터 정서적·사회적 지지를 받는 사람은 자살 행동이 매우 낮아진다. 그러므로 가족의 따뜻한 후원과 진심 어린 격려, 부모의 조건 없는 사랑과 힘들 때 옆에 있어 주는 형제자매의 존재는 자살의 훌륭한 방어 요인이 될 수 있다.[58]

한편 가정 공동체가 무너져서 가족의 따뜻한 지원을 받지 못해 발생하는 고독사(孤獨死) 및 무연사(無緣死)가 최근 우리 사회에서 급증하는 상황 속에서도 우리는 가정의 중요성을 확연히 인식할 수 있다.

---

57  곽혜원, 『자살문제, 어떻게 할 것인가』, (서울: 21세기교회와신학포럼, 2011), 71-80.
58  E. Durkheim, 『자살론』, 황보종우 역 (서울: 청아출판사, 2011), 238-239, 241, 323-330.

곁에 돌봐 주는 사람 하나 없이 혼자 살다가 혼자 맞이하는 죽음, 자살이나 지병 등으로 쓸쓸히 죽음을 맞이한 후 시간이 한참 지나 부패한 주검으로 발견되는 '고독사', 고독사를 넘어 모든 인간관계가 끊긴 상태에서 홀로 죽어 시신을 거두어줄 사람조차 없는 '무연사', 이것은 가족을 비롯한 모든 사회적 관계망이 해체된 사회에서 연(緣)을 잃어버린 사람들이 겪는 참담한 사회 현상이다.[59]

고독사가 전통적 가족 관계의 붕괴로 말미암은 가정 해체의 결과물이라는 것은 아무도 부인할 수 없는 사실이다. 건강한 가족 관계는 서로 동고동락(同苦同樂)하면서 모든 것을 아낌없이 나누기 때문에 개개인과 사회 구성원에게 없어서는 안 될 가장 중요한 정서적 안전망이다.

건강한 가정 공동체의 구축은 '하나님 나라'를 확장해야 할 그리스도인의 영적 사명을 위해서도 중차대한 일이다. 특히 "젊은이를 지배하는 자가 미래를 지배한다"는 격언이 있는데, 이것은 패륜적 성 혁명이 횡행하는 영적·사상적 전쟁에서 과연 누가 승리할지를 결정하는 말이다.

'전통'(tradition)이란 단어가 '전수하다'는 의미의 라틴어 '트라데레'(tradere)에서 유래하듯이, 만일 어떤 세대가 그 조상들로부터 인간이 반드시 지녀야 할 미덕들을 전수하지 못하면, 그들 역시 다음 세대에 이를 전수해 주지 못할 것이다.[60] 무엇보다도 기독교 신앙이 한 세대를 거쳐 다음 세대까지 전승되지 못하면, 다음 세대는 기독교 가치 체계를 전수하지 못할 것이며 기독교 전통은 종언을 고할 것이다.[61] 상황이 이렇다면, 다음 세

---

59 곽혜원, 『존엄한 삶, 존엄한 죽음』 (서울: 새물결플러스, 2014), 347이하.
60 G. Kuby, 『글로벌 성 혁명』, 301이하.
61 오늘날 한국 교회에서 주일 학교가 문을 닫고 다음 세대가 급감하는 상황 속에서 청소년들에게 신앙을 전수하는 사명의 위중함은, 우리가 이 사명을 감당하지 않으면 가브리엘레 쿠비의 말대로 "하나님에게는 손자가 없다"는 격언이 가혹한 현실이 될 수도 있을 것이다. 참조. 곽혜원, "한국 교회에 대한 한국 사회의 인식", 제2종교개혁연구소 엮음, 『제2종교개혁이 필요한 한국 교회』 (서울: 기독교문사, 2015), 183.

대에 기독교 신앙과 가치 체계를 전수하는 일은 이보다 더 위중한 일이 없을 만큼 우리 세대의 가장 중차대한 사명일 것이다.

사실상 기독교가 2천 년의 유구한 역사와 세대를 이어올 수 있었던 것도 바로 가정이 건재했기 때문에 가능한 일이었다. 진정 건강한 가족이 가장 중요한 정서적 안전망이라면, 가장 중요한 영적 안전망은 바로 신앙일진데, 21세기 한국 기독교는 전방위적으로 위협하는 가정 해체에 대항하여 '하나님 나라' 확장을 위한 건강한 가정 공동체 구축에 온 힘을 다해야 할 것이다.

### 5) 남성과 여성이 파트너로서 공존·상생하는 '하나님 나라' 공동체 형성

인류 역사상 전통적 가정 공동체에 가장 적대적인 젠더 이데올로기(gender ideology)는 본래 페미니즘에서 파생함으로써, 정확히 말해 이것은 급진적 페미니즘(radical feminism)의 변질된 시대사조이다. 페미니즘은 시간의 흐름에 따라 사상적으로 변천해 왔는데, 이는 크게 제1세대: 초기 페미니즘(1789-1914), 제2세대: 급진적 페미니즘(1914-1990), 제3세대: 젠더 이데올로기(1990-)로 구분된다.

19세기 중엽 여권 신장 및 남녀평등 운동으로 태동한 초기 건전한 페미니즘은 '68혁명'을 결정적 분기점으로 급진적으로 선회했다가, 21세기 들어와 인류 문명을 위협하는 시대사조로 급부상한 것이다. 이처럼 젠더 이데올로기와 페미니즘이 같은 뿌리에서 연원하므로 필자는 '젠더 페미니즘'(gender-feminism)이라는 시대사조를 주창했다.

우리는 급진적 페미니즘과 젠더 이데올로기의 사상적 결합인 젠더 페미니즘을 반드시 논의해야 하는데, 그 이유는 양자를 함께 조망하고 분석해야 성 정체성이 해체되는 이 시대의 문명사적 위기를 근원적으로 파헤치고 실효성 있는 대처 방안을 모색할 수 있기 때문이다.

그렇다면 '왜 페미니즘은 젠더 이데올로기로 변질되었는가?'

'젠더 이데올로기를 강행한 중추 세력, 결혼 및 가족 구조를 해체하는 패륜적 성 혁명 세력은 과연 누구인가?'

'어떤 연유로 이 세력은 생물학적 성인 섹스(sex) 대신 사회·문화·심리적 성인 젠더(gender)를 성 정체성을 나타내는 주류 용어로 보편화시켰는가?'

이 거대한 움직임의 주체는 바로 맑시즘(Marxism)에 사상적·정신적 기반을 둔 젠더 페미니스트 여성들이었다. 젠더 페미니스트들을 대내외적으로 선동했던 가장 유력한 동인은, 남녀 차별이 도무지 극복되지 않으니까 아예 생물학적 성별을 해체하는 젠더 이데올로기로 나아갔을 뿐만 아니라, 여성 차별의 강고한 질서인 결혼 및 가정을 파괴하려 했다. 이들은 성차(性差)가 생물학적 결정이 아닌 사회적 관행의 결과임을 강조하기 위해, 기존의 성별을 의미하는 섹스 대신 젠더를 그토록 종용했다.

여기서 우리는 여성들이 역사의 전면에 나선 현실을 주목할 필요가 있다. 사실 그동안 인류 역사에서 파괴적 결과를 가져온 행위나 사상 체계를 발전시킨 것은 거의 남성들의 전유물이었는데, 이를테면 폭동과 전쟁 등은 거의 모두 남성들이 자행한 일이었다. 하지만 오늘날 인류 문명을 위협하는 패륜적 성 혁명은 여성들이 주도한 혁명인데, 이것은 인류 문명사에서 거의 유일한 사례이다.

이를 통해 우리는 그 오랜 장구한 세월 극도로 억압받아왔던 여성들의 복잡한 심경, 곧 상처와 좌절, 분노를 읽을 수 있다. 역사상 얼마나 많은 여성이 말로 형용할 수 없는 고난과 슬픔, 수치와 굴욕을 겪으며 모질고 한 많은 인생을 살다 갔는지 모른다. 4천 년의 서구 문명사에서 3천 8백 년이 역사가 남성들에 의한 부당한 여성 차별 및 여성 혐오로 점철된 역사로 연구되고 있다.62 특별히 한국의 여성들은 무수히 많은 외세의 침입과 식민지 지배, 분단의 현실 속에서 한(恨)과 고난의 역사를 겪어 왔다.

기독교 2천 년 역사 속에서도 여성의 인간 존엄성은 심각하게 훼손당함으로써, 유력한 교부나 신학자들은 여성이 열등한 존재로 창조되었다고 주장하거나, 인류를 타락시킨 죄인으로 정죄하거나, 생리적 이유로 여성을 불결하다고 혐오하기도 했었다.63

이런 맥락에서 기독교 복음주의 운동의 거장 존 스토트(J. Stott)는 여성 억압이 너무 장구한 세월 만연되어 왔기 때문에 남성 지배적 사회가 보상해 주어야 한다고 강조한 바 있다. 그러면서 그는 페미니즘이 여성들이 성별 때문에 제도적·사회적 불의로 고통을 받는다는 확신에서 나온 '성별에 근거한 불의를 철폐하는 운동'이므로, 모든 그리스도인이 여성들의 정의에 대한 외침에 주의를 기울여야 한다고 주장하기도 했다.

즉, 모든 형태의 페미니즘은 '남성과 여성 모두에게 있어서 '정의'란 무엇을 의미하는가?'

'하나님은 우리가 서로 어떤 관계를 맺고 어떤 역할을 해 주기를 바라시는가?'

이런 질문을 던지면서 교회에 긴급한 과제를 던진다는 것이다.64

그렇다면 하나님은 진정 남성과 여성이 서로 어떤 관계를 맺기를 원하시는가?

성서에 입각하여 남성과 여성의 바람직한 관계 정립을 위한 지향점은 과연 무엇인가?

---

62 참조. 정용석, 『기독교 여성사』(서울: 이화여자대학교출판문화원, 2017), 37이하.
63 정용석, 『기독교 여성사』; E. Clark, *A Women in the Early Church* (Wilmington: Mavhael Glazier, 1983), 51-101.
64 J. Stott, 『현대 사회 문제와 그리스도인의 책임』, 정옥배 역 (서울: IVP, 2011), 367.

예수 그리스도의 참된 복음을 분별할 수 있는 기준, 특히 남성과 여성의 바람직한 관계 정립을 위한 올바른 성서 해석의 틀은 바로 '하나님 나라'(마 4:17; 막 1:15)이다. 예수님의 모든 말씀과 사역의 핵심인 '하나님 나라'는 하나님의 통치 아래 있는 세계, 하나님의 궁극적인 뜻이 실현되는 세계인데, 이것이 모든 것을 해석하는 기준, 올바른 남녀 관계를 분별할 수 있는 기준이라고 말할 수 있다.[65]

'하나님 나라' 안에서 남성과 여성은 성별에 따라 명백히 구별되지만, 그런데도 하나님의 무한한 사랑의 영 안에서 '하나'이다.

> 남자나 여자나 차별이 없습니다. 그것은 여러분이 그리스도 예수 안에서 다 하나이기 때문입니다(갈 3:28).

이런 연유에서 남성과 여성은 서로 다른 성의 가치와 존엄성을 훼손할 권리를 갖지 않으며, 어떤 성도 다른 성에 의해 그의 가치와 존엄성을 침해당할 수 없다. 남성과 여성은 서로를 차별하거나 멸시할 수 없고, 억압하거나 착취할 수 없다. 이를 침해하는 것은 '하나님의 형상'(창 1:27)을 남성과 여성에게 부여하신 하나님에 대한 모독 행위라고 말할 수 있다.

성부·성자·성령 삼위 하나님이 이루시는 관계도 바람직한 남녀 관계 정립을 위한 올바른 성서 해석의 틀을 제공한다. 성부·성자·성령 하나님은 서로 함께 한 몸을 이루는 가운데 끊임없이 상호 내주하시면서 모든 것을 함께 나누고 사랑하며 모든 일을 함께 행한다. 삼위 하나님이 서로 맺는 관계는 결코 명령과 복종의 지배 관계가 아닌, 사랑과 사귐의 평등한 관계이다.

---

[65] 참조. 곽혜원, 『현대세계의 위기와 하나님의 나라』 (서울: 한들, 2008), 309-318.

무한한 사랑의 영 안에서 서로 하나 됨을 이루신 삼위일체 하나님의 내적인 관계는 남성과 여성의 관계가 어떠한 방향으로 나아가야 할지에 대한 올바른 지향점을 제시하는데, 곧 강압적 명령과 복종의 지배 관계가 아닌, 각자의 인격적 고유성과 독자성을 존중하는 가운데 사랑과 사귐의 평등한 관계를 지향해야 한다는 것이다.[66]

이제 한국 교회는 남성과 여성의 새로운 관계 정립을 위한 중요한 전환점에 서 있다. 필자는 남녀 파트너십의 관점이 예수 그리스도의 몸된 교회의 통일성을 이루는 기본 틀일 뿐만 아니라, 바람직한 남녀 관계를 위한 올바른 접근이라고 확신한다. 남녀는 모두 '하나님의 형상'으로 지음을 받은 영적 존재로서 서로 함께 하나님께 예배드리며, 서로 협력해 창조 세계를 돌보고 섬기는 청지기적 사명을 감당하며, 자신의 주체성을 상실하지 않고 상호 간에 인격적 관계를 맺으며, 서로 다름을 존중하면서 유기적 통일성을 이루는 동반자이자 서로 나란히 코이노니아를 나누면서 살아가는 파트너이다.[67]

이와 관련해 우리는 한국 교회 안에서 여성의 존엄성이 훼손당하는 현실을 짚고 넘어가야만 한다. 오늘날 여성의 권리와 위상이 크게 진일보한 일반 사회와 달리, 한국 교회에서 여성은 예나 지금이나 양성평등의 사각지대에 놓여있다고 젠더 페미니즘 세력들이 비난하면서 교회 여성들을 충동하고 있기 때문이다. 실제로 여신도들은 남신도 더욱 수적으로 월등히 많음에도 불구하고, 성직(聖職)과 공직(公職)에서 배제된 가운데 주로 교회의 허드렛일을 떠맡고 있다. 극소수 교단에서만이 여성의 장로 임직과 목사 안수가 허용되지만, 남성 중심적인 차별 구조 속에서 여성 사역자들은 여전히 남성 사역자들을 보조하는 역할로 제한된다. 안타까운 일은 남신

---

66 곽혜원, 『삼위일체론 전통과 실천적 삶』(서울: 대한기독교서회, 2009), 195-219.
67 강호숙, 『성경적 페미니즘과 여성 리더십』(서울: 새물결플러스, 2020), 462이하.

도가 여신도를 하대하는 것도 유감스럽지만, 여신도 스스로 자신을 비하하는 현실이다. 현재 한국 교회 안에서 지적으로 우수한 여신도들이 남녀차별의 장벽 때문에 하나님께 받은 사명을 감당할 수 없어 절망하거나, 심지어 교회를 떠나는 불상사도 일어나고 있다.

더욱 심각한 문제는, 남성 목회자들에 의해 일어나는 성범죄가 한국 교회 차원에서 근본적 성찰과 쇄신으로 이어지지 못하는 일이다. 목회자들의 성폭력은 대부분은 은폐·축소되는 가운데 이에 대한 징계 규정조차 마련되지 않은 현실인데, 이것이 얼마나 한국 교회의 전도 및 선교 사역을 후퇴시키고 얼마나 많은 영혼을 실족시키는지 모른다. 이 문제들에 대해 한국 교회가 특단의 대책을 세움으로써 점점 더 거세게 교회 안으로 밀려 들어오는 젠더 페미니즘에 응답해야만 하는 상황이다. 만약 한국 교회가 이에 대한 올바른 해결 방안과 대안 제시가 마련되지 못하면, 남녀 차별 장벽에 상심한 교회 여성 중에 변종 페미니스트들이 양산되는 현 사태를 결코 막을 수 없을 뿐만 아니라 크리스천 여성들의 사명을 일깨울 수 없기 때문이다.[68]

현재 상당수 교회 여성이 젠더 페미니즘에 영합해 남성 중심적인 위계질서와 여성 차별적 교회 문화를 강하게 성토하고 있는데, 이 추세는 나날이 심화할 것으로 예견된다. 최근에 한 여성신학자는 "교회에서 주입하는 것이 기독교적 가치관이 아닌 남성 중심적 이데올로기라는 사실을 알리고 싶다"고 폭로하면서, "목사님의 성차별적 설교도 기독교 가치관이 아닌 자기 가치관에 따라 말하는구나"라고 생각하라고 냉소적으로 말하고 있다.[69]

---

[68] 젠더 페미니스트들이 주축이 되어 이 세대를 전복시키려는 위기의 역사적 국면 속에서 인류의 미래를 거시적으로 내다보는 혜안(慧眼)과 인류의 안녕(安寧)을 최우선적 가치로 생각하는 사려 깊은 책임감, 건강한 가정 공동체를 구축하려는 깨어 있는 여성들의 헌신적 사역이 그 어느 때보다 절실히 요청된다.

[69] 최순양, "교회가 주입하는 것이 기독교적 가치관 아닌 '남성 중심적 이데올로기'라는 사실을 알리고 싶다", <뉴스앤조이> (2020.01.28).

이런 문제 상황 속에서 남성과 여성이 서로를 존귀하게 여기는 '하나님 나라'의 새로운 질서로 한국 교회의 교회 체제와 의식 구조를 개혁하는 일이 불가피하다. 예수님이 그러셨던 것처럼 한국 교회가 여성의 존엄성을 존중한다면, 여성들은 기독교에 고마움을 표하고 마음을 열 것이며 하나님의 진리를 받아들일 준비하게 될 것이다. 더 나아가 신학계와 목회 현장에 여성의 존엄성이 뿌리내려야, 한국 교회가 젠더 페미니즘을 향해 당당하게 비판의 목소리를 낼 수 있을 것이다. 그뿐만 아니라 한국 교회 안에서 여신도들이 자존감과 주체 의식을 갖고 하나님이 주신 사명을 힘차게 감당할 때, 한국 교회가 건강하게 성장할 것이다. 그러면 초대 교회가 그러했듯이 한국 교회 안에 다시금 헌신적인 여성들이 많이 나오게 될 것이고, 일명 '악(惡)의 연합'을 이룬 반기독교 세력이 교회의 몰락과 그리스도인의 배교를 획책하는 절체절명의 위기 상황 속에서도 예수 그리스도의 복음이 흥왕하고 교회가 든든히 서게 될 것이다.

그러므로 21세기 한국기독교는 남성과 여성이 서로를 존귀하게 여기는 '하나님 나라', 양성이 공존·상생하는 공동체를 형성하는 데 기여해야 할 것이다.

# 제 5 장
# 성-정치와 성교육 – 독일 성 정치를 중심으로

이 동 주 박사

바이어하우스학회 회장

## 서론

필자는 오늘날 전 세계에 급속도로 확산하는 '성-주류화'(Gender Main Streaming) 운동의 실체가 무엇인지를 탐구하다가 많이 놀랐다.

"사람이 얼마나 악해질 수 있는가", "사람이 얼마나 악에게 이용당하는가" 이런 의구심에 휩싸이며 놀람과 격분을 금할 수 없었다.

또한, 한국에서 동성애자들의 축제로 알려진 '퀴어축제'가 표방하는 '동성애 인권 운동'은 사실상 성 소수자들의 인권 문제를 빙자한 동성애와 '젠더-이데올로기'에 바탕을 둔 신-맑스주의의 세계 정복 운동임을 알게 되었다. 즉, 신-맑스주의의 세계 정복 도구가 바로 젠더 이데올로기이고, 그들의 정치 목적을 위해 이용되는 것이 '성-주류화'이며, 그들이 새-인간을 만들기 위해 파괴해야 하는 것이 하나님이 창조하신 인간의 성 정체성이다.

이제는 UN과 EU와 각국 정부와 법제처의 권위에 의해서 세계 곳곳에서 '성교육'이 시작되고 있다. 서구에서 성교육은 유아와 유치원 어린이로부터 지속으로 받는 것이고, 헌법과 교육법으로 정해 필수로 이수해야 하는 교과목이다. 이런 성교육을 통해 자라나는 학생들은 다양한 성들을 수용하고 경험하며, 부모와 가정을 떠나 성 해방을 누리는 "새 공동체" 속에서 살게 된다. 그들은 전문지도자들의 성교육에 의해 그들의 성 정체성이 **파괴된** 사람들로 변모한 것이다.

우리는 이같이 당황스럽고 괴이한 현실을 무관심하게 바라만 보고 있을 수 없게 되었다. 이 문제는 바로 다음 세대 우리 자녀들의 문제로 다가오고 있기 때문이다.

아래는 독일 학교들의 성교육과 거의 동일하게 진행되는 미국 캘리포니아 중학교의 성교육을 목격한 한 학부모가 고통스럽게 <유튜브>(Youtube)에 올린 글 내용이다. 그것을 요약하면 아래와 같다.

> 한 평범한 주부가 2년 전에 캘리포니아로 이사왔다. 그곳에서 경험한 경악스런 사실에 관해 그는 '악이 우리 아이들을 삼키고 있다'는 내용으로 증언한다. 그는 중학교 2학년생들이 받는 숨 막히는 '포르노 교육'에 관해 실토한 것이다. 그는 "올 5월에 통과되고 9월에 시행되는 새로 바뀐 공교육 [Sex Education]은 포르노 교육입니다"라고 선언한다. 우리 자녀들이 희생됩니다. 유치원 아이부터 젠더교육을 받고요, 오늘은 여자지만 내일은 남자가 될 수 있다고 … 7살 때(11살, 12살) 구강/항문 성교에 대해 자세히 배우고, 부모 동의 없이 낙태를(12살) 학교에서 해줍니다. 성전환도 부모 동의 없이 허락하고요(수술비 비용은 국민의 세금). 고등학교 교재 내용 중 동성애 관련 수업을 진행한 후, 반 학생들을 한쪽으로 서게 합니다. 그리고 동성애를 동의하지 않는 학생은 다른 쪽으로 옮겨 가라고 합니다.
> 내 아이가 어느 쪽에 남을까요?
> 수업 전체 학생 중 다섯을 넘지 않습니다. 법적으로 그레이드에 영향이 없다고 해도 부모들은 그 수업을 받게 놔둡니다. 이제 캘리포니아 주 정부가

교회 설교까지 컨트롤 하는 ACR99라는 공문이 올라왔습니다.[1]

이 학부형이 미국에서 목격한 중학생 성교육 현상은 사실상 가능한 일이다. 서구에서는 이미 1960년대로부터 시작해 1995년 UN 제4차 '세계여성국제회의' 이후 온 세계를 향해 급속도로 확산한 것이다. <씨비에스>(CBS)는 2015년 3월 6일, 미국은 실제로 동성애, 동성 결혼, 성전환 등을 대통령과 대법원이 추진한다는 뉴스를 내 보내며, 버락 후세인 오바마 대통령이 "동성 결혼 금지가 비헌법적이라는 판결을 대법원이 내려야 한다"라는 문서를 대법원에 제출했다[2]라고 보도했다.

<뉴스 1>은 2017년 7월 16일에, "캘리포니아 지역은 오바마의 타락한 정책에 앞장선 선봉이다. 오바마는 미국을 동성애, 성전환, 동성 결혼 등을 통해서 국민이 끊임없이 성에 집착하게 하고, 온 나라에 음행으로 가득 채우고, 기독교 지도자들을 핍박하여, 점차 미국의 기독교 인구를 소멸시키는 결과를 가져오게 한다"고 보도했다. 오바마는 "동성 결혼을 반대하는 기독교는 미국 정부의 적이다"라고 말하며, 동성 결혼 반대자들을 박해 했다.[3] 그는 한국을 포함한 기독교 국가 등 세계 80여 국가에도 재정을 쏟아부어 성 소수자(LGBTQ)[4] 확산 정책을 거침없이 실시하고 있다.

한국도 기독교의 강력한 반발에도 불구하고, 오바마 대통령의 거듭된 강요와 영향으로 박원순 서울시장이 퀴어축제를 매년 열도록 허락했다고 한다. 더욱이 일부 목사님과 스님이 퀴어축제에 참가한 어처구니없는 사태마저 발생했다. 백악관 언론비서실은 "미국과 전 세계에 부도덕한 동성

---

1  https://www.youtube.com/watch?v=bcqMn6IqYt0&feature=youtu.be.
2  손혜숙, 『트럼프 대통령의 새 시대와 동성애』, (CLC, 2019), 22-23. <CBS> (2015, 3.6)
3  손혜숙, 『트럼프 대통령의 새 시대와 동성애』, 31.
4  LSBTTIQ: L: Lesbian, G: Gay, B: Bisexual, T: Transgender, T: 태어났을 때 받았던 판별과 다른 경우, I: Intersexual: 양성 생식기를 가지고 있는 사람, Q: Quer: 이상한, 성 소수자.

애, 성전환, 양성애 등을 확산시키려 최대한 힘쓰고 많은 재정과 인력을 투입했다"고 고발했다.[5]

그뿐만이 아니라 미국의 대법원은 동성애를 반대하는 사람을 감옥에 가둔다. 기독교인 핍박이 미국에서 시작된 것이다. 이제 미국은 동성애 확산에 반대하고 신앙을 지키려는 기독교인들을 투옥하기 시작했다. 콜로라도주 유명 제과점주인 기독교인 필립스가 '게이 결혼식' 케이크 제작을 거절했다는 이유로 2018년 12월 고소당해 감옥 생활을 하고 제과점까지 폐쇄당하면서 신앙 양심을 지켰다[6]는 소문은 익히 알려진 사실이다.

또 켄터키주에서는 2015년 오바마와 대법원이 동성 결혼 합법화 판결에 저항한다는 이유로, 켄터키 서기관을 감옥에 가두고, "켄터키 서기관이 동성 커플의 결혼 허가증 발급에 동의할 때까지 그녀를 감옥에 가두어 두라"고 명했다. 오바마는 또한 2015년 8월 남성에서 여성으로 성전환자 라피(Raffi)를 백악관 인사과 책임자로 임명했고, 게이 에릭(Eric)을 육군참모총장에 임명했다. 그리고 또 세 자녀의 아빠였던 성전환자 바바라(Babara)를 백악관 신앙자문위원회에 임명했다. 오바마는 반기독교적 반미국적으로 유치원생, 어린이, 청소년, 미국 군대, 교도소에까지 성전환 수술을 부추겼다. 오바마가 집권하는 8년 동안 미국 군인 성전환자는 수천 명이 넘는다[7]

『트럼프 대통령의 새 시대와 동성애』(CLC, 2109)의 저자 애틀란타 쉐퍼드 신학대학교, 신약학 교수 손혜숙은 위와 같이 신앙과 가정과 윤리와 국가의

---

5 손혜숙, 『트럼프 대통령의 새 시대와 동성애』, 24-25.
6 손혜숙, 『트럼프 대통령의 새 시대와 동성애』, 28-33. 콜로라도주의 제과점 주인 필립스는 트럼프 대통령 시대에 오바마 시대의 판결을 뒤엎고 7:2로 승리를 안겨 주었다(위의 책, 17). 그러나 콜로라도주에서 필립스는 2018년 12월 재 고소당했다는 소식이 있다(위의 책, 15).
7 손혜숙, 『트럼프 대통령의 새 시대와 동성애』, 33-36.

장래를 무너뜨리는 동성애 운동의 악한 세력에 편승하거나, 잠잠한 기독교계와 교회들의 태도에 대해 탄식하고 있다.[8]

한국과 독일은 서로 다른 이념에 의해 분단된 국가라는 공통점이 있고, 유난히 맑스주의 이데올로기의 도전을 크게 받는 공통점이 있다. 60년대 중반부터 미국과 독일에서 동시에 발생한 **프랑크푸르트 학파**의 신-맑스주의는 먼저 독일 지역에서 영향력을 키우고, 1995년 UN이 주최한 제4차 세계여성국제대회 이래 한국의 극단적인 여성 운동가들이 정부와 결탁해 막강한 세력으로 한국 사회와 문화를 정복해 나가고 있다.

이미 2019년 국회의원회관에서 개최한 '초중고등학교 교과서 포럼'에서 발제한 내용은 『우리 아이들의 교과서에서 무슨 일들이 벌어지고 있나요?』[9]에서 알 수 있는 바와 같이, 교과서를 통해 동성애나 성적 행동을 '성적 자기 결정권'에 의한 권리 행사라고 가르치고 있다.

일부 성교육가들이 무신론적, 신-맑스적, 프로이드적 주장을 혼합해 하나님을 배척하고, 하나님이 창조하신 남녀 인간의 성을 파괴하고 있는, 서구가 겪은 젠더교육(성교육)의 실태를 소개하고자 한다. 우리는 이것이 꼭 한국 국법이 되지 않도록 막아야 하고, 필수 과목 지정에 반대하고, 깨어 기도하며, 반드시 이런 대세의 대반전을 위한 **대책**을 마련해야 한다.

필자는 하나님께 대항하고 결혼, 부부, 부모, 가정, 사회, 국가, 윤리, 도덕을 다 파쇄하고, 하나님이 주신 본성까지 파괴된 "새-인간"(성-인간, Gender-man, 동성애자)으로 살아가야 하고, 소위 "포르노 걸"처럼 살게 하는 젠더-이데올로기적 성교육이 얼마나 우리 자녀들과 차세대에 저주가 되

---

8  손혜숙, 『트럼프 대통령의 새 시대와 동성애』, 25-35.
9  진실역사교육연구회, 『우리 아이들의 교과서에서 무슨 일들이 벌어지고 있나요?』, 2019. 6. 29. 국회의원 회관 제1 소회의실에서 개최한 '초중고등학교 교과서 포럼'에 발제한 내용.

는지를 알리고, 학교 교육을 통해 천진난만한 어린이들이 그렇게 반항적이고 혁명적인 사람으로 바뀌는 이유가 무엇인지를 고찰했다.

필자는 그 교육 과정들을 탐구하면서 경악하고, 이런 성교육이 한국에서 법제화되지 않도록 꼭 막아서야만 하고, 인간의 성 정체성을 파괴하는 성교육을 반드시 거부해야 한다는 것을 뼛속까지 깨달았다. 이렇게 성교육으로 인해 사람의 본질이 무너진 차세대의 영혼들은 하나님과 끊어지고, 부모와 가정도 잃어버리고, 윤리 도덕도 무너지고, 자기 영혼과 육체를 더럽히고, 구원의 길을 전혀 알지 못하게 되고, 하나님에게서 오는 참 은총과 용서를 받지 못하게 된다. 그들은 오직 서구에서 성 파괴자들이 겪고 있는 무서운 질병과 낙태, 어린이 성폭력, 성 중독, 노이로제, 정신 질환, 성도착증에 결박되고, 그들은 오직 Sex 중심적으로 살다가 인생을 마감하게 된다.

더 비참한 것은 그들의 마지막에 다 파괴된 줄 알았던 그 하나님이 살아계셔서 행하시는 무서운 심판과 형벌을 받아야 한다. 그러므로 우리는 이 무신론적 동성애와 젠더 이데올로기의 확산과 그것의 법제화를 통한 세계 제패 운동을 반드시 막아야 한다. 그리고 우리는 꼭 누구든지 구하는 자 모두에게 주시는 하나님의 참사랑과 용서로 말미암아 망가진 영혼과 육체가 새 생명을 얻게 되고, 하나님이 세우신 아름다운 성-질서가 다시 회복되도록 힘을 다해 기도하고, 잃은 영혼들을 사랑하는 마음으로 그들에게 참 해방의 복음을 전하고 가르쳐야 할 것이다.

필자의 "성-정치와 성교육"에 대한 연구 범위는 동성애와 젠더-이데올로기의 실체를 밝히는 일에 집중한다.

이하 필자가 다룰 내용이다.

① 동성애와 젠더-이데올로기의 실체
② 프로이드-신-맑스주의 성교육

③ UN의 젠더교육 추진과 독일 어린이 성교육 문제
④ '잘츠부르크 선언문'(Salzburger Erklärung)[10]과 서구 신학자들의 동성애 확산 비판

## 1. 신-맑스주의의 성 정체성 해체와 성 주류화(Gender Main Streaming)

페터 바이어히우스는 이미 60년 전 1960년대 중반부터 서구에서 갑작스레 성(sex)이라는 생물학적 개념이 젠더(Gender)라는 사회학적 개념으로 바뀌고, 종래의 남녀 양성 개념이 전복되고, 이성애, 동성애, 양성애, 성전환 등의 다양한 성들을 다 포괄하고, 인간의 성을 마음대로 선택하거나 바꾸기도 하는 개념이 등장했다고 진술한다. 이 젠더는 하나의 이데올로기 형태로 정치적, 문화적, 생물학적, 윤리적 개념과 밀접하게 관계하며, 심각한 논쟁을 유발했다. 바이어하우스는 1979년 2월 스웨덴 철학자 타게 린드봄(Tage Lindbom)을 소개한다. 린드봄은 프랑크푸르트 도미니칸 수도원에서 비신앙인들이 창조한 유토피아와 "새-인간"에 관해 강연했는데, 그것은 "세 개의 혁명"을 통해 표명된 것이었다.

하나는 1789년에 해방된 새 인간과 새로운 국가 질서를 만들려는 정치적 혁명인 프랑스 혁명이었고, 다른 하나는 1917년에 일어난 볼셰비키 혁명인데 그것은 집단 소유를 통해 새로운 경제적 인간을 만들려는 경제적 혁명이었다. 세 번째 혁명은 전통적인 남녀 양성적 인간을 파괴하고 기존

---

10  부제: "창조된 인간에 대한 오늘날의 위기와 그 극복 - 창조주 하나님의 뜻에 따른 생명"(Die heutige Bedrohung der menschlichen Geschöpflichkeit und ihre Überwindung- Leben nach dem Schöpferwillen Gottes), **Salzburger Erklärung**, IKBG(Internationale Konferenz Bekennender Gemeinschaften) = ICN(International Christian Network), Tübingen, 6. Sept. 2015.

의 사회 제도와 기관들을 공격하며, 성 변화를 통해 창조자 하나님을 대적하는 "성-혁명"이라고 설명했다. 페터 바이어하우스는 이 성-혁명을 "제3의 혁명"(Die dritte Revolution)이라 칭한다.[11]

### 1) 신-맑스주의의 성 정체성 파괴

'제3의 혁명'인 성-혁명은 맑스주의 및 신-맑스주의와 동일하게 혁명을 통해 기존의 문화를 파괴하고 완전히 자유롭고 평등한 유토피아와 새-인간을 만들어내려는 목표를 가지고 있다. 이 제3의 혁명을 주도하는 거센 세력은 프로이드와 맑스주의를 통합한 '성교육'을 통하여 어린이들을 실험하고, 본래 인간의 성(Sex) 정체성을 파괴하여 새-인간인 '젠더-인간(성-인간)'을 만드는 것이다. 이 새-인간은 완전한 성적 자유를 누리며 사는 자유로운 인간이라는 것이다.

이미 반세기 전부터 미국과 독일에서 시작한 성 주류화 이데올로기가 UN과 EU로 불같이 옮겨붙었고, 한국에도 이미 30년 전에 작은 불꽃이 극단적 여성 운동을 통하여 옮겨붙어 우리나라 정부에 안착하고 교육 기관에 붙어서 타고 있는 데 반해, 한국 교회는 편히 잠들어 있었다. 물론 한국의 모든 여성 운동가가 젠더-이데올로기 확산에 동의하지는 않을 것이다. 그러나 젠더-이데올로기의 실체를 알거나 모르거나 모든 여성은 지금까지 침묵해 왔기 때문에, 젠더-이데올로기 확산이 방해받지 않고 한국의 전 영역에 확산하고 있다.

젠더-이데올로기는 새로운 용어이고 종래 생물학적 **性** 개념인 Sex와는 전혀 다른, 사회학적 성(性) 개념으로 사회적 영향에 의해 타고난 자신의

---

11  Beyerhaus, P. "Die dritte Revolution", diakrisis, Schöpfungsrodnung und Gender- Ideologie, 9. Jg. June 2008, 65-66.

성을 임의로 바꿀 수 있다는 주의이다. 이 젠더-이데올로기는 하나님이 자기 형상을 따라 창조하신 그대로의 남녀 양성은 물론 남녀의 결혼과 가정을 해체하며 온 세계를 향해 들불같이 번지고 있다. 이 불길이 바로 오늘날 '동성애', '동성혼'을 법제화하려는 운동이고, 왜곡된 성 개념과 인간관을 심어주어 사상 변화를 통한 새로운 성 문화를 확산시키는 것이다.

2015년, 아직도 잠들어 있는 한국 교회를 흔들어 깨우고자, 한국 교회도 머지않아 유럽같이 될 수 있으니 어서 깨어 대비하라고 외치며, 한국의 교회들과 여러 학술 기관에서 젠더-이데올로기의 정체에 대해 10일 동안 강연하고 가신 페터 바이어하우스에 의해 한국 교회는 뿌시시 눈을 뜨기 시작했다. 필자 또한 바이어하우스 박사가 외치고 간 젠더-이데올로기의 정체를 한국 교회에 널리 알려 한국 교회가 시급히 이에 대한 대책을 마련하도록 강권하고 싶다.

필자는 페터 바이어하우스의 강연 원고, "우리(독일)의 프로이드-맑스주의 이념화 교육 제도"[12]를 읽고 신맑스주의자들이 교육 기관을 이용해 이 세상을 맑스주의 이데올로기로 뒤덮으려고 50년 동안 얼마나 쉬지 않고 오랜 기간 단합하여 연구하고 시험해 보고, 기독교와 기독교 윤리를 파괴하는 강력한 효력의 방법을 고안해 냈는지 깨닫고 경악할 뿐이었다. 우리 기독교는 누가 무엇을 빼앗아 가는지, 기독교를 파괴하는 프로이드-맑스적 교육이 우리의 자녀들과 후손들의 신앙을 얼마나 파괴하는지 알지 못하고 있다.

신맑스주의와 G. 프로이드와 거의 동시대적 인물인 빌헬름 라이히(Wilhelm Reich)는 한때 프로이드의 제자였으며, 1950년대 구미 사회의 신좌익 운동가, 성 해방자, 성도착자, 성애주의자, 성교육자였다. 그는 1960년대 좌익파의 우상이 되었고, "프로이드-맑스주의의 효시"로 알려졌다. 그는

---

12  Freud-Marxistische Ideologisierung unseres Schulwesens.

프로이드적 성 해방 해결책을 넘어서서 "새-인간"인 "젠더-맨"을 만드는 방법을 깊이 연구했다.

그는 1931년에 성-정치 출판사를 설립하고 프로이드-맑스주의의 통합을 시도하고, 비엔나의 성 위생상담소에서 노동자들에게 피임, 낙태, 출산 등의 성교육을 시행했다. 라이히는 1939-41년에 미국 뉴욕 유스쿨에서 임상심리학 교수로 재직하다가 1957년 코네티컷 던버리 형무소에 수감되었고, 망상성 정신병을 선고받았으며 펜실베니아의 레비스버그 교도소에서 사망했다고 전해진다. 그러나 그의 사후 그의 이론들은 대중적으로 수용되기 시작했다.[13]

신맑스주의자 **헬버트 마르쿠제**(Herbert Marcuse)는 "새-인간"을 만드는 방법을 제시한 "성 파괴자" **빌헬름 라이히**(Wilhelm Reich)[14]와 뜻을 같이했다. 현재는 '여성 해방'이라는 공통 분모를 둔 여성 운동들이 이 프로이드-맑스주의적인 성 해방운동을 추진하고 있다.

빌헬름 라이히

---

13 http://blog.naver.com/PostView.nhn?blogId=text92&logNo=20016359769.
https://ko.wikipedia.org/wiki/%EB%B9%8C%ED%97%AC%EB%A6%84_%EB%9D%BC%EC%9D%B4%ED%9E%88 1897년 오스트리아-헝가리 제국의 가루시아 지방에서 태어났지만, 어린 시절 부모님이 돌아가셔서 충격을 받았다고 한다. 1918년 빈 대학에 입학하여 법학 공부를 시작했지만 중단하고 의학 공부를 하게 되었다. 여기서 프로이드에게 직접 가르침을 받았는데 이에 대해『오르가슴의 기능』이라는 책을 펴냈지만 프로이드에게 비난을 받았다. 1928년부터 1933년까지 성-정치(Sex-Pol) 운동을 전개하다가 공산당으로부터 퇴출당했다. 이후 외국으로 전전하면서 망명 생활을 하다가 1939년 미국에 최종적으로 정착하여 '오르곤 에너지'를 발견했다고 주장했지만 다른 과학자들로부터 비난을 받고, 2년 형을 선고받고 복역하던 중 1957년 11월에 심장마비로 사망했다.

14 http://blog.naver.com/PostView.nhn?blogId=text92&logNo=20016359669 Wilhelm Reich는 비엔나의 성위생삼담소에서 노동자들에게 피임, 낙태, 출산 등의 성교육을 시행했다. 라이히는 1939-41년에 미국 뉴욕 유스쿨에서 임상심리학 교수로 재직하다가 1957년 코네티컷 던버리 형무소에 수감되었고, 망상성 정신병을 선고받고 펜실베니아의 레비스버그 교도소에서 사망했다고 전해진다. 그러나 그의 사후 그의 이론들은 대중적으로 수용되기 시작했다.

이렇게 새-사람과 새 사회를 만들어내려는 W. 라이히의 계획은 68년대 문화 혁명으로 폭발했다. 히틀러 시절에 미국으로 이주해나갔다가 귀국한 프랑크푸르트학파인 아드르노(Adorno), 호크마이어(Horkmeier), 마르쿠제(Markuse)와 함께 라이히의 젠더교육은 서구 학생들의 뇌 속에 각인되었다. 그의 무신론적이고 잔인한 성 파괴적 연구 결과를 독일을 중심으로 서구에서는 UN과 EU와 정부의 압력으로 유치원 교육으로부터 대학교까지 필수 과목으로 성교육을 시작했고, 그 교육 정책으로 인해 성 정체성이 더욱 치명적으로 파괴된 젠더-맨들이 양성되어왔다.

**신맑스주의와 여성주의**는 성교육 정책의 피해로 말미암아 성 정체성이 치명적으로 파괴된 바로 그런 사람들을 사용해 맑스주의가 실패한 프롤레타리아 혁명 대신 성-혁명을 일으킴으로써, 하나님과 그 창조물들을 파괴하고, 성적으로 완전히 충족되고 자유로우며 차별 없는 새 사회(Utopia)를 이루려고 한다.

유럽에서 아무도 피할 수 없는 필수 과목으로 장기간 성교육을 행한 바 결국은, 이혼율이 50퍼센트를 능가하고, 불안 노이로제, 디프레션이 수없이 발생하고, 20-30퍼센트의 어린이들이 유치원에 가게 되면 성적 악용 대상이 되었다. 90년대에는 어린이들을 대상으로 성도착자들(Pädphilie)이 범죄 행위들을 저질렀다. 이런 신해방주의 성교육을 받은 사람들에 의해 성 윤리와 도덕은 완전히 무너졌고 양심은 마비되고, 수치감이 모두 다 사라져 버렸다. 전통적인 윤리적 가치가 다 소멸한다.

오직 한 가지 규율이 남아 있다면 성행위를 상대방의 동의하에서만 행하는 것뿐이다. 그러나 그들 자제력의 한계로 말미암아 수백만의 청소년들과 성인들이 성적으로 악용당하고, 10대의 임신과 낙태, 피임약으로 인한 건강 피해, 성병 감염, 영혼의 상처, 디프레션, 자살의 위험이 발생했다.[15]

---

15 Kuby, G., "Umerzieung als Weg zum neuen Gendermenschen", in: diakrisis, 35. Jg.. 4.

## 2) 현대 여성 운동과 젠더-이데올로기

젠더-이데올로기의 창시자이며 잘 알려진 여성주의자 쥬디스 버틀러 (Judith Butler, 1956년 2월 24일- )는 20세기 중반 퀴어 이론의 창시자이며 젠더 이론가이고 후기 구조주의적 여성주의자다(Feminist). 그는 버클리대학교 수사학자(웅변가)이고 양성을 모든 영역에서 파기한 성 파괴의 대변자로 알려져 있다. 그는 "남자와 여자라는 생물학적인 성은 사실이 아니고, 문화적인 공연(Performanz) 또는 연출(Inszenierung)이라고 한다. 인간의 동성애(homo-), 양성애(bi-), 성전환적 삶(transexuell leben)과 이성애(異性愛)적 삶(Heterosexualität)[16] 모두가 문화와 언어의 우연한 산물이고, 여러 성 중 하나일 뿐이라고 주장했다. 그는 개인의 성 정체성은 사회적인 규범에 제약받거나 억압받지 않음으로 언제나 자유롭게 선택할 수 있다고 가르쳤다.[17]

버틀러는 1990년 그가 출간한 저서 『젠더 트러블』(Gender Trouble, 문학동네, 2008)에서 주장한 바와 같이 근친상간 금지와 모든 남녀의 양성적인 남자와 여자, 아버지와 어머니 같은 일반적인 특징을 모든 영역에서 파기해야 할 것을 주장했다.[18]

그는 프로이드의 정신분석학을 많이 연구하고 프로이드적 시각으로 프로이드가 다루지 않은 부분을 새로운 관점에서 연구해, 권력이 무의식을

---

Okt. 2014. 189이하, 192-223.
16 異性愛란 하나님이 창조하신 남자와 여자 간의 사랑을 뜻한다. 원래는 양성애라고 칭했는데, 동성애자들이 "양성애"를 남성과 여성 둘 다를 상대하는 성애자로 사용하므로 전통적인 남녀 간의 사랑을 異性愛로 호칭하는 것이다.
17 M. Hoffmann, "Die Auflösung der Geschlechterordnung und die Gender-Ideplogie", in: Schöpfungsordnung und Gender-Ideologie, di akrisis, 29.Jarg. Juni 2008. 84.
18 https://namu.wiki/w/%ED%8C%8C%EC%9D%BC:external/cdn1.tabletmag.com/127145208220100416butler.jpg.
https://namu.wiki/w/%EC%A3%BC%EB%94%94%EC%8A%A4%20%EB%B2%84%ED%8B%80%EB%9F%AC.

소유한다는 권력에의 예속과 종속을 발견하고, 섹스화된 정체성, 동성애, 우울증적 젠더, 남녀-이성애적 주체성, 성 소수자의 정체성, 문명 속의 불만, 박탈 등을 연구했다. 그중에 그는 무엇이 정치 투쟁에 적극적으로 개입하게 하는지, 박탈이 어떻게 집단 시위 형태로 진행되는지, 무엇이 박탈 상태에 있는 자를 혁명가가 되게 하는지를 실습하며 탐구했다. 버틀러는 2011년 이집트 자스민 혁명 때 이집트 시민의 박탈 감정과 2012년 그리스인들의 재정 박탈로 인해 시민들에게 저항심이 생기고 거리로 뛰어나와 시위하며 정치적으로 대응한다는 것을 발견했다.

그는 "사람을 혁명에 가담시키는 길이 박탈"이라는 것을 알게 되었다. 성 소수자에 대한 혐오, 인종 차별, 여성 혐오, 이주 노동자, 소수 종교인 등은 공통된 박탈감으로 연대적 행동을 할 수 있게 된다. 버틀러가 발견한 것은 사람의 육체가 폭력적으로 단기간에 허물어지면 혁명의 힘이 생긴다는 것이다. 이렇게 주디스 버틀러는 이 힘을 이용해서 **혁명가를 만드는 방법**을 생각해 냈다. 그는 또 피 박탈자의 취약성과 연대하려는 사람들의 심리를 이용하여 정치적 공동체를 이룩할 수 있다는 것도 알아챘다.[19] 버틀러는 이렇게 잔인하게 인간의 성 정체성을 파괴해 맑스주의 혁명가로 만드는 방법을 창안했다. 그는 이런 성-정치를 "육체 정치"라고 했다.

쥬디스 버틀러

브레멘의 한 성 연구가 아멘트(Dr. Amendt) 교수는 "정체성 파괴는 인간 파괴"라고 설명하며, 이때의 인간은 정체성 혼란으로 병리학적(pathologisch) 상태에 이른다고 했다. 그런데 성-주류화(Gender Mainstreaming, GM)의 학습 목표가 바로 성 정체성의 혼란과 불안 야기이다.[20] 극단적 여성주

---

19  https://namu.wiki/w/%EC%A3%BC%EB%94%94%EC%8A%A4%20%EB%B2%84%ED%8B%80%EB%9F%AC.

20  Verwirrung und Verunsicherung der Geschlechter Identität sind nun aber erklärtes Ziel der

의자 니나 데겔(Nina Degele)은 "젠더-주류화 학습 관계 연구"에서 젠더 연구의 목표를 "성의 탈자연화"라고 정의한다.[21]

1960년대 이래 프랑크푸르트-신맑스주의 학파는 인간이 느끼는 대표적 억압을 성적 억압으로 보고, 프로이드의 성적 해방이라는 발상을 받아들여, 성적 욕망과 억압으로부터 해방된 인간을 만들어 내고자 했다.

"성-정치" 또는 "성-혁명"이라는 단어는 케이트 밀렛(Kate Millett, 1934-)으로부터 활성화되기 시작했다. 1970년 전에는 들어볼 수도 없었던 "성-정치"(Sexual Politics) 또는 "성-혁명"이라는 용어를 사용하고, 지배, 권력, 종속, 착취, 투쟁 등의 개념과 함께 현재 "여성주의"(Feminism)를 중심으로 정치, 사회, 경제, 문화, 종교, 윤리의 모든 분야에서 논쟁이 되고 있다.[22]

『성(性) 정치학』(Sexual Politics)은 Feminism 저술가 케이트 밀렛이 1970년에 출간한 책 이름이며, 그는 성을 정치적인 측면에서 결혼과 가족 제도상의 권력 관계를 연구해 이 책을 통해 여성이 겪는 '종속'과 '착취'의 원인이 되는 '가부장적' 종속에서 해방하는 새로운 견해를 밝힘으로써 급진적 여성주의 학문의 초석이 되었다는 평을 받고 있다.[23]

---

Gender Studien.

[21] Müller, D., "Der 'neue Mensch' der Gender-Ideologie", in: *diakrisis, Schöpfungsordnung und Gender-Ideologie,* 29.Jg. Juni 2008. 98. Gender studies zielen auf eine Entnaturalisierung von Geschlecht, 98이하.

[22] 케이트 밀렛. https://search.daum.net/search?nil_suggest=btn&w=tot&DA=SB-C&q=%EC%BC%80%EC%9D%B4%ED%8A%B8+%EB%B0%80%EB%A0%9B+%EC%82%AC%EC%A7%84 밀렛은 일본인 조각가와 잠시 결혼했다가 이혼하고, 후에는 자신이 동성애자라고 선언했다. 그러나 그는 다시 양성애자라고 하며 성 정체성을 바꾸며 살았다. 그는 레즈비언으로 알려졌으며, 그 생애의 상당 기간을 조울증에 시달리며 정신 병동에 수차례 입원하는 등 고통을 받기도 하고, 수차례 자살을 시도했다고 전해진다.

[23] https://book.naver.com/bookdb/book_detail.nhn?bid=5414767 성 정치학.

그는 문학적 고전들이 여성을 모욕하고 공격하기 위하여 섹스를 이용하고 있다고 비판한다. 그는 성이란 단순히 개인적이고 주관적 영역이 아니라, 권력과 지배 개념이 작동하고 있는 사회적이고 정치적 영역이라고 주장한다. 그는 여성을 이런 종속적인 상황에서 해방하기 위한 혁명적인 대책을 내놓았는데, 그것은 가부장제의 억압에서 여성을 해방하려면 결혼제도와 가족 제도를 바꿔야 한다고 주장한 것이다.[24] 그는 가정을 가부장제의 산물이라고 하며, 가정의 틀 안에서 거의 모든 힘이 남성에게 장악되고, 여성은 그 힘에 억압받고 복종을 강요당한다고 하며 가정에서의 힘의 불균형을 비판했다.[25]

케이트 밀렛과 시몬느 드 보부아르(Simone de Beauvoir)는 가부장제가 어떻게 여성의 성을 통제하고 종속시켰는지 정치적, 사회적 측면에서 고찰했다. 케이트 밀렛은 『性의 정치학』에서 남성이 여성의 성을 통제함으로써 어떻게 정치적으로 가부장제가 견고하게 자리 잡게 되었는지를 보여 준다.

케이트 밀렛

시몬느 드 보부아르는 그의 저서 『제2의 性』에서 '여성으로 태어나는 것이 아니라, 여성으로 만들어지는 것'이라는 말로 가부장제가 견고한 사회적 규범에 따라 여성을 종속시켰다고 한다.[26] 글로리아 스타이넘은 위의 두 학자를 "급진적 페미니즘 시대라 불리는 여성 운동 2기를 주도적으로 이끌어 온 여성 운동의 대모"라고 칭한다.[27]

---

24 http://blog.naver.com/PostView.nhn?blogId=wooclaire&logNo=221148757770.
  [출처]성 정치학, 케이트 밀렛, 2009.
25 https://www.happycampus.com/report-doc/13611779.
26 http://www.ohmynews.com/NWS_Web/View/at_pg.aspx?CNTN_CD=A0002315563.
27 위의 글.

### 시몬느 드 보부아르(Simone de Beauvoir)

M. 호프만(Monika Hoffmann)은 "성-질서의 해체와 젠더-이데올로기"(Die Auflösung der Geschlechterordnung und die Gender-Ideplogie)라는 그의 논문에서 젠더-이데올로기에 맑스주의적 모든 사상(Gedankengut)과 탈 구조주의적 철학 논제들을 발견한다고 한다. 20세기 중반 프랑스의 실존주의 사상가로 알려진 Femisit 시몬느 드 보부아르(Simon de Beauvoir)의 글을 아래와 같이 인용했다.

여자는 여자로 이 세상에 태어나는 것이 아니고 여자로 만들어지는 것이다. 여성은 사회가 가정한 어떤 생물학적, 심리적, 경제적 운명도 결정되지 않았다. 모든 문명이 여성을 남자와 거세된 자의 중간 제품으로 창작했다.

시몬느 드 보부아르

보부아르는 여성이 독립적인 존재라는데 동의했다. 여자는 사회적인 힘으로 만들어진 것이라고 본다. 여성은 원래 주체(Subjekt)도 아니고 자유로운 개체도 아니고, 여자는 오직 대상(Objekt)일 뿐이라고 한다. 보부아르의 부자유와 억압론은 맑스주의에서 차용한 것이며, 여성주의의 중심 테마라고 한다.[28]

1960년대 H. 마르쿠제가 설립한 프랑크푸르트학파의 신맑스주의와 W. 라이히의 프로이드-맑스주의가 결합하여 성교육과 성-혁명이 개시되었다. 현대의 급진적 여성 운동이 이 기반 위에 젠더-이데올로기 운동을 전개했다.

---

28  위의 글, 82-83.

팟베르크(L. v. Padberg)는 여성 운동의 두 가지 특징에 관해 다음과 같이 설명한다.

> 첫째, 거의 운동으로서 가부장적 사회의 악과 교회 질서의 악에 대항한 것이고,
> 둘째, 대적 운동은 자연과 인간이 완전히 조화된 완전히 평화롭고 자유로운 유토피아를 건설하려는 것이다.

즉, 과거에는 남녀평등을 달성하려는 운동이고, 초기 인권 운동은 여성이 더 나은 교육을 받을 수 있는 교육적 권리와 선거권과 같은 정치적 권리와 인간다운 노동 조건 등을 요구했다. 그러나 현대 여성 운동은 가정 내부의 **부권** 지배와 성차별적 가사 노동을 폐지하려는 운동이다. 한마디로 **성-혁명**이 일어나야 한다는 것이다.

현대 여성 운동의 기원에 관해 **팟베르크**(L. Padberg)는 다음과 같이 설명한다.

> 그는 여성 운동의 모태로서 1884년 맑스주의 철학자 F. 엥겔(Fridrich Engel)의 문서 『국가와 사유재산에 기반을 둔 가정』(Der Ursprung der Familie, des Privateigentums und Staats)과 1861년 엥겔의 물질주의와 맑스주의적 기반에서 구상한 박호픈(Bachofen)의 작품 『모권』(Das Mutterrecht)에 의해서 **여성주의**가 발생했다고 본다. 여성주의는 **최초** 인류의 역사로서 소유와 지배로부터 자유하고 가정과 근친상간의 타부도 알지 못하는 파라다이스 사회에서 **모권사회**(Matriarchat)가 시작되었다고 주장했다. 그 후 정착 생활과 상업으로 말미암아 가정과 소유가 발생하고 **가부장제**(Patrarchat)가 시작되었으며, 남자로 인해 타락의 역사가 발생하고, 자본과 부부의 성적 제한이 야기되었다고 주장한다(eheliche Beschränkung der Sexualität hervorgerufen).

이처럼 팟베르크가 현대 여성 운동을 20세기 중반에 일어난 맑스주의 기반에서 발생되었다고 보는 바와 동일하게, 프랑크푸르트 신맑스주의 학파에서 자라나 온 또 다른 여성신학자들이 있다. 현대 여성 운동(Emanzipationsbewegung)은 1960년대에 미국과 독일에서 동시적으로 일어난 신맑스주의자들 내지 프로이드-맑스주의를 딛고 발생한 것으로 보고 있다.

여성주의 역사가 E. 보너만(Ernest Borneman)은 베스트셀러가 된 『가부장제도』(Das Patriarchat)라는 책을 출간했다. 그 내용 중에는 "사랑, 인내, 지구력, 보호와 부양은 여성 세계의 초석(Grundstein)이고, 걱정, 질투, 죄와 수치는 가부장제도의 세계"라고 주장하고 있다. 이 보너만의 역사관은 여성주의 발전사의 총화이고 강한 맑스주의적 색채를 띠고 있다.

이렇게 우리는 현대 여성신학의 주장이 진리의 척도가 되는 하나님의 말씀과 성경적 계시의 내용과는 전혀 상관없이 무신론적이고 맑스주의적인 여성 해방신학이며, 하나님이 주시는 은혜와 사랑과 죄로부터의 구원과는 아무 상관이 없는 무신론적 세계관에서 연유한다고 본다. 그러므로 이런 현대 여성신학은 하나님과 그 창조와 영적 차원을 아는 지식이 없이 오직 무신론적 맑스주의적 이단 신학에 빠진 것이다.

현대급진적인 여성 운동과 인권 운동은 모두 지금까지의 가치와 전통을 무시하고 하나의 새로운 세상을 건설해야 한다고 주장한다. 미국의 알려진 여성신학자 슐라밋 파이어스톤(Schlamith Firestone)은 여성 운동에 관해 구체적으로 서술하며, 가족 내의 성차별에서 전체 사회악을 보게 된다고 하며 '가정'과 '성차별'은 폐지해야 한다고 주장했다. 수천 년 동안 내려 온 사회 구조를 극단적인 혁명으로 변혁하고 새로운 세상과 새-인간을 만들어 내야 한다. 따라서 과거적인 생각만이 아니라 신학과 윤리를 다 함락해야 한다는 것이다.[29]

---

29  v. Padberg, L., Der Feminismus: "Historische Entwicklung – ideologische Hintergrund –

팟베르크는 독일 내부에도 1960년대 초기부터 이미 15년간 계속되는 여성 운동이 있었지만, 여성 해방 운동(Emanzipationsbewegung)과 혁명 운동은 1960년대부터 미국에서 여성 해방을 위한 정치 투쟁과 동성애 운동으로 시작되었는데, 이 운동이 독일 여성 운동으로 흘러 들어가 1975년부터 독일에서 두 번째 단계의 여성 운동이 시작되었다고 한다. 1970년대 중반에「슈테른」(Stern) 잡지에 "나 낙태했어", "내 배는 내 것이다"라는 테마들이 기사화되었다. 자아 체험, 자기 분석, 연극단, 집단 역학 같은 무수한 여성 그룹들이 모여들었는데, 그들은 다 공통으로 미래 구원인 유토피아를 보증하는 사회 개혁을 추진하고 있었다. 팟베르크는 이 시대에 성 혁명(sexuelle Revolution)이 발생한 것으로 단정한다.

성-혁명이란 일종의 해방 운동인 데 그들 해방 운동 공동체의 합숙 현장에서 발생한 것이라고 보고 있다. 그것은 그들 스스로가 그들을 새 공동체로 의식하는데, 과거의 모든 가치를 전복시키고, 사회 혁명으로 가족과 국가를 초월한 무정부적 사회 공동체가 이미 발생한 것으로 이해한다. 이 모든 사상은 신맑스주의 배경에서 나온 것이다.[30]

여성주의는 성차별주의(Sexismus)와 투쟁하며, 성차별주의는 인종 차별주의와 같은 의미로 통한다. 여성주의는 여성 억압 구조로 인해 평생토록 남성 사회에서 억압받고 착취당한다는 전제를 가지고 성차별주의와 투쟁한다. 이 투쟁의 **최종** 목표는 여성들의 의식을 조종하여 새로운 사회(유토피아)와 새로운 정체성을 창조하는 것이다. 여성 운동가들의 **타락론**은 어머니의 자리에 지배와 압박의 상징인 아버지가 들어섬으로써 철저히 악한 **부권주의**가 발생한 것이고 이 억압 사회에서 살아남는 방법은 부권주의를 철저히 제거하고 완전히 선한 모권주의를 세워야 한다고 믿는 것이다. 이

---

kulturrevolutionäre Ziele", Hg. v. P. Beyerhaus, Frauen in theologischen Aufstand, Hänssler-Verlag, Neuhausen-Stuttgart, 1983. 64-70.
30  위의 글, 71-73.

리하여 여성 혁명가들이 반모성주의 투쟁과 가사(Hausarbeit)를 거부하며 새로운 여성 의식을 조장하고, 다수의 여성이 가부장 제도적인 모든 영역에서 부계의 사회 구조를 파괴하고 모계 이상 사회 건설을 위해 전면적인 계급 투쟁을 시작하고, 이를 지속해서 행하며, 가정과 국가를 파괴하기 시작했다고 한다.

여성 운동은 신맑스주의적 인간관을 따른다. 신맑스주의적 '인간'은 무한한 조작 능력에 의해 규정된 것이라면, 여성은 성이 전혀 규정되지 않은 채로 출생하며, 문화적 표준에 따라 교육을 받고 그 표준에 의해서 **性**이 특징지어진다고 주장한다. 여성 운동가들은 남녀 인간 창조의 창조 신학적 근거가 부권 사회에서 그들의 사회를 유지하기 위한 방어용 주장이라고 한다.

그러므로 그들의 거짓 기대에 의한 노예 기관인 가정은 폐지되어야 하며, 자녀 교육은 어머니가 하는 것이 아니라, 새로운 공동체 생활과 새로 형성된 사회가 맡아야 한다고 주장한다. 여성 운동은 성행위를 자기 만족을 위한 공식이라고 믿고 있다. 그들은 몸에 관한 자기 실현 의식을 가지고, 그것을 실현하기 위하여 남녀 양성의 차이를 제거하고, 사랑, 부부, 가정과 같은 부권주의 표현 방식을 거부하고, 자아 체험 집단(Selbsterfahrungsgruppe)과 함께 피임약도 복용해 가면서 절대적인 성적 자유와 성적 행위로 근친상간까지도 자유로이 행해 극단적인 자기 실현 행위를 한다.

여성주의는 이처럼 신맑스주의의 조상 H. 마르쿠제에 동조해 모든 착취와 억압적 부권 사회 문화를 정복하고, 새로운 가치와 새 도덕 규범으로 새 사회를 실현하려고 한다. 미래 사회는 새로워진 인간인 좌웅동체 또는 암수한몸(Androginismus)의 행복한 사회라고도 한다.[31]

---

31 위의 글, 78-82.

극단적인 여성 해방신학자들은 성경이 하나님을 주, 왕, 아버지, 목자 등의 남성적 용어로 사용함으로써 가부장적 여성 멸시에서 벗어날 수 없다고 보고 성경신학과 완전히 결별한다. 그러므로 그들은 하나님을 이교 문화적인 신들 모습으로 왜곡하거나 여성 신으로 바꾸기도 한다. 더욱 진보한 여성신학은 성에 따른 역할 구분을 부정하고, 기존의 모든 질서로부터 완전히 자유롭고 새로운 인류를 만들어내려는 것이다.

바이어하우스는 맑시즘, 네오맑시즘, 여권 신장 운동의 공통적인 이데올로기를 일부일처제와 가부장적 가족 제도와 남성 우월주의와 투쟁하고 율법에 얽매이지 않는 완전히 자유로운 성생활을 의미하는 것으로 설명한다. 양심 같은 윤리적 판단 기관은 아주 파괴돼버렸다.[32] 바이어하우스는 이와 같은 여성신학의 권력과 호색적인 원리로 인해 일부일처제도나 가정 파괴적 사상과 행동을 '성-혁명'이라고 칭한다고 한다.

바이어하우스는 여성신학자들이 계몽주의의 '성욕의 원리'와 인류 보존의 목적이 아닌 성적 본능만을 분리해 중요하게 여긴 결과로 동성애가 확산했다고 설명하고, 동성애자들이 '사랑의 행진'으로 동성애를 전파하고, 외설로 사회에 대항하며, 동성애자들은 차별받고 박해받는 소수라고 외치며, 헌법 개정으로 인가를 받고, 그들을 향한 비판은 다 불법화하려 한다는 것을 피력했다.

그뿐 아니라 동성애는 교회로 침투하며 교회 회의나, 주교 회의나, 교구에 동성애의 중요성을 논의할 것을 촉구하고, 동성애자들의 결혼도 이성애자의 결혼과 똑같이 인정하라, 결혼식도 허용하라, 자녀 입양권도 달라, 동성애자에게 성직을 갖는 안수를 하라고 밀고 들어온다. 스웨덴에서는 10여 년 전부터 동성애 차별을 인종 차별로 보고 엄중히 처벌한다. 그

---

[32] Beyerhaus, P., "Die dritte Revolution", 위의 글, 161-164.

뿐 아니라 동성애를 반대하는 성경적 견해나 주장도 범죄시한다.[33]

이들의 성 혁명의 결과로 이혼과 이혼율이 급증하고, 결혼과 가족 제도가 붕괴되는 파괴적인 영향을 미쳤다. 가장 비참한 피해자는 어린이들이다. 수백만 어린이가 깨어진 가정에서 살거나 가정을 떠나고, 깨어진 가정 출신들은 정신 질환과 소녀 매춘, 불량 청소년, 젊은 또는 중년 범죄자들이 발생하고, 교회는 반종교적 맑스주의의 공격 대상이 되었다고 지적한다. 윤리가 무너지고 맑스주의적 여성 운동은 산부에게 유리하다면 태아를 낙태시켜도 전혀 잘못된 것이 아니라고 주장한다. 이렇게 태아는 인간으로서 존엄성을 잃게 되고, 독일에서만 매년 30만 명의 태아가 낙태된다고 한다.[34]

## 2. 프로이드-신맑스주의 성교육 – 페터 바이어하우스의 "프로이드-맑스주의적 이데올로기화 교육"[35] 특수 참작

페터 바이어하우스는 1979년 출판한 그의 저서 『믿음에 도전하는 이데올로기들』[36]이라는 책에 "프로이드-맑스주의로 이념화되는 우리 학교들"[37]이라는 제목으로 젠더 이데올로기의 정체를 명백히 기술했다. 이 저자의 논문은 필자가 가감할 것이나 해석할 필요를 느끼지 않으므로 많은 부분을 그대로 번역해, 독일 학교에서 시행된 신맑스주의 성교육 방법을

---

33 피터 바이어하우스, "혼합주의적 여성신학", 『현대선교와 변증』 (서울: CLC, 2004), 300-321.
34 위의 글, 289이하.
35 Beryerhaus, P. "Freud-Marxistische Ideologisierung unseres Schulwesens", in: Ideologien Herausforderung an den Glauben, Hrsg. v. P. Beyerhaus, Bad Liebenzell, 1979, 110-149.
36 Ideologien Herausforderung an den Gluben.
37 "Freud-Marxistische Ideologiesierung unserers Schulwesens."

본 지면으로 옮긴다.

신맑스주의는 1960년대 독일 프랑크푸르트학파에서 자라 나왔다. H. 미르쿠제와 W. 라이히(Wilhelm Reich)는 프로이드-맑스주의의 통합을 시도하며, '새-인간'을 만드는 방법을 다방면으로 깊이 연구했다. 라이히는 1950년대 극단적 좌익파였으며, "프로이드-맑스주의의 효시"라고 불린다.[38]

바이어하우스는 젠더-이데올로기가 지금으로부터 50년 전 발생한 독일 프랑크푸르트학파에서 시작되었음을 진술한다. 1969년 프랑크푸르트학파(Frankfurt Schule)는 맑스주의 이데올로기의 목표대로 '새-인간'을 창조하려 했다. 그는 1966년 문화 혁명의 시기를 재래 문화, 사회, 역사가 완전히 개편되기 시작한 것으로 보고 있다. 허버트 마르쿠제(Herbert Marcuse)는 프랑크푸르트 학파의 창시자이며 사회철학 전공자이다. 그는 미국으로 건너가 캘리포니아 버클리대학교에서 개혁 교육학(Reform Pädagogik)을 강의했다.

결국, 그 대학교에서 학생 혁명이 시작되었다.[39] H. 마르쿠제 외에 미국에서 시작된 또 다른 맑스주의 줄기가 있는데 그것은 미국 신좌익(Neue Linken)에 의한 신맑스주의(Neo Marxismus) 운동이며 이 신봉자들을 행동주의자들(Verhaltungslehre, 또는 Behaviorismus)이라고 칭한다(111).

이 외에 미국에 또 다른 하나의 맑스주의 운동이 있었는데 그것은 집단역학[40](Gruppendynamik) 연구팀이었다. 이 두 단체, 신맑스주의와 집단역학팀은 습득심리학(Lernpsychologie)을 이용한다. 습득심리학이란 신맑스주의

---

38  http://blog.naver.com/PostView.nhn?blogId=text92&logNo=20016359669.
    https://ko.wikipedia.org/wiki/%EB%B9%8C%ED%97%AC%EB%A6%84_%EB%9D%BC%EC%9D%B4%.

39  Beryerhaus, P. Freud-Marxistische Ideologisierung unseres Schulwesens, 110-111. 다음부터 본문 괄호 속에 써진 숫자는 위와 동일한 책 페이지를 의미한다.

40  집단 역학이란 한 공동체 안에서 서로 의존적이 되고, 제약적으로 되면서 사람이 변형되도록 하는 수단이다.

가 개발한 교육 방법인데 사회심리학을 이용해 아동들의 영혼을 억제하는 방법으로 아동들을 변형시키는 교육 방법이다(111).

맑스주의는 그가 속한 사회가 경제적 사회적 억압에서 해방되지 않는 한 개인은 해방될 수 없다고 본다. 그러나 신맑스주의의 해방은 타자의 결정(Fremdbestimmung)으로부터 해방을 의미한다. 전통 사회의 행동 규범에서 해방되는 것과 남녀 간, 부모 간의 모든 억압적 종속에서 해방되는 것이 구원이다. 보편 도덕에 붙잡혀서 인간의 욕구를 충족시키지 못하게 하는 방해물로부터 해방된 공동체가 바로 유토피아적인 신맑스주의의 '새-공동체'이다(Neue Weltgemeinschaft).

마르쿠제는 인간의 성적 욕구를 경계선 없이 충족시키는 프로이드의 근본 처방론에 엮어서 인간의 심리적인 해방론을 가르치기 시작했다. 프로이드가 의식적 나(Ich)와 욕망적인 그것(Es)과의 긴장을 해결하는 방법을 "그것(ES)은 내(Ich)가 되어야만 한다"(Das Es muß Ich werden)라고 한 처방을 따라, 마르쿠제는 지금까지의 나(Ich)는 무비판적으로 인정한 사회 구조와 자신을 동일시함으로써 성적인 좌절과 노이로제에서 해방(Emanzipation)되지 못했다고 하며, 그래서 개인은 지금까지 지배 세력이었던 윤리적인 규정에 따라 손해를 입었다고 한다. 비판적인 이론으로 지배 세력과 욕구 억압 사이의 문제를 해결해, 개인은 그 자신을 수용하고 실현함으로써 "자유"를 얻게 된다고 주장했다. 그는 개인의 변화는 사회적 변화에 선행해야 한다고 했다(115-116).

마르쿠제와 동시대적인 사회철학자 하버마스(J. Habermas)에 의하면 모든 이데올로기의 목표는 새-인간의 출현이라고 하며, 인간의 욕구가 모든 동류(Garrumgswesen)와의 조화(Harmonie)로 동질 그룹을 형성하는 것(Identitätsaufbau)이라고 한다. 이런 동일 기질의 인간이 되는 것을 "균형 잡힌 자기 정체성"(balancierende Ich Identität)이라고 하고, 이런 사람이 되게 하려고 실시하는 것이 바로 '**해방 교육**'(Emanzipations-Pädagogik)이라고 한다. 각자가 그 자신을 실현하여 자유를 얻으면 다른 것도 자유롭게 된다는 것이고, 자기 변화는 사회 변화를 이룬다는 것이다.

프랑크푸르트학파는 새-인간과 새 사회가 실현되려면 두 가지 행동방식이 변해야 한다고 보았다.

**첫째**, 학문이 그들의 원리대로 변해야 하고,
**둘째**, 새로운 도덕이 세워져야 하는데, 그들은 이 도덕을 새-인간을 위한 보편 도덕(Universal-Moral)이라고 한다.

이 새로운 도덕은 지배 질서가 없는 무정부적인 자유로운 담화에서 발견된다고 한다. 이 새로운 도덕은 모든 방면에서 다같이 인정하는 공동추구적 척도에 의해 성립되는 것이다. 이 새 도덕은 누구나 항상 역할 교환의 준비가 되어 있어야 한다(Rollentausch)고 가르친다(117).[41]

하버마스는 "너의 뜻의 최고치는 동시에 보편적인 입법적 가치가 있다"[42]고 가르친다. 이 새로운 개념인 역할(Rolle)[43]이란 하버마스가 미국의 행동주의 신맑스주의로부터 받아들인 개념인데, "인간은 교육으로 만들어진다"는 전제하에 인간이 교육을 통해 배우고 익혀서 사회가 기대하는 바에 상응하는 행동을 한다는 의미이며 그에게는 영원하고 형이상학적인 규범(Ordnung) 또는 명령(Anweisung)이란 것은 없다. 하버마스는 상호 교환을 의미하는 역할(Rolle)을 사회 비판 도구로 사용했다. 그들 간의 '역할(Rolle)

---

41  "Sei jeder Zeit mit jedermann zur Rollentausch bereit".
42  "Handle so, daß die Maxime deines Willens jederzeit zugleich als Prinzip einer allgemeinen Gesetzgebung gelten könne."
43  개인은 일정한 사회 집단에 속하게 되며, 개인에게 여러 가지 역할을 준다. 각 성원은 자신의 임무를 수행함으로써 사회 과정을 원활하게 진행하고 질서를 유지 시킨다. 참고. https://terms.naver.com/entry.nhn?docId=1179170&cid=40942&categoryId=31611[네이버 지식백과] 역할 [role, 役割](두산백과).

인정'이란 원칙적으로 상호 교환성을 인정한다는 뜻이다. 신맑스주의의 이런 것들은 다방면적 필요 충족과 기쁨을 위하여 기본적인 것이다(116).

지금까지 보편적으로 자명하게 수용했던 국가나 가족, 또는 학교 같은 사회 지배층의 요구나 성적 규범, 연령, 지위는 신맑스주의 교육에 의해 다 거부되고, 타부나 처벌 같은 것들을 비판하고 공격적인 뜻으로 질문하며 의심하게 하고, 분쇄한다(117-18).

신맑스주의의 유토피아는 내가 소속된 동아리 누구와도 의사소통이 되고 동일시되어야 한다. 여기서 해방 교육이라는 집단 역학적(Gruppendynamik)인 특수 훈련이 시작된다. 이 훈련을 통해 심리적인 변화가 생긴다. 그들의 심성(Mentalität)은 통합적인 공동체 기질 또는 집단 기질(Kollektive Mentalität)로 변화된다. 개인적인 '나'는 단체 속의 '나'에 의해 사라지고, 개인적 양심은 나의 기대와 동아리의 기대가 일치한 집단행동(gruppendynamischen Spiel-집단적 성행위) 속에 합류된다.

만일 이런 집단적 행동에 내가 개인적으로 충돌해 개인적 욕구와 동아리의 욕구가 조화(Harmonie)되지 않고 집단의 기대에 어긋나게 되면, 비판과 공격을 받게 하고 배제(Ausschluß)당한다. 내가 집단 놀이에 나를 허락했을 때 얻는 것은 최대의 집단 행동(집단 놀이)에 취하여(Rausch) 잠시 이 집단이 나의 욕망과 두려움과 연약함을 받아준다는 의식을 가질 것이다(118).

이런 경험은 나의 내적이고 개성적인 자아를 다 희생한 상태이다. 하나님의 창조물로서의 나 개인은 어떤 것과도 바꿀 수 없는 단 하나인 나를 잃어버린 것이다. 이렇게 집단화된 인간은 복음의 부르심에서(사 43:1) 잃어버린 자이다(118-19).

신맑스주의 혁명 전략은 1967년 미국 버클리(Berkeley)대학교에서 시작되었다. 헐버트 마르쿠제에 의해 교육을 받은 미국 버클리대학교 학생들은 신맑스주의적 세계 변화를 이루기 위해 혁명 운동을 일으킨 것이다. 이 혁명가들(Revolte)은 장래에 무정부적 자유 세계가 도래하리라는 유토피아적 환상을 품고 있었다. 학생 혁명가들은 교육 정책으로서 전략적으로 여론 조성 기관을 선택하고 특별한 대학교를 선택해 강의 시간을 해방을 위한 학문으로 전폭 수정했다. 신학 분야에서 역사학, 성경 해석학, 교회사를 제거하고 그 자리를 맑스주의적 인본주의 학문인 심리학, 교육학, 사회학, 정치학으로 대체했다.

이 투쟁으로 독일에서는 여러 해 후에 몇 개의 대학교와 몇 개의 학과목이 강력한 맑스주의적 방향으로 흐르게 되었고, 프랑크푸르트, 브레멘, 서베르린에 특별한 영향을 끼쳤다(122-123).

학생 혁명 운동은 두 번째 단계에서 새로운 전략을 세우고, 장기간에 걸쳐 사회를 변화시키는 더 큰 성공을 약속했다. 이들은 성공적인 혁명이란 먼저 인간을 개조해야 하고, 인간은 **가능한 한 어릴 때 개조**가 더 잘 된다고 보았다. 어린이들이 혁명을 일으키는 주체야 되어야 한다는 것이었다.

신맑스주의의 가장 중요한 도구는 충돌 교육이다. 학교들을 **비판적인 학교들**로 만들어 이런 학교들이 낡은 사회를 해체하고 '새-인간'을 만들어내며, 이런 새-인간이 해방된 새로운 사회를 건설한다는 것이다. 좌익 맑스주의는 인간을 조작할(창조할) 수 있다고 믿었다(Machbarkeit der Persönlichkeit). 신좌익은 그들의 이데올로기를 실현하기 위해 교육 기관과 출판사들을 석권하고 신좌익 사상으로 교재들을 출판했다. 그리하여 학생들에게 해방을 추구하는 의식(emanzipatorisches Bewußtsein)을 심어주고, 그들이 사회적 투쟁가들이 되도록 하는 교육으로 특정 이데올로기의 가치를 심어주고 그와 상응하는 사회-정치적인 정신 상태를 일깨워주는 것이다.

그리고 **충돌 교육**(Konfliktpädagogik)을 통하여 혁명 의식을 연습하는 것이다. 그리하여 학생들은 종래적인 부모, 선생, 경찰, 존경받는 사람들과 같은 **권위와 무분별하게 충돌한다**. 부모의 희망에 반항해 자기 삶의 스타일, 옷, 머리, 성적 영역(sexuelles Gebiet) 등에서 스스로 선택하고 만족을 누리며 또 그런 것을 옳다고 주장한다(122-123).

충돌 교육의 목표는 프로이드-맑스주의적(Frued-Marxismus)인 유토피아를 세우는 것이다. 프로이드는 사춘기의 성생활을 장려한다. 빌헬름 라이히(Wilhelm Reich)와 헬버트 마르쿠제 같은 신맑스주의자들은 프로이드-맑스주의적인 교육을 통해 학생들에게 현재의 사회 제도와 규범들로부터의 총체적 해방(totale Emanzipation)을 제시한다. 그들은 성적인 억압이 인간 억압을 총괄하는 척도라고 가르친다. 하노버(Hannover)대학교 심리학 교수인 페터 브뤼크너(Peter Brükner)는 조기에 성적 쾌락을 경험하는 것은 행복의 시식이라고 설명했다. 그는 이런 성교육이 투쟁을 결심하게 하는 혁명 가능성을 창조하는 방법이라고 했다. 카티아 사돈(Katia Sadoun) 역시 프롤레타리아의 교육은 성적인 타부를 깨뜨림으로써 시작된다고 설명했다(126-127).

해방을 실현하기 위한 교육학상 가장 음험한 전략적 요소는 부모를 공격하게 하는 것이다. 교활하게 자녀들과 부모 사이를 충돌하게 하여 그들을 혁명적인 의식으로 무장하게 하고 계급 투쟁으로 끌어내는 것이다. 이리하여 젊은이들이 기관들을 사회주의로 만들 수 있게 한다. 해방 교육은 초기 단계에서 잔인한 방법을 쓴다. 그들은 의도적으로 아이들의 의식에 충격을 주고 위기로 추락시킨다. 그런 성생활로 인간의 수치 영역을 찢어 열고, 성적 본능이 쾌락의 원천이라고 의식화하고, 현존하는 타부를 파괴하고, 근친상간 금지에 의문을 품게 한다.

그들의 도발적인 책들의 본래 목적은 "너희 가정에서는 어떠냐?"라는 식의 질문으로 학생들의 삶의 관계에서 충돌을 폭로하게 하고, 학우들과 친구들이 단결하여 어른들을 공격하게 하는 것이다. 그렇게 함으로써 점차 부모의 권위가 무시되고 가정의 결합은 풀어지게 된다. 이렇게 자녀들이 가정에서 분리되면 충돌 교육은 이들을 개체화시키지 않고 새로운 이데올로기 공동체에 부속시키는 것이다(125-128).

하버마스는 선동적인 교재를 사용하면서 또 다른 방법인 '지도자 없는 토론회'(Herrchftsfreien Diskurs)를 진행한다. 이 교재는 조직적으로 학급 토론회를 이끈다. 필자에게는 이 훈련이 하나의 무정부 사회를 경험하게 하는 것으로 보인다. 특히, 사회학 시간의 강의 형식은 독특하다. 현존하는 부부, 국가, 헌법까지 그 규범들을 모두 시험하고 그들 스스로가 하나의 새로운 규범을 세운다. 그런 후에는 새 질서와 새 도덕 가능성에 대해 토의하게 한다.

이 지도자가 부재한 토론회는 두 가지의 의미를 지닌다. 하나는 현존하는 지도자가 조사 대상이 되어 비판을 받는 것이고, 다른 하나는 자기 방법대로 토론회를 이끈 그 토론자가 선생이든 학생이든 관계없이, 또 그가 불가침적 규범들이나 설득력 있는 것들을 제시했을지라도, 그들 중 아무도 지도자가 될 수 없게 하는 것이다. 모든 대화 상대자들은 원칙적으로 동일한 권리를 가지며, 이 학급은 권위주의적 경향에 대해 언제나 항의할 수 있다. 이런 방식의 교육적 의미는 새로운 윤리적 행동 원칙과 새로운 형태의 공동체를 세우기 위한 하나의 여지(Freiram)를 만드는 것이다(130-131).

현대 교육학에 역할극(Rollenspiel)이라는 개념이 있다. 역할극의 기원은 미국의 신좌익 학파 모르노(J. L. Moreno)가 발견한 집단역학적 심리 드라마 또는 사회 드라마이다. 이 심리극은 낯선 역할을 연출하는 것이 아니라, 이 드라마를 통해 지금까지 말하지 않았던 자기 자신의 깊은 내면을 그 동아리 앞에서 묘사한다는 것이다. 그것은 순식간에 공개적으로 심리 분석이 된다. 학교에서의 역할극은 대부분 자신의 가정에 관한 것이고 이 수법에 따라 자기의 수치를 노출한다.

이렇게 그는 학급의 호기심 많은 동료와 악의적인 해석자들에게 넘겨진다. 이런 역할극은 해방 교육(Emanzipations-Pädagogik)에 포함된 한 요소이다. 그 목표는 역할극을 통해 숨겨진 충돌을 의식화하는 것이며 그 아이에게 자기를 변호할 권리를 가르치고, 전략적으로 가르치는 권위에 대한 저항 연습이다. 이 교육으로 말미암아 젊은이들은 정치적 해방 의식에 고착되고, 사회 변혁 사명감에 고취된다(131-133).

역할극에는 이데올로기적인 인간관과 신맑스주의적인 사회관과 집단역학이 다 얽혀 있다. 이들에게 인간이란 고정된 인격이 아니다. 하나의 배우의 역할 같이 그들은 특정한 상황에 맞는 역할을 할 수 있게 된다. 그러나 그들은 진정한 자기 정체성을 잃어가는 것이다. 역할극의 마지막은 전폭적으로 사회화된 인간이 되는 것이다. 그는 모든 역할을 할 수 있다. 개인의 정체성은 더 남아 있지 않다. 그는 진정 자신이 누구인지에 대해 의미를 잃은 버리는 것이다. 바로 그럴 때 집단역학이 대답해준다. 그것은 그의 인격 개념(Persönlichkeitsbegriff)과 그가 확신하던 결혼과 가정의 창조 질서를 다 포기하는 것이다. 그 대신 그의 가치는 한 동아리에 녹아들어가고 새로운 종류(Gattungswesen)의 모습으로 변형되는 것이다.

개인적 자아를 포기하고 집단적 자아(Kollektiv-Ich)로 다시 태어나는 것이다. 그 새 공동체 안에 있는 지체들은 성을 고려하지 않고 마음대로 교환한다. 그는 집단(Kollektive) 속에 거하면서 사회적 진화와 혁명적 흐름 속에 그의 거처를 두는 것이다(132-133). 헤닝 귄터(Henning Günther)는 그의 논문 "문화혁명 이데올로기로서의 집단역학"(Gruppendynamik als kulturrevolutionäre Ideologie)에서 아래와 같이 설명한다:

집단 역학은 의무적으로 참여해야 하는 직장이나 학교의 대체 교육 과정이고, 국가법적인 필수 과목이다. 집단 역학은 신맑스주의 '교육치료 훈련'과 체험 과정이다. 국가법적으로 집단 역학을 행하는 이유는 집단 역학이 미래 사회를 이끌어가는 역할을 할 것이고, 그 훈련으로 인해 가치관과 언어와 세계관이 모두 달라지기 때문에 정치적 차원의 문화 혁명으로 보는 것이다.

집단 역학은 독일에서 60년대 학생들의 반란으로부터 시작된 특별한 해방 운동이며, 그 초기부터 신좌익과 함께했다. 중요한 집단 역학 창시자의 하나인 모레노(J.L. Moreno)는 경제적 빈곤이 아니라 영혼의(Seele) 빈곤이 혁명을 준비하게 하는 것이라고 하며, 집단 역학은 20세기의 가장 큰 혁명이라고 했다. 영혼이 빈곤한 사람이 집단 역학을 통해 이 시대를 실제로 변혁시키는 혁명가가 되기를 강요할 것이라고 했다.

프랑스의 집단 역학 훈련가 맥스 패지스(Max Pagis)는 집단 역학 공동체 안에는 무의식적인 자기 방어와 억압을 받는 사람이 있는데 공동체가 이 방어와 억압을 제거해 주면 그는 무의식적으로 혁명의 목적을 이룬다고 하며, 바로 이런 것이 그들의 목적이라는 것이다. 패지스는 이 공동체 내에 편집증 환자, 정신 이상자, 자살 계획자, 절망, 테러, 망상, 성 충동자 등의 정신적 질병 현상도 묘사했다. 집단 역학은 이처럼 극좌익이 그들의 목적을 달성하고자 하는 인간 개조용 도구이다. 이런 자기 파멸의 위기를 견디는 과정을 거치지 않으면 극좌익은 그 뜻을 이루지 못한다는 것이다.

신맑스주의의 교육 방법은 개인의 영혼이 동료들과 융합되게 하는 집단 역학(Gruppendynamik)⁴⁴ 훈련이다. 가장 자주 하는 훈련은 소위 '뜨거운 의자'이다(der heiße Stuhl). 한 여학생이 그 의자에 앉으면 모든 동기생이 말해 주는 것을 들어야 한다. 그 여학생은 남학생이 그녀의 무엇이 마음에 들고 무엇이 마음을 불쾌하게 하는지를 듣는다. 이런 것을 글로 써내는 방법도 있다. 그리고 선생은 공개적으로 그것들을 크게 낭독한다. 그 여학생은 자기의 개인적 성적 영역에 대한 동급생들의 비판에 휩싸여서 그 동아리의 가치 측량 척도에 굴복하고 만다. 그는 내적으로 도주하지 못한다. 그 뜨거운 의자는 그녀에게 재판소(Tribunal)가 된 것이다(134).

---

44 Henning, G., "gruppendynamik as kulturrevolutionäre Ideologie", Hrsg. v. P. Beyerhaus, in: Ideologien Herausforderung an den Glauben, Bad Liebenzell, 1979, 151-155.

신맑스주의의 성교육(sezualerziehung)은 성-악용으로부터 보호하는 교육이 아니고 헐버트 마르쿠제나 빌헬름 라이히(Wilelm Reich)의 프로이드-맑스주의 이데올로기에 의해 수치감을 박탈하는 성 해방 교육이다. 그들은 이 훈련을 성교육(Sexualpädagogik)이라고 칭한다. 성 해방 교육을 인간 해방 교육으로 보고 이런 훈련으로 혁명이 가능하다고 보는 것이다. 이는 켄틀러(H. Kentler)의 주장과 같이 인간이 그의 성에 복종하면 그를 지배하고 있는 지배자에게도 복종한다는 것이다. 그러므로 그람(H.-J. Gramm)은 "학교는 사랑을 배우게 해서 그들로 하여금 가장 중요한 사회교육적인 사명을 다하게 하라"고 하며 학교는 남녀 학생들에게 그들의 비밀이 소통하도록 제어하지 않는 공간들을 주어 자유롭게 사용하게 하라고 했다(134).

1972년 독일 니더삭센(Niedersachsen)에서는 중학교와 고등학교의 성교육이 정치학, 생물학, 종교학 강의에서 가장 중요한 과제였다. 그들은 그들의 확고한 목적을 이루기 위해 학생들의 윤리적인 억제와 심리적인 압박과 수치감을 박탈했다. 베르히(K. Verch)는 수치감이란 배워서 익숙해진 것이지 타고난 것이 아니라고 주장하고, 동성애나 수음은 아주 자연스러운 것이고 욕구 충족의 권리라고 했다. 베르히 자신은 외설자였고(Pornographie), 1969-1975년까지 함부르크에서 성교육자로 해방 교육을 실시했다(135). 베르히는 1969-1975년 까지 함부르크에서 가르친 섹스교육(Sexualerzieung)에 관한 내용을 1976년 섹스잡지 「Praline」(초콜릿), Nr. 16/76 제1장에 "학생들의 섹스"라는(Sex der Schüler) 제목으로 교육 내용을 아래와 같이 연재했다.

    9-11세       아동에게 결혼한 부부의 성교에 관한 이야기
    11-12세     소년 소녀가 한자리에서 몽정과 수음 쾌감체험 강의
    12-13세     소년 소녀에게 애무로 쌍방의 만족과 성행위 없이 오르가슴까지 도달하는 성적 만족 추진

| 13-14세 | 소년 소녀에게 모든 피임 도구와 그것의 효과, 자발적인 사랑의 헌신과 성교 상태에 대한 것 |

교사는 성 경험을 더 효력 있고 모든 수치의 장애물에서 해방하기 위해 선생 자신의 성생활과 그의 실망까지를 포함하여 이야기한다.

독일의 성 해방 교육은 이미 1971년 이래 베를린 연극 집단의 계몽적인 인도자 로테 그뤼체(Rote Grütze)의 연극에 의해 시작되었다. 그는 초등학교 아동들을 위해 저작한 연극 "그것에 대해 말하지 않는다"(Darüber spricht man nicht)를 공연하고, 13세 이상의 청소년들을 위해 "사랑이란 무엇인가?"(Was heißt hier Liebe?)를 공연했다.

첫 번째 공연에서는 부모와 경찰을 성적 쾌락의 원수로 경멸했다.

두 번째 연극은 교회와 그의 타부인 승려와 수녀의 성행위를 그림자놀이를 통해 광란의 극치로 연출하며 그들을 비웃게 했다.

연이어 청소년들의 열린 토론회가 시작되고 이런 교육을 통해 성교육이 목적한 바를 성취한다(136-137).

아래는 1976년 스웨덴 위생국에서 성교육 20년 후의 경과를 공개한 것이다:

14세 이하 소녀의 임신: 900퍼센트
15세 이하 소녀의 낙태: 260퍼센트
14세 이하 아동들의 성병: 900퍼센트
청소년 범죄: 900퍼센트

이 같은 결과는 음행으로 유도한 교육의 피해를 입증한 것이다. 오랫동안 실시한 이 세상 내부의 오염으로 우리의 문화는 오염되고 사회적 응집력이 풀어지고 마침내 성의 규범이 사라지고 유일신 문화도 사라지고, 다

신주의, 마귀주의로 빠지게 된 것이다(137-138).

바이어하우스는 결론적으로 프로이드-맑스주의의 목표를 전통적인 문화-사회 구조를 전복하고 그들의 보편적인 새로운 질서를 세우려는 계획을 실행하는 것이라고 한다. 그들은 그 방법으로 학교를 선택하여 충돌 교육을 투입하고 자녀들이 내적으로 가정생활을 공격하게 한다. 그들은 이미 계획된 대로 전통적 제도를 정복하고, 기독교 윤리의 근본 가치를 허물고 있음을 지적한다. 이로 인해 자녀들은 불확신에 빠지고, 본능적인 성생활과 무정부적인 혼란을 겪으며 마침내 의지 상실과 절망으로 테러 분자나 자멸 상태로 휘몰리게 된다.

바로 그때 구원자의 모습으로 새로운 독재자가 하나의 이데올로기를 입증하는 강제 규칙을 내려준다. 독일의 노르트라인-베스트팔렌(Nordrhein-Westfalen)과 헤센(Hessen)의 학교들과 가정들은 다 젊은이들의 권위 부정으로 인한 폭발을 경험하고 있다. 이런 현상은 프랑크푸르트학파의 사상 아니고는 이해할 수 없다(141).

바이어하우스는 이러할 때 충격적인 사실로서 **파수꾼의 사명을 가진 기독교회가 행해야 할 일을 모두 거절하는 것**이라고 지적했다. 독일 칼스루에(Karlsruh) 있는 헌법재판소만이 '성교육'과 철저한 이데올로기적 경향에 대해 아주 가벼운 저항을 했을 뿐, 그것도 결코 공개적으로 알려진 것은 아니라고 하며 통분해야 했다(142).

그는 요한계시록에 비추어 아래와 같이 성경적 해석을 진술했다. 마지막 때에 일어날 불법(마 24:12)에 대해 예언한 선지자의 예언이 놀랍게 이루어지고 있다. **불법의 영이**(딤후 3:1-4) 구체적으로 완성한 불법이 불법의 사람에게서 발견된다. 불법의 영은 임의적인 통치로 하나님이 계시하신 뜻을 대적하고 모독한다. 신좌익의 **해방 교육 프로그램**과 그의 해방을 사회화하는 사상은 성경적 구원의 소식에 반하여 다음과 같이 확실하게 대적한다.

① 종말적 하나님 나라의 자리에, "자유의 나라"(Reich der Freiheit)가 들어선다.
② 하나님의 형상인 개인 대신에, 집단적인 새-인간(kollektivierter neuer Mensch)이 들어 선다.
③ 그리스도를 통해 죄의 용서를 받는 구원의 자리에, 나와(Ich) 그것(Es)과의 성욕적 화해가 들어 선다.
④ 그리스도를 통한 사상과 성령과 함께 하는 교회의 자리에, 심리-테크닉적 사회 방법(psych-technische Sozialisationsmethode)에 의한 단결된 동아리(Gruppe)가 들어서고 자신을 하나님의 자리에 둔다.
⑤ 성령의 훈계로 육신을 죽이는 성화의 자리에, 인간이 최대의 만족을 누리는 욕심이 들어선다.
⑥ 하나님의 자녀가 된 장의 자리에, 스스로 규정한 해방된 종류의 인간이(Gattung) 들어선다.

청소년들은 해방 교육 방법에 의해 관습적인 정통적인 권위로부터의 해방(Emanzipation)을 얻었지만, 그것은 학교의 사회화 요원에게 새로운 종속과 노예가 된 것이고, 각각 다른 집단역학적으로 조종된 공동체에 속해 있는 것이다.

이런 적그리스도 성격에 대해 기독교인의 수동적인 방어만으로는 충분하지 않다. 그리스도인은 온 힘으로 함께 연합해 이를 막아야 하고 그들의 '해방 교육'에 대항해 대안을 세워야 한다. 우리 자녀들이 학교에서 신좌익에게 배우고 자녀들이 부모들과 멀어진다면 그리스도인은 인간의 가치를 보호하기 위해 침묵해서는 안된다. 우리가 효과적으로 대항하려면, 먼저 교육프로그램의 이데올로기적인 배후와 역할극으로 시작해 트로이 목마처럼 프로이드-맑스주의 사상과 충돌 전략의 침입이 입증되고 있음을 간파해야 한다. 그러나 대안이 거의 없다. 마귀는 인간의 마음을 지배하며 인간 속에서 날뛰고, 신맑스주의 이데올로기는 이미 선생의 머리와 가슴에 심어졌기 때문에 그들의 강의는 계속된다.

다행이 고무적인 것은 이미 개신교 학교가 있다는 것이다. 물질주의 이념에 기초한 교육에 대처하는 학교가 있는 것이다. 살아계시고 인격적인 하나님의 학교를 세우고 하나님의 실재와 성경적 사실을 가르치고, 그릇된 진보학문과 이데올로기의 그릇된 사실을 입증하고, 기독교 신앙에 대한 설득력 있는 대답을 해 주는 학교로 하나님의 창조와 선한 창조물과, 그에 대한 하나님의 사랑을 가르쳐야 한다. 그러면 학생들은 다시금 하나님 나라의 비밀과 그의 풍요함을 발견하고 그 강의로 인하여 놀라고 기뻐할 것이다.

우리는 교육으로 오늘날 발전한 집단 역학적 구조와 그 철처한 일치 운동과 사회화와 인간 우상화의 그릇됨을 깨우치고, 오히려 개인적 인격과 개인적인 책임을 알게 하고, 하나님에 의한 창조물의 완성과 종말적 하나님 나라에 대해 알게 해야 한다. 오늘날 하나님이 우리 교육자들을 부르심으로 말미암아 우리가 이런 새로운 학교에 대한 책임이 있다는 것이다(145-149).

## 3. UN의 젠더교육 추진과 독일의 성-정치

독일 프랑크푸르트학파(Frankfurt-Schule)의 설립자 허버트 마르쿠제(Herbert Markuse)는 히틀러 시절에 미국으로 건너가 1966년 미국 버클리대학교에서 가르쳤다. 그 영향력으로 미국에서 학생 혁명이 일어나게 되었다. 히틀러가 사망하자 다시 독일로 다시 돌아온 마르쿠제는 새 인간을 창조하려는 교육과 훈련으로 프랑크푸르트 학파를 견고하게 세워나갔다. 프랑크푸르트학파 설립 30년 후 전 세계 젠더-주류화(Gender Mainstreaming, GM)가 진행되었다. 그것은 1995년 북경에서 '제4차 UN세계여성국제대회'가 개최된 이래, UN 총회에서 모든 조치와 프로그램을 동원해 젠더-주류화

(GM)를 실행하는 것이 UN의 의무라고 결의하게 되었다. 이에 따라 독일은 EU와 국법적인 압력에 의해 곧바로 유치원 교육으로부터 대학 교육까지 성-해방교육인 '젠더-교육'을 필수로 개설하게 되었다.

독일 청소년 협회 회원인 M. 호프만(M. Hoffmann)은 고백협회(Bekennende Gemeinde) 정기 간행물 *diakrsis* 제29. Jg. (2008년 6월)에 "성질서 파괴와 젠더-이데올로기"[45]라는 논문을 투고했다. 그 내용은 UN 정책에 따른 독일 어린이 성교육에 대한 것이다. GM을 모든 정치적 척도와 경영 조치로 간주한다고 결정한 독일 연방 정부 아래, 슈뢰더(Schröder) 지역에서 이런 조치를 의무적으로 시행했다.

이 지역 학술 기관들은 GM을 아래 세 가지 측면에서 행했다:

첫째, 모든 삶의 영역에 남녀 양성이 의무적이고 통계적으로 평등함을 삽입한다.

이에 관해 호프만은 UN에서 이해한 GM의 '성평등'은 숫자적이고, 그 남녀평등은 권리 평등이 아니라 수적 평등이라고 해설한다. UN은 여권주의가 원하는 남녀동등권이 경제적인 노동과 동등한 노동에 의한 성취로 보고, 경제적인 이유로 여성들은 남성들과 똑같이 노동 현장으로 나가야 하고, 부모가 자녀를 교육하지 못하게 되므로, 집에 남아 있게 되는 아이들을 탁아소에 보내야 한다. 그러므로 아이들은 부모의 따뜻한 사랑을 받지 못하게 되고 올바른 성 윤리 교육을 받지 못한 채 필연적으로 점차 '새-인간' 즉 성-인(Gender Mensch)이 되어 간다

둘째, GM은 어머니와 부모의 교육을 평가절하고, 경제적인 목적 때문에 아이들을 타인이 돌보도록 선전한다.

---

45  Hoffmann, M., "Die Auflösung der Geschlechter Ordnung und die Gender-Ideologie", diakrisis Schüpfungsordnung und Gender-Ideologie, 29.Jg. Juni 2008. 86-91.

여성들은 노동 시장에서 납세 의무를 진 노동자들이 된다. 여성은 영업 활동을 해야 하고, 일하면서 자녀들을 양육하기에 너무 힘이 든다. 이때 GM은 성평등의 이유로 낙태의 자유를 선전한다. 현재 낙태는 세계화되고 있다. 어머니들은 성평등을 누리기 위해 태아의 생명을 지급하게 되는 것이다. 이로 말미암아 여성은 육체적, 감정적, 정신적인 피해를 받게 된다.

셋째, 아기들은 생후 3년간은 어머니와 깊은 친밀감 안에 있어야 하고, 종래적 부부와 자녀 관계로 부모는 모델이 되어야 한다. 그런데 아기가 타인의 손에 있게 되면 그때의 감정과 정신과 사회적 영향이 그 아이의 평생을 크게 지배한다. 그러므로 호프만은 생후 3년 동안은 아기를 경제적인 이유로 억압하지 말아야 한다고 주장한다. GM은 그럼에도 불구하고 아이들을 위해 국유화(Verstaatlisierung) 교육을 추진한다는 것이다. GM이 아이들을 재교육시키는 목적은 인간의 성차를 폐지하고 남녀 양성 인간의 구조를 바꾸려는 것이며, 따라서 이것을 법으로 세워 추진하는 것이다.

부부가 똑같이 노동 현장으로 가는 것을 GM은 "부부와 가족의 경제화"라고 칭한다(Ökonomisierung von Ehe und Familie). GM의 "부부와 가족의 경제화"로 인해 자녀들은 가족적 삶을 잃고, 가정적 보호도 잃어버린다. 자녀들은 관계성을 상실하고 건강하게 정체성 발육을 하지 못하고, 항상 자기 정체성이 빈약하다. 그는 항상 성-역할을 바꾸며 살아야 한다.

그리고 자녀가 없는 일터의 어머니는 스스로 기만에 빠져 역부족과 걱정과 방해를 받는다.[46] 어린 유치원 학생들로부터 필수로 받는 젠더-인화 교육은 하나님이 원하셨던 창조물인 인간됨을 파쇄하고, 인간이 선택하고 만들어 가는 성과 동성애 운동으로 전통적 인간상인 남녀 양성적인 인간됨을 거부하면서 세상 전체를 정복하고자 한다.

---

46 위의 글.

젠더에는 이성(異성) 외에도 여러 가지 성이 있는데 그것은 현재 일반적으로 LGBT[47] 또는 성 소수자들의 통칭인 LGBTTIQ[48]로 알려져 있다. 학생들은 정부 시책으로 진행하는 이 모든 성교육과 성 실습을 수용해야 한다.[49] 성교육은 유치원에서부터 적극적으로 시작된다. 성교육을 시작하면 '관용'이라는 단어를 사용하고, 이 단어는 오늘날 **수용**이라는 뜻으로 이해된다. 6세에서 18세까지 아이들은 동성애, 이성애, 성전환 등에 대한 관용으로 지금까지 가졌던 선입견을 극복해야 한다.

W. 노이어는 1970년대 이후 지배적인 젠더-이데올로기로 어머니들이 가정 밖에서 직업을 가지고 일하기 시작해 자기를 실현하고 그 위치가 상승했으나 **이혼율**이 현저하게 높아지고 부부가 아닌 파트너 숫자도 극단적으로 상승했고, **출산율**은 역사상 최저로 떨어지고, **낙태 수**는 독일에서 해마다 10만 명으로 늘어났다고 설명하고, 본래 독일 헌법으로 부부와 가정은 국가의 기초 세포이고, 사회와 국가의 보호를 받게 되어 있는데, 놀랍게도 독일 국가는 이 보호 의무를 소홀히 하기 시작했고, 헌법재판소도 만족하게 실행하지 않고 있다. 노이어는 **부부와 교회가 모두 법적으로 소외되고 무시되고 있다는 사실을 폭로한다.**[50]

---

47 LGBT: L: Lesbian 레즈비언/ G: Gay 게이/ B: Bisexual 양성애자/ T: Transgender 성전환자(태어난 성별과 다른 성으로 인식하는 자, 또는 의료적 조치에 의한 성전환자).

48 LSBTTIQ: L: Lesbian, G: Gay, B: Bisexual, T: Transgender, T: 태어났을 때 받았던 판별과 다른 경우, I: Intersexual: 양성 생식기를 함께 가지고 있는 사람, Q: Quer: 성소수자.

49 "Die heutige Bedrohung der menschlichen Geschöpflichkeit und ihre Überwindung. Leben nach dem Schöpferwillen Gottes.", Salzburger Erklärung, IKBG(Internationale Konferenz Bekennender Gemeinschaften) = ICN(International Christian Network), Tübingen, 6. Sept. 2015, 2.14f. Kuby, G., "Umerziehung als Weg zum neuen Gendermenschen", in: diakrisis, 35. Jg.. 4. Okt. 2014, 188-189.

50 Neuer,W., "Die ideologische, gesellschaftliche und staatliche Angriff auf Ehe und Familie", *diakirisis, Genderisus,* 35. Jg. IKBG(internatiopnale Kp.184.onferenz Bekennender Gemeinschaften), Okt. 2014. 184-187.

가브리엘레 쿠비(G. Kuby)는 어린이들의 성교육 결과에 대해 아래와 같이 진술하며 경고한다:

(1) 성-혁명자들은 사랑을 주장하지만, 제한 없는 성 충동과 성 충족적 삶을 살고,
(2) 자유를 약속하지만, 성 중독자들을 만들고,
(3) 책임을 말하지만, 성적으로 황폐되고,
(4) 자유 선택을 선전하지만, 동성애와 이성애를 왕래하고,
(5) AIDS에서 보호한다고 하나, 항문 성교와 파트너 교환 투쟁을 하고, 그들 70퍼센트를 감염시켰다.
(6) 아이들을 악용에서 보호한다고 하나, 수치감을 무너뜨리고 섹스행위로 인도한다.
(7) 아이들은 성적 쾌감 체험으로 자긍심(Selbstwertgefühl)을 강화한다고 하나, 어린이들의 무죄와 어린이됨을 무너뜨린다.
(8) 그들은 아이들을 보호한다고 하지만, 아이들은 보호받지 못하고 부모와의 결합도 끊어진다고 비판했다.[51]

그리고 쿠비는 다음 세대 아동들과 청소년들의 섹스화에 반대하는 이유를 아래와 같이 열거하고 있다:

(1) 성 규정 철폐는 문화를 쇠퇴시킨다.
(2) 아동들과 청소년들의 섹스화(Sexualisierung)는 그들의 호르몬 발달에 모순된다.
(3) 어린이 섹스-화는 어린이의 아동성을 손상한다.

---

51  위의 책, 188-193.

(4) 성 규정 철폐는 자녀 성장을 위한 최상의 장소인 가정을 파괴한다.
(5) 성 주류화(Gender mainstreaming)를 통한 남·녀 성 정체성의 불확실성은 인격 장애를 발생시킨다.
(6) 미성년 때에 동성애자임을 공식적으로 밝히도록(Coming out) 장려하는 것은 자연스럽게 발달하는 이성적 성 정체성에 대한 공격이다.
(7) 어린이 섹스-화는 하나님과의 관계를 어둡게 한다.[52]

## – 독일 성교육 샘플과 주민들의 반정부 운동

저자 가브리엘레 쿠비(Gabriele Kuby)는 독일의 성교육적 샘플과 독일 주정부를 향해 반정부 운동을 기록하고 있다. 저자는 "성-인간(Gendermenschen)을 만드는 새로운 교육"이라는 제목의 논문을 쓰고 2014년도 독일 바덴-뷔르템베르크주(Baden-Württemberg) 정부가 아동 성교육과 성 실습을 정부의 시책으로 진행한다는 내용의 '새로운 교육 계획'을 아래와 같이 밝혔다:

> 아동들(Kinder)은 모든 성 실습(jeder sexuellen Praxis)을 받아들여야 한다. 성교육 범위는 LSBTTI이다. 이것은 L: lesbisch(동성애의), S: Schwul(동성연애자), B: bisexuell(양성애의, 자웅양성의), T: Transgender(성전환자), T: trenssexuell(성전환자와 섹스), I: intersexuell(간성간의)[53] 성행위를 의미한다. 남학생들과 여학생들은 첫 학기부터 대학 입학(Hochschulreife)에 이르기까지 아무 전제 없이 자기와 타인의 성의 일치(Identitäten)와 성의 다양성을 배우고 관용[54]하고 수용해야 한다.

---

52 위의 책, 193-196.
53 intersexuell(이성, 異姓) 또는 간성(間性)이란 주로 가축에게서 유전자 오작동으로 발생하고, 생물의 개체에 두 가지 형질이 혼합되어 나타나며, 생식능력이 없다. 중성과 비슷한 말(표준국어대사전).
54 성교육을 실행하면서 "관용"이라는 단어를 사용하는데, 이 단어는 오늘날 수용이라는 뜻으로 이해된다.

이런 정부 주교육에 반대하며 바덴-뷔르템베르크 주민 20만 명은 싸인을 해 정부에 항의하고 진정서를 냈다. 그 외에도 스투트가르트에서 네 차례의 데모를 했다. 그러나 정치가들은 미봉책으로 약간의 수정을 가했고 90퍼센트의 내용은 그대로 두었다. 그들은 다만 자극적인 용어들인 LSBTTI 대신에 17번이나 '여러 가지 성들'로 고쳤을 뿐이다. '가정'(Familie)이라는 단어는 '가족 형태'(Familienformen)로 또 결혼이라는 용어 대신에 '동거 생활'(Formen des Zusammenlebens)로 모두 고쳤다. 이런 주입 교육에 대한 주민들의 항의에 대해 정치가와 매스컴은 오히려 비방했다.

독일 연방헌법재판소는 여전히 1977년도에 결정된 성교육을 인정했다. 1977년도 헌법에는 개인 성교육(individuelle Sexuellerziehung)이 부모에 의한 교육권보다 우선한다고 했다.

이런 성교육의 목표는 '성-인간'(Gendermensch)이 되게 하는 것인데 이 '성-인간'이 바로 '새-인간'이다(neuer Mensch). 이런 '새-인간'인 '성-인간'은 유아 시절부터 시작된(als säugling sexualisiert) 성적(性的)인 사람이다. 이런 성-인간은 하나님이 인간을 남녀로 창조하셨다는 것을 알지 못한다. 그들은 자기 스스로 성을 규정하는 것이다(Er will sein Geschlecht selbst gestimmen).[55]

노이어(W. Neuer)는 중부 유럽에서 이전에는 전혀 볼 수 없었던 일들이 발생했다고 했다. 유럽은 오랫동안 유대적-기독교적인 부부와 가족을 존중해 왔다. 그런데 1968년에 가정을 전체주의적 정치의 기본 단위(als Keimzelle totalitärer Politik)라고 비판하며 이념적으로, 사회적으로, 국가적으로 결혼(Ehe)과 가정(Famelie)을 공격하고 있다. 젠더-이데올로기는 지난 50년간 성-혁명(sexuelle Revolution)을 확산시키며 과거 전통에서 자유롭게 풀려 나고 결혼과 가정을 초월해 그들 스스로가 확정한 결혼이나 결혼 외

---

55 Kuby, G., "Umerziehung als Weg zum neuen Gendermenschen", in: diakrisis, 35. Jg.. 4. Okt. 2014, 188-190.

의 성적 관계도 받아들이도록 하고 있다고 피력한다.[56]

1990년대 이후로 온 세상에 확산한 동성애 운동(Schwulenbewegung)은 결혼과 가정이라는 단어를 더 사용하지 않고, 동성 파트너를 법적인 부부로 인정하도록 한 것이다. 2001년부터는 유럽과 인류 역사에서 처음으로 부부 개념이 평생동안 둘이 함께 사는 남녀 공동체로서가 아니라, 남자들과 여자들이 성적인 파트너로 모여 함께 사는 것으로 인정했고, 이미 17개 국가에서 이런 부부 개념을 수용했다. 이 글의 발제자이며 독일의 윤리학 교수 노이어(W. Neuer)는 지금까지 인정되었던 부부를 처음으로 "기독교적 부부"라고 언급하며 강의를 해야 했다고 고백하고 있다.

W. 노이어는 여성 운동이 전통적 결혼 개념과 가정 개념을 전적으로 제거한 후에 제시한 새로운 개념들을 아래와 같이 소개한다.

> 파트너란 타성적인(heterosexuell), 동성적인(homosexuell) 그리고 양성 간의 (bisexuell) 모든 섹스로 이해한다. 부부는 전폭적인 신뢰와 인생 끝날까지 지속하는 것이 아니라 해당자의 뜻에 따라 자유롭게 형성된다. 부부는 성적인 신뢰와 사회적 신뢰를 기초로 이루어지는 것이 아니라, 자유롭게 일시적 파트너로 이루어질 수 있다.[57]

---

56  Neuer, W., "Die ideologische, gesellschaftliche und staatliche Angriff auf Ehe und Familie", *diakirisis, Genderisus,* 35. Jg. IKBG(internatiopnale Kp.184.onferenz Bekennender Gemeinschaften), Okt. 2014. 184-187.
57  위의 책, 184.

## 4. 잘츠부르크 선언문(Salzburger Erklärung)[58]과 서구 신학자들의 동성애 비판

"잘츠부르크 선언문"은 '국제고백협회'(IKBG, Internationale Konferenz Bekennender Gemeinschaften)[59]의 소집으로 창조 신앙적 입장에서 성교육을 통한 젠더이데올로기 확산을 거부하며, 2015년 9월 6일 오스트리아 잘츠부르크에 성경적 복음을 신뢰하는 세계 개신교와 가톨릭과 정교회의 감독들, 추기경들, 각 기관 대표들, 지도자들 170명과 13개의 기독교 단체들이 초교파적으로 모여, 인간의 존재 자체를 위협하는 맑스-프로이드주의적인 교육과 동성애와 그 '젠더-이데올로기' 확산(성주류화, Gender Mainstreaming)에 대항하는 선언문을 발표했다.

이 선언문 초안은 신학협회(Theologische Kommities)의 회장인 베르너 노이어(Werner Neruer)가 작성했다.[60] 이 선언문은 하나님의 인간 창조에 관한 신앙과 생태학적 인간에 대한 성경적 증언과 젠더-이데올로기의 그릇된 인간관을 비판하고 성경적인 대안을 제시한 것이다.

잘츠부르크 선언문은 '성-인간'은 하나님이 인간을 남녀로 창조하셨다는 것을 알지 못하고 자기 스스로 성을 규정한다(Er will sein Geschlecht selbst bestimmen)고 비판하고, 비민주주의적이고 전체주의적이고 합법적이지 않은 방법으로 어린이들로부터 시작해 온 세계를 뒤덮는 젠더교육의 일정에 대해 "우리는 책임 있는 국가 시민의 자격으로 온 힘을 다하여 항의한

---

58  부제: "창조된 인간에 대한 오늘날의 위기와 그 극복 - 창조주 하나님의 뜻에 따른 생명"(Die heutige Bedrohung der menschlichen Geschöpflichkeit und ihre Überwindung-Leben nach dem Schöpferwillen Gottes), Salzburger Erklärung, IKBG(Internationale Konferenz Bekennender Gemeinschaften) = ICN(International Christian Network), Tübingen, 6. Sept. 2015.
59  영어로 ICN(International Christian Network).
60  Salzburger Erklärung, IKBG/ICN, Tübingen, 6. Sept. 2015. 1-2.

다. … 우리는 젠더교육과 그 프로그램과 자유 민주주의 법치 국가를 빼앗는 젠더-이데올로기에 반대한다. 젠더 이데올로기의 인간론은 성경 계시적 인간론과 양립할 수 없다. … 우리는 성적 양극성인 남성과 여성, 아버지와 어머니, 남편과 아내, 결혼과 출생, 부부와 가정이 모두 인간의 행복을 위해 하나님이 세우신 피조물의 질서이고, 이것은 결코 폐할 수 없다"고 선언했다.

"이런 기초를 파괴하면 하나님이 인간을 창조하신 의도가 폐기된다. 남녀 이원성은 새 생명을 번식할 뿐만 아니라 삼위일체 하나님의 형상이다. 이 사랑은 로마서 5:5과 같이 하나님이 부어 주신 성령의 은사로서의 사랑이고, 부부와 자녀는 이 사랑의 공동체이다"라고 하며, 본래 性인 양성성과 남편과 아내, 부모와 자녀들의 관계를 해체하고, 가정을 해체하고, 본래적 인간을 파괴하고 젠더(성) 중심의 '새-인간'을 만들어 내려고 하는 젠더-이데올로기와 정치적인 압력으로 억지로 젠더교육을 강행하는 것에 대해 항의했다.

그리고 출애굽기 20:12과 같이 성경적 윤리와 계명인 "네 부모를 공경하라"와 같은 윤리가 상실됨으로써 자녀들의 발육에 큰 불행이 되었다. 사랑의 공동체인 가정은 반드시 회복되어야 한다고 선언문을 발표하고, 동성애를 중심으로 LGBT[61], 내지 LSBTTIQ[62]적 성적 다수를 정상적인 성으로 수용하도록 하고 이성애(동의어로 양성애 또는 타성애)와 똑같이 동성애적 성 소수자들을 정상적인 성으로 수용하자는 주장을 거부한다고 표명했다.

또 하나님의 형상인 어린이들이 젠더교육에 의해 파손되는 바를 크게 우려하고 거부한다고 표명하고 또한 정치적인 압박으로 확장하는 젠더-주류화(Gender-Mainstreaming)에 저항했다.

---

61 (L: lesbisch: 여성 동성애의, Gay: 남성 동성연애자의, B: bisexuell: 양성애의, 자웅양성의.
62 T. trenssexuell(성전환자와 섹스), I: intersexuell(이성간의), T: transgender: 성전환자의.

이와 같이 잘츠부르크 선언문은 사도들이 전한 진리에 의거하여, 하나님의 뜻을 대적하는 성-주류화 운동에 대적한다고 선언했다.[63]

## 결론

위와 같이 신마르크스주의와 성 주류화(GM, Gender Mainstreaming) 이데올로기는 모두 동일한 목표인 새 인간 창조(조작)와 유토피아적 새 사회 건설을 추구하고 있다. 이 두 이데올로기는 다 무신론과 진화론을 믿으며, 창조주 하나님을 대적해 인간 자신이 창조주의 자리에 올라서서 스스로 새 인간을 만들고, 모든 억압에서 벗어나 자유와 해방과 평등의 이상 사회를 건설할 수 있다는 마르크스주의 사상에 의존하고 있다. 1960년대 그런 마르크스주의 운동의 목표를 이어받아 교육으로 점진적인 혁명을 일으키자는 운동이 프랑크푸르트학파를 중심으로 진행되기 시작했다.

그 이전에 벌써 강력한 마르크스주의자이며 프로이트의 제자였던 빌헬름 라이히는 프로이트적 성적 자유와 마르크스주의적 이데올로기를 결합했다. 그는 '성 혁명'을 통해서 자유와 해방과 기쁨을 누리는 유토피아를 세우려고 했다. 후대에 가장 위험한 영향력을 끼치고 현대의 **성 주류화 운동(GM)**의 초석이라고 할 수 있는 W. 라이히는 성 해방자, 성애주의, 성 도착자 등의 별명을 가진 **성교육자**이고, 성적으로 완전히 해방되고 자유한 세상을 만들 목적으로 연구를 깊이 하여 알려진 성 파괴 연구가이다. 그는 사후에 수많은 사람의 연구 대상이 되었다.[64]

과거 역사상 유토피아를 세우려던 두 개의 알려진 프랑스 혁명(1789)과 볼셰비키 혁명(1917) 외에, 이제 세 번째로 일어난 혁명이 '성 혁명'이다.

---

63  Salzburger Erklärung, 위의 책.
64  http://blog.naver.com/PostView.nhn?blogId=text92&logNo=20016359669. https://ko.wikipedia.org/wiki/빌헬름_라이히.

성 혁명의 특징은 인간이 직접 창조주 하나님을 거부하고 대적하여, 하나님이 만드신 인간의 성 정체성을 다 철폐하고, 인간 스스로가 새 인간을 만들어 내겠다는 점이다.

강력한 맑스주의 성 해방가 W. 라이히와 프랑크푸르트 신맑스주의 학파 설립자 H. 마르쿠제의 잔인한 성 파괴 연구는 현대 독일을 중심으로 서구와 UN과 각국 정부의 압력과 교육 정책으로 사용되고, 유치원 교육으로부터 대학교까지 그런 내용이 필수 과목으로 가르쳐짐으로써 더욱 치명적으로 파괴된 새 인간이라는 젠더-맨(Gender man)들이 만들어지고 있다. 이 '새로운 인간'인 젠더-맨은 자기 마음에 끌리는 대로 성을 선택할 수 있고 성을 바꿀 수도 있다. 하나님이 창조하신 이성(異性)을 파괴하고, 새로운 성(性)적 인간을 창조한다는 것이다. 새 인간, 즉 성 인간을 만드는 방법은 최대한 어린아이에게 성교육을 시작하여, 마침내는 이성(異性)이 아니라 동성, 양성, 성전환 등의 인간으로 바꾸고, 마음대로 끌리는 대로 성행위를 자행하는 인간을 만드는 것이다.

성 혁명의 독특성은 하나님의 창조물인 인간과, 인간의 양성(異性)과, 유대교-기독교적인 일부일처제와 가정과 윤리와 사회를 모두 철폐하는 것이다. 그리하면 자유와 평등과 기쁨의 새로운 사회가 설립되는데 그것은 속칭 '포르노 집단'이다. 이렇게 무너진 피교육자와 그 후손들은 불신앙에 빠지고, 하나님이 주신 성 정체성까지 파괴된 동성애자 또는 양성애자, 혼성애자, 성전환자 등으로 살아가야 하고, 소위 '포르노 걸'로 살며, 정욕과 성욕의 노예가 되어 고통스러운 종말을 맞이하게 되는 것이다.

완전히 자유롭고 평등하고 해방되었다는 '새 인간'은 부모와 자녀들과 함께 행복하게 살지 못하고, 오히려 더 심한 성적 노예가 되어, 인생을 오직 섹스 중심으로 살며, 참아 내지 못하는 성 중독과 욕정, 어린이 성폭력, 소녀 매춘, 십대의 임신, 낙태, 불량 청소년, 청년과 중년 범죄자들, 노이로제, 무서운 질병과 정신 질환 등으로 결박당하고 억눌리고, 수치감 없는 반윤리적 인간이 되어, 그 자신과 타인과 가족과 사회와 윤리 도덕이 파괴되고, 그 후대는 하나님의 사랑과 도우심을 알지 못하고 체험하지 못한다. 그들은 예수 그리스도 안에 있는 참 자유와 행복과 평강에 관해서 전혀 알지 못하고 자멸한다.[65]

위에서 가브리엘레 쿠비(G. Kuby)는 지금까지 알려진 어린이 성교육의 결과로서 성-혁명자들의 주장과 행위가 모두 거짓임을 증거했다. 마르크스주의, 프로이트-신마르크스주의, 젠더 이데올로기가 행복하고 평화로운 새 사람과 새 사회를 만들어 내지 못하고 실패한 원인은 첫째로 그들의 무신론에 있다. 그들은 하나님을 떠났고, 하나님이 만물을 주관하시고, 복을 주시는 분임을 알지 못한다. 둘째로 잘못된 인간관에 있다. 그들은 하나님이 인간을 창조하심과, 인간의 타락과 무능을 알지 못하고 오히려 인간이 스스로 하나님을 대신하여 새 인간과 새 사회를 만들어 낼 수 있다고 믿는다.

1995년 '제4차 UN세계여성국제대회'[66]가 개최된 이후, UN 총회에서 UN의 의무를 모든 조치와 프로그램이 '성 주류화'(GM, Gender Mainstreaming)를 실행하는 것이라고 결의하고, 모든 원칙과 법칙이 성 중심적이 되게 하고, 인류 모두가 젠더 중심적(성 중심적)으로 살도록 규정한 것이다. 이런 규정을 실시한 지역의 보고에 의하면, 그들은 일시적으로 자기의 성적 욕구를 다 성취한 것 같고 해방을 얻은 것 같지만, 오히려 그들은 Sex에서 해방이 아니라, 더욱 Sex에 결박된 것이다.

---

65 Beryerhaus, P. Freud-Marxistische Ideologisierung unseres Schulwesens, in: Ideologien Herausforderung an den Glauben, Hrsg. v. P. Beyerhaus, Bad Liebenzell, 1979, 137-138. 아래는 1976년 스웨덴 위생국에서 성교육 20년 후의 경과를 공개한 것이다. 14세 이하 소녀의 임신: 900퍼센트, 15세 이하 소녀의 낙태: 260퍼센트, 14세 이하 아동들의 성병: 900퍼센트, 청소년 범죄: 900퍼센트. Kuby, G., "Umerzieung als Weg zum neuen Gendermenschen", in: diakrisis, 35. Jg.. 4. Okt. 2014, 189이하..
66 제4차 UN세계여성국제대회, 한국외국어대학교, BK21 통역번역분야 특화사업단, 2002, 96-110.

현시점에서 동성애자들은 성 소수자의 인권이라는 이름으로 프로이트-마르크스주의를 의지하고 일어서서 '성평등'을 법제화하고 동성애를 마음껏 거침없이 확산시키고자 한다. 그러나 이런 성교육 내용은 다 마귀의 거짓말이다. 참 자유는 성경 말씀이 증거하는 바와 같이, "진리를 알지니 진리가 너희를 자유롭게 하리라"(요 8:32)라는 사실에 있다. 하나님이 없는 곳, 진리가 없는 곳에는 참 자유가 없고, 참 평안도 없다.

서구의 성전환자들로 인한 피해 사례들은 아래와 같이 알려져 있다:

2015년 6월 28일, 오바마 대통령의 압력으로 미국의 동성애가 법제화됨으로써 기독교인 박해가 시작되었다. 미국에 동성애가 합법화된 이래 2018년 콜로라도시의 한 유명 제과점 주인 필립스가 성전환자(게이)의 결혼식 케이크 제작을 거부함으로 인해 고소당하고 감옥 생활을 하고 제과점도 폐쇄되는 큰 대가를 지불해야 했다.[67]

동성애·동성혼개헌반대국민연합 운영위원장이며 부산대학교 교수인 길원평은 서구 성전환법으로 인한 피해 사례들을 아래와 같이 들고 있다.[68]

> 2016년 6월 미국 뉴욕시는 공식적으로 31개의 성(性)을 공포했고, 상대방이 원하는 성 호칭을 계속 사용하지 않으면 최고 25만 달러의 벌금이 부과될 수 있도록 했다.[69]
>
> 캐나다 온타리오에서는 자녀의 동성애 성향이나 성전환을 반대하는 부모의 양육권을 주정부가 빼앗고, 그런 부모를 처벌할 수 있는 법까지 제정이 되

---

67 미연방대법원이 5:4로 동성 결혼을 합법화함. 손혜숙, 『트럼프 대통령의 새 시대와 동성애』, CLC, 2019. 위의 책, 17-28.

68 필자는 독자들에게 '성전환을 통한 동성애 세력 확장 실태'의 이해에 도움이 될 것 같아 길원평의 자료를 재인용 하여, 필자가 본문에 서술하지 않은 '성전환으로 인한 폐해 사례'을 결론에 확대진술 했다.

69 C:\Users\GIGABYTE\Desktop\성전환 정책의 폐해 사례\성평등 정책의 서구 폐해들.mht.
[출처] 성평등 정책을 시행하는 서구에서 나타나는 폐해들 | 작성자 wpgill

었다.⁷⁰

영국에서 성교육 실시로 2009-2010년 1년 동안 남녀 아동 총 97명이 성전환 시술을 원했었는데, 2017-2018년 1년 동안 성전환자 수가 총 2,519명으로 25배 이상 증가했다.⁷¹

미국 뉴욕시와 워싱턴주는 생물학적 성이 아닌 자신이 택한 성 정체성에 따라 화장실을 사용하도록 하고 있다.⁷²

영국, 미국 등에서는 여권 신청서와 공식 문서에 엄마, 아빠 용어 대신에 Parent 1, Parent 2를 사용할 수 있다.⁷³

오바마 정부는 미국 모든 공립 학교의 화장실, 락커, 샤워장을 학생들이 자신의 성 정체성에 따라 사용하도록 하는 지침을 내렸다.⁷⁴

미 육군은 여군이 남성에서 여성으로 성전환 수술을 받지 않은 트렌스젠더 남성 군인과 샤워실, 탈의실을 같이 사용하는 훈련 지침서를 발간했다.⁷⁵

필자는 이 글을 쓰면서 '성전환'이 무엇인지 알지도 못하는 미숙한 어린이들을 유도해 학교가 성전환 수술을 택하게 하고, 장래에 그들이 성 중

---

70 재인용, 「기독일보」, 2017년 6월 8일, "'커밍아웃'한 자녀, 부모가 반대하면 정부에서 양육권 박탈?".
71 재인용, 글로벌뉴스픽, 「CREDO」 매거진 2호, 9 페이지 (2018년 12월).
72 재인용, 「중앙일보」 New York, 2016년 6월 7일. http://www.koreadaily.com/news/read.asp?art_id=4330662.
73 재인용, Goodbye, mother and father! Now Parent 1 and Parent 2 appear on PC passport form, MailOnline, 2011년 10월 3일 http://www.dailymail.co.uk/news/article-2044491/PC-passport-Goodbye-mother-father-Now-Parent-1-2-appear-form.html.
74 재인용. Obama directs public schools to accommodate transgender students, PBS Newshour, 2016년 5월 13일 http://www.pbs.org/newshour/rundown/obama-administration-to-decree-transgender-access-for-public-school-bathrooms.
75 재인용, US Army Tells Female Soldiers to 'Accept' Having Naked Men in Their Showers, The Christian Post, 2017.7.5. http://www.christianpost.com/news/us-army-tells-female-soldiers-accept-naked-men-showers-190934.

독자들이 되어 고통당하게 하고, 부모는 선한 교육을 받으라고 그의 귀한 자녀들을 학교에 보냈지만, 학교는 그 어린 생명들을 '성교육'이라는 교육의 이름으로 동성애자들과 성전환자들로 만드는 것이다. 부모가 자발적으로 이 무서운 악마적 교육에 꽃 같은 어린 자녀들을 무심히 맡기는 현상을 보며, 필자는 숨 막히는 울분과 눈물을 금할 수 없다.

그러나 하나님이 우리에게 주시는 참 평화가 있다. 이를 '그리스도의 평화'라고 한다. 악한 마귀적 속임수에 희생된 교육자나 피교육자들이라 할지라도 누구든지 하나님께 돌아오기만 하면 우리에게 임하는 공평하게 임하는 그리스도의 평화다. 이 평화는 성적 만족에서 오는 것이 아니고, 사회적, 정치적으로 얻는 것도 아니다. 이 참 평화를 얻으려면 살아 계시고 은혜를 주시는 **하나님과 화해해야** 한다. 우리의 죄 값을 예수 그리스도께서 치르심으로 인해 우리가 속죄 받아야 우리는 모든 더러움과 죄악에서 풀려 나올 수 있는 것이다. 참 자유는 성행위에 있는 것이 아니라 진리에 있다. 하나님께 속한 사람들에게는 이 땅에서 환란과 핍박과 모든 괴로운 일을 당할지라도, 마음 깊은 곳에 있는 참 자유와 참 평안이 있다. 이 평안은 아무도 빼앗을 수 없다.

성경은 그런 평안에 대해서 아래와 같이 선포한다.

> 평안을 너희에게 끼치노니 곧 나의 평안을 너희에게 주노라 내가 너희에게 주는 것은 세상이 주는 것 같지 아니하니라(요 14:27).

**동성애자들은 동성연애를 사랑이라고 한다.** 그러나 이들은 육체적 사랑과 타고난 사랑인 에로스이고 극단적으로 이기적인 사랑만 알고 있다. 하나님께로부터 오는 참 사랑인 아가페를 알지 못한다. 그런데 하나님이 우리에게 부어 주신 사랑은 육체적 사랑이 아니라 신적 사랑이다. 인간이 타고나지 않은 사랑이다. 이 사랑은 아래의 말씀과 같이, 하나님 영이신

'성령'께서 우리 마음에 부어 주시는 사랑이다.

> 우리에게 주신 성령으로 말미암아 하나님의 사랑이 우리 마음에 부은바 됨이니(롬 5:5).

하나님이 부어 주시는 사랑은 새 사랑이고 거룩한 사랑이다. 동성애자들에게도 참 해방과 참 자유의 길이 있다. 성 중독자들과 성 도착자들처럼 수십 명을 상대해도 성에 차지 않아 정욕에 더욱 심하게 결박당한 사람일지라도 하나님께 돌아와서 하나님의 사랑을 받으면, 섹스적 사랑에 비교할 수 없는 절대적인 사랑, 최고로 행복한 사랑을 받게 된다. 그러나 이 사랑과 행복은 하나님이 그냥 주시는 것이 아니라 모든 불신앙과 불법을 행하던 죄를 회개하고, 예수 그리스도의 대속의 보혈로 죄 사함을 받고 깨끗해진 사람에게만 부어 주시는 것이다.

필자는 한 탈동성애자이며 성 중독자로부터 들은 고백이 있다. '하나님께 돌아와서 한 1-2년만 잘 참으면 이 악한 탐욕에서 벗어날 수 있다고.'

> 너희가 회개하여 각각 예수 그리스도의 이름으로 세례를 받고 죄 사함을 얻으라 그리하면 성령의 선물을 받으리니(행 2:38).

이 사건은 매우 중대한 사건이다. 하나님을 떠나 불순종하고 반윤리적으로 살며 하나님과 분리된 사람들이 다시 하나님께로 나아오기만 하면, 그들에게 실제로 부어 주시는 체험적인 사랑이다. 하나님의 참 사랑으로 우리는 죄악의 결박을 벗어날 수 있고, 참 해방을 누릴 수 있게 된다. 레즈비언과 게이들도 이런 참 사랑을 알게 되면 결코 이전으로 돌아가지 않을 것이다.

성경은 죄인들이 회개하고 깨끗이 죄 사함을 받아 흰옷을 입고 하나님을 찬양하고 기뻐하는 모습을 묘사하고 있다. 여기서 악인이란 어떤 특정

인이 아니라, 타락한 아담의 후손 전부를 의미한다. 성경은 "기록한 바 의인은 없나니 하나도 없으며 깨닫는 자도 없고 하나님을 찾는 자도 없고 다 치우쳐 함께 무익하게 되고 선을 행하는 자는 없나니 하나도 없도다"(롬 3:10-12)라고 선언한다.

성경은 이 **흰옷 입은 무리**에 대해서 무엇을 설명하는가?

성경은 "그에게 **빛나고 깨끗한 세마포**를 입도록 허락하셨으니 이 세마포는 성도들의 옳은 행실이로다"(계 19:8)라고 증거한다. 우리는 **죄인**이었지만 하나님은 우리 죄를 다 도말하신 후 우리를 의인이라고 부르신다. 성경은 모든 죄인과 악인과 하나님을 떠난 무신론자라도 돌이켜 **하나님께 나오기만 하면** 모두 구원을 받을 수 있다고 선언한다. 이 세상에 사는 교인과 성도 모두 이런 식으로 하나님께 나온 사람들이고, 예수 그리스도의 사랑과 대속의 은혜를 입고, 죄 사함을 받아, **빛나고 깨끗한 세마포**를 입게 된 것이다.

하나님은 살아 계시고 구원도 하시고 심판도 하신다. 천국은 있다. 물론 지옥도 있다. 성경은 마지막 날에 하나님이 선인과 악인을 구별하시고 심판한다고 말씀하신다. 하나님은 하나님이 없다고 주장하는 무신론자들과 마르크스주의자들과 프로이트-신마르크스주의자들도 인간의 한계성을 인정하고, 자기 기만을 버리고, 우리를 창조하시고 사랑하시는 하나님께로 돌아와 육신과 영혼의 참 평안과 참 해방을 누릴 수 있기를 정말 원하고 기다린다. 우리를 창조하신 하나님께 돌아와서 거룩한 새 사람이 되며, 마침내 하나님이 창조하신 **새 하늘과 새 땅**에 들어가는 것이다.

> 그런즉 누구든지 그리스도 안에 있으면 새로운 피조물이라 이전 것은 지나갔으니 보라 새 것이 되었도다(고후 5:17).
> 새 하늘과 새 땅을 보니 처음 하늘과 처음 땅이 없어졌고 바다도 다시 있지 않더라 또 내가 보매 거룩한 성 새 예루살렘이 하나님께로부터 하늘에서 내려오니 그 준비한 것이

**신부가 남편을 위하여 단장한 것 같더라**(계 21:1-2).

이 사회에 동성애 문제가 확산되면서 교회도 점점 이성 간의 음란과 간음 문제를 다루지 않게 되고, 교회에서도 "간음하지 말라"는 하나님의 말씀과 윤리는 별로 다루어지지 않고 있다. 이렇게 계속되면 다음 세대는 올바른 이성 관계에 대해 알지 못하게 되고, 성도의 거룩성은 점점 찾아보기 어렵게 된다. 죄가 교회에 번지게 되고, 죄의식이 와해 되면서 "구원에 이르는 회개"(고후 10:10), "생명 얻는 회개"(행 11:18), "성령을 받는 회개"(행 2:38)가 점차 교회에서 사라지게 된다. 동시에 교회에서 성령의 역사가 일어나지 않게 되고, 교회의 모임은 형식화되고, 세상과 타협하게 된다. 지금이라도 교회 지도자들이 성도들을 일깨우고 자녀들을 신앙적으로 올바르게 키워, 우리 자녀들이 스스로 죽음의 길을 떠나고, 하나님의 진노의 잔이 그 머리 위에 머물게 하지 않도록 해야 한다. 무엇보다도 영적 지도자 자신이 세상과 타협하지 않고, 자기 관리를 확실하게 해야 성령께서 역사하시고 구원의 진리를 힘있게 전달할 수 있을 것이다.

> 내 백성이 지식이 없으므로 망하는도다 네가 지식을 버렸으니 나도 너를 버려 내 제사장이 되지 못하게 할 것이요 네가 네 하나님의 율법을 잊었으니 나도 네 자녀들을 잊어버리리라(호 4:6).

우리 한국 교회를 전후좌우로 둘러싸고 있는 반기독교적, 적기독교적 세력을 대비해서 한국 교회는 다음 세대 어린이들과 청소년들과 청년들의 산 신앙과 거룩성 회복과 영혼 구원을 위해서 힘을 다해 기도하고 전도할 뿐만 아니라, 왜곡되고 파멸에 이른 사람의 정신을 바꾸는 교육 정책을 세워야 할 것이다. 우리가 하나님의 뜻을 따라 성령의 인도하심과 능력으로 생명의 복음을 전하고 후대의 젊은이들을 위하여 교육을 실시한다면,

한국 교회와 젊은이들은 반신적 세력과 마귀적 결박과 파멸에서 풀려나고 하나님이 기뻐하시는 영혼 구원과 회복이 한국과 우리 한국 교회에 임할 것이다.

우리는 이 시대에 천진난만한 어린이들과 항상 미혹에 노출되어있는 청소년들과 이미 망가진 청장년들의 회복을 위해 급히 대안을 마련하지 않을 수 없게 되었다.

그 대안은 무엇일까?

일례로 전국교직원노동조합이 대통령을 내는 데 일조하기까지 청소년 교육을 30년간 계속했다. 우리는 교육의 힘이 얼마나 크다는 것을 체험하게 되었다. 따라서 우리는 비록 너무 많은 영혼을 잃었지만, 이제라도 진정한 '새로운 피조물'(고후 5:17)이 되게 하는 복음적인 교육 기관이 훨씬 강화되어야 한다는 불가피성을 알게 되었다. 그나마 다행인 것은 이미 복음적인 신학대학교들이 있다.

그런데 일부 신학교들과 목회자들조차도 동성애를 단순히 인권 문제로만 생각하고 합법화하자는 취지에 찬성하고, 대다수의 교회와 목회자도 동성애 법제화 운동에 침묵하고 있지 않은가?

그렇다고 우리는 이에 아무런 대안 없이 손 놓고 쳐다보고만 있을 것인가?

페터 바이어하우스가 복음을 벗어난 자유주의 독일 신학생들을 복음적인 지도자로 세우기 위해 지금으로부터 50년 전인 1970년 독일 뷔르템베르크 지역 경건주의 교회들과 공동으로 튀빙겐에 재교육 기관인 A. 벵겔 하우스(Albrecht Bengel-Haus)를 설립하고 초대 원장으로 섬겼던 일은 우리에게 큰 의미와 도전을 준다.

비록 한국은 교육적으로 동성애와 젠더-이데올로기 확산이 시작된 UN 제4차 세계여성국제대회(1995년)보다 30년 늦었고, 서구에서 1960년대 신-맑스주의 운동보다 60년이나 뒤늦긴 했지만, 우리도 교단적으로나 교회적으로 한국의 바이어하우스학회가 모두 그들처럼 꾸준하게 교육 내용과 방법을 개발하고, 제도적으로 어린아이들부터 성장하는 동안 계속적으로 순전한 복음으로 교육하고, 성인들을 위해서도 대안학교 내지 평생교육원 같은 어떤 대안을 제시해야 할 것으로 보인다. 더욱이 남북통일을 기대하며 우리가 공산주의 사상의 진한 물이 들지 않은 북한의 어린이들을 위한 교육 방법을 연구하고 준비하여 그들을 맞이하고, 그들을 순전한 복음으로 양육한다면 우리는 미래 세대의 어린이들과 청소년들을 흑암의 세력과 지배에서 벗어나 하나님의 귀한 아들 딸들이 되게 하는 큰 축복의 통로가 될 것이다.

필자는 이 글을 교회만을 위해 쓴 것이 아니다. 이 글의 독자는 젊어서 마르크스주의만 접하고, 하나님을 증오하고 파괴하고 무수한 사람의 영혼을 죽이고 지옥으로 끌고 갔었던 사람들, 모르고 성교육을 받고 성 중독자가 되고 여러 측면에서 망가진 사람들이다. 이들 모두는 젠더 이데올로기의 피해자이다. 차세대 더 많은 사람을 위해서도 쓴 것이다.

누구든지 하나님께로 돌아오기를 갈망하는 사람은 죄 사함을 받고 새 사람이 되어 흰옷을 입고 참 사랑의 하나님 나라에 들어갈 수 있게 된다. 온 교회는 이런 사람들을 사랑하고 품어 주고 새 사람이 되도록 잘 도와주고 그들을 천국 길로 안내해야 할 것이다.

## 참고문헌

Beyerhaus, P., "Die dritte Revolution", diakrisis, Schöpfungsrodnung und Gender- Ideologie, 9. Jg. June 2008.

Beryerhaus, P. "Freud-Marxistische Ideologisierung unseres Schulwesens", in: Ideologien Herausforderung an den Glauben, Hrsg. v. P. Beyerhaus, Bad Liebenzell, 1979.

Goodbye, mother and father! Now Parent 1 and Parent 2 appear on PC passport form, MailOnline, 2011년 10월 3일 http://www.dailymail.co.uk/news/article-2044491/PC-passport-Goodbye-mother-father-Now-Parent-1-2-appear-form.html.

Henning, G., "gruppendynamik as kulturrevolutionäre Ideologie", Hrsg. v. P. Beyerhaus, in: Ideologien Herausforderung an den Glauben, Bad Liebenzell, 1979.

Hoffmann, M., "die Auflösung der Geschlechter Ordnung und die Gender-Ideologie", diakrisis Schüpfungsordnung und Gender-Ideologie, 29.Jg. Juni 2008.

Kuby, G., "Umerzieung als Weg zum neuen Gendermenschen", in: diakrisis, 35. Jg.. 4. Okt. 2014.

Müller, D., "Der 'neue Mensch' der Gender-Ideologie", in: diakrisis Schöpfungsordnung und Gender-Ideologie, 29.Jg. Juni 2008.

Neuer, W., "Die ideologische, gesellschaftliche und staatliche Angriff auf Ehe und Familie", *diakirisis, Genderisus,* 35. Jg. IKBG(internatiopnale Kp.184.onferenz Bekennender Gemeinschaften), Okt. 2014.

Obama directs public schools to accommodate transgender students, PBS Newshour, 2016년 5월 13일 http://www.pbs.org/newshour/rundown/obama-administration-to-decree-transgender-access-for-public-school-bathrooms.

v. Padberg, L., Der Feminismus: "Historische Entwicklung – ideologische Hintergrund – kulturrevolutionäre Ziele", Hg. v. P. Beyerhaus, Frauen in theologischen Aufstand, Hänssler-Verlag, Neuhausen-Stuttgart, 1983.

Salzburger Erklärung, IKBG/ICN, Tübingen, 6. Sept.

Thürkauf I. M."Von der biologischen Revolution, in: diakrisis, 29. Jg.. 2. Juni, 2008.

US Army Tells Female Soldiers to 'Accept' Having Naked Men in Their Showers, The Christian Post, 2017.7.5. http://www.christianpost.com/news/us-army-tells-female-soldiers-accept-naked-men-showers-190934.

UN 제4차 세계여성국제대회, 한국외국어대학교, BK21 통역번역분야 특화사업단, 2002.

글로벌뉴스픽, CREDO 매거진 2호, 9 페이지 (2018년 12월).

기독일보, 2017년 6월 8일, '커밍아웃'한 자녀, 부모가 반대하면 정부에서 양육권 박탈?.

https://www.youtube.com/watch?v=bcqMn6IqYt0&feature=youtu.be.

http://blog.naver.com/PostView.nhn?blogId=text92&logNo=20016359669.

https://ko.wikipedia.org/wiki/%EB%B9%8C%ED%97%AC%EB%A6%84_%EB%9D%BC%EC%9D%B4%ED%9E%88.

https://namu.wiki/w/%ED%8C%8C%EC%9D%BC:external/cdn1.tabletmag.com/127145208220100416butler.jpg.

https://namu.wiki/w/%EC%A3%BC%EB%94%94%EC%8A%A4%20%EB%B2%84%ED%8B%80%EB%9F%AC.

https://search.daum.net/search?nil_suggest=btn&w=tot&DA=SBC&q=%EC%BC%80%EC%9D%B4%ED%8A%B8+%EB%B0%80%EB%A0%9B+%EC%82%AC%EC%A7%84.

https://book.naver.com/bookdb/book_detail.nhn?bid=5414767.

http://blog.naver.com/PostView.nhn?blogId=wooclaire&logNo=221148757770.

https://www.happycampus.com/report-doc/13611779.

http://www.ohmynews.com/NWS_Web/View/at_pg.aspx?CNTN_CD=A0002315563.

https://100.daum.net/encyclopedia/view/b09b3465a.

http://blog.naver.com/PostView.nhn?blogId=text92&logNo=20016359669.

https://ko.wikipedia.org/wiki/%EB%B9%8C%ED%97%AC%EB%A6%84_%EB%9D%BC%EC%9D%B4%.

https://terms.naver.com/entry.nhn?docId=1179170&cid=40942&categoryId=31611.

http://www.ohmynews.com/NWS_Web/View/at_pg.aspx?CNTN_CD=A0002315563.

http://blog.naver.com/PostView.nhn?blogId=text92&logNo=20016359669.

https://ko.wikipedia.org/wiki/%EB%B9%8C%ED%97%AC%EB%A6%84_%EB%9D%BC%EC%9D%B4%ED%9E%88.

https://ko.wikipedia.org/wiki/%EB%B9%8C%ED%97%AC%EB%A6%84_%EB%9D%BC%EC%9D%B4%ED%9E%88.

C:\Users\GIGABYTE\Desktop\성전환 정책의 폐해 사례\성평등 정책의 서구폐해들.html.

성평등 정책을 시행하는 서구에서 나타나는 폐해들 | 작성자 wpgill.

 제6장
# 동성애 현안 신학적 조명과 복음적 해법

이요나 목사

갈보리채플 서울교회 담임, 한국성경적상담사협회 대표

## 서론

2015년 6월 26일 미연방대법원이 동성 결혼을 합법화하면서 우리 교계는 큰 충격을 받았다. 세계 선교 대국이며 청교도 신앙을 국가 기강의 근간으로 세워진 미국이 동성애를 합법화한다는 것은 생각지도 못했기 때문이다. 이런 세계 정세에 힘입어 유엔은 성 소수자 인권 문제에 더욱 강력한 메시지로 압박해 오고 있고, 한국 현 정권도 성 소수자의 인권을 두둔하고 있어서 우리 한국 교회는 매우 혼란스럽고 심각한 위기에 처했다.

오늘날 친동성애 단체들은 정치 경제 문화 사회 언론 각 분야에서 활발한 정책과 홍보를 펴고 있고 세계 연합을 이루는 퀴어축제는 전국 주요 도시를 중심으로 확산하고 있다. 이 더러운 세력은 인터넷 SNS를 통하여 정체성 확립을 하지 못한 청소년들에게 마치 누룩처럼 번져 나가고 있는 실정이다.

또한, 전국 각 대학교는 고사하고 이제 기독대학조차 동성애자 동아리가 활동하고 있어 각 교단별 논란이 되고 있다. 이런 상황 속에서 최근 한국 교계는 동성애 현안에 대한 서로 다른 입장 차를 표명하여 심각한 대립 현상을 빚고 있다.

한국 기독교계에서 가장 크게 대두되는 현상은 크게 셋으로 구분되고 있다.

**첫 번째**, 동성애 수용 운동
**두 번째**, 동성애 반대 운동
**세 번째**, 탈동성애 운동

그중에서 신학적으로 가장 심각하게 부딪치고 있는 신학적 대립은 동성애 수용 측과 동성애 반대 측의 대결이다.

이 두 그룹의 상반된 논리 대립의 가장 큰 원인은 동성애 현안을 성경적 원리와 복음적 원리를 따르지 않는다는 데 있다. 동성애 현안을 죄가 아닌 인류 보편적인 문화나 사회적 인권 문제로 다루려는 동성애 수용을 요구하는 일부 교계의 비성경적인 논리는 마땅히 정죄 받아야 할 것이다.

이것은 기독교적 논리를 떠나 사회 윤리와 도덕적 관점에서도 용납할 수 없는 인류의 삶을 파괴하는 비정상 행위들이다. 그들이 어떠한 명목으로 기독교 안에 동성애를 포용해야 한다고 해도 그들의 주장은 성경의 정죄를 벗어날 수 없다.

그러나 여기서 우리가 생각해야 할 것은 저들을 경계하는 동성애 반대 운동 측의 비성경적인 대응 또한 사랑과 용서와 화합의 기독교 정신을 훼손하고 있음을 자각해야 한다.

얼마 전 나는 동성애를 두둔하는 장로회신학대학교 총장을 비난하는 내용의 기사를 읽었다.[1] 각 언론에 보도된 내용을 보며 한국 교회의 백년대

---

1 http://www.christiantoday.co.kr/news/315281: "장신대 임성빈 총장 서신, 사실상 동성애 인권화 논리."

계를 이어가는 신학교 총장으로서 동성애에 대해 신학적으로, 복음적으로 단호한 논리를 제시 못한 점에도 큰 아쉬움이 있지만, 나를 더욱 놀라게 한 것은 기독 언론에 공개된 장로회신학대학교 총장에게 보낸 보수 측 지도자의 서신 공문 내용이었다.

> 이들은 장로회신학대학교가 발표한 '동성애 문제에 대한 교육 지침'도 문제 삼았다. 김 목사는 '동성애자에 대한 목회 지침' 부분이 "비신학적, 비성경적, 비현실적"이라고 했다. 그는 "(동성애 문제가) 목회 지침을 만들 정도로 이슈가 될 일인가. 목양의 대상이 그렇게도 없어서 하나님이 가증히 여기는 동성애자들을 특별한 목양의 대상으로 삼아 지침까지 만드느냐"고 했다. 동성애자에 대한 목회 지침에 나오는 "교회 안에 동성애자를 받아들이고, 죄인의 진정한 참회와 변화를 위해 기다리셨던 예수의 인내를 본받자"는 부분도 문제 삼았다. 김 목사는 "설마 교회 안에 동성애자를 받아들이고 인내하라는 의미인가. 동성애자를 교회 안에 받아들이고 목양 대상으로 삼는 성경 구절은 없다"며 "성경은 동성애자를 약속의 땅에서 내쫓고 죽이는 일에 관해 이야기한다. 동성애자를 교회에 품는 일을 전제로 한 목회 지침은 있을 수 없다"고 했다.[2]

이런 논리는 동성애를 반대하는 그 이유마저 훼손하게 할 뿐 아니라 예수 그리스도의 은혜의 복음과 교회의 본질과 목적을 상실케 하는 비성경적 주장이다. 물론 한국 교회를 염려하는 열정에서 동성애를 지지하는 세력들에 대한 강력한 경고였다고 변명할 수는 있겠으나 우리 교회는 그 어떤 상황에도 오직 성경의 진리에 입각해서 생각하고 말하고 행동해야 한다.

---

[2] http://www.newsnjoy.or.kr/news/articleView.html?idxno=219139: "'영적 지성소' 장신대가 '무지개'에 잠식됐다?"

성경적 진리란 성경적 바른 신학을 토대로 성경적 바른 해석과 합리적 적용을 바탕으로 이루어져야 한다. 권면적 상담신학을 일으킨 제이 아담스 목사는 그의 저서 『기독교 상담신학』에서 "교회의 상담 사역이 계속해서 발전하지 못하고 오히려 역행하는 것은 상담 그 자체가 신학적이지 않아서가 아니라 (사실 상담은 처음부터 끝까지 신학적이다)— 방법이 비체계적이고 비신학적이기 때문이었다"[3]라고 서술했다.

## 1. 동성애, 신학적 고찰

### 1) 퀴어신학의 출발과 모순

동성애 문제에 대한 올바른 성경적 정의를 위해서 필요한 것은 무엇인가?

가장 중요한 것이 성경 해석의 당위성 확립이다. 오늘날 이미 많은 신학자가 해방신학, 퀴어신학(queer theology)과 같은 신조어를 만들어 기독교계가 혼잡한 상황이지만, 신학은 오직 성경의 진리를 토대로 아들 예수 그리스도를 통하여 인류를 구원하기 위한 하나님의 섭리와 계획들을 발견하기 위한 토대이다. 그러므로 하나님의 뜻을 벗어나서 인간의 학문과 철학의 지혜로서 인생사의 해법 원리를 만들어 내면 이단 사설에 빠지는 모순을 범하게 된다.

성경은 모든 학문의 시작과 끝 곧 '알파와 오메가'이며, 모든 일의 '시작과 끝'이며, 발단과 결과 곧 '처음과 나중'이다 아무리 과학과 문명이 발달했다 할지라도 그 모든 것은 하나님의 예정과 범주를 벗어나지 못하며 인

---

[3] 제이 아담스, 『기독교상담신학』 (서울: 크리스챤출판사, 2002), xi.

류는 아직 하나님이 설정하신 영원한 세계에 도달하지 못했다.

그러므로 성경은 증거한다.

> 감추어진 일은 우리 하나님 여호와께 속하였거니와 나타난 일은 영원히 우리와 우리 자손에게 속하였나니 이는 우리에게 이 율법의 모든 말씀을 행하게 하심이니라(신 29:29).

오늘날 퀴어신학자들과 호모필리아(homophilia, 동성애 옹호자)들은 로마 가톨릭 신부이며, 철학자이자 심리학자인 다니엘 헬미니악(Daniel A. Helminiak, 1942-)[4]의 성경 해석을 많이 인용한다. 그들이 말하는 동성애 교리는 헬미니악이 저술한 『성서가 말하는 동성애』(What the Bible really say about Homosexuality?)[5]에 리얼하게 정리되어 있다. 물론 칼빈주의나 알마니안주의도 신학적 해석을 통한 하나님의 은혜와 구원의 원리를 교리화한 것이지만, 퀴어신학의 출발점이 된 헬리미니악의 논리는 하나님의 신적 작정과 거룩한 품성을 훼손한 고의적이고 악의적인 발상이다. 더욱 경악할 일은 다니엘 A. 헬미니악은 성경에 기록된 거룩한 하나님의 증인들을 동성연애와 관련된 악의적인 해석으로 유추했다.

다윗과 요나단이 연정 관계[6]라고 말하며, 사울과 다윗의 관계까지 언급하며 "다윗이 사울에게 이르러 그 앞에 모셔 서매 사울이 그를 크게 사랑하여 자기의 무기를 드는 자로 삼고"(삼상 16:21) 라는 구절 중 "그 앞에 모

---

[4] 다니엘 헬미니악은 미국 가톨릭 신부인데, 웨스트 조지아대학교의 인문학과 심리학 교수를 지냈다. 그는 특별히 인간의 성(性)과 영성의 심리학에 대해 가르쳤다. 그는 1976년에 자신의 게이로서의 정체성을 밝히면서 커밍아웃했고 카톨릭 LGBT 지원 네트위—의 지도신부로 활동했다. 그는 1994년에 출판된 그의 책 『성서가 말하는 동성애』는 국제적인 베스트셀러가 되었다.
[5] 다니엘 헬미니악, 『성서가 말하는 동성애-신이 허락하고 인간이 금지한 사랑』, 김화곤 역 (서울: 해울, 2003).
[6] 삼상 18:14; 삼하1:26; 삼상 20:30(70인역을 인용, 수치를 벌거벗음으로 유추);삼상 16:21.

셔 서매"라는 히브리어를 임의로 유추 해석하여 '다윗이 사울에게 왔고 그[다윗]가 그 앞에서 "[발기했을 때] 그[사울]는 그를 무척 사랑했다"고 악의적인 주석을 했다.[7]

헬미니악은 더 나아가 '룻과 나오미'의 관계를 레즈비언 관계로 유추했으며, 다니엘과 환관장 역시 동성애적 관계였을 개연성을 열어 놓았다. 그는 "성서의 중요 인물들의 삶에 나타난 동성애 관계의 현실적인 개연성을 따져 보면 성서는 거의 모든 사람이 이제까지 상상했던 것보다 훨씬 동성 간의 사랑에 대해 개방적이었을지도 모른다는 걸 알 수 있다"[8]고 주장했다.

어디 그뿐이랴. 그의 사설적 횡포는 불경스럽게도 거룩한 하나님의 독생자 아들 예수 그리스도에까지 미쳐, **마태복음 8장과 누가복음 7장**에 기록된 바, 예수께 나아와 사랑하는 병든 하인을 고쳐달라는 백부장을 언급하며, 마태복음 8:5-13에서 백부장이 지칭한 종의 헬라어 원어가 '*pais*'는 '내 아이', '소년'이므로 백부장과 종은 동성애 관계일 수 있다고 주장하며, 예수께서 두 사람의 동성애 관계를 알면서도 죄의 논증 없이 백부장의 연인의 병을 고쳐 주었으니 결국 동성애를 인정한 것과 다름없다는 괴변을 늘어놓았다.[9]

그러나 누가복음 7:1-10에는 '하인' 곧 '*doulos*'로 기록되었으므로, 공관복음의 관점으로 볼 때, 누가는 백부장과 하인의 상하관계를 그대로 서술한 것이다. 또 마태는 그의 하인을 아끼고 사랑한 백부장의 성품을 묘사한 것임을 글을 읽을 수 있는 사람이면 누구라도 알 수 있다. 설혹 그의 논리가 히브리어와 헬라어의 어원 해석을 폭넓게 유추한 학문적 연구라고 하더라도 이는 하나님의 거룩함을 훼손하고 그의 이름을 망령되이 부르며,

---

7 헬미니악, 『성서가 말하는 동성애』, 184-185.
8 헬미니악, 『성서가 말하는 동성애』, 188-190.
9 헬미니악, 『성서가 말하는 동성애』, xxii, 191-195.

성경을 기록하신 성령의 영역을 훼손한 것이므로 하나님의 진리를 훼방한 죄에 대한 형벌을 결단코 면치 못할 것이다.

### 2) 자유주의 신학과 동성애

퀴어신학자들의 논리는 1976년 볼티모어에서 개최된 미국연합장로교회(UPCUSA) 총회에서 제시된 동성애자 목사 안수 문제가 대두되면서 더욱 본격화되었다.[10] 결국, 1993년 UPCUSA 총회에서 30여 명의 게이, 레스비언들이 단상에 올라가 사역자로서 커밍아웃하는 사태가 발생하면서 미국복음주의루터교회, 그리스도연합교회, 감리교연합회에까지 영향을 미쳤다.

그 후 동성애 관련 성경 해석 연구가 활발해지면서 동성애를 지지하는 세력들 속에 다원주의 사상을 가진 자들이 합류하기 시작했다. 이로부터 동성애자들의 인권 문제가 사회화되면서 자유주의 신학자들에 의해 성경 해석의 재조명 단계에까지 이르렀다. 이들은 구약성경 해석에 있어 성경 무오 교리에 반기를 들고 메시아 구원의 계시 중심 사상에서 벗어나 각 시대 속에서 문화적인 환경을 구원의 메시지에 포함했으며 고대 성경 언어 해석에 과감한 변개를 시도했다.

자유주의 신학자 중에 동성애를 재조명하는데 공헌한 사람 하나가 구약학자 마티 니씨넌(Martti Nissinen)이다. 그는 자기 저서에서 주장했다.

> 고대 근동의 역사적 문화 비교 연구에서 구약에 나타난 동성 간의 성행위는 그 당시의 성적 관행이지 성적 지향을 표현하는 것과 관련이 있지 않다.[11]

---

10  잭 로저스, 『예수, 성경, 동성애-신화를 타파하라, 교회를 치유하라』, 조경희 역 (서울: 한국기독교연구소, 2015), 45.

11  로저스, 『예수, 성경, 동성애』, 136.

또한, 자유주의 신약학자 빅터 퍼니쉬(Victor Furnish)는 로마서 1:26-27의 핵심에 대해 "동성 간의 성관계는 여성들 위에 군림하는 남성의 역할을 적절한 것으로 간주했던 가부장제 사회를 위태롭게 한다는 것을 전제로 하고 있다"[12]고 주장하여 바울 신학을 교란했다.

그러나 현대에서 동성애 문제에 있어서 이론적으로 가장 두각을 나타내며 세계적으로 영향을 끼치고 있는 자유주의신학자는 "성서가 말하는 동성애" 저자로 가톨릭 신부인 다니엘 헬미니악과 『예수, 성경, 동성애』의 저자로 장로교 목사인 잭 로저스(Jack B. Rogers, 1934-2016)[13]를 꼽을 수 있다. 그들의 저서는 각 나라에서 LGBT의 경전처럼 불리고 있다.

### 3) 동성애 관련 성구 해석 원리

#### (1) 역사 비평적 읽기의 모순

헬미니악은 그의 저서 서두에서 동성애를 죄악으로 언급하는 것은 잘못된 성경 해석 때문이라고 전제하며, 오랜 교회사 속에서 '문자대로 읽기'(literal reading)의 성경 해석의 원칙을 고수해 온 보수주의 성경학자들을 비평하면서 동성애는 '역사 비평적 읽기'(historical-critical reading)를 통해 이해해야 한다고 주장한다[14]. 결국, 그의 논지대로 말하지만, 성경은 각 시대에 따라서 풍습과 언어의 관습을 수용해야 하므로 해석도 달라질 수 있다는 주장이다.

---

12　로저스, 『예수, 성경, 동성애』, 137.
13　잭 로저스 박사는 피츠버그신학교와 암스테르담 자유대학 출신으로 웨스트민스터대학, 풀러신학교, 샌프란시스코 신학대학원에서 교수 생활을 했고 미국장로교회(UPCUSA)의 제213차(2001-2002년) 총회장을 역임했다. 그의 책의 원제목: *Jesus, the Bible, and Homosexuality: Explode the Myths, Heal the Church.*
14　헬미니악, 『성서가 말하는 동성애』, 22-23.

그러나 이런 사상은 매우 위험하며 이런 주장으로 인해 성경적 해석의 오류가 발생하고 이단자들이 발생하는 것이다. 그러나 변할 수 없는 진실은 성경의 무한하심을 믿는 우리는 성경을 문자대로 읽고 해석해야 한다는 것이 하나님의 말씀을 받은 사도와 그의 후예들의 가르침인 것을 알고 있다. 그러므로 성경의 문자적 해석의 원칙은 시대와 상황적 적용과는 다른 문제로서 성경 해석의 원리와 질서가 깨어지면 성경은 결국 각 사람의 생각대로 재해석되고 말 것이다.

결국, 그의 말에 의하면 성경은 동성애자의 도덕성이나 윤리성에 대해 아무런 직접적인 태도를 보이지 않고 있다는 말이다. 다시 말해 성경은 최소한 동성애에 관해 '중립적인 견해'를 취하고 있다는 주장이다. 그러나 그는 처음부터 사람을 하나님의 형상과 모양대로 창조하신 창조의 권위와 균형을 간과하고 있다. 그가 하나님의 형상과 모양에 대한 성경적 사고만 가졌다면 이런 악의적 실수는 하지 않았을 것이다.

### (2) 성경 해석의 두 가지 법칙

지금까지 보수적 가치관을 고수해 오던 성경 해석의 토대는 '최초 사용의 법칙'(Law of First Use)과 '해석의 불변성 법칙'(Law of Expositional Constancy)이다.[15] 이 원리는 성경을 성경으로 해석하며 귀납적으로 분석하는 가장 좋은 방법이며 성경 기록을 살펴보건대 성경 저자들도 모두 이런 원리를 적용했음을 알 수 있다.

'최초 사용의 법칙'이란 성경의 어떤 말씀을 해석할 때 그 말이 성경에서 처음 사용된 곳을 토대로 해석하는 원리로서, 다시 말하여 '창조'라는 단어의 해석은 이 단어가 성경 기복상 제일 먼저 기록된 창세기 1:1의 '창조'를 기준으로 그 해석을 유추하는 것이며, 두 번째 법칙인 '해석의

---

15　척 스미스, 『우주 창조』, 김영균 역 (서울: 포도원, 1993), 359-360.

불변성'이란 성경 해석의 일관성을 말한 것으로, 성경에서 죄의 상징으로 언급된 누룩은 성경 그 어디에서도 동일한 해석을 취해야 한다는 원리이다.

### 4) 구약의 동성애 현안 해석적 고찰

구약의 동성애와 관련된 내용은 창세기 19장, 레위기 18:22, 20:13, 신명기 22:5, 열왕기상 14:24이다. 헬미니악은 이 구절들은 모두 남성 간 섹스에 대해 견해를 밝히고 있지만, 딱히 동성연애 행위를 단죄한 것은 아닌데도, "근본주의 노선을 따르는 보수 기독교계가 성경의 몇 구절을 문자 그대로 번역하는 오류를 범하여 동성애를 배척하는 오류를 범하고 있다"고 주장한다.

또한, 그는 성경에서 겨우 다섯 번밖에 언급되지 않은 동성애 문제를 갖고 너무 호들갑 떨지 말라 말하고 있다. 그러나 하나님이 신구약 성경에서 동성애를 다섯 번이나 거론했다는 것은 시대를 무론하고 동성애가 성도의 삶에 큰 악영향을 끼쳤음을 증명한 것이다.

**(1) 창세기 19장**

성경에서 동성애 문제에 대해 제일 먼저 언급된 것은 창세기 19장이다. 인간의 죄의 역사가 시작된 이래 이처럼 빠르게 타락의 역사가 전개되었다는 것에 경악을 금치 못한다.

창세기 19장 본문을 살펴보자.

> 그들이 눕기 전에 그 성 사람 곧 소돔 백성들이 노소를 막론하고 원근에서 다 모여 그 집을 에워싸고 롯을 부르고 그에게 이르되 오늘 밤에 네게 온 사람들이 어디 있느냐 이끌어 내라 우리가 그들을 상관하리라 (창 19:4, 5).

헬미니악을 따르는 사람들은 여기에 언급된 '상관하다' 곧 히브리어 '야다'를 달리 해석하려고 애를 쓴다. 그들은 이 동사를 왜 '성적' 관계로 국한하려 하느냐, 소돔 사람들이 그들과 '교제'를 하려 한 것으로 해석할 수도 있지 않느냐고 주장한다. 그러나 이것은 성경을 부정하고 자신들의 행위를 정당화하려는 악의적 억지이다. 성경의 해석은 그 말씀 속에서 하나님의 마음과 뜻과 계획을 발견하는 것이며 이를 위하여 하나님의 진리의 성령이 믿는 자 가운데서 역사하는 것이다(요 16:13).

여기서 '상관하다'는 곧 히브리어 '야다'로서 본래 '알다'라는 뜻이다. 곧 남편과 아내가 서로 안다는 의미로 부부 관계를 의미한다. 이 단어는 성경에서 943번 사용되었으며 창세기에서 10번이나 성적 관계로 사용되었다. 그 한 예로 창세기 4:1에 "아담이 그 아내 하와와 동침하매 하와가 임신하여"에서 '동침'이란 단어는 '야다'로서 부부 관계를 의미하며, 또한 창세기 19:8에서 롯이 몰려온 성 사람들을 만류하며 "내게 남자를 가까이 하지('야다') 아니한 두 딸이 있으니 청하건대 내가 그들을 너희에게 이끌어 내리니 너희 눈에 좋을 대로 그들에게 행하고 이 사람들은 내 집에 들어왔은즉 이 사람들에게는 아무 일도 저지르지 말라"에서도 '야다'라는 히브리어 동사가 나온다.

만약 하나님을 믿는 자 가운데 이 말씀에 대해 다른 해석을 유추하려는 태도를 보인다면 그는 하나님의 말씀에 고의로 태클을 거는 것이다. 무슨 이유에서 그런 논리를 유추하는 것인지 그들의 저의를 알 수 없으나 그가 설혹 동성애일지라도 동성애를 성경에서 정당화하고자 하는 사고는 더 이상 사람 되기를 거부한 망령된 자이다.

### (2) 레위기 18장, 신명기 22장, 열왕기 14장

헬미니악은 이 구절들에 언급된 동성애 문제는 남성과 여성의 이상적인 역할을 중시하는 고대 유대교의 율법을 어기거나 동성 성교에 따르는 악습, 곧 성적 착취와 학대를 논한 것이지, 섹스의 고유한 본질을 악으로 규정한 것은 아니라고 주장한다. 그러나 성경은 인간의 의지 때문에 하나님의 뜻과 신적 작정을 바꾸시지 않으며 성경은 결코 인간의 육체 속성을 삶의 기준으로 삼지 않는다.

또한, 하나님은 처음부터 자신의 결정에 따라 예정된 계획을 실행하신다. 설혹 하나님이 시대적으로 인간을 다루시는 가운데 많은 더러운 사건이 유추되었다 하더라도 불의한 일들 곧 우상 숭배, 음행, 간음, 도적질, 살인, 방탕, 탐색, 동성애 술 취함과 같은 육체의 일들을 정당화하신 일은 신구약성경 그 어디에도 찾아볼 수 없다. 그러나 이와 같은 하나님의 신적 작정은 결코 인간을 멸망하기 위한 것이 아니라 육체의 속성을 버리고 오직 아들 예수 그리스도의 이름으로 하나님의 영광에 참여하기 위한 하나님의 사랑을 성취하기 위함이다.

## 5) 신약의 동성애 현안 해석적 고찰

**(1) 복음서에 없는 동성애 문제**

신약에는 동성애와 관련된 내용이 여러 곳에서 언급되었다. 특별히 퀴어신학자들은 신약에 언급된 동성애 부분에 대해는 더욱 강력한 논쟁을 제기한다. 또한, 그들은 예수께서는 동성애에 대해 한 번도 논하지 않았고 정죄하지 않았다고 주장한다. 그러나 그것은 잘못된 주장이다. 하나님의 의와 불의를 논할 때 동성애라는 단어가 꼭 사용할 필요가 없기 때문이다. 예수님은 이미 '여인을 보고 음행을 품는 자마다 이미 간음했다'고 정의하셨고, 예수님의 말씀 전체에는 성도의 거룩함과 의로운 삶의 기준이 녹아있기 때문이다.

그러면, 예수께서는 구약에서 쟁점이 되는 동성애에 대해는 왜 한마디도 하지 않았을까?

그것은 동성애에 대한 율법적 정의에 논란의 여지가 없기 때문이다. 예수님은 산상수훈에서 율법의 잘못된 해석과 관행적 적용에 대해 "-라고 너희가 들었으나"라는 관용구를 사용해 살인에 대해(마 5:21), 간음에 대해(27절), 이혼에 대해(31절), 맹세에 대해(33절), 원수 갚는 것에 대해(38절), 이웃사랑에 대해(43절), 또한 구제와 기도와 금식과 재물 관에 대해(7장) 잘못된 해석과 관행들을 바로 잡으셨다. 그러므로 만약 구약에서 증거된 동성애에 대한 율법적 정의가 잘못 사용되었다면 예수께서 분명하게 바로 잡아 주셨을 것이다.

그러므로 구약의 동성애 정죄에 대한 율법적 교리는 논란의 여지가 있을 수 없다. 만약 동성애 교리에 문제가 있었다면 예수님이 분명히 다른 정의를 하셨을 것이기 때문이다. 또한, 이스라엘 백성들은 어려서부터 동성애의 엄격한 율법 교육을 받아 온 터라 감히 동성애와 같은 패역한 행위에 대한 논쟁은 불필요했을 것이다. 그러나 교회 시대가 온 세상에 확장되면서 예수 그리스도의 구원 복음이 온 세상에 전파되면서 믿는 이방인 중에 동성애 성향이 있는 자들이 유입되면서 이방인의 사도 바울이 동성애의 복음적 교리를 설파한 것이다.

### (2) 로마서의 동성애 관련 성구

> 이 때문에 하나님께서 그들을 부끄러운 욕심에 내버려 두셨으니 곧 그들의 여자들도 순리[본성]대로 쓸 것을 바꾸어 역리로 쓰며 그와 같이 남자들도 순리대로 여자 쓰기를 버리고 서로 향하여 음욕이 불 일듯 하매 남자가 남자로 더불어 부끄러운 일[보기 흉한 짓]을 행하여 그들의 그릇됨에 상당한 보응을 그들 자신이 받았느니라(롬 1:26-27).

신약에서 동성애 문제가 제일 먼저 언급되는 곳은 로마서 1:26-27이다. 흥미롭게도 다니엘 헬미니악은 그의 저서 『성경이 말하는 동성애』에서 로마서 1장에 언급된 동성애 문제에 대한 논쟁을 가장 많이 할애하고 있다. 그 이유는 바울이 동성애의 악하고 더러운 속성을 가장 리얼하게 기록했기 때문이 아닐까 싶다.

헬미니악은 로마서에 나오는 동성애 성구를 조명하며 '로마서에 언급된 동성애의 정죄는, 태생적 동성애적 성향이 있는 사람들이 아니고 성적으로 타락한 사람들의 동성 섹스에 관해 이야기하는 것이다'라고 궤변을 늘어놓는다.

그러나 우리가 주목해야 할 것은 로마서 1:26의 "이 때문에"라는 연결구는 25절의 "그들이 하나님의 진리를 거짓 것으로 바꾸고 창조주보다 피조물을 더 경배하고 섬김이라"는 말씀의 결론이므로 하나님이 동성연애자를 만드셨다는 말은 결코 성립될 수 없다.

또한, 헬미니악은 존 보스웰과 윌리엄 컨트리먼과 같은 신학자들의 학술을 인용해 바울은 로마서 1장에서 동성 간의 성행위를 단죄한 것이 아니라 윤리적 중립을 가르치고 있다고 주장하며[16] 따라서 로마서에서 사용한 동성연애 행위의 '더럽다'(impure)는 기록은 사회적으로 인정되지만, 윤리적 불의로 묘사하지 않았으므로 본문 구조상 정죄의 목록들과 구분해야 한다고 주장했다.

그는 더 나아가 "바울의 로마서 기록 목적은 예수 그리스도 안에서 율법의 성결 문제를 중요시한 것이 아니므로 바울 서신은 그런 율법적 문제 때문에 기독교 공동체가 분열되어서는 안된다는 것을 강조해 가르치고 있다"[17]고 주장했다. 그러나 바울은 그의 서신서 전체에서 성도들이 율법을 가벼이 여겨 방탕한 생활에 빠질 것을 염려하고 더 엄하게 경계했다(참조. 롬 6:1, 15).

---

16　헬미니악,『성서가 말하는 동성애』, 99.
17　헬미니악,『성서가 말하는 동성애』, 100-146.

헬미니악은 로마서 1:26-27에 언급한 동성연애와 관련된 세 단어 곧 '역리적인-비정상적인'(unnatural), '부끄러운'(degrading), '망측한, 흉한'(shameless)과 같은 헬라어 단어들을 자의적으로 해석했으며, 여기서 바울은 '역리'는 윤리를 뜻하는 '본성'(natural)에 대한 거스름이 아니라 유대인의 율법적 요구에는 맞지 않는다는 의미로 사용한 것이라고 주장한다.

또 그는 비정상적인 생활을 뜻하는 '역리'에 해당하는 헬라어 '**파라 퓨신**'(*para physin*)에서 '퓨신'은 물리학적인 용어로서 영어 '순리'(nature)에 반하는 말이지만 바울이 언급한 순리는 특성을 말한 것이지 원초적이고 '자연적 법칙'에 반하는 의도로 사용한 것이 아니라고 주장한다. 그러나 헬라 문헌에 '역리'를 표방하는 '**덴 파라 퓨신**'(*ten para physin*, 본성에 반한다)의 해석은 윤리와 도덕적 관용어로 많이 사용되었다.

더 나아가 경망스럽게도 헬미니악은 바울이 '*para physin*'이란 단어를 윤리적 단죄로 사용할 수 없는 이유를 설명한다.

> 네가 원 돌감람나무에서 찍힘을 받고 본성을 거슬러 좋은 감람나무에 접붙임을 받았으니 원 가지인 이 사람들이야 얼마나 더 자기 감람나무에 접붙이심을 받으랴(롬 11:24).

이 말씀을 인용하며 야생나무를 재배용 나무에 접붙이는 것은 정상이 아님에도 하나님도 비정상적으로 행동하셨다는 증거라고 망령된 평론을 했다.[18] 이것은 하나님이 밤을 만드신 것처럼 죄를 만드셨으니 그의 피조물인 인간은 죄를 지을 수밖에 없다는 궤변과도 같다.

---

18 헬미니악, 『성서가 말하는 동성애』, 105-110.

### (3) 고린도전서, 디모데전서의 동성애 관련 성구

> 불의한 자가 하나님의 나라를 유업으로 받지 못할 줄을 알지 못하느냐 미혹을 받지 말라 음행하는 자나 우상 숭배하는 자나 간음하는 자나 탐색하는 자나 남색하는 자나 도적이나 탐욕을 부리는 자나 술 취하는 자나 모욕하는 자나 속여 빼앗는 자들은 하나님의 나라를 유업으로 받지 못하리라(고전 6:9-10).
>
> 음행하는 자와 남색하는 자와 인신 매매를 하는 자와 거짓말하는 자와 거짓맹세하는 자와 기타 바른 교훈을 거스르는 자를 위함이니(딤전 1:10).

위의 두 구절 말씀은 동성애 문제가 거론될 때마다 퀴어신학자들이 가장 빈번하게 사용하는 구절이다. 그들은 헬라어 'malakoi'(말라코이)와 'arsenokitai'(아르세노코이타이) 곧 '탐색하는 자'(여자처럼 행세하는 자들), '남색하는 자'(남자 동성애자들)의 해석의 문제를 놓고 여러 성경 번역본을 나열하며 보수 성향의 교회들이 이 단어들을 자기들의 입맛대로 번역하는 실수를 했다고 주장했다.[19]

한 예를 들면 그들은 '탐색'(malakos)이 사용된 마태복음 11:8에서 '부드럽다'라고 사용된 것을 들어서 '행실이 단정치 못한', '규율 없는'으로도 해석을 할 수 있는데 이것을 왜 동성연애 행위로 해석할 필요가 있느냐고 반문한다. 그러나 이것은 억지다. 이는 자위, 수음, 손 장난(hand play)은 같은 의미로 논란의 여지가 없다. '여자'나 '여성', '자매', '계집애', '계집년'은 사용하는 범위가 다를 뿐이지 모두가 동의어다.

또한, 그는 '남색'(arsenokitai)의 해석을 놓고 이 단어가 성행위의 동작 주체가 남자라는 것을 뜻하는 말인지 아니면 다른 사람들과 섹스하는 남자를 뜻하는 것인지 구분이 명확하지 않다고 주장하며 이 단어가 사용된 정

---

19 헬미니악, 『성서가 말하는 동성애』, 149-153.

황상 '남색'(*arsenokitai*, '아르세노코이타이')이란 단어는 '능동적인 삽입 성교'를 뜻하는 것이므로 '남창'이라고 할 수 있는 것을 굳이 동성연애자라고 번역하는 것은 합당치 않다고 주장한다. 그러나 성경 전체를 문맥을 따라 읽으면 초등학교 학생이라도 알 수 있는 내용이다.

## 2. 동성애, 영적 이해와 복음적 정의

### 1) 동성애, 영적 이해(창세기 18장, 19장)

성경은 창세기 19장에서 동성애 문제를 처음 다루고 있다. 그러나 창세기 19장은 동성애를 직접 다루기보다는 동성애와 관련된 종말론적 영적 이슈를 우리에게 제시하고 있다. 우리가 창세기 19장을 조명해 보건대 하나님이 소돔 땅의 패역함을 조사하기 위해 두 명의 천사를 파송하셨을 때, 천사들을 발견한 사람은 아브라함의 조카 롯이요, 두 번째 그룹은 바로 동성애자 집단이다.

여기서 우리가 주목할 것은 하나님의 사람 롯과 동성애자들 무리만 천사들을 발견했다는 사실이다. 다시 말하면 하나님을 믿는 의인된 롯은 천사들의 거룩한 신성을 발견했고, 동성애자들은 천사들의 아름다운 매력에 이끌렸다.

그러면 과연 타락의 성 소돔에 천사들을 유혹할 만한 타락한 창녀들이나 매음녀들은 없었던 것일까?

아닐 것이다. 소돔성은 하나님이 멸하시기로 작정할 만큼 동성애까지 만연될 정도로 악으로 가득한 도시였다. 그러므로 동성애가 만연된 세상을 사는 우리는 동성애 문제를 처음 언급한 멸망의 소돔성의 사건을 종말의 시대에 나타날 영적 예표로 삼아야 할 것이다. 이미 그런 시대가 우리 앞에 성큼 다가와 있기 때문이다. 이것은 동성애는 악한 영들이 인간에게 잠입했다는 것이 아니라 동성애가 만연된 시대는 곧 영원한 멸망의 날을 예고한 메시지로 보아야 한다는 것이다.

### (1) 소돔의 멸망 이유

헬미니악은 소돔성의 멸망의 원인에 대해 에스겔 16장의 말씀을 인용하여 "소돔성의 죄는 궁핍한 나그네를 받아들이지 않은 것"이라고 주장하고 있다. 그러나 에스겔서 16장 문맥 전체를 보면 에스겔 선지자는 헷 사람과 아모리 사람과 소돔 사람들의 죄악들을 열거하며, 하나님을 모르는 이방인들보다 더 악해진 선민 이스라엘 백성들의 패역함을 책망하며 인용한 것임을 삼척동자도 알 수 있다.

그러나 우리가 주의해야 할 것은 소돔과 고모라의 멸망을 동성애와 직접적인 관련을 짓는 것은 지나친 비약이다. 창세기 19장에 기록된 소돔성의 동성애 사건은 소돔성의 타락의 극한 상태를 조명한 것이지 동성애자들로 인해 심판을 받은 것을 규명한 것은 아니다.

### (2) 하나님의 공의와 교회의 중보

또한, 여기서 우리가 간과하지 말아야 할 것은 창세기 18장에 나타난 온전한 구원의 믿음에 이르지 못한 성도들을 향한 아브라함의 온전한 신앙관이다. 그는 의인된 롯과 그의 친속을 구원하기 위하여 하나님과 대면해 공의로운 하나님의 심판을 요구하며 만약 소돔성에 의인 열 명이 있다면 소돔성을 멸하지 않겠다는 하나님의 약속을 끌어냈다. 사실 이것이 오늘날 우리 교회의 역할이고 이것이 하나님의 뜻을 이루는 복음적 해법이다.

소돔성의 멸망 후 성경은 기록했다.

> 하나님이 그 지역의 성을 멸하실 때 곧 롯이 거주하는 성을 엎으실 때에 하나님이 아브라함을 생각하사 롯을 그 엎으시는 중에서 내보내셨더라(창 19:29).

따라서 이 메시지는 각 사람의 믿음 선택에 따라서 내가 롯과 같은 입장일 수도 있고 아브라함의 입장이 될 수도 있다는 말이다. 의인이라 칭한 롯의 믿음을 보건데 그는 하나님을 믿는 자로서 재물을 선택한 자의 본보기이다. 그러므로 종말의 날을 바라보는 우리 교회는 매년 거창하게 개최되는 퀴어축제를 바라보며 하나님 공의 앞에 선 아브라함의 심정으로 저들 가운데 있을 의인들을 위해 중보해야 할 것이다.

## 2) 동성애, 율법적 정의

앞에서 말한 바와 같이 구약에 나타난 동성애에 대한 율법적 정의는 그 어떤 타협의 여지가 없다. 물론 율법적 정의는 동성연애의 죄에만 국한된 것은 아니다. 모든 불의에 대한 하나님의 결정이다. 율법이 이처럼 죄에 대해 단죄한 것은 하나님의 택한 백성으로 의로운 삶을 살게 하기 위한 하나님의 은혜이며 사랑에서 비롯된 것이다.

### (1) 동성애 사형 제도(레위기 18:22; 20:13)

율법서에서 동성애 대한 언급은 레위기에 있다. 하나님은 먼저 "너는 여자와 동침함 같이 남자와 동침하지 말라 이는 가증한 일이니라"(레 18:22) 하셨고, 다시 "누구든지 여인과 동침하듯 남자와 동침하면 둘 다 가증한 일을 행함인즉 반드시 죽일지니 자기의 피가 자기에게로 돌아가리라"(레 20:13)라고 엄히 단죄하셨다. 이에 대해 헬미니악은 "이는 문화적이고 종교적인 함축 때문에 오직 삽입 성교를 금한 것이지 일반적인 동성애 행위의 도덕성에 관해서는 아무런 진술도 없었고 이와 같은 것들은 구약성경의 관심사가 아니다"[20]라고 주장했다.

참으로 어리석고 무모한 발언이다. 그가 이런 주장을 한 것은 호모필리아(homophilia)로서가 아니라 동성연애자로서의 망언이 아닌가 싶다.

그러면 하나님은 왜 율법을 통하여 동성애를 '가증한'('토에바,' '혐오하다') 일이라 하여 극단적으로 혐오하시고 죽음에 이르는 심판을 하셨을까? 바울은 이에 대해 증언했다.

> 그런즉 선한 것이 내게 사망이 되었느냐 그럴 수 없느니라 오직 죄가 죄로 드러나기 위하여 선한 그것으로 말미암아 나를 죽게 만들었으니 이는 계명으로 말미암아 죄로 심히 죄 되게 하려 함이라(롬 7:13).

이처럼 율법은 하나님의 선민 이스라엘을 의의 백성으로 보존하기 위해 주신 것으로 그들이 율법을 경계 삼아 죄를 짓지 않게 하려 함이다.

### (2) 동성애 지향 의복 착용 금지 제도(신 22:5)

신명기에 기록했다.

> 여자는 남자의 의복을 입지 말 것이요 남자는 여자의 의복을 입지 말 것이라 이같이 하는 자는 네 하나님 여호와께 가증한 자니라(신 22:5).

이로써 하나님은 이스라엘 백성들에게 의도적으로 스스로 동성애 지향에 빠지는 행위를 하지 못하게 하여 오늘날 성전환자와 같은 패역의 길을 원천 봉쇄한 것이다.

---

[20] 헬미니악, 『성서가 말하는 동성애』, 76-79

동성애자들을 상담하다 보면 공통된 것이 발견된다. 게이들은 대부분 어려서부터 인형 놀이를 좋아하고 부모 몰래 여자 옷을 입고 얼굴에 화장한 경험들이 있었고, 레즈비언 성향 자들은 어려서부터 남자 머리와 옷을 입고 전쟁 놀이를 좋아했다는 것이다.

따라서 요즘과 같은 영적으로 혼란한 미디어 시대에는 부모들 스스로 생활 속에서 악한 영들의 문화와 풍습을 차단하는 경건한 생활 유지에 힘을 써야 할 것이다.

### (3) 동성애 추방 제도(왕상 14:24; 15:12; 22:46)

왕국 시대에 이르러서는 긴급한 조치가 발령되었음을 볼 수 있다. 열왕기상 14:24에는 "그 땅에 또 남색하는 자가 있었고 여호와께서 이스라엘 자손 앞에서 쫓아내신 국민의 모든 가증한 일을 무리가 본받아 행하였더라" 기록과 함께 이스라엘 성군 아사왕이 "남색하는 자를 그 땅에서 쫓아내고"(왕상 15:12a), 또 그의 아들 여호사밧도 "그가 그의 아버지 아사의 시대에 남아 있던 남색하는 자들을 그 땅에서 쫓아내었더라"(왕상 22:46) 고 기록했다.

이것으로 우리는 다윗 이후 이스라엘 왕국이 거대해지면서 주변 국가들과 무역이 빈번해지고 사람의 왕래가 빈번해지면서 각양각색의 이방인이 유입되는 가운데 동성애자들이 있었던 것을 알 수 있다. 그들이 이스라엘 사람들을 유혹해 동성애 행위를 행해 거룩한 이스라엘 백성들까지 은연중에 동성애에 빠지게 되어 국가적 조치를 취했다.

이처럼 하나님이 율법을 통하여 이스라엘 백성들 속에서 동성애 문제를 엄격하게 다스리신 것은 인간의 심령을 사로잡고 있는 동성애적 죄성을 끊어낼 수 없으므로 율법으로 엄격하게 통제한 것이다.

## 3) 동성애, 복음적 정의

이제 복음의 시대 곧 예수 그리스도의 은혜의 시대에서의 동성애에 대한 복음적 정의를 살펴보자. 여기서 우리는 먼저 죄를 다루시는 하나님의 공의를 생각해야 할 것이다. 하나님의 공의는 구약이나 신약이 변함이 없다. 죄인은 심판하시고 의인은 상을 베푸시는 것이 하나님의 공의이기 때문이다. 은혜의 시대에도 하나님의 공의 판단은 불변하다.

그러나 구약과 신약이 다른 점이 있다면 죄를 다루시는 하나님의 방법이 바뀌었다는 것이다. 구약에서는 율법을 통하여 의로운 삶을 살게 하셨고, 신약에서는 하나님의 아들 예수 그리스도를 통해서 믿음으로 의인이 되는 구속의 방법을 택하신 것이다.

그것은 율법으로는 사람을 변화시킬 수 없고 오히려 의로운 삶을 살게 하려고 주신 율법으로 인해 택하신 백성이 사망에 이르게 됨으로 온전하게 할 수 없는 율법을 치우시고 그 아들 예수 그리스도께서 대제사장이 되어 죄의 구속으로 말미암아 의인의 길에 이르게 하는 십자가의 도를 세우신 것이다.

그러므로 어떤 나라와 민족을 막론하고, 그 어떤 죄악을 범한 자라 하더라도 예수 그리스도의 이름으로 하나님의 자녀가 되는 은혜의 시대가 열린 것이다. 그러므로 이제는 인간의 죄를 율법으로 정죄할 필요가 없다. 이미 예수 그리스도께서 십자가 위에서 모든 죄를 다 멸하셨기 때문에 더 이상 율법으로 죄를 다스릴 필요가 없다. 그런데도 우리 교회가 아직도 동성애 문제를 율법적 관점에서 다루려고 한다면 그것은 아직 복음의 은혜에 모순된 믿음이다. 바울은 진리의 복음에 입각하지 못한 성도들의 그릇된 신앙생활 속에서 나타난 불의의 발전단계를 로마서 1장에서 논리로 서술했다. 그러므로 오늘날 우리 교회는 복음의 진리가 부재한 상황에서 나타날 수 있는 작금의 상태들을 분석할 필요가 있다.

## (1) 로마 교회의 특성

신약에서 동성애 문제가 제일 먼저 언급되는 곳은 로마서 1:26-27이다. 그러나 대부분 학자가 이 부분만을 가지고 동성애 문제를 다루려고 하는데 이것은 매우 위험하다. 이는 로마서 1장 전체를 통하여 로마 교회 안에서까지 동성애와 같은 문제가 발생한 이유를 자세히 살펴보아야 한다.

바울은 로마서 1장에서 기록했다.

> 하나님의 진노가 불의로 진리를 막는 사람들의 모든 경건하지 않음과 불의에 대하여 하늘로부터 나타나나니 이는 하나님을 알 만한 것이 그들 속에 보임이라 하나님께서 이를 그들에게 보이셨느니라(롬 1:18-19).

우리가 이 말씀만을 보면 종말에 나타날 불신자들을 향한 심판 같지만, 이 말씀의 전후 문맥을 살펴볼 때 이 구절은 로마에 있는 신자들을 향한 경고의 메시지이다.

여기서 바울은 '하나님의 진노'를 말하기에 앞서 로마서 1:16에서 '하나님의 구원 능력'을 언급했으며, 17절에서는 '하나님의 의의 나타남'을 강조했다. 이는 매우 흥미로운 구조로서 하나님의 아들 예수 그리스도를 믿는 자들에게 나타날 하나님의 구원 능력과 의로운 삶의 체험이 나타나지 않음을 책망한 것이다.

사실 로마 교회는 이방인의 사도 바울이 세운 교회가 아니다. 예수님 승천하신 후 첫 번째 오순절 날에 각국에 살던 유대인들이 오순절 축제에 참여하던 중 사도들과 함께 기도하던 120명 성도 가운데 나타난 성령 강림으로 은혜를 받은 로마에서 온 유대인들이 개척한 교회이다(참조. 행 2:10). 그들이 돌아가 그리스도의 교회를 세워 믿음이 온 세상에 전파될 정도로 열정적 신앙은 있었으나 바울은 그들의 불완전한 믿음 생활로 인해서 노심초사할 수밖에 없었다. 그러므로 바울은 기록했다.

> 어떻게 하든지 이제 하나님의 뜻 안에서 너희에게로 나아갈 좋은 길 얻기를 구하노라 (롬 1:10).

로마 교회 성도들의 믿음은 전 세계로 전파될 정도로 요란했으나(롬 1:8) '신령한 은사'가 없었으며(1:11), 그로 인하여 사도와의 소통적 '믿음의 위로'가 없었으며(1:12), '믿음의 열매' 또한 없었던 것이다(1:13). 더 나아가 복음의 확신 속에 필연적으로 나타날 '구원의 능력'이 없었으며(1:16), '복음의 의' 또한 나타나지 않았다. 그러므로 바울은 경계한다.

> 하나님의 진노가 불의로 진리를 막는 사람들의 모든 경건하지 않음과 불의에 대하여 하늘로부터 나타나나니 이는 하나님을 알 만한 것이 그들 속에 보임이라 하나님께서 이를 그들에게 보이셨느니라(롬 1:18-19).

그리하여 바울은 진리의 복음에 입각하지 못한 성도들의 그릇된 신앙생활 속에서 나타난 불의의 발전 단계를 로마서 1:21부터 32절에서 3단계적 논리로 서술했다. 그러므로 오늘날 우리 교회는 복음의 진리가 부재한 상황에서 나타날 수 있는 작금의 상태들을 명철한 분석을 할 필요가 있다.

### (2) 죄, 첫 번째 결과 - 성적 타락

> 그러므로 하나님께서 그들을 마음의 정욕대로 더러움에 내버려 두사 그들의 몸을 서로 욕되게 하게 하셨으니(롬 1:24).

여기서 우리가 두려워야 할 말씀은 주를 믿는 사람이 그가 믿는 하나님으로부터 '내버려진다'는 것이다. 여기서 내버린다는 것은 곧 함께하지 않는다는 뜻이므로 이것은 범죄한 인간에게 내려진 하나님의 첫 번째 형벌이기도 하다. 또한, 우리는 본문 말씀에서 이런 죄들이 마음의 욕정에서 태동하고 있음을 알 수 있다. 그 결과 하나님이 '저희 몸을 서로 욕되게 하셨다' 증거했다.

이처럼 하나님의 영광을 떠난 사람들이 하나님의 형상과 모양을 벗어나 서로의 몸을 더럽히는 욕정의 사람으로 바꾸어 버린 것이다.

### (3) 죄, 두 번째 결과 – 동성애 타락

> 이 때문에 하나님께서 그들을 부끄러운 욕심에 내버려 두셨으니 곧 그들의 여자들도 순리대로 쓸 것을 바꾸어 역리로 쓰며 그와 같이 남자들도 순리대로 여자 쓰기를 버리고 서로 향하여 음욕이 불 일듯 하매 남자가 남자로 더불어 부끄러운 일을 행하여 그들의 그릇됨에 상당한 보응을 그들 자신이 받았느니라 (롬 1:26-27).

두 번째 나타난 죄의 결과는 동성애 문제이다. 그 문제의 발단에 대해 성경은 "이는 그들이 **하나님의 진리를 거짓 것으로 바꾸어** 피조물을 조물주보다 더 경배하고 섬김이라 주는 곧 영원히 찬송할 이시로다 아멘"(롬 1:25)이라고 기록했다. 하나님의 영광에서 떨어져 나간 것도 부족해서 이제는 하나님의 진리를 거짓 것으로 바꾸고 피조물을 경배하는 지경에 까지 이른 것이다.

하나님의 진리를 거짓 것으로 바꾼다는 것은 이미 앞에서도 언급되었듯이 성경의 정의를 자기네 입맛에 맞게 뒤집는 것이다. 이것은 곧 하나님의 정하신 남자와 여자의 창조적 섭리를 뒤집는 것과 같다.

그런데도 오늘날 교회 안에서 불고 있는 동성애 이슈 가운데 특이한 것은 성경 속에서 동성애 행위의 정당성을 찾고자 노력하는 사람들이 있다는 것이다. 그들은 퀴어신학자들의 주장을 따라 '신약성경에서 동성애를 정죄하는 것은, 어린 시절부터 나타난 동성애적 성향이 있는 사람들을 말한 것이 아니고 성적으로 타락한 사람들의 동성 섹스에 관해 이야기하는 것이다'고 궤변을 늘어놓는다. 저들이 이런 논쟁을 벌일 때 즐겨 사용하는 부분이 바로 로마서 1:26-27절의 말씀이다.

킹제임스성경은 이렇게 기록되었다.

> 이런 까닭에 하나님께서 그들을 수치스러운 애정에 내어주셨으니 심지어 그들의 여자들도 본래대로 쓸 것을 본성에 어긋나는 것으로 바꾸었으며 남자들도 이처럼 본래대로 여자 쓰기를 버리고 서로를 향하여 욕정이 불일듯하여 남자가 남자와 더불어 보기 흉한 짓을 행하여 자기들의 잘못에 합당한 보응을 자기들 속에 받았느니라(롬 1:26-27).

여기서 주목해야 할 말씀은 '하나님께서 저희를 부끄러운 욕심에 내어버려 두셨으니'라는 구절이다. 따라서 동성애는 음행에 빠져 '부끄러움을 상실한 사람들'에게 나타난 지나친 성적 욕구의 발전이라고 볼 수 있으므로 만약 당신이 음행과 간음에 빠져 있다면 어느 순간에 당신은 동성애를 즐길 수도 있게 될 것이다.

퀴어신학자들은 바울은 동성애로 태어난 사람들을 지칭한 것이 아니라 본성의 순리를 역행하여 난잡한 동성애 행위를 즐기는 이성애자들이나 양성애자들을 정죄한 것이라고 주장한다.

> 여자들도 순리대로 쓸 것을 바꾸어 역리로 쓰며 이와 같이 남자들도 순리대로 여자 쓰기를 버리고 서로 향하여 음욕이 불 일듯 하매 남자가 남자와 더불어 부끄러운 일을 행하여(롬 1:26-27)

이 말씀 그 어디에서도 이성애자들을 염두에 둔 것이라는 근거는 찾을 수 없다.

### (4) 죄, 세 번째 결과 – 사형에 이르는 타락

바울은 죄의 세 번째 단계에 대해 기록했다.

> 또한 그들이 마음에 하나님 두기를 싫어하매 하나님께서 그들을 그 상실한 마음대로 내버려 두사 합당하지 못한 일을 하게 하셨으니 곧 모든 불의, 추악, 탐욕, 악의가 가득한 자요 시기, 살인, 분쟁, 사기, 악독이 가득한 자요 수군수군하는 자요 비방하는 자요 하나님께서 미워하시는 자요 능욕하는 자요 교만한 자요 자랑하는 자요 악을 도모하는 자요 부모를 거역하는 자요 우매한 자요 배약하는 자요 무정한 자요 무자비한 자라(롬 1:28-31).

인류가 존재한 이래 개인이든 사회든 국가든 그들이 주 여호와 하나님을 거부할 때 급속도로 타락해 버린 것은 부정할 수 없는 역사적 증거다. 인간들은 도저히 상상조차 할 수 없는 일들을 아무 거리낌 없이 자행했다. 흥미로운 것은 이런 일들을 행하는 사람들은 한결같이 이런 자신들의 행위에 대해 하나님의 심판이 있을 것을 알고 있다는 것이다. 그러므로 바울은 "그들이 이같은 일을 행하는 자는 사형에 해당한다고 하나님께서 정하심을 알고도 자기들만 행할 뿐 아니라 또한 그런 일을 행하는 자들을 옳다 하느니라"(32절) 기록했다.

여기서 우리는 바울이 로마서 1장에서 인간의 불의한 생활을 다루면서 왜 동성애적 속성을 언급하고 있는가를 생각해 볼 필요가 있다. 사람들은 하나님의 진리를 외면한 사람들은 동성애자들이 된다고 생각하기 쉽고, 바울은 동성애자들을 단죄한 것이라고 단정해 버릴 수 있다.

그렇지 않다. 복음은 구원에 있다. 그러므로 바울은 동성애 성향이 있는 사람들만을 정죄하고자 한 것이 아니라 하나님을 알되 경건의 진리를 외면하고 자신의 정욕을 바탕으로 살아가는 사람들의 불의한 삶의 태도에 대한 합당한 **죄의 결과**를 논리적으로 증거한 것이다. 그러므로 바울이 말한 불의로 진리를 막는 자들은 죄를 범한 교회 지도자들일 수도, 진리의 말씀을 따르지 않는 당신과 나일 수도 있다.

## 3. 동성애에 대한 복음적 대응

> 너희 중에 이와 같은 자들이 있더니 주 예수 그리스도의 이름과 우리 하나님의 성령 안에서 씻음과 거룩함과 의롭다 하심을 받았느니라(고전 6:11).

이제 우리는 세상 가운데 만연된 동성애 현실을 어떻게 대처해야 할 것인가에 대해 고민해 볼 필요가 있다. 이에 대한 우리 교회의 확실한 증거는 그 누구라도 죄의 구속자이신 예수 그리스도를 힘입어 창조자 하나님의 자녀로서의 아름다운 형상을 회복하는 것이다. 그것은 어떤 상황, 어떤 조건 가운데서도 스스로 예수 그리스도를 구원의 주로 영접하는 길밖에 없다. 이것이 탈동성애를 할 수 있는 유일한 통로이기 때문이다.

그러나 여기서 우리가 기억해야 할 것은 교회 안의 동성애자들이다. 나는 서른 살이 돼서야 예수 그리스도의 복음을 전도받아 머리에 커다란 돌이 떨어지는 것 같은 충격 속에서 예수 그리스도를 영접했다. 내 영혼이 예수 그리스도의 이름을 듣는 그 순간 내 심령 안에 하늘의 신비가 열리며 암흑에 잠긴 내 영혼을 여는 천사들의 박수 소리가 요동치고 있었다. 이것으로 나는 내가 창세 전에 그리스도 안에서 나를 택한 은혜 속의 사람인 것을 확신한다. 그러나 불행하게도 나는 하나님의 자녀가 되었다는 확신 속에서도 여전히 내 육체는 동성애에 빠져 있었고 욕정을 지배하는 많은 죄의 유혹을 이겨내지 못하고 있었다.

그때 나는 동성애자를 위한 술집을 운영하고 있었다. 나의 강압적인 전도로 어쩔 수 없이 교회에 끌려 나온 칠십여 명의 동성애자들과 함께 부끄러운 줄 모르고 손뼉을 치며 찬송가 부르며, "주여! 주여!" 외치며 우리가 하나님의 자녀인 것을 자랑했다. 흥미로운 것은 나의 믿음이 온전하든지 비성경적이든지 그것과는 관계없이 나는 열정적으로 예수를 믿었고 교회를 사랑했다. 또 흥미롭게도 내가 예수를 믿은 날부터 클럽은 날로 확장되어 대한민국에 가장 큰 '게이 바'(gay bar)가 되어 엄청난 돈을 벌게 되어 성인 디스코 클럽까지 운영하게 되었다.

이처럼 나의 잘못된 신앙은 화려한 종교 활동 속에서 무성하게 성장하고 있었다. 그러나 밤이면 나의 영혼은 깊은 심령 속에서 울리는 애통해하는 탄식을 들어야 했다. 차라리 예수를 몰랐다면 양심의 고통은 없었을 것이다. 그러나 그때에도 나를 구원하신 주께서 나의 영혼을 위해 애통하고 계셨다. 이것이 믿지 않는 자와 믿는 자의 차이인 것이다. 예수 그리스도의 사람이 되고도 진리를 발견하지 못한 채, 더 깊은 어둠을 방황해야 했던 내 인생 속에서도 하나님의 은혜의 손길은 끊임없이 역사하고 있었다.

그러나 그리스도의 지혜를 발견하기까지 내 영혼이 받아야 했던 고통의 날들과 내 안에서 탄식하던 성령의 애통하심을 생각할 때, 내 영혼을 섭리하시고 권면하신 주의 은혜는 그 무엇으로 설명할 수 없다. 오직 하나님의 은혜가 죄의 유혹에서 나를 지켜 온 힘의 원천이었다. 그러므로 나의 승리는 내가 이룬 것이 아니라 내 영을 권고하신 긍휼하신 예수 그리스도의 인내로 말미암은 것이다. 그의 자비가 나를 완전한 그리스도의 사람으로 만드신 것이다.

## 1) 정죄에 대한 성경적 정의 수립

불의한 자가 하나님의 나라를 유업으로 받지 못할 줄을 알지 못하느냐 미혹을 받지 말라 음행하는 자나 우상 숭배하는 자나 간음하는 자나 탐색하는 자나 남색하는 자나 도적이나 탐욕을 부리는 자나 술 취하는 자나 모욕하는 자나 속여 빼앗는 자들은 하나님의 나라를 유업으로 받지 못하리라(고전 6:9-10).

　많은 사람이 성경이 동성애를 정죄하는 것에 대해 민감한 반응을 보이고 있지만, 사실 성경은 동성애만을 정죄하지 않는다. 성애를 추구하는 사람들의 과민 반응일 뿐이다. 성경은 오직 진리를 증거하며 진리에 반하는 인간의 모든 죄에 대해 정죄하며 하나님의 심판이 있을 것을 예고한다. 그러나 하나님이 인간을 정죄할 수 있는 것은 인간의 모든 주권이 그 창조자 되신 하나님께 있고 또 인간을 하나님의 형상과 모양대로 창조하셨기 때문에 인간의 죄악은 곧 하나님의 형상과 모양을 훼방하며 모욕하는 것이 되기 때문이다.

　그러므로 하나님은 인간의 죄성을 따라 나타나는 모든 불의 곧 동성애를 비롯하여 우상 숭배와 음란과 간음과 탐색과 색욕과 술취함과 살인과 도적질과 훼방과 행패와 거짓을 모두 정죄하고 있다.

　여기서 음행이란 합당하지 못한 모든 성적 행위를 뜻한 것으로 마음에 품은 음욕에서부터 자위행위에 이르기까지 성적 쾌감을 지향한 모든 성행위를 말한다. 그러므로 성경이 동성애에 대해만 엄격하다는 극단적인 생각은 하지 말아야 한다. 성경은 부부관계가 아닌 성적 행위는 모두 정죄하고 있기 때문이다.

　이에 사도 바울은 목회 서신에서 경계했다.

알 것은 이것이니 법은 옳은 사람을 위하여 세운 것이 아니요 오직 불법한 자와 복종하지 아니하는 자며 경건하지 아니한 자와 죄인과 거룩하지 아니한 자와 망령된 자와 아버지를 죽이는 자와 어머니를 죽이는 자와 살인하는 자며 음행하는 자와 남색하는 자와 인신 매매를 하는 자와 거짓말하는 자와 기타 바른 교훈을 거스르는 자를 위함이니 (딤전 1:9-10).

바울은 계속하여 증거했다.

> 이 교훈은 내게 맡기신 바 복되신 하나님의 영광의 복음을 따름이니라(딤전 1:11).

여기서 '교훈'이란 '교리'(doctrine)를 말한다. 따라서 바울의 이 가르침은 복음 사역의 중요한 근간이 됨을 알 수 있다. 그러므로 하나님의 영광된 삶을 위하여 택함을 받은 그리스도의 사람들이 성경의 교훈을 스스로 부인하던가 가볍게 생각한다면 그는 그리스도의 사람이라 할 수 없다.

예수님은 이미 우리에게 말씀하셨다.

> 내가 진실로 너희에게 이르노니 심판 날에 소돔과 고모라 땅이 그 성보다 견디기 쉬우리라 (마 10:15).

이 메시지는 창세기 19장의 내용을 언급하신 것으로 소돔성을 심판 날의 표본으로 삼고 있다. 이는 이미 우리가 알고 있는 바와 같이 소돔성의 사람들이 동성애에 빠져 노소 무론하고 롯의 집에 들어온 사람(천사)들과 관계를 갖기 위해 몰려왔다는 역사적 사실을 시사한 것이다.

성경이 이처럼 심판 날의 시대상을 동성애로 만연된 소돔성으로 삼은 것은 동성애는 하나님의 형상과 모양대로 지음을 받은 인간으로서 하나님의 뜻에 역행하는 가장 굴욕적인 행위로써 인간의 패역함이 그보다 더 악할 수는 없기 때문이다. 그러므로 성경은 어느 시대, 그 어떤 이유를 막론하고 동성애를 용납하지 않는다.

### 2) 동성애 탈출의 시발점

> 사람이 마음으로 믿어 의에 이르고 입으로 시인하여 구원에 이르느니라(롬 10:10).

이제 우리의 질문은 동성애로부터 어떻게 탈출할 것인가에 이르게 된다. 이 질문에 대한 첫 번째 답변은 무엇보다도 먼저 '예수 그리스도'를 믿는 것이다. 이것은 누구의 힘으로도 할 수 없고 오직 성령의 인도하심을 따라 스스로의 의지로 하나님의 아들 예수 그리스도를 자신의 영혼을 구원하실 주로 영접하는 것이다.

로마서 10:9-11절 말씀이다.

> 네가 만일 네 입으로 예수를 주로 시인하며 또 하나님께서 그를 죽은 자 가운데서 살리신 것을 네 마음에 믿으면 구원을 받으리라 사람이 마음으로 믿어 의에 이르고 입으로 시인하여 구원에 이르느니라 성경에 이르되 누구든지 그를 믿는 자는 부끄러움을 당하지 아니하리라 하니(롬 10:9-11).

만약 누구든지 이 말씀을 의지해 스스로 자신이 죄인임을 고백하고 하나님의 아들 예수 그리스도를 주인으로 맞이한다면 그는 하나님의 자녀가 되는 권세를 얻어 영원한 생명을 선물로 얻게 될 것이다.

이와 같이 믿음의 선택으로 하나님의 자녀가 되는 '신성(神聖) 체험'은 세상의 모든 신과 미혹의 영들로부터 해방되는 영광의 통로이다. 단 한 순간의 마음으로부터 솟아난 입술의 고백으로 당신은 그리스도의 은혜로 말미암아 영광스런 하나님의 자녀 신분이 되어 영생하시는 하나님의 신의 성품에 참여하게 된다.

그러므로 이제 당신은 더 이상 죄인도 아니며 동성애자도 아닌 하나님의 자녀 곧 거룩하고 유일하신 창조자 아들들의 반열에 오른 것이다. 이것을 보증하시는 분이 우리 안에 계신 곧 진리의 영이신 '보혜사' 성령이시며 이 영광은 그 누구도 빼앗을 수 없는 하나님께 속한 권세이다. 그러나 예수 그리스도를 믿어 죄로부터 속죄함을 받은 모든 사람은 과연 그동안 행하던 모든 죄로부터 완전히 분리된 것인가 하는 의문은 여전히 남아 있다.

## 3) 믿음과 영적 전쟁의 시작

> 망령되고 허탄한 신화를 버리고 오직 경건에 이르도록 네 자신을 연단하라(딤전 4:7).

동성애자라도 예수를 믿는 자는 '의롭다하심' 곧 '칭의 판결'을 받은 하늘나라의 시민으로서 예수 그리스도와 함께 하나님 나라의 기업을 받을 자격을 얻은 성도이다. 로마 교회에도 많은 동성애자가 있었지만, 바울은 로마서 서두에서 기록한다.

> 로마에서 하나님의 사랑하심을 입고 성도로 부르심을 입은 모든 자에게 하나님 우리 아버지와 주 예수 그리스도로부터 은혜와 평강이 있기를 원하노라(롬 1:7).

그러므로 믿는 자들은 모든 죄로부터 완전히 분리 판결을 받은 사람이다. 그러나 여기서 우리가 기억해야 할 것은 하나님의 칭의 판결은 우리 안에 역사하는 죄의 성질들을 완전히 삭제했다는 것이 아니라는 것이다.

이는 우리가 예수 그리스도를 믿음으로 죄 없다 하심을 받고 그리스도의 의가 우리에게 전가되어 죄인에서 하나님의 자녀로 신분으로 바뀐 것을 뜻한다. 다시 말해 거룩한 신분적 격상을 의미한다. 그러나 우리를 사로잡고 있던 죄의 성질들은 아직 우리 안에 남아 있어 다시 범죄를 하도록 유혹한다. 이로부터 하나님의 자녀된 성도는 세상의 죄들과 격렬한 영적 전쟁을 치르게 된다.

단 한 순간의 믿음의 고백으로 사단의 권세 속에 속한 모든 권리를 송두리째 예수 그리스도의 손에 넘겨 준 사단은 우리가 이 세상을 살아가는 동안 수단과 방법을 가리지 않고 모든 것을 총동원하여 연약한 육신을 유혹해 다시 죄에 얽히도록 끊임없이 역사할 것이기 때문이다. 그러므로 악한 영들의 유혹과 죄의 고통에서 거듭난 우리는 우리의 믿음 속에 역사하는 성령의 능력을 의지하여 주 예수 그리스도의 의로움을 지켜야 할 의무와 책임이 있다.

### 4) 생활 패턴의 체인지

> 술 취하지 말라 이는 방탕한 것이니 오직 성령으로 충만함을 받으라(엡 5:18).

거룩한 삶을 위한 방편으로 바울은 여기서 우리에게 '벗고', '입으라'고 명한다. 이것은 그리스도의 은혜로 구원받은 우리로 마땅히 해야 할 의무와 책임이 있음을 뜻한다. 그러므로 바울은 우리가 헌 옷을 입고 새 옷을 갈아입듯이 옛 습관을 벗어버리고 새 사람 곧 새로운 의와 진리와 거룩한 생활패턴을 입어야 한다고 말한 것이다.

예수님은 우리에게 거룩한 삶의 생활을 위하여 혁명적 수술을 해야 한다고 다음과 같이 말씀하셨다.

> 만일 네 손이나 네 발이 너를 범죄하게 하거든 찍어 내버리라 장애인이나 다리 저는 자로 영생에 들어가는 것이 두 손과 두 발을 가지고 영원한 불에 던져지는 것보다 나으리라 만일 네 눈이 너를 범죄하게 하거든 빼어 내버리라 한 눈으로 영생에 들어가는 것이 두 눈을 가지고 지옥 불에 던져지는 것보다 나으니라(마 18:8-9).

이 말씀은 육체를 물리적으로 다스리라는 것이 아니다. 죄에 대한 당신의 단호한 의지와 몸에 밴 나쁜 습관들을 끊어내라는 의식적 각성을 말씀하신 것이다. 다시 말해 범죄 하는 손과 발을 찍어 버렸으니 당신은 다시 죄를 범할 손과 발이 없다는 것이며 범죄한 눈을 뽑아 버렸으니 당신에게는 다시 죄를 범할 눈이 없다는 것이다.

내가 아는 동성애 성향의 어떤 형제는 내게 자신은 예수를 믿은 후 사람들과 한 번도 동성애 행위를 하지 않았다고 했다.

그러나 '그러면 당신은 동성애자가 아닌가'라는 나의 물음에 그는 고개를 떨구었다. 이처럼 믿는 사람들 마음속에 아직 도둑이 살아 있고, 술이 살아 있고, 동성애가 살아 있다면 그가 어떤 환경적 지배 속에서 절제하고 있다고 해도 그는 그 악한 습관들을 벗어 버린 것이 아니다. 그는 다만 몸 안의 누룩이 역사하지 못하도록 억누르고 있을 뿐이다.

그러면 언제 도둑이 아니며, 알코올 중독자가 아니며, 동성애자가 아닌가?

바로 마음으로 새롭게 되어 하나님의 말씀과 성령의 힘입어 새로운 그리스도인의 옷을 입었을 때 그는 새 사람을 입은 것이다. 그렇다고 나는 여기서 극복을 위한 그들의 절제와 인내의 과정을 무시하는 것은 아니다. 다만 그들의 절제와 인내는 성령의 열매로서 나타난 것이 아니라 죄의 성질이 나타나지 않도록 하는 인간의 호전적인 노력일 뿐이라는 것을 말한 것이다. 그러나 성령의 열매로 맺는 인내와 절제는 결코 죄의 문제를 포함하지 않는다.

바울은 우리에게 명했다.

> 시와 찬송과 신령한 노래들로 화답하며 너희의 마음으로 주께 노래하며 찬송하며 범사에 우리 주 예수 그리스도의 이름으로 항상 아버지께 감사하며 그리스도를 경외함으로 피차 복종하라(엡 5:19-21).

이는 변화된 그리스도인의 의로운 생활을 요구한 것으로 이는 그리스도인의 삶이 오직 예수 그리스도 안에서 예배의 생활로 나타나야 함을 뜻한다.

## 5) 복음 사역의 딜레마

> 모든 이론을 무너뜨리며 하나님 아는 것을 대적하여 높아진 것을 다 무너뜨리고 모든 생각을 사로잡아 그리스도에게 복종하게 하니(고후 10:4b-5).

오늘날 믿는 자들에게 있어 가장 큰 문제는 거룩한 영적 대리자처럼 군림하여 성도의 믿음을 주관하며 진리의 말씀을 왜곡하는 거짓 선지자와 거짓 교사들이다. 흥미롭게도 이 범위는 너무 넓어 어느 곳이 진리의 교회인지 어느 목사가 천사의 얼굴을 위장한 교회인지 구분하기 쉽지 않다.

바울 사도는 이미 증거했다.

> 이것은 이상한 일이 아니니라 사탄도 자기를 광명의 사자로 가장하나니 그러므로 사탄의 일꾼들도 자기를 의의 일꾼으로 가장하는 것이 또한 대단한 일이 아니니라 그들의 마지막 그 행위대로 되리라(고후 11:14-15).

하나님은 예수 그리스도의 은혜로 구속하신 그의 자녀들을 온전한 하나님의 자녀로 완성하시기 위해 주께서 성령으로 친히 쓰신 성경을 그의 부르신 종들로 가르치게 하셨다. 그를 위하여 죽음에서 부활하신 예수께서 하늘로 올라가실 때 사로잡은 자들에게 성령을 선물로 주어 사도와 선지자와 복음 전도자와 목사와 교사로 세워 성도들을 온전하게 하며 봉사의 일을 하게 하셨다(엡 4:11-12).

그런데 불행하게도 이 땅에 세워진 많은 교회 가운데는 기름 부음을 받지 못한 사람들이 성경을 가르치고 있다. 그것은 신학교만 졸업하면 누구나 목사나 교수가 될 수 있는 세상의 체제가 교회 안에 들어왔기 때문이다.

나는 처음 예수 그리스도의 구원 복음을 들었을 때 당시 그 기쁨을 감당하지 못하여 수십여 명의 동성애자들을 전도하여 함께 교회 생활을 했다. 나는 그 당시 내가 주의 자녀가 되었으니 내 모든 죄가 사함을 받고 내가 어떤 생활을 하든지 그것은 영혼의 문제이므로 육체에 속한 것은 문제가 되지 않는다고 믿고 있었다. 이런 잘못된 믿음은 신학을 공부하면서도 변하지 않았고 다만 나는 교회의 직분자로서 예배 의식에 참여하는 허울 좋은 교회 생활을 하고 있었다. 사실, 정차이만 있을 뿐이지 이런 모습은 오늘날 많은 성도 속에서도 볼 수 있다. 성경은 이미 기록했다.

> 소돔과 고모라와 그 이웃 도시들도 그들과 같은 행동으로 음란하며 다른 육체를 따라 가다가 영원한 불의 형벌을 받음으로 거울이 되었느니라(유 1:7)

## 4. 동성애 극복을 위한 성경적 해법

> 너희는 유혹의 욕심을 따라 썩어져 가는 구습을 따르는 옛 사람을 벗어 버리고 오직 너희의 심령이 새롭게 되어 하나님을 따라 의와 진리의 거룩함으로 지으심을 받은 새 사람을 입으라(엡 4:22-24).

### 1) 성경적 자기 대면의 시작

오늘날 많은 성도가 음욕의 죄의 문제로 괴로워하며 이런 죄의 극복이 잘 되질 않아서 좌절한다. 그런 관계로 대부분 그들은 음욕의 노예가 됐다고 생각한다. 자기가 하기 싫은 죄를 계속 반복하게 된다고 호소한다. 그러나 사람이 죄를 반복할 때에는 하나님의 능력에 문제가 있는 것이 아니라 하나님의 뜻을 행하지 않으려는 본인의 불순종에 원인이 있는 것이다.

우리가 알아야 할 것은 성경은 불신자를 위해서 쓰는 것이 아니고 예수님을 믿는다고 고백하는 사람을 위해서 기록하신 하나님의 말씀이다(딤후 3:17). 그러므로 만일 누가 계속 죄를 짓게 된다면 자신을 성경적으로 대면해 보아야 한다.

바울은 "너희는 믿음에 있는가 너희 자신을 시험하고 너희 자신을 확증하라 예수 그리스도께서 너희 안에 계신 줄을 너희가 스스로 알지 못하느냐 그렇지 않으면 너희가 버림 받은 자니라"(고후 13:5) 기록했기 때문이다. 그러므로 당신이 믿음 안에 있는 사람이라면 죄에서 벗어나기 위해서 과격한 죄의 절단 수술이 선행되어야 한다. 당신이 죄를 짓고 있는 이상 성령의 인도하심을 받을 수 없기 때문이다.

## 2) 당신의 의지와 마음의 결단

> 오직 각 사람이 시험을 받는 것은 자기 욕심에 끌려 미혹됨이니 욕심이 잉태한즉 죄를 낳고 죄가 장성한즉 사망을 낳느니라(약 1:14-15).

먼저 알아야 할 것은 죄는 다른 사람에게 책임이 있는 것이 아니라는 것이다. '한번만 하지', '이번만 하고' 하면서 짓는 죄도 이유없이 본인의 선택임을 기억해야 한다. 어쩔 수 없이 "마귀의 꼬임으로 했다"는 것은 거짓이다. 예수를 믿는 당신에게 마귀가 할 수 있는 것은 당신의 악한 마음속에 있는 음욕을 일으키도록 유혹하는 것뿐이다. 사단은 이미 심판을 받았기 때문이다. 그러므로 중요한 것은 당신 마음의 변화이다. 성경은 말한다.

> 만물보다 거짓되고 심히 부패한 것은 마음이라 누가 능히 이를 알리요마는(렘 17:9). 마음에서 나오는 것은 악한 생각과 살인과 간음과 음란과 도적질과 거짓 증언과 비방이니(마 15:19).

그러므로 예수님께 기도해서 우리의 마음을 찾아 모든 악으로부터 그것을 깨끗하게 해달라고 기도해야 한다. 또한, 우리의 육신은 우리의 마음을 지배하려고 성령을 대항해서 항상 싸우려고 한다는 것을 잊어서는 안된다(갈 5:17; 약 4:5). 불신자일 때나 신자일 때의 나의 몸은 같지만, 그러나 몸으로 죄된 일을 하지 않아야 하나님께 영광을 돌릴 수 있다. 그렇게 하기 위해서는 믿음의 말씀 위에 서서 몸의 소욕을 억제하고 죄를 극복할 굳은 의지를 다져야 한다. 그래야만 내 안에 계신 성령께서 나를 돕고 악을 이루지 못하게 하신다.

내가 말씀에 순종할 때 성령께서 죄와 의에 대해서 책망하시고 내가 무엇을 할 것을 가르쳐 주시므로 우리가 죄를 넉넉하게 이길 수 있다. 그러므로 내가 굳건한 의지를 갖고 있을 때 육신과 정욕을 따르려는 나의 모든 생각을 사로잡아 그리스도에게 복종하게 할 수 있는 것이다(고후 10:5).

어떤 사람들은 이렇게 말한다.

"죄는 미워하는데 어쩔 수 없이 그 짓을 한다."

"나도 죄는 미워하고 일부러 죄를 짓는 것은 아니다. 내 안의 죄가 죄를 짓게 한다."

그러나 이것은 거짓말이다. 사람이 오븐에 손을 올려놓으면 안된다는 것을 안다면 일부러 손을 오븐에 손을 올려놓지는 않는다. 마찬가지로 사람이 무엇을 정말 싫어하면 그것을 절대로 하지 않는다. 뜨거운 오븐에 손을 올려놓는 것을 정말 싫어하면 그 사람은 오븐에 그의 손을 올려놓고 손을 태우지는 않을 것이다.

죄도 마찬가지이다. 죄의 유혹이 있을 때 감정에 이끌리지 말고 성경 말씀을 의지해서 악한 마귀의 유혹을 물리쳐야 한다.

### 3) 무엇을 선택할 것인가?

> 육체의 소욕은 성령을 거스리고 성령은 육체를 거스르나니 이 둘이 서로 대적함으로 너희가 원하는 것을 하지 못하게 하려 함이니라(갈 5:17).

선택은 오직 자신에게 달렸다. 그 누구도, 또 환경이나 그리고 마귀도 나를 죄를 짓게 하지는 못한다. 미치지 않고서야 자기의 머리에 총 뿌리를 대는 사람은 없다. 그러므로 자신의 악한 선택으로, 자신의 의지로 내가 죄를 짓고 있다는 것을 스스로 시인해야 한다. 내 자신의 음욕이 나로 죄를 짓게 한다는 것을 나는 잊어서는 안된다.

하나님은 당신을 유혹하지 않으신다. 이미 말씀하셨기 때문이다.

> 사람이 시험[유혹]을 받을 때에 내가 하나님께 시험[유혹]을 받는다 하지 말지니 하나님은 악에게 시험을 받지도 아니하시고 친히 아무도 시험하지 아니하시느니라(약 1:13).

당신이 유혹을 받는 것은 당신은 자신의 음욕(욕심)에 의해서 받는 것이다. 그러므로 어떤 유혹이 올 때 그것만을 바라보고(생각하고) 있으면 당신의 마음이 그것에게 정복되어 그것에 빠져 노예가 된다.

> 오직 각 사람이 시험을 받는 것은 자기 욕심에 끌려 미혹됨이니(약 1:14).

일단 유혹을 받게 되면 당신의 육신은 당신의 음욕의 대상을 갈망하게 되고 당신의 육신은 그 유혹에 넘어가게 된다. 이렇게 해서 죄를 짓게 된다. 유혹에 넘어갈 때마다 영적으로는 내가 나의 몸에 칼질을 하는 것과 마찬가지이다. 죄를 질 때마다 우리의 마음은 강퍅해진다. 그렇게 되면 기도를 하거나 성경을 보기가 싫어진다. 그러므로 야고보 저자는 "욕심이 잉태한즉 죄를 낳고 죄가 장성한즉 사망을 낳느니라"(약 1:15)라고 기록했다.

따라서 우리는 어떤 유혹이 와서 죄를 짓고 싶은 마음이 들 때마다 우리 앞에는 선택이 있음을 기억해야 한다. 절대로 속수무책이 되는 경우는 없다. 그때마다 저주에서 우리를 구하시기 위해서 예수님이 죽으신 것을 기억해야 한다. 이것이 예수님 안에서는 항상 승리할 수 있는 비결이다. 죄를 지으면서 죄를 짓지 않게 해달라고 기도하면 안된다. 선택은 이미 우리에게 있었고 지금도 우리에게 있다. 죄를 지으라는 유혹이 올 때 "No!"라고 하는 선택은 전적으로 우리에게 달려 있다.

### 4) 어떻게 기도해야 하는가?

> 근신하라 깨어라 너희 대적 마귀가 우는 사자 같이 두루 다니며 삼킬 자를 찾나니 너희는 믿음을 굳건하게 하여 그를 대적하라 이는 세상에 있는 너희 형제들도 동일한 고난을 당하는 줄을 앎이라(벧전 5:8-9).

당신이 하는 모든 일을 축복하시도록 하나님께 기도하는 것은 대단히 중요한 일이다. 그러므로 당신의 삶의 모든 일, 모든 활동을 축복해 주시도록 기도하는 습관을 지녀야 한다. 죄를 지으라는 유혹을 받으면 "하나님이 높임을 받으시옵소서. 하나님의 뜻을 행하도록 저의 죄를 책망해 주옵소서. 예수님의 이름으로 기도합니다" 하고 큰소리로 외치며 기도하고 다른 성경적 행동을 실천해야 한다.

당신의 육신은 악을 행하기 원하기 때문에 이런 기도를 못하도록 속삭이겠지만 만일 당신이 정말로 예수님을 믿는 성도이고 이 기도를 큰소리로 한다면 어떻게 그러고도 서슴없이 죄를 지을 수 있겠는가?

만약 당신이 세상 사람들과 똑같은 생활을 한다면 세상 사람들과 똑같은 열매를 맺게 될 것이다. 당신도 세상 사람들처럼 TV, 영화, 포르노를 보며 스마트폰이나 인터넷을 통해서 음란물을 즐긴다면 그것은 당신의 마음에 오물을 퍼붓는 것과 같다. 그러는 동안 계속 자제력을 잃게 된다.

성도들은 세상과 짝하는 것이 하나님과 원수되는 것임을 알아야 한다. 그래서 우리는 항상 나의 신분과 상태를 점검하고 있어야 한다. 우리가 이 세상과 똑같이 산다면 우리의 마음은 그리스도에게서 멀어지게 되어 있다. 육신적인 마음은 하나님의 법에 순종하지 않는 것이고 또 그렇게 할 수도 없다. 싸움은 어느 특정한 죄의 문제가 아니다. 진짜 싸움은 자기의 마음과 싸움이다. 성경은 "이 세상의 신이 믿지 아니하는 자들의 마음을 혼미하게 하여 그리스도의 영광의 복음의 광채가 비치지 못하게 함이니"(고후 4:4)라고 기록했다.

## 5) 마음을 새롭게 하는 법

> 무릇 지킬 만한 것 중에 더욱 네 마음을 지키라 생명의 근원이 이에서 남이니라(잠 4:23).

사람이 어떻게 마음을 새롭게 할 수 있는가?

성경은 "모든 이론을 무너뜨리며 하나님 아는 것을 대적하여 높아진 것을 다 무너뜨리고 모든 생각을 사로잡아 그리스도에게 복종하게 하니"(고후 10:5)라고 말씀하셨다. 이럴 때 많은 사람이 '내가 어떻게 하나님의 뜻을 알 수 있느냐' 묻는다. 그러나 하나님의 뜻을 아는 방법은 간단하다. 성경에서 하라고 명하시는 것은 모두 하나님의 뜻이기 때문이다. 그래서 성경을 매일 읽고 또 열심히 그대로 행하면 된다. 그러면 성경이 우리를 거룩하게 만들어 준다. 우리는 성령님이 우리의 마음을 충동하실 때 그에게 귀를 기울여야 한다. 성령께서 우리의 잘못을 지적하시면 무시하지 말고 그대로 행해야 한다.

## 6) 유혹의 매개체로부터의 자유

> 새 사람을 입었으니 이는 자기를 창조하신 이의 형상을 따라 지식에까지 새롭게 하심을 입은 자니라(골 3:10).

예수님도 "너를 실족게 하는 것들은 모두 빼버리라"고 하셨다. 즉, 나를 넘어지게 하는 것은 전부 없애버리라는 말씀이다. 이것을 의학적 용어로 '혁명적 수술'이라고 말한다. 그것 때문에 지옥에 가는 것보다는 차라리 없애버리는 것이 낫다는 말씀이다. 예를 들면,

- 만일 당신이 인터넷 음란 중독자가 되어서 그것을 안 볼 수가 없다면 인터넷을 없애고 필요하면 컴퓨터, 스마트폰까지 없애 버려야 한다.
- TV나 인터넷, 스마트폰을 보는 것에 중독이 됐으면 그것을 없애 버려야 한다. 그것을 보지 않아도 죽지 않으니까 안심하고 없애도 된다. 그러면 머지않아 그것을 보고 싶은 생각이 없어질 것이고 후에는 더럽고 추한 것을 보는 것조차 역겨워지게 될 것이다.
- 당신이 아이돌에게 빠졌다면 그의 CD를 없애고, 이와 관련된 옷, 포스터도 버리고, 한번 결심하면 한번 작정한 것을 끝까지 실천하라.
- 당신이 음란 행위를 해왔으면 음란한 눈초리, 태도, 말 등의 모든 행위를 버리라. 특히, 음란한 냄새를 풍기는 모든 옷을 버리라.

어떤 사람들은 위에 나열한 것이 동성애와 무슨 관계가 있느냐고 말한다. 그러나 당신의 생활 전반에서 비성경적 생활을 수술해 버리지 않는다면 결코 동성애에서 벗어나지 못할 것이다. 그러므로 설혹 어떤 불의의 유

혹을 받을 경우에도 선택은 결국 당신의 몫이다. 당신을 유혹하는 것을 우선 피하고 보는 것이 성공의 시작이다. 유혹을 받는다고 멍하니 앉아 있다가 유혹에 넘어가지 말고 우선 도망가고 보라. 그리고 평소에 암송했던 그에 해당하는 성구를 묵상하면서 주님께 지혜를 구하라. 그러면 마음에서 악한 생각이 사라질 것이다.

### 7) 믿음의 공동체

> 몸이 하나이요 성령도 한 분이시니 이와 같이 너희가 부르심의 한 소망 안에서 부르심을 받았느니라(엡 4:4).

**(1) 함께 생활하라**
  - 유혹의 장소를 속히 떠나 정결한 사람들과 어울리라.
  - 신실한 형제 자매와 거룩한 교제를 가지라.
  - 성경을 큰 소리로 암송하라.
  - 예수그리스도의 이름으로 마귀의 역사를 물리쳐야 한다.
  - 말씀 중심의 영적 찬송을 부르고 계속 그것을 들어야 한다.

**(2) 영적 은사를 사용하라**

그리스도인의 삶은 주일에 교회에 가서 자리를 채우는 것만이 아니다. 주님을 섬기는 삶을 사는 것이 그리스인의 삶이다. 그리스도인들이 주님을 섬기지 않기 오히려 세상 사람들 속에서 시간을 보내는 경우가 많다. 그러나 세상과 짝하는 것이 하나님과는 원수되는 일인 것을 기억해야 한다.

### (3) 승리는 예수 그리스도를 통해서만 얻을 수 있다

주님이 죽은 자를 살리시고 귀먹은 사람을 듣게 하시고 맹인과 나병환자를 치료하신 것처럼 그는 지금도 모든 것을 하실 수 있다. 그는 우리의 필요도 능히 다루어 주실 수 있는 분이시다.

> 너희 중에 이와 같은 자들이 있더니 주 예수 그리스도의 이름과 우리 하나님의 성령 안에서 씻음과 거룩함과 의롭다 하심을 받았느니라(고전 6:11).

그러므로 항상 아래와 같이 기도해야 한다.

> 주님, 주님에게는 불가능이 없으십니다. 그래서 저도 그리스도의 보혈을 통해서 승리를 가질 수 있습니다. 영적으로 게으르고 규율이 부족한 저를 용서해 주십시오. 예수님의 이름으로 기도합니다.

### 8) 경건 생활과 성구 암송 생활

> 망령되고 허탄한 신화를 버리고 오직 경건에 이르도록 네 자신을 연습하라(딤전 4:7).

우리는 우리 자신을 훈련해야 한다. 예수님은 우리가 주님의 제자가 되려면 "누구든지 나를 따라오려거든 자기를 부인하고 자기 십자가를 지고 나를 따를 것이니라"(마 16:24)라고 말씀하셨다. 사도 바울도 성령님의 감동으로 "내가 내 몸을 쳐 복종하게 함은 내가 남에게 전파한 후에 자신이 도리어 버림을 당할까 두려워함이로다"(고전 9:27)라고 고백했다.

자기를 훈련하려는 사람은 "더러운 악을 즐겨 행하지 않겠다"는 고백을 계속하면서 자기의 결심을 순간순간 다짐하고, 하나님을 찬양하며 그를 경배하는 삶을 살아야 한다. 그 어떤 것도 하나님을 향한 나의 결심을 뺏

어갈 수 없다는 것을 거듭 다짐해야 한다. 예수님도 십자가를 지시기 전에 겟세마네 동산에서 십자가의 결심을 이루시려고 얼마나 힘든 싸움을 하셨는가를 음미해 보라.

**(1) 모든 예배와 모임에 참석하며 충만케 하라**

교회는 당신의 구원자 하나님의 아들 예수 그리스도의 몸이며 성도의 집이다. 우리가 악한 행실로 멀리 떠나 있었을 때 하나님은 그의 아들 예수 그리스도를 보내시어 내 모든 죄를 위해 십자가를 지우시고 하나님의 사랑을 확정하셨고 그 아들을 믿는 믿음 위해 사단의 권세를 이길 교회를 세우셨다.

우리는 그리스도의 몸된 교회를 통해서 하늘로부터 오는 양식을 먹으며 그 안에서 역사하는 성령의 능력과 성도의 교제를 통해서 그리스도의 한 지체를 이루어 간다. 그러므로 죄에서 떠나 의인된 당신은 교회를 통해서 모든 영적 능력을 받을 수 있다. 일주일에 단 한 번의 양식으로는 갈급한 당신의 영혼을 채울 수 없다. 그러므로 모든 성경 공부에 참여하고 모든 예배에 적극적으로 참여하라. 유일하고 참 하나님과 그 아들 예수 그리스도를 아는 것으로 당신의 육신의 정욕에서 떠나 신의 성품에 참여할 수 있고 영생에 이르게 될 것이다.

그러므로 우리가 이 세상에 사는 것은 오직 한 가지 목적 곧 예수 그리스도의 이름을 높이고 그의 영광을 찬송하기 위해서 살고 있다. 그 어떤 모양이라도 당신을 위해서 사는 세상이 되어서는 안된다. 오직 예수 그리스도를 위해서 사는 삶이 되어야 한다. 당신이 이 사실을 알게 되면 당신은 이미 영적 세계로 들어온 것이다. 그 세계로 들어서면 모든 지각에 뛰어난 평안과 목적과 이해와 지혜와 지식을 얻게 된다. 이렇게 되면 당신의 삶은 말만이 아닌 실제 그리스도 안에 감추어진 삶을 살게 될 것이다. 그러면 죽음에서 부활하신 그리스도의 능력으로 사는 새로운 삶을 살게 되는 것이다.

## (2) 성구를 암송하라

우선 자기의 문제와 관련된 성구들을 정리해 매일 암송하여 당신의 삶의 말씀으로 삼아야 한다. 또 겸하여 갈급한 당신의 영혼 양식을 공급하기 위해 시편과 잠언서의 암송하는 것은 매우 큰 도움이 될 것이다. 당신이 매일의 삶 속에서 성구를 암송하게 되면 당신 안에서 성령님의 능력이 역사하는 것을 느낄 것이다.

## 결론: 교회의 역할

성경은 이렇게 기록했다.

> 누구든지 형제가 사망에 이르지 아니하는 죄 범하는 것을 보거든 구하라 그리하면 사망에 이르지 아니하는 범죄자들을 위하여 그에게 생명을 주시리라 사망에 이르는 죄가 있으니 이에 관하여 나는 구하라 하지 않노라(요일 5:16).

어떤 사람들은 "동성애는 하나님의 저주받은 것이다", "지옥에 간다" 말하기도 하지만 그것은 아주 많이 잘못된 판단이다. 하나님은 그렇게 말하는 사람을 죄 없다 하지 않으실 것이다. 지금은 예수 그리스도의 은혜의 시대이기 때문이다. 그의 이름으로 용서받지 못할 죄는 없다.

그러므로 이제 우리 교회가 나서서 동성애자들을 교회의 적으로 삼지 말고 목양의 대상으로 삼아 그들에게 복음을 전해 저들을 구원하고 그리스도의 긍휼하신 은혜의 복음으로 사랑을 실천해야 한다.

이미 성경은 기록했다.

> 그들로 깨어 마귀의 올무에서 벗어나 하나님께 사로잡힌 바 되어 그 뜻을 따르게 하실까 함이라(딤후 2:26).

예수님은 길 잃은 양 한 마리를 찾아 나서는 목자의 비유로서 우리에게 말씀하셨다.

> 이와 같이 이 작은 자 중의 하나라도 잃는 것은 하늘에 계신 너희 아버지의 뜻이 아니니라 (마 18:14).

그러므로 오늘날 동성애와 같은 난제에 부딪힌 우리 교회와 성도들은 복음의 진리로서 세상 가운데 빛과 소금의 역할을 다해야 할 것이다. 오늘날과 같이 불의로 가득한 세상에 동성애와 같은 죄의 문제로 고통받고 있을지도 모르는 우리 자녀들을 위해 우리는 아브라함의 마음으로 긍휼하신 하나님의 공의와 사랑을 구해야 할 것이다.

지금은 은혜의 시대이다. 그리스도의 복음의 은혜로서 동성애를 비롯한 모든 죄의 문제들을 해결해야 할 때이다. 우리 주 하나님과 그 아들 예수 그리스도의 사랑이 온전히 성취되기를 기원한다.

# 제2부

⚜

## 젠더 이데올로기에 대한 사회·문화적 토론

 제7장
# 성평등 정책이 사회에 미치는 폐해

길 원 평 박사

부산대학교 물리학과 교수, 바른성문화를위한국민연합 대표

## 1. 서론

　2018년 8월 7일에 국가인권정책기본계획이 국무회의를 통과했다. 국민이 독소 조항을 삭제해달라고 요청했음에도 불구하고, 독소 조항이 조금도 삭제되지 않고 오히려 강화된 형태로 통과되었다. 독소 조항 중에서 대표적인 것이 '성평등,' 즉 '젠더평등' 정책이다. 국가인권정책기본계획의 30군데에 '성평등'이란 용어가 포함되고, 여성가족부 등의 정부 기관에 의해서 성평등 정책이 이미 시행되고 있다. 그런데 이 성평등이란 용어의 의미에는 대다수 국민이 받아드릴 수 없는 동성애와 동성 결혼 합법화의 개념이 들어있다.
　이 글은 먼저 성(젠더)과 성평등의 의미를 고찰한 후에, 성평등 정책을 이미 시행하고 있는 서구 사회에 나타나는 문제점들을 소개했다. 최근에 한국 국민이 보여 주었던 성평등 정책에 대한 반대 운동들을 소개한 후에, 앞으로 지속으로 국가인권정책기본계획에 있는 성평등 정책을 수정하도록 요구해야 한다는 것으로 결론을 지었다.

## 2. 사회적 성(젠더)의 정의

'사회적 성'(젠더, gender)은 '생물학적 성'(sex)과는 다르다. 생물학적 성은 사람이 태어나면서 신체에 나타나지만, 사회적 성(젠더)은 생물학적인 성과는 무관하게 자신의 마음으로 생각하는 성을 의미한다. 생물학적 성은 남성과 여성의 두 종류의 성만 존재하지만, 사회적 성은 수십 가지의 다양한 성 정체성을 포함하고 있다. 예로서, 페이스북이 영국 사용자들에게 아래 표에 있는 71개의 '성 옵션'(gender option)을 제공하고 있다.[1]

표1. 페이스북의 71개 성 옵션

〈영국 사용자를 위한 21가지 새로운 옵션〉

1. Asexual, 2. Female to male trans man, 3. Female to male transgender man, 4. Female to male transsexual man, 5. F2M, 6. Gender neutral, 7. Hermaphrodite, 8. Intersex man, 9. Intersex person, 10. Intersex woman, 11. Male to female trans woman, 12. Male to female transgender woman, 13. Male to female transsexual woman, 14. Man, 15. M2F, 16. Polygender, 17. T* man, 18. T* woman, 19. Two* person, 20. Two-spirit person, 21. Woman

〈50가지 이전 성별 옵션의 목록〉

1. Agender, 2. Androgyne, 3. Androgynes, 4. Androgynous, 5. Bigender, 6. Cis, 7. Cis Female, 8. Cis Male, 9. Cis Man, 10. Cis Woman, 11. Cisgender, 12. Cisgender Female, 13. Cisgender Male, 14. Cisgender Man, 15. Cisgender Woman, 16. Female to Male, 17. FTM, 18. Gender Fluid, 19. Gender Nonconforming, 20. Gender Questioning, 21. Gender Variant, 22. Genderqueer, 23. Intersex, 24. Male to Female, 25. MTF, 26. Neither, 27. Neutrois, 28. Non-binary, 29. Other, 30. Pangender, 31. Trans, 32. Trans Female, 33. Trans Male, 34. Trans Man, 35. Trans Person, 36. Trans*Female, 37. Trans*Male, 38. Trans*Man, 39. Trans*Person, 40. Trans*Woman, 41. Transexual, 42. Transexual Female, 43. Transexual Male, 44. Transexual Man, 45. Transexual Person, 46. Transexual Woman, 47. Transgender Female, 48. Transgender Person, 49. Transmasculine, 50. Two-spirit

---

1  http://www.telegraph.co.uk/technology/facebook/10930654/Facebooks-71-gender-options-come-to-UK-users.html.

표1에 있는 용어들에 대한 의미를 아는 데 도움을 주기 위하여, 웹사이트 <news.au>와 오스트레일리아대학의 젠더센터가 만든 용어들의 정의를 아래 표2에 인용했다.[2]

표2. 젠더 정체성에 대한 설명

1. 여성: 여성으로 태어났고 스스로를 여성이라고 정의하는 사람.

2. 남성: 남성으로 태어났고 스스로를 남성이라고 정의하는 사람.

3. 트랜스젠더 남성: 여성으로 태어났으나 스스로를 남성이라고 정의하는 사람. 일부 트랜스는 성전환 수술을 받기도 한다. 수술을 받지 않으나 다른 젠더라 정의하는 사람들도 있다.

4. 트랜스젠더 여성: 남성으로 태어났으나 스스로를 여성이라고 정의하는 사람. 일부 트랜스는 성전환 수술을 받기도 한다. 수술을 받지 않으나 다른 젠더라 정의하는 사람들도 있다.

5. 트랜스(Trans Person): 트랜스섹슈얼 혹은 트랜스젠더를 뜻한다. 트랜스섹슈얼은 감정적, 심리적으로 자신이 다른 성에 속한다고 느끼는 사람이다.

6. 여성에서 남성(Female to Male): FTM으로 줄여 부르기도 한다. 트랜스섹슈얼 혹은 트랜스젠더 남성을 뜻한다.

7. 남성에서 여성(Male to Female): MTF로 줄여 부르기도 한다. 트랜스섹슈얼 혹은 트랜스젠더 여성을 뜻한다.

8. 트랜스섹슈얼: 감정적, 심리적으로 자신이 다른 성이라고 느끼는 사람이다. 트랜스섹슈얼은 보통 옷, 호르몬 치료 등을 통해 한 성에서 다른 성으로 옮겨 간다.

9. 시스젠더(Cisgender): 자신의 성이 타고난 성과 같다고 정의하는 사람. 예를 들어 여성으로 태어나서 스스로를 여성으로 정의하는 사람.

10. 비관행적 젠더(Gender Non-Conforming): 자신을 남성이나 여성으로 정의하지 않는 사람.

11. 넌 젠더(None Gender): 스스로를 그 어떤 젠더로도 정의하지 않는 사람.

12. 넌 바이너리(Non-Binary): 자신을 전적으로 여성 혹은 남성 젠더라고 정의하지 않는 사람. 여성과 남성의 스펙트럼 사이 어디쯤으로 자신을 정의할 수 있다.

13. 뉴트로이스(Neutrois): 중성 혹은 무성으로 간주되는 넌 바이너리 젠더 정체성.

14. 젠더플루이드(Genderfluid): 전적으로 여성이나 남성으로 정의하지 않는 사람.

15. 젠더퀴어(Genderqueer): 오직 남성 혹은 여성으로만 스스로를 정의하지 않는 사람들을 아우르는 말.

16. 데미젠더(Demigender): (데미는 절반을 뜻함) 특정 젠더와 부분적 연관이 있는 넌 바이너리

---

[2] http://www.huffingtonpost.kr/2016/08/03/story_n_11311134.html.

젠더 정체성을 아우르는 말.

17. 에이젠더(Agender): 단어의 원래 뜻은 '젠더가 없다'는 뜻이다. 스스로를 어떤 젠더로도 정의하지 않는 사람이다.
18. 인터젠더(Intergender): 남성과 여성이라는 두 가지 성 사이의 젠더 정체성을 가진 사람이다. 두 가지가 섞여 있을 수도 있다.
19. 인터섹스(Intersex): 남성기와 여성기를 둘 다 가지고 태어난 사람이다. 예를 들어 겉보기에는 여성 같아 보일 수 있지만 내부 장기는 남성에 가까울 수 있다. 예전에는 hermaphrodite라는 말도 썼지만, 지금은 이 말은 무례하고 낡은 것으로 간주된다.
20. 팬젠더(Pangender): 한 가지 이상의 젠더를 가졌다고 정의하는 사람.
21. 폴리젠더(Poligender): '많은 젠더'라는 뜻. 한 가지 이상의 젠더를 가졌다고 정의하는 사람.
22. 옴니젠더(Omnigender): '모든 젠더'라는 뜻. 한 가지 이상의 젠더를 가졌다고 정의하는 사람.
23. 바이젠더(Bigender): '두 젠더'라는 뜻. 남성과 여성 두 가지 다로 정의하는 사람. 일부 바이젠더는 서로 다른 남성과 여성 페르소나를 가지고 있다.
24. 앤드로자인(Androgyne): 남성적인 동시에 여성적인 사람.
25. 앤드로지니(Androgyny): 남성적 특징과 여성적 특징의 혼합. 젠더 정체성, 성 정체성, 패션에 이르기까지 여러 가지에 적용될 수 있는 말이다.
26. 제3의 젠더(Third Gender): 스스로를 남성으로도 여성으로도 정의하지 않는 사람. 일부 문화에서는 이런 사람들을 제3의 젠더로 불렀다. 예를 들어 사모아에서 가족에 아들이 딸보다 많고 집안일을 도울 여성이 필요할 경우 아들을 파파피네로 키운다.
27. 트라이젠더(Trigender): '세 개의 젠더'라는 뜻이다. 남성, 여성, 제3의 젠더를 오가는 사람이다.

## 3. 성평등(gender equality)의 의미

젠더가 마음으로 생각하는 성을 의미하기에, 성평등(gender equality)은 위에서 언급하는 다양한 성 정체성 사이의 평등을 의미한다. 성평등이 트랜스젠더 등을 포함하는 평등임을 뒷받침하는 몇 가지 자료를 소개하겠다.

## 1) <위키백과>에 있는 성평등에 대한 설명[3]

아래 설명에서 '양성평등'은 남녀 두 성별을 고려하고, '성평등'은 성 소수자를 포함하는 개념임을 나타낸다.

성평등(性平等)은 모든 사람이 정치·경제·사회·문화적으로 평등한 대우를 받아야 하고 성별에 근거해 차별 대우를 받으면 안된다는 관점이다. 이는 민주적인 활동과 같은 노동에 같은 급여를 보장하는 것과 함께, 법과 사회적 상황에서 평등을 창조하고자 하는 UN세계인권선언의 목표 중 하나이다. <u>두 성별(남성과 여성)에만 국한되지 않고, 성 소수자들에게도 뜻이 통한다는 점에서 '양성평등'의 개념과 구별되며</u>, 동시에 성평등이라는 개념은 양성평등의 상위에 위치한다.

## 2) <나무위키 미러>에 있는 성평등에 대한 설명[4]

아래 설명에서 양성평등은 남녀 두 종류의 젠더만을 고려하는 '젠더 이분법'를 채택하고, 성평등은 남녀 이외의 다양한 성 정체성을 포함하는 개념임을 명확히 나타내고 있다.

> 성평등(gender equality, sex equality)이란, 모든 성별은 공평한 권리(rights), 책임(responsibilities), 기회(opportunities)가 있다는 개념을 말한다. 즉, 성평등은 각 성별의 이익(interests), 필요 사항(needs), 우선 사항(priorities)을 모두 고려한다는 의미를 함축하고 있다. '양성평등'과 '성평등'은 성별을 규정하는 관점에 차이가 있는데, <u>양성평등은 젠더 이분법을 채택하는 반면 성평등은 젠더 이분법을 거부한다.</u> 모

---

[3] https://ko.wikipedia.org/wiki/%EC%84%B1%ED%8F%89%EB%93%B1.
[4] https://namu.mirror.wiki/w/%EC%84%B1%20%ED%8F%89%EB%93%B1.

든 성별이란 남성과 여성뿐만이 아닌 제3의 성들, 즉 젠더 퀴어까지 모두 아우르는 말이며, 공평한 대우란 차이를 인정하되 불합리한 차별은 하지 않는 것을 뜻한다. 이 세상에는 여성과 남성 두 가지 성별만 있는 것이 아닌, 안드로진이나 바이젠더, 에이젠더(무성), 뉴트로이스 등의 다양한 성별이 있다.

또한, 성 지향성에도 이성애 하나뿐만이 아닌 양성애, 범성애, 동성애 등 다양한 종류가 있다. '성평등'이란, 남성과 여성 사이의 평등 말고도 저러한 제3의 성별에 대한 평등 그리고 다양한 성 지향성에 대한 평등을 아우르는 개념이다.

### 3) 사단법인 한국여성의전화 홈페이지에 있는 내용[5]

아래 홈페이지 내용은 양성평등은 남녀 두 종류의 젠더만을 고려하는 '젠더 이분법'을 채택하고, 성평등은 다양한 성 정체성을 포함하는 개념임을 나타내고 있다.

**01. 성차별을 조장하는 '양성평등'**
 - '양성평등기본법'을 '성평등기본법'으로 개정

**(1) 정책 원칙 및 방향**
 ○ '성별'은 사회적 성(gender)를 포함하는 개념이며, '양성평등'은 성을 두 개로 구분함으로써 젠더 이분법을 강화하고 성적 다양성을 배제하는 문제적 명명임.

---

5   http://hotline.or.kr/policy_proposals/25144.

○ 성별에 따른 차별 및 폭력 근절을 위한 정책은 젠더 관점에 입각해 성별 권력 관계에 따른 구조화된 불평등 문제를 다루어야 함. 정책의 목적과 내용에 있어 '성평등', '성차별' 용어를 적용하는 것이 적합함.

### (2) 현황 및 필요성

○ 정부는 양성평등기본법 개정을 필두로 '여성 발전'에서 '실질적 양성평등 실현'으로 정책 패러다임의 전환을 표방하며, '양성평등'은 남녀가 같아지도록 하는 것이 아니라 '성별 고정 관념, 성차별적 제도·관행 등이 제약 요인으로 작용하지 않아야 한다는 의미'로 규정하고 있다. 하지만 실제 '양성평등' 정책 내용 및 집행에 있어서는 '생물학적 성별'(sex)에 따른 남녀 이분법에 기초해 기계적이고 양적인 균형을 맞추는 데 집중되어 있다. 뿐만 아니라, <u>여성가족부는 양성평등기본법을 근거로 성 소수자 인권 보호 배제를 표명하는</u> 등 양성평등기본법의 입법 취지를 자의적으로 해석하며 성차별을 조장하고 있다.

○ 이런 정부의 양성평등 정책 운용은 남성 역차별 주장 및 여성과 성 소수자에 대한 혐오와 맞물려 오히려 성별 고정 관념과 여성과 남성 간의 대결/대칭 구도를 강화시키고 있으며, 여성 및 성평등 정책 전반을 후퇴시키고 있다. 지방 자치 단체에서도 성평등 및 성주류화의 의미를 왜곡·축소시키는 양성평등 기본조례로의 제·개정이 이어지고 있는 상황이다.

### 4) '여성발전기본법 전부개정 법률안'에 대한 공청회[6]

2014년 2월 21일 국회 여성가족위원회 회의실에서 열린 공청회에서, '여성발전기본법'을 '양성평등기본법'으로 바꿀 것인지, 혹은 '성평등기본

---

6 '제322회 국회 여성가족위원회 회의록' 제2호, 29-39.

법'으로 바꿀 것인지에 대한 논의가 있었다. 이때에 진술인으로 숙명여자대학교 법과대학 김용화 교수, 한국여성단체협의회 김정숙 회장, 인천대학교 기초교육원 박진경 교수, 이화여자대학교 젠더법학연구소 장명선 연구원 4명이 참석했다.

진술인들의 발언을 발췌하면, 김용화 교수는 "현재 헌법을 위시한 하위법에서 제3의 성은 법적인 보호에서 제한되는 부분들이 있어서 또 다른 성불평등의 문제가 불거지고 있는 것이 현실입니다. 이에 대한 입법적 대안이 마련되지 않은 상태에서 성평등이라는 용어를 사용할 경우 그에 대한 어떤 정책적 혼란의 우려가 있을 수 있다고 보여집니다. … 법리적으로 검토해 봤을 때 최고 규범인 헌법 제11조 및 제36조에 따른 양성이라는 용어가 좀 더 부합하지 않을까 하는 것이 제 의견입니다"라고 했다.

김정숙 회장은 "우리 헌법 36조 1항에도 있듯이 가족의 중요성 또 혼인 이런 것들이 아직 살아 있기 때문에 개인의 존엄과 양성평등을 기초로 유지가 되어야 한다고 주장이 되어 있고 … 현재는 법 제명으로 양성평등법안이라고 하는 것이 낫지 않을까. 우리가 제3의 성이다 이런 것도 있고 하기 때문에요."라고 했고, 장명선 연구원도 "헌법상의 11조하고 36조를 보면 성평등보다는 양성평등이 훨씬 더 나았다라는 부분이고, 이것이 아까 말씀드린 대로 동성애, 성적 지향에 대한 부분이 있습니다. 이 성적 지향에 대한 부분은 아직 우리 사회에서는 이것을 논의하기에는 약간 무르익지 않았다라고 봅니다. 그래서 이것을 성평등으로 했을 때 약간의 혼란이 일 수도 있다라고 보고요"라고 했다.

이처럼 진술인 4명 중 3명(김용화 교수, 김정숙 회장, 장명선 연구원)이 '양성평등기본법'으로 바꾸자는 의견을 내었고, 그 이유로는 <u>'성평등'에는 '제3의 성', '동성애', '성적지향' 등을 포함하기 때문에</u> 한국 사회에서의 '성평등' 사용은 문제가 있다고 명확히 언급했다. 또한, 법리적으로 검토했을 때에 헌법 제36조 및 제11조에 의해서 성평등보다 양성평등이 더 부합하다고 진술했다.

## 5) 한국법제연구원에서 만든 성평등 관련 해외 입법 동향 분석 자료

여성가족부 요청에 의해 한국법제연구원에서 2016년에 만든 "성평등 관련 해외 입법 동향 및 지원 체계에 관한 법제 분석"이 있다. 이 자료의 10페이지에 "성평등권을 보호하는 국제 규범이 해석론으로 성적 지향과 성별 정체성의 사안에도 적용이 가능한 현시점"과 "성평등권의 보호에 성적 지향 및 성별 정체성에 대한 차별 금지가 포함되는 현상이 나타나고 있는 현시점"이라는 문구가 들어있다. 이런 문구로부터 전 세계적으로 '성평등'이란 의미 안에 '성적 지향 및 성별 정체성에 대한 차별 금지'가 포함되는 추세임을 알 수 있다.

또한, 한국법제연구원 자료의 11페이지를 보면, 영국의 경우에 2000년대 이후부터 성평등에 관한 인식 변화가 시작되어 남녀평등의 문제에서 '성 소수자에 대한 보호와 배려 및 평등' 문제로 변화되었다고 되어 있다. 즉, 영국에서 2000년 이후에 '성평등'이 성 소수자를 포함하는 평등이란 개념으로 변화되었음을 알 수 있다. 이런 한국법제연구원 자료에 의하면, 유엔과 서구 일부 국가에서 성평등을 '성 소수자를 포함하는 평등' 또는 '성적 지향 및 성별 정체성에 대한 차별 금지'를 의미하는 것으로 간주하고 있음을 알 수 있다.

## 6) 국회헌법개정특별위원회 자문위원회 보고서

2018년 1월에 발표한 보고서 62페이지에 있는 '개념 정의'에 양성평등(sex)은 남과 여라는 생물학적 차이(선천적)에서 발생한 불평등 문제와 연결을 짓고, 성평등(gender)은 사회역사적(구조, 환경, 문화)으로 형성된 차이

(후천적)에서 발생한 불평등 문제와 연결을 짓고 있다. 또한, 보고서 64페이지에 '혼인 및 가족생활의 주체를 남녀(양성)에서 '개인'으로 전환', '가족의 성립에 있어서도 결혼 이외의 다양한 가족 인정'이란 문구가 있어서 동성 결혼을 합법화하고 있다.

## 4. 성평등 정책을 시행하는 서구 사회에 나타나는 폐해

성평등이 트랜스젠더 등을 포함하는 다양한 성 정체성 사이의 평등을 의미하기에, 성평등은 동성애, 동성 결혼 등을 이성애, 이성 결혼과 동등하게 인정하게 된다. 왜냐하면, 생물학적으로 남성인 사람이 여성이라고 느끼면 결국 남성을 사랑하게 되기에, 성평등을 법적으로 인정하면 결국 동성애와 동성 결혼을 인정해야 하는 결과를 낳는다. 따라서 양성평등이 성평등으로 대체되면, 연관된 성별, 혼인, 가족, 가정 등의 의미가 통째로 바뀌게 되어 매우 큰 사회적 혼란이 일어나게 된다.

성평등 정책을 시행하고 있는 서구에서 나타나는 폐해들을 살펴보면, 2016년 6월 미국 뉴욕시는 공식적으로 31개의 성을 공포했고, 상대방이 원하는 성 호칭을 계속적으로 사용하지 않으면 최고 25만 달러의 벌금이 부과될 수 있도록 했다.[7] 캐나다 온타리오에서는 공립학교 3학년(8세)때 자신의 성별은 바꿀 수 있는 것이고, 동성 결혼은 정상인 것으로 배운다.[8]

---

[7] Lifesite News, 2016년 5월 27일. ttps://www.lifesitenews.com/news/ 29-new-words-for-deviance-you-can-be-fined-250000-for-not-using-in-nyc; Gothamist, 2016년 5월 19일. http://gothamist.com/2016/ 05/19/gender_pronouns_false_fine.php.

[8] Ontario's Radical Sex Ed Curriculum, Campaign Life Coalition. http://www.campaign-lifecoalition.com/index.php?p=Sex_Ed_Curriculum; 2015 The Ontario Curriculum Grades 1-8 Health and Physical Education, 124 페이지, 231페이지. http://www.edu. gov.on.ca/eng/ curriculum/elementary/health1to8.pdf.

영국, 미국 등에서는 여권 신청서와 공식문서에 '엄마', '아빠' 용어 대신에 'Parent 1', 'Parent 2'를 사용할 수 있다.[9]

미국 뉴욕시와 워싱턴주는 생물학적 성이 아닌 자신의 성 정체성에 따라 화장실을 사용하도록 하고 있고,[10] 오바마 정부는 미국의 모든 공립학교의 화장실, 락커, 샤워실을 학생들이 자신의 성 정체성에 따라 사용하도록 하는 지침을 내렸다.[11] 미국 워싱턴 DC는 미국 내에서 최초로 성별 구분 없이 누구나 사용할 수 있는 다인용 화장실을 설치했고,[12] 캘리포니아주, 뉴욕시, 시애틀시는 모든 1인용 화장실을 성중립 화장실로 변경하도록 하는 법령이 제정되었다.[13]

---

9   Goodbye, mother and father! Now Parent 1 and Parent 2 appear on PC passport form, MailOnline, 2011년 10월 3일. ttp://www.daily mail.co.uk/news/article-2044491/PC-passport-Goodbye-mother-father-Now-Parent-1-2-appear-form.html; Gay union offshoot: In Tennessee, mother and father now called 'Parent 1,' 'Parent 2', Christiantoday, 2015년 8월 20일. https://www.christiantoday.com/article/gay.union.offshoot.in.tennessee.mother.and.father.now.called.parent.1.parent.2/62390.htm.

10  뉴욕시 '성 소수자 화장실 권리장전' 한국어 홍보,「중앙일보」New York, 2016년 6월 7일. http://www.koreadaily.com/news/read.asp?art_id= 4330662; Washington Quietly Adopts New Transgender Bathroom, Locker Room Policies, The Daily Signal, 2016년 1월 4일. http://dailysignal.com/2016/01/04/washington-quietly-adopts-new-transgender-bathroom-locker-room-policies.

11  Obama directs public schools to accommodate transgender stu- dents, PBS Newshour, 2016년 5월 13일. http://www.pbs.org/news hour/rundown/obama-administration-to-decree-transgender-access-for-public-school-bathrooms/; [카드뉴스] '성 중립 화장실'이 뭐지? 남녀공용화장실이랑 달라?, <News 1 뉴스>, 2015년 7월 31일, http://news 1.kr/articles/?2355511.

12  D.C. installs first multi-user "all gender" bathrooms in Reeves Center, Metro Weekly, 2017년 3월 16일. http://www.metroweekly. com/2017/03/dc-installs-all-gender-bathrooms-reeves-center/

13  New York City adopts gener-neutral bathrooms, <CBS News>, 2016년 6월 28일. http://www.cbsnews.com/news/new-york-city- adopts-gender-neutral-bathrooms/; California approves gender- neutral bathrooms, <CBS News>, 2016년 9월 30일. http://www. cbs news.com/news/california-approves-gender-neutral-bathrooms/; Seattle passes all-gender bathroom law, Fortune, 2015년 8월 13일. http://fortune.com/2015/08/13/seattle-gender-neutral-restrooms.

성평등이 이루어지면 남녀 성별 구분이 사라지고, 남성이었던 트랜스젠더가 여성 화장실, 샤워장, 목욕탕 등에 들어가는 것을 막을 수 없다.

이런 일이 이루어지면, 여성들에게 얼마나 불편하고 위험하겠는가?

화장실 등의 여성 전용 공간에서 성폭력 등이 일어날 가능성이 매우 높아진다. 또한, 트랜스젠더는 반대의 성으로 이루어진 스포츠팀이나 스포츠 경기에 참전할 수 있게 된다. 예로서, 가브리엘 루드윅은 생물학적으로는 남자로서 이라크 참전 용사였지만, 여자 농구선수로 출전했고 여학생들의 학부모들은 강력히 항의했지만 무시되었다. 해군 출신의 남성이었던 트랜스젠더가 여성 격투기 경기에 출전해서 상대방 여성의 두개골이 파손되는 결과를 낳았다.

최근에는 남성이었던 트랜스젠더가 육상 경기에 출전해 우승을 차지했다. 이처럼 남성이었던 트랜스젠더에 의해서 여성 스포츠 경기를 석권하게 되더라도, 성평등을 그 사회가 받아들인 후에는 더 이상 어찌할 수가 없다.

## 5. 성평등에 대한 한국 국민들의 강력한 반대 움직임

2017년 1월에 발족한 국회헌법개정특별위원회 회의록에 따르면, 헌법에 있는 양성평등을 성평등 또는 평등으로 개정하자는 의견이 있었다. 현행 헌법 제36조 제1항에는 "혼인과 가족생활은 개인의 존엄과 양성의 평등을 기초로 성립되고 유지되어야 하며, 국가는 이를 보장한다"라고 되어 있다. 그런데 2017년 2월 7일의 국회헌법개정특별위원회 소위원회 회의록에 따르면, "현행 규정은 혼인과 가족생활에서 개인의 존엄과 양성평등을 보장하고 있는데요. 여기에 대해서 일반적인 평등 원칙 규정과 그다음에 별도로, 앞에서 말한 일반적인 평등 규정과 별도로 성평등 조항을 신설

할지 여부 여기에 대해서는 지난번 심사 결과에 이견 없는 것으로 되었음"이라고 되어 있고, 2017년 3월 14일 국회헌법개정특별위원회 소위원회 회의록에 따르면, "혼인 및 가족생활의 주체를 '남녀'에서 '개인'으로 전환하여 가족 구성원의 다양한 결합을 인정하도록 함"이라고 되어 있다.

그리고 2017년 6월 19일 국회헌법개정특별위원회 전체 회의록에 따르면, "평등원칙 중 차별 금지 사유를 현행 '성별, 종교, 사회적 신분' 외에 '인종, 언어' 등을 추가하기로 의견을 모았고, 성평등 규정을 별도로 신설하는 방안에도 대체로 공감했습니다. 다만 구체적인 규정은 추후 확정하기로 했습니다"라고 되어 있다. 이 회의록에 따르면, 30여 명의 국회의원과 50여 명의 자문위원으로 구성된 국회헌법개정특별위원회가 헌법에 있는 '양성의 평등'을 '성평등'으로 바꾸고, 동성 결혼을 포함한 다양한 결혼을 인정하자는 것으로 합의한 것이다.

이런 사실이 국민들에 알려짐으로 말미암아, 2017년 8-9월에 영남, 호남, 충청, 수도, 강원 등 11개 권역별로 열린 헌법에 대한 국민대토론회에서 많은 국민이 한목소리로 헌법에 있는 양성평등을 성평등 또는 평등으로 바꾸어 동성애와 동성 결혼을 합법화하는 개헌을 반대했다. 예로서, 2017년 9월 3일 오후 4시에 광주 금남로 518민주광장 앞에 경찰 추산 약 2만 명의 시민들이 모여서 "성평등을 통한 동성애 동성 결혼 합법화 개헌 반대"의 구호를 외쳤고, 대전 중심지에 경찰 추산 약 3만 명의 시민이 모여 "성평등을 통한 동성애 동성 결혼 합법화 개헌 반대"를 외쳤다. 이런 외침으로부터 국민들이 얼마나 성평등을 통한 동성애 동성 결혼 합법화를 반대하고 있는지를 알 수 있다.

2017년 11월 21일에 국회 정문 앞에서 711,922명의 "동성애 동성혼 합법화 개헌 반대" 서명지를 제출하는 기자 회견을 했다. 특히, 300여개 대학의 약 3천 명 교수들이 동참했다. 국민대토론회가 끝난 후에 2017년 11월 23일에 있었던 국회헌법개정특별위원회의 집중 토론 시간에 김성태 국회의원이 "자유발언대, 국민대토론회, 개헌 홈페이지에도 성평등 항목에 대해 상당한 국민의 여론이 대다수이다"라고 발언을 했다. 이 발언은 전국 11개 권역별 헌법 국민대토론회 등에서 성평등에 대해 반대했던 국민의 의견을 잘 요약했다고 본다. 결국, 국회헌법개정특별위원회는 양성평등을 성평등으로 바꾸는 개헌을 중단했다.

여성가족부가 2017년 11월 16일에 발표한 '제2차 양성평등정책기본계획(안)'은 당연히 양성평등기본법을 따라야 함에도 불구하고 1차(2015-2017)와는 달리 양성평등 기반에서 성평등 기반으로 패러다임이 바뀌어 작성되었다. 양성평등기본법의 목적은 이 법의 제1조(목적)에 나와 있는 것처럼 대한민국헌법의 양성평등 이념을 실현하기 위한 국가와 지방자치단체의 책무 등에 관한 기본적인 사항을 규정함으로써 정치·경제·사회·문화의 모든 영역에서 양성평등을 실현하기 위함이다. 그런데 여성가족부가 수립하려는 성평등 기반의 양성평등정책기본계획은 양성평등기본법을 정면 위반할 뿐만 아니라 대한민국 헌법을 위반했다.

대다수 국민들이 성평등으로 바꾸는 것을 반대함으로써, 결국 여성가족부는 2017년 12월 20일에 제2차 양성평등정책기본계획을 발표했으며, 공청회에서 발표된 안에 비하여 비전과 목표, 추진 체계 등이 성평등에서 양성평등으로 수정되었고, 특히 정부의 여러 부처가 추진하는 대부분 사업과 학교 교육과 시민 교육이 양성평등을 기반으로 수정되었다. 흥미로운 것은 여성가족부가 성평등을 양성평등으로 수정한다는 발표가 있을 때, 한국여성단체연합 소속 회원들이 양성평등이 아니라 성 소수자까지 포괄하는 성평등 정책을 추진할 것을 정부에 촉구했다.[14]

---

14 「경향신문」, 2017년 12월 20일자. "'성평등'은 왜 '양성평등'이 됐을까 … 이데올로기의 최전선된 젠더-성 소수자 문제." http://news.khan.co.kr/ kh_news/khan_art_view.html?artid=201712201710001&code=940100#csidx8be10dfbb315b49b7f80e0cfeb884d7.

## 6. 성평등을 옹호하는 주장들과 그에 대한 반론

이제부터는 성평등을 옹호하는 주장들과 그에 대한 반론을 적고자 한다.

### 1) 성평등과 양성평등은 같다는 주장

법무부는 2018년에 국가인권정책기본계획을 통과시킬 때에 성평등에 대한 항의에 대해서 "양성평등과 성평등의 용어는 모두 영어 'gender equality'의 번역으로 혼용하고 있다"라고 답변했다. 이 답변에 관한 반박을 한다.

첫째, 2018년 1월에 발간한 '국회 헌법개정특별위원회 자문위원회' 보고서 62페이지에 "양성평등(sex) = 남과 여라는 생물학적 차이(선천적)에서 발생한 불평등 문제, 성평등(gender) = 사회역사적(구조, 환경, 문화)으로 형성된 차이(후천적)에서 발생한 불평등 문제"라고 기술함으로써, '양성평등'과 '성평등'이 같지 않음을 분명하게 나타내고 있다. 만약 '양성평등'과 '성평등'이 동일한 의미가 있다면, 국회 헌법개정특별위원회 자문위원회가 2018년에 헌법에서 '양성평등' 삭제하고 '성평등' 조항을 신설하려고 노력했을 이유가 없다.

둘째, 헌법재판소의 판례를 보면, "헌법 제36조 제1항은 혼인과 가족생활에서 양성의 평등 대우를 명하고 있으므로 남녀의 성을 근거로 하여 차별하는 것은 원칙적으로 금지되고"(헌재 2001헌가9 판례), "헌법 제11조 제1항은 … '성별'의 경우를 살펴보면, 성별은 개인이 자유로이 선택할 수 없고 변경하기 어려운 타고난 특징으로서"(헌재 2006헌마328 판례)이라고 되어 있으므로, 헌법재판소는 헌법 제36조의 '양성'과 제11조의 '성별'을 남녀의 생물학적인 성(sex)으로 해석함을 분명히 한다.

셋째, 2017년 12월에 여성가족부가 양성평등 기본계획에 있는 성평등을 양성평등으로 바꾸니까, 한국여성단체연합 회원들이 양성평등이 아니라 성 소수자까지 포괄하는 성평등 정책을 추진할 것을 정부에 촉구했다.

넷째, 한국 헌법에 '양성'이란 용어가 사용된 것은 1980년부터이다. 'gender equality'이라는 용어가 한국에 들어오기 훨씬 전이기에, 양성평등의 영어가 'gender equality'가 될 수 없다. 2000년 이후에 'gender equality'가 양성평등으로 번역이 되었다면, 그런 번역은 잘못된 것이다. 잘못된 번역을 근거로 양성평등과 'gender equality'가 같다고 주장하면 안된다.

다섯째, 앞에서 언급한 <위키백과>, <나무위키> 등의 자료에서 성평등과 양성평등이 다르다는 것을 분명히 언급하고 있다. 여성단체, 여러 자료 등에서 성평등과 양성평등이 다르다는 것을 분명하게 기술하고 있다.

## 2) 한국의 법률 체계 내에서는 성평등과 양성평등이 같다는 주장

성평등 옹호자들은 아래와 같은 주장으로 교묘하게 성평등을 사용해도 된다고 합리화한다.

> 한국의 헌법과 법률은 '양성평등'이란 체계하에 있기에, 그런 체계하에서는 '제3의 성'과 같은 것은 허용될 수 없다. 서구 사회에서 말하는 성평등의 개념은 한국의 법률 체계 하에서는 일어나지 않는다. 결과적으로 양성평등과 성평등은 한국의 법률 체계 내에서는 같다.

양성평등기본법이 있으니까, 경기도 성평등조례에서 성평등을 써도 문제가 없고, 제3의 성은 포함되지 안된다는 주장입니다.

위 주장에 대한 반론을 말하면, 현행 경기도 성평등조례 제1조는 아래와 같이 되어있습니다.

제1조(목적) 이 조례는 양성평등기본법 및 그밖의 성평등 관련 법령에 따라 경기도가 성평등 정책을 종합적으로 추진함으로써 정치·경제·사회·문화의 모든 영역에서 성평등을 실현하는 것을 목적으로 한다.

여기서 '그밖의 성평등 관련 법령'에는 인권위법도 포함되는 것으로 해석됩니다. 서울시 관계자는 서울시 성평등조례를 해석할 때 그렇게 된다고 기독일보에 보도도 되었습니다. 인권위는 성별을 젠더로 해석하고 있고, 제3의 성이 포함된다고 하고 있으니, 위의 주장은 타당하지 않은 것입니다.

또한, 한국이 다른 나라, 특히 서구의 영향을 받지 않을 수 없다.

서구를 따라가는 수많은 법조인과 학자가 있는데, 어떻게 한국만 동떨어져서 양성평등과 성평등은 같다고 주장할 수 있겠는가?

한국 내에도 성평등과 양성평등이 다르다고 보면서 성평등으로 바꾸어야 한다는 '한국여성단체연합'이란 강력한 여성 단체가 있다. 한국여성단체연합에서 여성 국회의원, 여성 도의원, 여성가족부 장관 등이 나오고 있다. 그리고 성평등을 주장하는 여성 정치인들도 대부분 한국여성단체연합의 출신이거나 그 영향을 받았을 가능성이 크다. 양성평등과 성평등이 다르고 양성평등을 성평등으로 바꾸어야 한다고 주장하는 한국여성단체연합의 영향을 받는 여성 정치인들이, 양성평등과 성평등이 같다고 주장한다면 그런 주장은 성평등으로 바꾸기 위한 위장이라고 볼 수밖에 없다.

## 3) 양성평등기본법과 여러 법률에 이미 성평등이란 용어를 사용하고 있다는 주장

현재 양성평등기본법 내의 몇 군데에 성평등이란 용어를 사용하고, 몇 개의 법률에서 성평등이란 용어를 사용하고 있다. 이것을 근거로 성평등을 사용해도 된다고 주장한다. 하지만, 양성평등기본법에 성평등의 정의가 없기에, 성평등이 법률 용어라고 볼 수 없다. 마치 성평등은 양성평등의 줄임말인 것처럼 위장해서 사용되고 있다. 이런 용어 사용은 잘못된 것이기에, 하루속히 헌법과 부합되도록 모든 법률에서 성평등을 모두 양성평등으로 수정해야 한다. 법률에서의 잘못된 용어 사용을 근거로 양성평등과 성평등이 같다고 주장하면 안된다.

**4) 성평등이란 용어를 예전부터 사용했는데, 왜 새삼스럽게 문제 제기를 하느냐는 주장**

예전에 성평등이란 용어를 사용할 때에 국민에 정확한 의미를 알리지 않고 사용했다. 이제는 국민이 정확한 의미를 깨닫고 더 이상 사용하지 못하도록 막으려는 것이다. 정확한 의미를 처음부터 알렸다면 반대했을 것이다.

또한, 서구 사회에서도 성평등 의미가 바뀌는 중이다. 영국도 성평등이 원래는 남녀평등을 의미했는데, 2000년대 이후부터 점차로 바뀌고 있다.[15] 전 세계적으로 성평등을 옹호하는 학자들에 의해서 의미 변화가 일어나고 있다. 이런 변화를 보면서 새로운 의미가 부여되고 있는 성평등을 사용하지 못하도록 하려는 것이다.

---

15 한국법제연구원, (2016) '성평등 관련 해외입법동향 및 지원체계에 관한 법제분석', 11쪽: "□ 영국의 성평등 관련 인식 변화. ○ 2000년대 이후부터 성평등에 관한 인식 변화 시작. - 남녀평등의 문제에서 '성 소수자에 대한 보호와 배려 및 평등' 문제로 변화."

## 5) 양성평등 대신에 성평등을 사용해야 한다는 주장

성평등 옹호자들은 양성평등과 성평등이 같기 때문에 사용한다고 하다가, 정말 같다면 헌법과 법률에 부합하도록 성평등을 양성평등으로 바꾸라고 항의하면, 다음과 같은 이유 때문에 양성평등 대신에 성평등을 사용해야 한다고 주장한다.

> 양성평등 정책 내용 및 집행에서는 '생물학적 성별'(sex)에 따른 남녀이분법에 기초해 기계적이고 양적 균형을 맞추는 데 집중되어 있다. 즉, 양성평등은 성차를 본질화하고 성 역할 고정 관념을 재생산·강화한다. 젠더 또는 성 불평등의 문제는 단순히 남녀 성차에서 비롯되는 것이 아니라, 이미 성별화되어 있는 정치·경제·사회적 구조에 의해 노동과 가치, 책임과 의무가 다르게 배분됨으로써 발생하는 구조적인 문제이다. 젠더 불평등은 각 개인이 처한 다른 사회적·경제적 맥락에 따라 다른 모양새를 갖고 다른 사회적 범주들, 즉 소득 수준, 교육 수준, 인종, 언어, 연령, 결혼 여부, 자녀 유무, 장애 여부, 성 정체성 등과 맞물려서 중첩되는 교차적 속성을 지닌다.
> 양성평등은 젠더 불평등을 양산하는 사회 구조적인 문제와 분리하고, 여성들/남성들 안의 차이와 불평등의 문제 및 다른 사회적 범주들과 상호 작용하는 젠더 불평등의 구조적 교차성의 문제가 간과되어 문제해결의 방법론이나 정책 도구가 될 수 없다.

위 주장에 대한 반론을 말한다.

**첫째**, 양성평등의 의미를 왜곡하고 있다. 양성평등도 생물학적 성 자체에 의한 불평등을 없애는 것이 아니고, 남녀에 대한 사회적 인식과 편견을 없애는 것이다. 남녀 차별을 없애는 것이 진정한 목표라면, 양성평등이란 개념으로도 충분히 가능하다. 사실 이제까지 양성평등에 기초한 법률과 정책들이 실제로 그런 일을 수행하고 있다.

둘째, 양성평등은 기계적 평등을 만든다는 논리에는 객관적 근거가 없으며, 양성평등을 사용하지 못하게 하려는 의도가 담겨 있다고 본다.

셋째, 성평등과 양성평등의 가장 뚜렷한 차이는 성적 지향(동성애), 성별 정체성의 포함 여부이다. 여성 차별, 기계적 평등 등은 일반 여성들을 끌어드릴 핑계이며, 성평등을 추진하는 핵심들은 성적 지향 포함 여부를 잘 알고 있다.

성평등 정책을 실제로 실현하면 남녀가 화장실 등을 공유함으로써 여성들의 성폭력 위험 증가, 트랜스젠더 등에 대한 예산 배정, 남성이었던 트랜스젠더들에 의한 여성 스포츠 경기의 석권 등으로 여성에게 아주 불리한 결과를 낳는다. 성평등 논리의 미혹은 쥬디스 버틀러와 같은 여성 동성애자에 의해 개발되어 진보 여성 단체로 확산했다고 본다. 성평등 정책이 여성들에게 불리한 결과를 낳음에도 불구하고, 여성 도의원, 여성 국회의원, 여성가족부가 앞장서서 주장하는 것이 너무 안타깝다. 여성단체 핵심은 성평등에 트랜스젠더 등이 포함됨을 알고 있으면서 앵무새처럼 위장된 논리를 말하고 있다.

## 7. 결론

본 논문은 먼저 성(젠더)과 성평등의 의미를 고찰했다. 양성평등은 남녀 평등을 의미하지만, 성평등, 즉 젠더평등은 다양한 성 정체성 사이의 평등을 의미한다. 성평등이 다양한 성 정체성 사이의 평등을 의미한다는 나타낸다는 근거로 <위키백과>, <나무위키>, '여성발전기본법 전부개정 법률

안'에 대한 국회 공청회, 한국법제연구원에서 만든 성평등 관련 해외 입법 동향 분석 자료, 국회헌법개정특별위원회 자문위원회 보고서 등을 기술했다.

공신력이 있는 국내 자료들을 통하여 성평등이 트랜스젠더 등을 포함하는 평등임을 보여 주었다. 그리고는 성평등 정책을 시행하는 서구 사회에 나타나는 폐해를 소개했다.

성평등이 트랜스젠더 등을 포함하는 다양한 성 정체성 사이의 평등을 의미하기에, 성평등은 동성애, 동성 결혼 등을 이성애, 이성 결혼과 동등하게 인정하게 된다. 성평등이 이루어지면 남녀 성별 구분이 사라지고, 남성이었던 트랜스젠더가 여성 화장실 등에 들어가는 것을 막을 수 없기에, 여성에 대한 성폭력이 일어날 가능성이 커진다. 또한, 남성이었던 트랜스젠더에 의해서 여성 스포츠 경기를 석권하게 된다. 이렇게 성평등이 이루어지면, 진짜 여성들이 불이익과 위험에 노출되게 된다.

이글에서는 최근에 한국 국민이 보여 주었던 성평등 정책에 대한 강력한 반대 운동들을 소개했다. 2017년 국회헌법개정특별위원회에 의해서 헌법에 있는 양성평등을 성평등으로 개정하여 동성 결혼을 인정하려는 움직임에 대해 수많은 국민이 반대 의견을 표현함으로써, 성평등으로 바꾸려는 개헌을 막았다. 여성가족부가 2017년에 양성평등정책기본계획에 성평등을 삽입하려는 시도도 많은 국민이 항의함으로써 막았다.

본 논문에서는 성평등을 옹호하는 주장들과 그에 대한 반론도 기술했다. 성평등과 양성평등은 같다는 주장에 대해서는 국회헌법개정특별위원회 자문위원회 보고서, 헌법재판소의 판례 등으로 반박했다. 그 외에도 다양한 성평등 옹호 논리들을 소개하고 반박했다.

성평등 정책을 명시된 국가인권정책기본계획이 만들어졌기에, 앞에서 기술했던 성평등을 받아들인 서구에서 발생했던 폐해와 문제점들이 우리나라에서 생기고, 동성애와 동성 결혼도 자연스럽게 합법화하게 될 가능성이 커졌다. 법무부에서 만든 설명서에 국가인권정책기본계획은 얼마든지 수정할 수 있다고 되어 있기에, 기본계획에 있는 성평등 정책을 수정하도록 지속해서 요구해야 한다.

성평등을 옹호하는 세력은 진보적인 여성 단체와 서구의 풍조를 옳다고 생각하고 따라가는 전문가 집단이다. 이런 집단의 의식은 바뀌지 않기에, 성평등을 반대하는 측에서도 하루속히 전문가 집단을 양성해서 많은 사람에게 홍보하는 것이 필요하다. 지금은 대다수의 국민이 반대하기 때문에 막을 수 있었지만, 이런 부정적인 움직임만으로는 장기전에서 이길 수 없기 때문이다.

대한민국은 성평등이란 용어에 미혹되지 말고 서구의 성적 타락을 받아들이지 않고 윤리 도덕을 지키기 위해서는, 많은 전문가가 이 문제에 헌신하고 최선을 다해야 한다. 한국 사회에 지속해서 올바른 목소리를 외치는 사람들이 존재하면, 모든 사람의 마음에 있는 양심이 결국은 진리의 길로 인도할 것이다.

 제8장
# '젠더평등'(속칭, 성평등) 정책의 위헌성

전 윤 성 박사
미국 변호사(사단법인 크레도)

## 1. 문제의 제기

　법령의 집행을 위해서는 누구에게 어떤 권리와 의무가 발생하는지, 그에 따른 법적인 책임은 누구에게 있는지 등 법률 관계의 확정이 필요하므로 법령에서 사용하는 용어에 대한 정의가 무척 중요하다. 용어의 의미가 불명확한 경우에는 분쟁이 발생하기 때문에, 거의 모든 법률에는 해당 법률에서 사용하는 용어에 대한 의미를 정한 정의 조항이 반드시 있다. 특히, 입안된 정책은 앞으로 법령의 뒷받침 때문에 그대로 시행될 것이기 때문에, 해당 정책에서 사용하는 용어의 의미가 더욱 중요하다.

　언제부터인가 우리 사회의 각 영역에서는 '성평등'이라는 용어가 사용되고 있다. 각종 논문, 학술지, 연구보고서, 정책보고서, 기사, 칼럼, 인권센터 홈페이지, 시민 단체의 정책 제안서를 비롯하여 대통령 선거 공약집과 2017년에 발표한 여성가족부의 제2차 양성평등정책기본계획 그리고 2018년에 초안이 공개된 법무부의 제3차 국가인권정책기본계획(안)에서도 여러 곳에서 등장한다. 그뿐만 아니라, 헌법 개정을 논의한 국회 헌법개정특별위원회 회의록에도 들어 있고, 심지어 지난 헌법개정 절차에서 국회개헌특위 자문위원회가 공개한 개헌안에는 '성평등' 조항까지 신설되어 있다. 현행법인 양성평등기본법에도 '양성평등'과 더불어 제14조, 제15조, 제19조 등에서 '성평등'이라는 용어가 혼용되고 있는데, 같은 법에는 '양성평등'에 대한 정의는 있지만, '성평등'에 대한 정의는 없다. 이 때문에 상당수의 국민은 '성평등'을 '양성평등'의 줄임말이자 동의어로 인식하고 있다. 그러나, 이는 혹세무민의 전형적인 사례라 아니할 수 없다.

이 글에서는 '성평등'이 무엇인지, '양성평등'과는 어떤 차이가 있는지, '성평등' 정책의 문제점은 무엇인지, 더 나아가 '성평등' 정책의 위헌성에 대해서 고찰하도록 한다.

## 2. '성평등' 용어 사용의 문제

2018년 1월에 공개된 국회개헌특위 자문위원회 보고서는 '양성평등'과 '성평등'의 개념을 아래와 같이 정의하고 있다.[1]

※ '성평등'에 관한 부연 설명
● 개념 정의
- 양성평등(sex) = 남과 여라는 생물학적 차이(선천적)에서 발생한 불평등 문제
- 성평등(gender) = 사회역사적(구조, 환경, 문화)으로 형성된 차이(후천적)에서 발생한 불평등 문제

---

[1] '국회개헌특위 자문위원회 보고서,' 2018.1., 62쪽.

이 정의에서 추론한다면, '양성'은 영어의 'sex'에 해당하고, '성'은 영어의 'gender'에 해당한다. 'Sex'와 'gender'의 차이에 대해서는 후술하기로 하고, 우선 'gender'에 대한 국문 번역 용어로 '성'(性)을 사용하는 것은 타당하지 않다. '양성'과 '성'이 다른 것으로 개념 정의를 하면서 '양성'(兩性)에서 쓰고 있는 한자어 '성'(性)을 '성평등'(性平等)에서 그대로 사용하는 데에서 이 모든 혼란과 오해가 발생한다. 의도적 기망을 위해서인지, 아니면 'gender'에 해당하는 적절한 국문 용어를 찾을 수 없어서인지 그 이유는 명확하지 않지만, '성'(性)을 'gender'에 대한 국문 번역 용어로 사용하는 것은 문제가 있다.

만약, '성'(性)의 개념을 확대해 젠더(gender)까지 포함하기 위한 목적으로 '성평등'(性平等)이라는 용어를 사용하는 것이라면 이는 악의적 기만행위에 해당한다.

국립국어원 발간 표준국어대사전에는 성(性)의 두 번째 의미로 "남성과 여성, 수컷과 암컷의 구별 또는 남성이나 여성의 육체적 특징"이 정의되어 있을 뿐, 국회개헌특위 자문위원회 보고서가 설명하는 'gender'의 의미가 성(性)에는 포함되어 있지 않다.[2] 더욱이, 표준국어대사전에는 '젠더'라는 단어가 아예 등재되어 있지 않다. 다시 말해, 국어에는 'gender'의 개념에 해당하는 단어가 존재하지 않는다.

그 이유는 명확하다. 'Gender'라는 개념 자체가 우리나라에서 자생적으로 만들어진 것이 아니라 서구에서 들여 온 개념이기 때문이다. 영어의 'gender'는 아직 우리나라에서 '아이스크림'과 같이 국어화된 외래어의 지위도 얻지 못한, 외국어에 불과하다. 따라서, '성평등'이라는 용어를 사용하면 안 되고, 외국어 표기법에 따라 국문 음성자용어와 외국어 원어를 병기하여 '젠더(gender)평등'이라고 표기해야 한다. 이하에서는 '성평등'

---

2  표준국어대사전, http://stdweb2.korean.go.kr/search/List_dic.jsp.

이라는 용어 대신에 '젠더(gender)평등'이라는 용어를 사용하기로 한다.

## 3. '양성평등'과 '젠더(gender)평등'의 차이

### 1) '양성평등'의 의미

'양성'은 국회개헌특위 자문위원회 보고서가 설명하고 있는 바와 같이, 남성과 여성의 2가지 생물학적 성별을 의미한다. 현행 대한민국 헌법 제36조 제1항은 "혼인과 가족생활은 개인의 존엄과 **양성**의 평등을 기초로 성립되고 유지되어야 하며, 국가는 이를 보장한다"고 해 '양성'이라는 용어를 사용하고 있는데, 동성혼 신고불수리 처분 사건(2014호파1842)에서 서부지방법원은 "우리 헌법이나 민법 등은 … 혼인과 가족생활에 있어서 남녀의 구별과 남녀의 결합을 전제로 한 양성(兩性), 부부(夫婦), 부(夫) 또는 처(妻), 남편과 아내, 부모(父母)라는 성 구별적 용어를 사용한다"라고 판시했다.

한국법제연구원 영문 법령도 헌법 제36조 제1항을 "All citizens shall be equal before the law, and there shall be no discrimination in political, economic, social or cultural life on account of **sex**, religion or social status"라고 번역[3]해, '양성'이 생물학적 성별 구분인 'sex'를 의미함을 명확히 하고 있다.

한편, 현행 양성평등기본법 제1조(목적)는 "이 법은 『대한민국헌법』의 양성평등 이념을 실현하기 위한 국가와 지방 자치 단체의 책무 등에 관한 기본적인 사항을 규정함으로써 정치·경제·사회·문화의 모든 영역에서 양성평등을 실현하는 것을 목적으로 한다"라고 규정하고 있고, 제3조

---

[3] 대한민국영문법령, https://elaw.klri.re.kr/kor_service/lawView.do?hseq=1&lang=ENG.

(정의) 제1호에서 "양성평등이란 성별에 따른 차별, 편견, 비하 및 폭력 없이 인권을 동등하게 보장받고 모든 영역에 동등하게 참여하고 대우받는 것을 말한다"라고 정의하고 있다.[4] 즉, '양성평등'은 남성과 여성의 이분법적 성별 구분을 전제로 한 남성과 여성 간의 평등을 의미한다.

또한, 헌법 제11조 제1항은 "모든 국민은 법 앞에 평등하다. 누구든지 성별·종교 또는 사회적 신분에 의하여 정치적·경제적·사회적·문화적 생활의 모든 영역에 있어서 차별을 받지 아니한다"라고 규정하고 있는데, 여기서 '성별'의 의미에 대해 헌법재판소는 병역법 제3조 제1항 등 위헌확인 사건[5]에서, "'성별'의 경우를 살펴보면, <u>성별은 개인이 자유로이 선택할 수 없고 변경하기 어려운 생래적인 특징으로서</u> 개인의 인간으로서의 존엄과 가치에 영향을 미치는 요소는 아니다"라고 판결하여, '성별'이 생물학적 성을 의미한다고 판시했다. 한국법제연구원 영문 법령의 경우에도 동 조항을 "All citizens shall be equal before the law, and there shall be no discrimination in political, economic, social or cultural life on account of <u>sex</u>, religion or social status"으로 번역하여 '성별'이 'sex'를 의미함을 명확히 하고 있다. 요컨대, '양성평등'은 생물학적 성별인 남성과 여성간의 평등을 의미한다.

## 2) '젠더(gender)평등'의 의미

국회개헌특위 자문위원회 보고서가 설명하는 바와 같이, '젠더(gender)평등'에서 젠더는 "사회역사적(구조, 환경, 문화)으로 형성된 성의 개념"을 의

---

4 그런데, 한국법제연구원 영문법령은 양성평등기본법을 'Framework Act on Gender Equality'로 번역하여 양성평등이 'gender equality'를 의미하는 것처럼 오해를 야기하고 있는바, 이는 명확한 오역이다. 'Sex equality'로 번역함이 타당하다.
5 2010. 11. 25. 2006헌마328.

미한다. 즉, 젠더(gender)는 생물학적 성(sex)과는 다른 개념이다. 그러나, 문제는 여기서 끝나지 않는다. 위 보고서는 개념 설명 이후에 계속해서 '북경에서 발표된 젠더론(성평등론)의 내용'을 설명하면서, "또한, 사회적 범주 즉, 소득, 교육, 인종, 언어, 연령, 결혼 여부, 자녀 유무, 장애 여부, 성 정체성 등이 포함된 복합적인 사회적 구조에 의해 노동의 가치, 책임, 의무가 다르게 배분되는 구조적 문제를 다루는 것으로 '성 정체성'은 다양한 사회적 범주 중 하나"라고 밝히고 있다.[6] 즉, 젠더에는 '성 정체성'이 포함된다는 것인데, 자문위원회 보고서는 여기서 말하는 '성 정체성'이 무엇인지에 대해서는 더 이상 설명하고 있지 않다.

'성 정체성'의 의미와 관련하여, 대법원은 성전환자의 성별 정정 허가 신청 사건에서, "종전에는 사람의 성을 성염색체와 이에 따른 성기 등 생물학적인 요소에 따라 결정해 왔다. 그러나 근래에 와서는 생물학적인 요소뿐 아니라 개인이 스스로 인식하는 남성 또는 여성으로의 귀속감 및 개인이 남성 또는 여성으로서 적합하다고 사회적으로 승인된 행동·태도·성격적 특징 등의 성 역할을 수행하는 측면, 즉 정신적·사회적 요소들 역시 사람의 성을 결정하는 요소 중의 하나로 인정받게 되었다"라고 판시했는데,[7] 대법원은 '남성 또는 여성 중에 어느 성에 귀속감을 느끼는지 여부'를 '성 정체성'으로 판단하고 있는 것으로 보인다.

대법원 판례에 의하면, 성전환증(Transsexualism)을 가진 자가 의학적 치료를 통해 증상이 회복되지 않는 경우에는 성전환 수술 등 일정한 요건을 갖춘 후, 성별 정정 허가 신청을 통해 성별 정정을 할 수 있고, 현재의 성별과 다른 남성 또는 여성으로의 성별 변경이 가능하다. 이와 같이 현행 '양성평등' 하에서 성전환(transsex)이 가능함에도 불구하고, '젠더(gender) 평

---

[6] 앞 '국회개헌특위 자문위원회 보고서,' 63 페이지.
[7] 대법원 2011.9.2, 자, 2009스117, 전원합의체 결정.

등'이 굳이 왜 필요한 것인지 쉽게 납득이 안 갈 수 있다.

'젠더(gender)평등'이 필요하다고 계속 주장하는 이유를 생각해 보면, 크게 두 가지로 파악된다.

**첫째**, 성별 정정 허가에 있어 성전환 수술 요건을 폐지하려는 것이다.
**둘째**, 생물학적 기준에 따른 남성과 여성의 성별 이분법을 폐지하고, 제3의 성(젠더)을 인정받기 위함이다.

이것이 '젠더(gender)평등'의 의미이다. 이에 대해서는 '젠더(gender)평등' 정책이 시행된 외국 입법례와 함께 더 자세히 후술하도록 한다.

## 4. '성전환'(transsex)과 '트랜스젠더'(transgender) 용어의 차이

우리 헌법과 민법 등 현행법에서는 모든 사람이 남성 또는 여성 중에 하나에 속하는 것을 전제로 남성과 여성의 성별 구분 이분법을 채택하고 있다. 헌법재판소는 1999. 12. 23. 98헌마363 제대군인지원에관한법률 제8조 제1항 등 위헌 확인 판결에서, "전체 남자 중의 대부분에 비하여 전체 여성의 거의 대부분을 차별 취급하고 있으므로 이런 법적 상태는 성별에 의한 차별이라고 보아야 한다"라고 판시하여, 헌법 제11조의 성별을 남과 여의 성별로 보았다.

또한, 대법원도 2011. 1. 27. 선고 2009다19864 판결에서, "서울 YMCA가 남성 회원에게는 별다른 심사 없이 총회의결권 등을 가지는 종회원 자격을 부여하면서도 여성 회원의 경우에는 지속적인 요구에도 불구하고 원천적으로 총회원 자격 심사에서 배제하여 온 것은, 여성 회원들의 인격적 법익을 침해하여 불법 행위를 구성한다고 판시하면서 이는 사적 단체의 구성원에 대한 성별에 따른 차별 처우가 사회 공동체의 건전한 상식과 법 감정에 비추어 볼 때 도저히 용인될 수 있는 한계를 벗어난 경우에는 사회 질서에 위반되는 행위가 되고 헌법 제11조의 평등권이라는 기본권 침해"라고 판결했다. 대법원도 헌법재판소와 마찬가지로 헌법 제11조의 '성별'은 남과 여의 성별을 의미하는 것으로 보았다. 이런 현행법상 남성과 여성의 이분법적 성별 구분 체제에서, 엄격한 조건에 따라 제한적으로 이루어지는 '성전환'(transsex)[8]은 남성에서 여성으로 또는 여성에서 남성으로의 성별 정정에 국한된다.

반면에, 일반인들의 생각과는 달리, '트랜스젠더'(transgender)라는 용어는 '성전환'(transsex)과 동의어가 아니고, '성전환'을 포함하는 더 넓은 개념으로 보아야 한다. 왜냐하면, '트랜스젠더'는 남성과 여성의 이분법적 성별 구분을 전제로 하지 않기 때문이다. 후술하겠지만, '젠더'(gender)라는 것은 남성과 여성의 2가지 성별 이외에 제3의 성(젠더)을 포함하는 것이고, 따라서, '트랜스젠더'는 출생 시에 부여된 자신의 생물학적 성을 수십 가지 젠더 중에서 하나의 젠더로 전환하는 것을 말한다.

뉴욕시 인권위원회의 '젠더 정체성 또는 표현에 근거한 차별에 관한 법 집행 가이드라인'[9]에서는 '트랜스젠더'를 아래와 같이 정의하고 있다.

> 트랜스젠더: 젠더 정체성 또는 표현이 출생 시에 부여된 성별과 전형적으로 연관이 없는 사람을 지칭하기 위해 사용되는 형용사. 이는 광범위한 정체성과 표현을 기술하기 위해 사용될 수 있다. 자신의 젠더를 안드로지니어스, 젠더 퀴어, 넌바이너리, 젠더 불일치, MTF(남성에서 여성으로 전환), FTM(여성에서 남성으로 전

---

8 성전환자의 성별 정정 허가 신청 사건 등 사무처리지침 제3조-제6조 참조.
9 New York City Commission on Human Rights Legal Enforcement Guidance on Discrimination on the Basis of Gender Identity or Expression, http://www1.nyc.gov/site/cchr/law/legal-guidances- gender-identity-expression.page.

환)로 인지하는 사람은 또한 자신을 트랜스젠더로 고려할 수 있다.[10]

'성전환'(transsex)이 본래의 의미와 달리 개념 확장을 통해 '트랜스젠더'(transgender)의 동의어로 사용되기를 원하는 측에서는, 이 두 용어를 혼용함으로 '성전환' 의미의 확대를 도모할 것이다(물론, 두 단어의 의미의 차이를 모른채 혼용하는 일반인들도 많을 것이다). 그러나, 현행법과 판례에서 사용되는 '성전환'(transsex)이라는 법률 용어는 '트랜스젠더'(transgender)의 동의어가 아니다. '트랜스젠더'라는 용어가 미디어에서 속칭되는 것과는 별론으로, '트랜스젠더'는 현행법상 허용될 수 없음을 명확히 인식해야 한다. 현행법에서는 오직 '성전환'(transsex)만이 허용된다. '성전환'(transsex)은 성별 이분법 체제하에서의 성별 정정만을 의미함을 정확히 이해하고 올바른 용어를 사용할 필요가 있다.

## 5. '젠더(gender) 평등' 정책의 목표

'젠더(gender) 평등' 정책이 달성하고자 하는 두 가지 목표이다.

**첫째, 성별 정정 허가 '성전환 수술 요건'의 폐지**
**둘째, 남성과 여성 이외의 제3의 성(젠더) 도입**

---

10 Transgender: an adjective used to describe someone whose gender identity or expression is not typically associated with the sex assigned at birth. It can be used to describe people with a broad range of identity or expression. Someone who identifies their gender as androgynous, gender queer, nonbinary, gender non-conforming, MTF (male to female), or FTM (female to male) may also consider themselves to be transgender.

## 1) 성별 정정 허가 '성전환 수술 요건'의 폐지

### (1) 현행법 규정

현행 성전환자의 성별 정정 허가신청 사건 등 사무 처리 지침은 성전환증(Transsexualism)에 의하여 성전환 수술을 받은 경우에 한해 성별정정 허가신청을 하도록 규정하고 있다.[11] 그리고, 대법원은 성전환자의 가족 관계 등록부 성별 정정 신청 사건에서, 전원합의체 결정으로 성전환증으로 인해 성전환 수술 등으로 신체적 특성에 있어 성이 전환되었다 하더라도, 성전환자가 혼인 중에 있거나 미성년자인 자녀가 있는 경우는 성별정정을 허가할 수 없다고 판결했다.[12]

그런데, 성별 정정 허가 신청 사건은 아니었으나, 성전환 수술을 받지 않은 성전환자에 대해 병역 면제 처분을 취소한 것은 부당하다는 판결[13]이 나와 논란이 되었다.

### (2) 외국 입법례

영국에서 '젠더(gender)평등' 정책에 따라 입법된 젠더승인법(Gender Recognition Act 2004)에 의하면 18세 이상의 자가 자신의 성별과 다른 성별로 살아가거나, 영국 이외의 해외 국가의 법에 의해 젠더 변경을 승인받은 경우에 성전환 수술을 받지 않았다 하더라도 성별 정정 허가 신청이 가능하다.[14] 즉, 젠더 불쾌감증(gender dysphoria)을 가지고 있거나 가졌었고, 신청

---

11 제2조 (적용범위) ① 이 지침은 신청인 겸 사건본인(이하 "신청인"이라 한다)이 성전환증에 의하여 성전환수술을 받았음(이하 "성전환증"이라 한다)을 이유로 성별정정 허가신청을 하는 경우에 적용한다.
12 대법원 2011.9.2, 자, 2009스117, 전원합의체 결정.
13 서울행정법원 2015.1.29. 2014구합63152.
14 Gender Recognition Act 2004
   1. Applications
   (1) A person of either gender who is aged at least 18 may make an application for a

일까지 2년간 반대 성별로 살았으며, 사망 시까지 반대 성별로 살 의향이 있는 3가지 요건만 충족하면 되고, 이에 대한 의사의 진단서를 제출해 증명이 되면 반드시 성별 정정을 허가하도록 되어 있다(동법 제2조 제1항 및 제3조 제1항). 동법에서 성전환 수술은 성별 정정 허가 요건이 아니다. 젠더(gender)평등 정책이 이미 시행된 영국에서 나타난 결과이다.

한편, 영국 평등법(차별 금지법)은 심리적 또는 성의 다른 특성의 변경에 의해 젠더 전환을 위한 절차를 신청 또는 진행 중이거나 완료(혹은 부분 완료)한 경우에는 젠더 전환(gender reassignment)의 특성을 가지게 되고, 차별이 금지된다.[15] 젠더 전환의 범위가 매우 넓기 때문에 신청 후 취소하거나, 불허가 되더라도 그 전까지는 차별 금지 대상에 포함된다. 이론적으로는, 이를 악용한 성범죄가 발생할 가능성이 있다. 언론 보도에 따르면, 영국에서 성범죄가 증가하고 있는데, 2014/2015년 1년간 총 9만 9천 609건의 성범죄가 발생, 이 중 성폭행이 3만 3천 431건이었는데 전년도와 비교해 33퍼센트나 증가해 가장 높은 증가율과 가장 높은 수치를 기록했다.[16]

---

gender recognition certificate on the basis of—
 (a) living in the other gender, or
 (b) having changed gender under the law of a country or territory outside the United Kingdom.

15  UK Equality Act (2010)
 7. Gender reassignment
 (1) A person has the protected characteristic of gender reassignment if the person is proposing to undergo, is undergoing or has undergone a process (or part of a process) for the purpose of reassigning the person's sex by changing physiological or other attributes of sex.

16  살인, 성폭행 등 영국에서 강력 범죄 늘어, 영국신문「한인헤럴드」, 2016.1.25., http://haninherald.com/xe/local/2436687.

## 2) 남성과 여성 이외의 제3의 성(젠더) 도입

### (1) 현행법 규정

우리 헌법과 민법 등 현행법에서는 모든 사람이 남성 또는 여성 중에 하나에 속하는 것을 전제로 양성(兩性), 부부(夫婦), 부(夫) 또는 처(妻), 남편과 아내, 부모(父母)라는 성 구별적 용어를 사용하고 있다. 대법원도 "가족관계의 등록 등에 관한 법률을 포함하여 현행법 체계는 모든 사람이 남성 또는 여성 중의 하나에 속하는 것을 전제로 하고 있다"라고 판시했다.[17]

한편, 남성과 여성의 구별이 모호한 성기를 가지고 태어난 신생아가 호적에는 성별이 '여성'으로 기재되었으나, 나중에 진성 반음양증(眞性半陰陽症) 환자로 진단되어 반음양 성기 교정술을 통하여 외형상 정상적인 남성으로 된 사안에서, 법원은 출생 당시 성별은 남성으로 구분함이 타당하고 호적의 성별란 기재는 착오로 잘못 기재되었다고 보아 그 호적 정정을 허가했다.[18]

법원은 전형적인 남성에도 여성에도 속하지 아니하는 이른바 간성(間性)의 경우에 무엇을 기준으로 성별을 판정할 것인지에 대해, "성염색체를 유일한 절대적인 기준으로 삼지 아니하고, 이상의 원인, 내부 성기 및 외부 성기의 상태, 성염색체의 구성은 물론 외부 성기의 외과적 수술 가능성, 장래 성적 기능의 예측 등을 고려함과 동시에 어느 성별을 선택하여 수술적 치료를 하는 것이 장래에도 신생아에게 더 행복한 생활을 보장할 수 있을 것인지에 대한 예측까지 고려하여 결정하는 것이 현재 의학상의 현실"이라고 판시했다.

---

17 대법원 2011.9.2. 자, 2009스117, 전원합의체 결정.
18 서울남부지법 2007.7.3. 자, 2006호파4578, 결정.

또한, "생식기 모호증을 가져올 수 있는 일부 질환에서는 생명을 위협하는 호르몬 및 전해질 불균형이 동반된다는 점과 사춘기 연령에서 적절한 성적 정체성이 확립되지 않을 경우에는 신체적·정신적 성장에 커다란 장애를 가져올 수 있을 뿐만 아니라 평생 동안 외부 성기의 이상 상태를 유지한다는 것은 큰 심적 고통이 될 것임을 고려할 때, 위에서 본 바와 같은 의료의 실천은 사회 통념에 비추어서 부당하다고 판단되지 않는다"라고 덧붙였다. 이와 같이, 현행법과 판례에서 남성과 여성 이외의 제3의 성(젠더)은 인정하고 있지 않다.

### (2) 외국 입법례

미국 뉴욕주 뉴욕시 의회는 2002년에 트랜스젠더 권리 장전[19]을 제정하여, 뉴욕시 인권 조례(The New York City Human Rights Law)가 보장하는 젠더에 따른 보호 범위를 확장했다. 뉴욕시 인권 조례 제8-102조(정의) 제23항은 "젠더(gender)는 실제의 또는 인식된 성을 포함하고, 사람의 젠더 정체성, 자기 형상, 외모, 행위 또는 표현을 또한 포함하는데, 젠더 정체성, 자기 형상, 외모, 행위 또는 표현이 출생 시에 그 사람에게 부여된 법적인 성별과 전통적으로 연관된 그것과 다른지 여부를 불문한다"라고 규정한다.[20]

뉴욕시 인권위원회(New York City Commission on Human Rights)의 젠더 정체성/젠더 표현에 관한 법 집행 가이드라인[21](이하 "뉴욕시 인권 조례 가이드라

---

19 Local Law No. 3 (2002); N.Y.C Admin. Code § 8-102(23).
20 23. The term "gender" shall include actual or perceived sex and shall also include a person's gender identity, self-image, appearance, behavior or expression, whether or not that gender identity, self-image, appearance, behavior or expression is different from that traditionally associated with the legal sex assigned to that person at birth.
21 New York City Commission on Human Rights Legal Enforcement Guidance on Discrimination on the Basis of Gender Identity or Expression, http://www1.nyc.gov/site/cchr/law/legal-guidances-gender-identity-expression.page.

인"이라 함)에 따르면 젠더와 관련된 용어는 다음과 같이 정의한다.

- **시스젠더(Cisgender)**: 자기 정체성이 생물학적 성(sex)과 상응하는 젠더(gender)와 일치하는 사람을 나타내거나 관련된 형용사. 즉, 트랜스젠더가 아닌 사람들.
- **젠더 정체성(Gender Identity)**: 출생 시에 부여된 성별(sex)과 같거나 다를 수 있는 사람이 내면 깊이 가지고 있는 젠더(gender)에 대한 감각.
- **젠더 표현(Gender Expression)**: 예를 들어, 이름, 인칭 대명사 선택, 의복, 머리 모양, 행위, 목소리 또는 신체 특징을 통해 표현되는 젠더의 현출. 젠더 표현은 명확하게 남성 또는 여성이 아닐 수 있고, 특정 젠더 정체성에 부여된 전통적인 젠더에 따른 고정 관념과 일치하지 않을 수 있다.
- **젠더 불일치(Gender Non-Conforming)**: 젠더 표현이 전통적인 젠더에 근거한 고정 관념과 다른 사람을 기술하기 위해 때때로 사용되는 형용사. 모든 젠더 불일치 사람이 트랜스젠더인 것은 아니다. 반대로, 모든 트랜스젠더가 젠더 불일치인 것도 아니다.

이외에도 뉴욕시 인권 조례 가이드라인에는 간성(Intersex), 성별(Sex), 트랜스젠더(Transgender)에 대해서도 각각의 정의가 규정되어 있다. 더 나아가, 2016년 뉴욕시 인권위원회는 공식적으로 무려 31개의 젠더[22]를 승인 및 발표했다. 이에 따르면, 생물학적 성별과 젠더 정체성이 일치하는 대다수의 사람은 '시스젠더'라 하여 젠더의 한 종류에 불과하다. 젠더(gender) 평등 정책이 시행된 결과이다.

그뿐만 아니라, 뉴욕시 인권 조례 가이드라인에 따르면, 고용인과 단체는 출생 시에 부여된 성별, 생식기, 해부학, 젠더, 의학사, 외모 또는 신분증에 표시된 성별과 상관없이, 상대방이 선호하는 이름, 인칭 대명사 그리

---

[22] https://www1.nyc.gov/assets/cchr/downloads/pdf/publications/ GenderID_Card2015.pdf.

고 호칭(예를 들어, Mr/Mrs.)를 사용해야 할 의무가 있다. 또한, 어떤 트랜스젠더와 젠더 불일치 사람들은 그(he)나 그녀(she) 대신에 그들(they)이나 ze/hir의 인칭 대명사를 사용하기를 선호한다고 설명하고 있다.[23]

뉴욕시 인권위원회는 법 위반에 대해 최대 125,000달러의 과태료를 부과할 수 있고, 고의적, 악의적 행위에 의한 법 위반에 대해서는 최대 250,000달러의 과태료를 부과할 수 있다.

신분증상의 표시된 성별도 아니고, 외모에서 추론되는 젠더도 아닌 상대방이 원하는 호칭을 사용해야 할 법적 의무가 모든 뉴욕시 주민에게 부여된 것이다. 법 위반 시에는 어마어마한 금액의 벌금까지 감수해야 한다. 대다수 선의의 주민 표현의 자유 등 기본권 침해를 방지하기 위한 조치는 마련되어 있지 않다. 단지, 뉴욕시 인권위원회는 명확하지 않은 경우에는 상대방에게 어떤 호칭을 사용해야 하는지를 물어보라고 안내하고 있을 뿐이다.

앞에서 설명한 영국의 현행 젠더 승인법에는 남성과 여성 이외의 제3의 성(젠더)을 규정하고 있지는 않지만, 2016년 영국 하원의 여성과 평등 위원회는 정부가 넌 바이너리(non-binary)[24] 젠더 정체성을 법적으로 승인해야 한다고 언급했고, 이에 대한 반응으로 법무부는 2017년 7월에 이에 대한 공청회를 열겠다고 공지했다.[25]

스코틀랜드의 경우에는 2017년에 젠더 승인법 개정안을 발의했는데, 여성도 남성도 아닌 제3의 성(non-binary)을 법적으로 인정하는 내용이 핵심이고, 성별 변경을 원할 시 단순한 행정 절차만으로도 바꿀 수 있도록

---

23 위의 글.
24 여성과 남성 이외의 모든 성 정체성을 아우르는 말.
25 Non-binary: does the UK recognise a third gender?, The Week, 2018.5.29., http://www.theweek.co.uk/93908/non-binary-does-the-uk-recognise-a-third-gender.

하고 있다.[26] 또한, 개정안은 최소 연령도 18세에서 16세까지 낮췄는데, 16세 미만의 어린이도 성별을 바꿀 수 있도록 하는 방안도 고려 중인 것으로 알려졌다. 초등학생들이 자신의 성별을 바꾸고자 하는 경우 교사는 부모의 동의 없이 이를 받아들이고 부모에게 통보하지 않을 수 있도록 하는 내용도 포함됐다. 교직원에게는 성별을 바꾼 학생들이 그렇지 않은 학생들과 화장실이나 탈의실을 함께 이용하는 것에 우려를 표하는 학부모들을 설득할 의무가 생긴다. 젠더(gender)평등 정책의 시행 결과를 잘 보여 주는 사례이다.

## 6. '젠더(gender)평등' 정책의 위헌성

### 1) '젠더(gender)평등' 정책의 사회적 문제점

젠더(gender)평등 정책이 시행된 뉴욕시와 영국의 입법례에서 본 바와 같이 젠더(gender)평등 정책은 사회의 기초 질서와 제도를 변혁시키는 결과를 야기한다. 우선, 성전환 수술 없이 성별 정정을 허가할 경우 선의의 제3자가 외관으로 상대방의 성별을 구별할 방법이 없어 진다. '여성이라고 인식하는 남성' 혹은 그에 반대되는 이들을 화장실이나 탈의실, 대중목욕탕에 자유롭게 출입시킬 수 있느냐는 문제가 발생한다.

미국 오바마 대통령 시절 연방 정부는 학생들이 모든 공립 학교의 화장실과 락커를 생물학적 성이 아닌 스스로 결정한 성에 따라 사용하게 하라는 지침을 내렸다.[27] 미국 뉴욕시와 워싱턴주도 자신이 선택한 성에 따라

---

26  스코틀랜드, 여성·남성 아닌 '제 3의 성' 만든다, 「아시아경제」, 2017.11.13.
27  Obama directs public schools to accommodate transgender students, PBS Newshour, 2016년 5월 13일 (http://www.pbs.org/newshour/rundown/obama-administration-to-de-

화장실을 사용하도록 했고[28], 이를 악용한 성범죄가 발생하고 있는 상황이다.[29] 우리나라에서도 강남역 공용 화장실 살인 사건이 큰 사회적 이슈가 되었음은 주지의 사실이다.

그럼에도 불구하고, 2017년에 미국 워싱턴 DC는 미국 내에서 최초로 성별 구분 없이 누구나 사용할 수 있는 다인용 화장실(multi-user all-gender restrooms)을 설치했다.[30] 미국 캘리포니아주, 뉴욕주, 워싱턴주 등은 2016년에 모든 1인용 화장실을 성중립 화장실로 변경하도록 했다.[31] 트랜스젠더의 권리가 출생 시 성과 정체성이 일치하는 이들의 권리를 도리어 침해하게 되는 것이다.

그뿐만 아니라, 성전환 수술을 받지 않고서도 성별 정정이 허용될 경우, 병역 의무 대상자의 성별을 어떤 기준으로 판단할 것인지와 성전환자의 군 입대를 허용할 것인지도 문제 된다. 병역 의무 회피 수단으로 악용될 소지도 있다. 미국은 성전환자의 평등권 보장을 위해 이들의 군 입대를 허

---

cree-transgender-access-for-public-school-bathrooms/) / [카드뉴스] '성 중립 화장실'이 뭐지? 남녀공용화장실이랑 달라?, <News 1 뉴스>, 2015년 7월 31일 (http://news1.kr/articles/?2355511).

28  뉴욕시 '성 소수자 화장실 권리장전' 한국어 홍보, 「중앙일보 New York」, 2016년 6월 7일(http://www.koreadaily.com/news/read.asp?art_id=4330662). / Washington Quietly Adopts New Transgender Bathroom, Locker Room Policies, The Daily Signal, 2016년 1월 4일 (http://dailysignal.com/2016/01/04/washington-quietly-adopts-new-transgender-bathroom-locker-room-policies/).

29  Bathroom Incidents, Issue Brief, Family Research Council (http://downloads.frc.org/EF/EF16F27.pdf).

30  D.C. installs first multi-user "all gender" bathrooms in Reeves Center, Metro Weekly, 2017년 3월 16일. http://www.metroweekly.com/ 2017/03/dc-installs-all-gender-bathrooms-reeves-center/).

31  New York City adopts gener-neutral bathrooms, <CBS News>, 2016년 6월 28일. (http://www.cbsnews.com/news/new-york-city-adopts- gender-neutral-bathrooms/). / California approves gender-neutral bathrooms, <CBS News>, 2016년 9월 30일. (http://www.cbsnews.com/ news/california-approves-gender-neutral-bathrooms/) / Seattle passes all-gender bathroom law, Fortune, 2015년 8월 13일. (http://fortune.com/2015/08/13/seattle-gender-neutral-restrooms/).

용하기로 했고, 미 육군은 여군이 남성에서 여성으로 성전환 수술을 받지 않은 성전환 남성 군인과 샤워실, 탈의실을 같이 사용하도록 하는 훈련 지침서까지 발간했다.[32]

그러나, 트럼프 대통령은 2017년에 성전환자 군 복무 금지 결정을 내려, 엄청난 비용과 혼란을 초래했다. 미 국방부는 트럼프 대통령의 반대에도 불구하고, 엄격한 조건의 통과를 전제로 2018년 1월부터 성전환자 신병의 입대가 가능하다고 밝혀 논란이 되고 있다.[33] 이와 관련, 메릴랜드 연방지방법원은 성전환자 군 복무 금지 지침이 헌법상 평등 조항을 위반한 것이라고 판시한 바 있다.

또 한가지 예로, 성전환을 한 자가 전환된 성별로 운동 경기에 출전할 자격을 부여해야 하는지도 문제 된다. 미국에서는 남성에서 여성으로 성전환한 자가 권투 경기에 여성으로 출전하여 상대방 여성 선수에게 두개골이 파손되는 상해를 입힌 사건이 발생하여 사회적으로 큰 파문이 일기도 했다.

성별 정정을 허가해 주는 이유는 치료가 불가능한 성전환증 환자의 행복 추구권을 보장해 주기 위해 예외적으로 성별 정정을 허가해 주는 것인데, 젠더평등 정책은 이에서 벗어나 개인의 성별 자기 결정권의 차원에서 성별 정정 허가 요건을 완화해야 한다는 것이기 때문에 전혀 다른 이야기가 된다. 그러나, 성별 정정 허가의 불허(소극적) 요건을 폐지하는 등 성별 정정 허가 범위를 확대하게 되면, 그로 인한 선의의 피해자가 발생한다. 예를 들어, 미성년자인 자녀를 가진 성전환자가 성별 정정을 하게 되면 미성년자인 자녀 입장에서 법률적인 평가라는 이유로 부(父)가 남성에

---

32　US Army Tells Female Soldiers to 'Accept' Having Naked Men in Their Showers, The Christian Post, 2017.7.5. (http://www.christianpost.com/news/us-army-tells-female-soldiers-accept-naked-men-showers-190934/).
33　美 국방부 "트랜스젠더 신병 군입대 허용",「기독일보」, 2017.12.19.

서 여성으로, 또는 모(母)가 여성에서 남성으로 뒤바뀌는 상황을 일방적으로 감내해야 하므로, 이로 인한 정신적 혼란과 충격에 노출될 수 있음을 쉽게 짐작할 수 있다. 우리 민법에 부모는 미성년자인 자의 친권자가 되고(제909조 제1항), 친권자는 자를 보호하고 교양할 권리 의무가 있으며(제913조), 친권을 행사함에서는 자의 복리를 먼저 고려하여야 한다(제912조)고 규정하고 있는바, 미성년자인 자녀가 있는 경우에는 친권자의 성(性)을 법률적으로 평가함에서도 미성년자인 자녀의 복리를 먼저 고려하지 않으면 안된다.

그뿐만 아니라, 현재 혼인 중인 성전환자에 대해 성별 정정을 허용할 경우 법이 허용하지 않는 동성혼의 외관을 현출시켜 결과적으로 동성혼을 인정하는 셈이 되고, 이는 상대방 배우자의 신분 관계 등 법적·사회적 지위에 중대한 영향을 미치게 된다. 우리 헌법과 민법은 이성(異性) 간의 혼인만을 허용하고 동성(同性) 간의 혼인은 허용하지 않고 있는데, 이를 정면으로 위반하는 동성혼의 합법화를 야기하는 성전환은 허용될 수 없다.

남성과 여성 이외의 제3의 성(젠더)을 인정하는 것은 더 큰 폐해를 일으킨다. 31개의 젠더 중에서 병역의 의무를 부여해야 할 젠더를 무슨 기준으로 정할 수 있을지 의문이다.

2분의 3이 남성인 젠더 또는 1분의 2가 남성인 젠더는 병역 의무 대상자에 해당한다고 보아야 하는가?

또한, 출생 신고서와 가족 관계 등록부의 성별 기재란을 뉴욕시의 젠더와 같이 31개로 모두 변경해야 하는, 웃지 못할 일이 현실이 될 수도 있다. 심리적 성 결정 기준에 따라, 신생아의 성 정체성을 부모가 알 방법은 없을 듯하다. 그뿐만 아니라, 31가지 젠더로 인해 발생하는 혼인, 상속, 연금 수급권, 세금, 친권 등 셀 수 없이 많은 법률 관계와 신분 관계의 변동을 다 어떻게 처리할 수 있을지 상상할 수도 없다.

여기서 끝이 아니다. 캐나다의 한 싱글 트랜스젠더는 자신이 남성도, 여성도 아닌 양성의 특징을 모두 가진 제3의 성(젠더)이라고 주장하고 있는데, 아이를 직접 출산한 후 아이의 출생 신고서를 작성할 때, 성별을 적는 난에 '모름'(unknown)이라고 기재했다.[34] 브리티시콜롬비아주 당국은 '성별은 모름'이라고 적힌 아기의 출생 신고서 등록을 거부했지만, 아이의 이름과 출생 연도, 발급 일자, 유효 기간 등이 기재돼 있으나 성별에는 남성(M)이나 여성(F)을 뜻하는 글자 대신 'U'(미지정)가 새겨진 의료 카드는 발급했다. 성 정체성에 대한 혼란 없이 건강하게 자랄 수 있는 아이가 부모의 잘못된 결정으로 인해 자신의 성 정체성에 대한 정신적 혼란과 충격을 받게 할 뿐만 아니라, 감수성이 예민한 청소년기가 되었을 때, 사회적 따돌림과 편견에 무방비하게 노출되도록 방치하는 것은 친권자로서 또는 사회 구성원으로서의 기본적인 책무를 도외시하는 것이다.

마지막으로, 제3의 성(젠더) 도입은 필연적으로 현행 혼인 제도의 변경을 수반하게 된다. 젠더의 관점에서 보면 현행법은 이 성혼 즉, 서로 다른 시스젠더 간의 혼인만을 인정한다. 그러나, 젠더가 도입되어 제3의 성(젠더)이 인정이 되는 순간, 수십 가지의 서로 다른 젠더 간의 혼인을 이성 혼으로 보아야 하는지, 아니면 동성혼으로 보아야 하는지 논란이 발생한다. 가령, 생물학적 성은 남성이나 자신의 젠더는 반남반녀인 자와 역시 생물학적인 성은 남성이나 자신의 젠더는 여성인 자가 혼인을 하려 할 경우, 생물학적 성의 관점에서는 동성혼이나 젠더의 관점에서는 다른 젠더 간의 혼인(이성혼?)이 된다.

서로 다른 젠더 간의 혼인 요청에 대해 그들의 생물학적 성별(sex)을 기준에 따라 동성혼으로 보아 혼인 등록 신청을 거부한다면, 차별을 시정하

---

34 자녀 출생신고서 성별란에 '모름' 적은 트랜스젠더, <나우뉴스>, 2017.7.4., http://nownews.seoul.co.kr/news/newsView.php?id=20170704601003.

라는 거센 요구를 할 것이 불을 보듯 뻔하다.

젠더 불일치와 간 성과의 혼인, 트랜스젠더와 시스젠더와의 혼인 등 수십 가지의 젠더 간의 조합이 가능한 젠더는 성별 이분법 체제하에서 이성 간의 혼인만을 법률혼으로 인정하는 현행 혼인 제도와 양립할 수 없다. 따라서, 제3의 성(젠더) 도입은 결과적으로 현행 혼인제도 등 모든 사회 질서와 법률 관계, 신분 관계의 폐지 또는 수정을 야기할 것임을 결코 간과해서는 안된다.

## 2) 젠더(gender) 평등 정책의 위헌성

### (1) 성별 결정 기준의 변경

'가족 관계의 등록 등에 관한 법률'을 포함하여 현행법 체계는 모든 사람이 남성 또는 여성 중의 하나에 속하는 것을 전제로 하면서도 남성과 여성의 구분, 즉 성의 결정 기준에 관하여 별도의 규정을 두지 않고 있다. 성 결정 기준에 대해서는 몇 가지 학설이 있다.

성염색체 결정설은 성염색체가 사람의 성별을 결정하는 종국적인 기준이 되어야 한다고 한다.[35] 즉, 성염색체는 수정 당시에 결정되어 변하지 않는 한편, 제1차 성징인 생식 기관은 성염색체의 작용에 의해 분화, 발전하며, 제2차 성징은 바로 이 생식 기관이 분비하는 성호르몬에 의해 진행되는 것이므로, 결국 사람의 성별은 근본적으로 성염색체에 의해 결정되는 것이며 다른 생물학적 결정 요소들은 모두 성염색체에 의해 이미 결정되는 성별을 대변하는 것일 뿐이라는 것이다.

---

35 「성전환자의 성별기준에 관한 입법적 과제」, 박기주, 입법과 정책 제5권 제2호, 2013. 12., 국회입법조사서, 150.

심리적 성 결정설에 따르면, 사람의 사회적 성 역할은 사회적 교섭 과정에서 결정되는 것으로 성이란 사회적, 역사적 힘의 산물이며, 따라서 사람의 성별은 단순히 생물학적 요소들에 의해 결정되는 것이 아니라 사회화 과정에서 획득한 심리적 성에 의해 결정된다고 보아야 한다.[36]

즉, sex는 gender를 따라야 한다는 주장이다. 특히, 법적 판단에서는 심리적 기준을 도입하지 않을 수 없으며, 그 결과 성전환자는 수술 여부와 관계없이 그 심리적 성에 따라 자신이 속한다고 느끼는 성에 귀속하며, 법은 이를 승인하지 않을 수 없게 된다.

종합적 고려설에 따르면, 인간의 성은 생물학적 요소와 심리적 요소가 일치하여 결정되는 바, 법적 성의 결정에서는 이를 모두 종합적으로 고려하여 사회 통념에 따라 판단해야 한다고 한다.[37] 인간의 성 결정에 있어 생물학적 요인이 그 기초가 됨은 무시할 수 없으나, 법 제도 안에서의 성은 인간의 사회생활을 규율하는 도구로서 사용되는 것인 이상 생물학적 성과 심리적 성에 대해 사회 통념이 인식하는 면을 중시해야 한다는 것이다.

대법원은 종전에는 사람의 성을 성염색체와 이에 따른 성기 등 생물학적인 요소에 따라 결정해 왔으나, 근래에 와서는 생물학적인 요소뿐 아니라 정신적·사회적 요소들 역시 사람의 성을 결정하는 요소 중의 하나로 인정받게 되었다고 판시[38]하여 종합적 고려설을 따르고 있는 것으로 보인다.

젠더(gender)평등 정책은 성별 결정 기준에 있어 성염색체와 생식기 등 생물학적 요소를 배제하고, 오로지 심리적 요소만을 기준으로 하여 심리적 성에 따라 자신이 속한다고 느끼는 성을 법이 승인하도록 하는 것을 목표로 한다. 즉, 심리적 성결정 기준을 정책으로 시행하겠다는 것이고, 이

---

36 위 논문.
37 위 논문.
38 대법원 2011.9.2. 자, 2009스117, 전원합의체 결정.

에 따라 성전환자는 수술 여부와 관계없이 자신의 성을 선택할 수 있게 된다. 이는 현재 대법원 판례의 입장과는 정면으로 배치되는 것이다.

그뿐만 아니라, 현행법에 성의 결정 기준에 대한 명문의 규정이 없는 것은 입법적 불비가 아니라 성염색체와 생식기 등 생물학적 요소에 따라 성을 결정하는 것이 너무 자명하기 때문에 굳이 명문 규정을 할 필요성이 없었기 때문이다. 우리 하급심 판례 중에도 "성을 결정함에 있어서는 발생학적 성인 성염색체의 구성이 가장 중요한 기준이 되어 특단의 사정이 없는 한 성염색체의 구성에 따라 결정되는 성과 다른 성을 인정할 수는 없다 할 것"[39]이라 하여 성염색체 결정설을 따른 경우가 있다.

민법 제1조(법원)는 "민사에 관하여 법률에 규정이 없으면 관습법에 의하고 관습법이 없으면 조리에 의한다"라고 하여 관습법과 조리의 법원성이 규정되어 있다. 여기서 조리(條理)란 사람의 상식으로 판단 가능한 사물이나 자연의 본질적 이치를 말하는데, 민법상 법률과 관습법이 존재하지 않는 경우에 보충적 법원성을 인정한다. 대법원도 판례에서 조리법을 인정하고 있다.[40] 조리는 "사물의 본성", "사물 또는 자연의 이치", "사물의 본질적 법칙", "사물의 도리", "사람의 이성을 기초로 한 규범" 등으로 이해되고 있고, 민사 재판에서 성문법이나 관습법이 없는 경우에는 조리가 재판의 근거가 된다는 것을 명백히 나타내고 있다.

오랜 인류의 역사를 통해 생물학적 요소가 사람의 성 결정 기준이 되어 왔기에 이에 대한 관습법의 성립을 부정할 수 없을 것이다. 설사, 관습법이 존재하지 않는다 할지라도, 생물학적 요소를 성 결정 기준으로 하는 것은 조리법에 해당한다고 보아야 하고, 따라서, 생물학적 요소를 성 결정 기준에서 배제하는 것은 조리법 위반이다.

---

[39] 광주지방법원 1995.10.5.선고95브10결정 (하급심판결집 1995-2, p. 415).
[40] 대법원 1994.2.21. 자 92스26 결정, 대법원 1965. 8. 31 선고 65다 1156 판결.

그뿐만 아니라, 성별 정정 허가에서 성전환 수술 요건을 없애려는 젠더(gender) 평등 정책의 시행[41]은 타인의 사생활권 등 기본권 침해 문제를 일으킨다. 현행 성전환자의 성별 정정 허가 신청 사건 등 사무 처리 지침과 대법원 판례가 성전환에 있어 성전환 수술을 요건으로 하는 이유는 전환된 성의 외부 성기와 신체 외관을 갖추면 기존 성으로 재전환할 가능성이 현저히 낮고, 개인 생활과 사회생활에서도 전환된 성으로 인식되어 사회 통념상으로 전환된 성별로 명백히 평가될 수 있기 때문이다.[42]

추론컨대, 법원은 사회 통념상 전환된 성별로 볼 수 없는, 명백하지 않은 성전환을 허가할 경우, 이로 인해 발생할 수 있는 피해로부터 외관을 신뢰한 선의의 제삼자를 보호하기 위한 이유도 있는 것으로 보인다. 성전환 수술을 받지 않은 채 기존 성별의 신체적 외관을 유지하고 있으면서도 반대 성별을 자신의 성으로 주장하는 행위는 금반언의 원칙 법리에 비추어 보더라도 용인될 수 없다.

성전환자가 성전환증(Transsexualism)으로 고통받고 있고, 상당 기간 정신과적 치료나 호르몬 치료 등을 실시하여도 여전히 증세가 치유되지 않고 반대의 성에 대한 정신적·사회적 적응이 이루어지는 경우 법이 일정한 요건 아래에 성별 정정을 허가해 주지만, 그렇다고 하여 성전환자가 사회의 구성원으로서의 타인에 대한 모든 책무가 면제되는 것은 아니므로 성전환 수술 요건은 반드시 필요하다. '여성이라고 인식하는 남성' 혹은 그에 반대되는 이들을 화장실이나 탈의실, 대중 목욕탕에 자유롭게 출입시

---

[41] 현재 성별 정정은 대법원이 제정한 성전환자의 성별 정정 허가 신청 사건등 사무처리 지침에 의해 이루어지고 있고, 성별정정 허가도 법원이 하기 때문에 행정부가 관여할 사안이 아닌 것으로 생각할 수도 있다. 그러나, 병무청이 성전환자에 대한 병역 면제 처분 기준을 변경하는 등의 정책 시행으로 간접적인 성별 정정의 효과를 만들어 내는 것은 가능하다. 또한, 현행 헌법에 의해 대법원장을 대통령이 임명하고, 대법관은 대법원장의 제청에 의해 대통령이 임명하기 때문에, 정부의 정책이 사법부에 반영될 가능성도 배제할 수 없다.
[42] 대법원 2006.6.22. 자, 2004스42, 전원합의체 결정.

킬 수는 없다. 형사 정책 차원에서, 이를 악용한 성범죄 예방도 중요하게 고려되어야 한다.

성전환증을 가진 자의 권리가 출생 시 성과 정체성이 일치하는 이들의 권리를 도리어 침해할 수는 없다. 성전환자의 권리는 무제한 보장되는 것이 아니라 타인의 기본권을 침해하지 않는 한도 내에서 보장될 수 있고, 또한, 헌법 제37조 제2항에서 규정하듯이 질서 유지 또는 공공 복리를 위해 권리를 제한할 수 있다.

아울러, 성전환 수술 요건의 폐지는 다음에서 논의할 현행 성별 이분법 체제와 충돌한다. 다시 말해, 전환된 성과 일치하지 않는 외관을 허용하는 것은 결국, 제3의 성(젠더)을 승인하는 법적 결과를 가져온다. 이는 성별 이분법 제도에 반하는 것이고, 따라서, 젠더(gender)평등 정책은 위헌성을 내포하고 있다.

### (3) 성별 이분법의 폐지와 제3의 성(젠더) 도입

현행 헌법과 민법 등에서는 성별을 남과 여로 구별함을 전제로 양성(兩性), 부부(夫婦), 부(夫) 또는 처(妻), 남편과 아내, 부모(父母)라는 성 구별적 용어를 사용하고 있어, 남성과 여성의 성별 이분법을 전제로 하고 있다. 앞에서 본 서울남부지방법원 판례에서도 간 성을 별개의 성별로 인정하지 않고, 남성과 여성 중 하나의 성별을 부여하도록 했다. 헌법재판소도 성별은 개인이 자유로이 선택할 수 없고 변경하기 어려운 타고난 특징이라고 판시하며, '성별'을 남성과 여성의 성 구별로 보았다. 우리나라 판례에서 제3의 성(젠더)이 인정된 적은 없다.

헌법에 성별은 남성과 여성의 두 가지 성만을 의미한다는 명문 조항은 없지만, 남성과 여성의 이분법적 성 구별은 인류 역사의 시작에서부터 정해져 온 것이고, 자명한 사실이기 때문에 헌법에 별도로 정의하지 않은 것이다. 이런 이분법적 성 구별을 전제로 헌법과 여러 법률이 제정되었고,

각종 사회 제도가 마련되었으며, 공공 질서가 유지 되어 왔다. 헌법재판소는 신행정수도의건설을위한특별조치법위헌확인 판결에서 헌법제정 당시 자명(自明)하거나 전제(前提)된 사항 및 보편적 헌법 원리와 같은 것은 반드시 명문의 규정을 두지 아니하는 예도 있어, 불문헌법이나(不文憲法) 관습 헌법의 존재를 인정했다.[43] 관습 헌법이 성립하기 위한 요건이다.

**첫째**, 기본적 헌법 사항에 관하여 어떠한 관행이나 관례가 존재하고,
**둘째**, 그 관행은 국민이 그 존재를 인식하고 사라지지 않을 관행이라고 인정할 만큼 충분한 기간 반복이나 계속되어야 하며(반복·계속성),
**셋째**, 관행은 지속성을 가져야 하는 것으로서 그 중간에 반대되는 관행이 이루어져서는 아니 되고(항상성),
**넷째**, 관행은 여러 가지 해석이 가능할 정도로 모호한 것이 아닌 명확한 내용을 가진 것이어야 하며(명료성),
**다섯째**, 이런 관행이 헌법 관습으로서 국민의 승인이나 확신 또는 폭넓은 의견일치를 얻어 국민이 강제력을 가진다고 믿고 있어야 한다(국민적 합의) 이다. 남성과 여성의 이분법적 성별 구분은 이런 요건에 따라 관습 헌법으로 인정되기에 충분하다.

젠더(gender)평등 정책은 성별 이분법을 폐지하고, 수십 가지에 이르는 제3의 성(젠더)으로 승인하기 때문에 현행 헌법 및 관습 헌법에 위반하는 위헌적 정책이다. 또한, 젠더평등 정책에 의하면 모든 사람이 자신의 생물학적 성이 젠더 정체성과 일치하는지 여부를 스스로 확인할 수 있을 때까지는 자신의 젠더는 미확정 상태가 된다. 특히, 젠더 정체성이 형성되지 않은 신생아, 유아, 청소년 등의 미성년자들은 젠더 정체성이 확립될 때까

---

43  2004. 10. 21. 2004헌마554·566(병합).

지 젠더 결정을 보류하거나 잠정적인 성별 결정 상태에 있어야만 하고, 장기간 법적 불안정 상태에 방치되는 위해를 당하게 된다.

자신의 젠더를 언제, 어떻게 결정해야 하는지 모르는 상태에서 잘못 결정을 내리면 어떻게 될지 불안감을 느낄 수도 있고, 결정과 번복을 반복할 수도 있으며, 특별한 환경에서 조속히 자신의 젠더를 결정하도록 강요받을 수도 있다. 현실에 대한 적응능력이 성숙하지 아니하고 감수성이 예민한 미성년자를 이렇게 방치하는 것은 국민을 건강한 민주 시민으로 육성하여야 할 국가의 기본적인 책무를 도외시하는 것이다.

또한, 친권자와 미성년자인 자녀 사이의 특별한 신분 관계 및 법률 관계가 장기간 미확정 상태가 되고(자녀가 아들인지, 딸인지, 제3의 성[젠더]인지 알 수 없기 때문), 미성년자인 자녀의 복리에 현저한 부정적인 영향이 미친다. 사춘기 나이에서 적절한 성적 정체성이 확립되지 않을 때는 신체적·정신적 성장에 커다란 장애를 가져올 수 있다. 더 나아가, 부모의 가치관과 신념에 따라 자녀의 성별을 생물학적 요소에 따라 확정하고 그에 맞는 양육을 하기 원하는 부모의 양육권이 침해된다. 젠더평등 정책이 시행된 캐나다 온타리오주에서는 자녀의 성전환자에 반대하는 부모의 양육권을 주 정부가 빼앗고, 그런 부모를 처벌할 수 있는 법까지 제정되었다.[44]

미국 캘리포니아주 세크라멘토시의 유치원에서는 교사가 아이들에게 트랜스젠더에 대한 교육을 한 뒤, 5세 남아가 여자 옷으로 갈아입으며 트랜스젠더를 하게 되는 일이 벌어졌는데, 실수로 그 아이의 남성 이름을 부른 6세 아이는 교장실로 불려가 고의로 남성 이름을 불렀는지에 대한

---

[44] '커밍아웃'한 자녀, 부모가 반대하면 정부에서 양육권 박탈?, 「기독일보」, 2017년 6월 8일, http://kr.christianitydaily.com/articles/91987/2017 0608/%EC%B-B%A4%EB%B0%8D%EC%95%84%EC%9B%83-%ED%95%9C-%EC%9E%90%EB%85%80-%EB%B0%98%EB%8C%80ED%95%98%EB%A9%B4-%EC%A0%95%EB%B6%80EA%B0%80-%EC%96%91%EC%9C%A1EA%B6%8C-%EB%B0%95%ED%83%88.htm.

조사를 받기도 했다.[45] 더욱 충격적인 일은 유치원이 학부모들에게 트랜스젠더 중인 아이가 있다는 사실과 함께 트랜스젠더 사건을 유치원 아이들에게 공지했다는 사실조차도 미리 알리지 않았다는 것이다. 언론 보도에 따르면, 해당 유치원의 5세 아이들은 트랜스젠더 사건으로 말미암아 자신들도 언젠가 트랜스젠더를 하게 되지는 않을까를 두려워하고 있다고 한다.

요컨대, 젠더평등 정책은 남녀의 성별 이분법을 폐지하고, 제3의 성(젠더)을 도입할 것을 목표하기 때문에 현행 헌법 및 관습 헌법에 위반된다. 또한, 부모의 양육권을 침해하고, 안전하고 건강한 환경에서 보호받아야 할 아동과 청소년의 권익 그리고 그들의 복지에 현저한 부정적 영향을 미친다.

## 7. 결론

법무부가 공개한 제3차 국가인권정책기본계획(안)에는 젠더평등(속칭, 성평등) 정책이 대거 포함되어 있다. 주요 내용은 다음과 같다.

- 부처별 성평등 실행 목표를 수립하고, 목표를 고려한 성별 영향 평가 대상 선정 및 전문가 심층 분석 실시(여성가족부, 45페이지)
- 온라인 이용자·사업자에 대한 성평등 가이드라인 제공(여성가족부, 47페이지)

---

45 School disciplines first-grader for 'misgendering' a gender-confused classmate, LifeSite News, 2017년 8월 24일.
https://www.lifesitenews.com/news/first-grader-called-to-principals-office-in-another-trans-controversy-at-ca.

- 고위직 공무원, 관리자 승진 및 신규 임용 교육 시 '성평등 및 폭력 예방 교육' 강화 실시(여성가족부, 법무부, 경찰청, 행안부, 인사처, 교육부, 문체부, 복지부 등, 100페이지)
- 성평등 문화 확산 및 성희롱·성폭력 예방을 위한 행동 및 언어 습관 개선 가이드 등 제작 추진/성평등 콘텐츠 제작 및 성평등 교육 실시(여성가족부, 법무부, 경찰청, 행안부, 인사처, 교육부, 문체부, 복지부 등, 101페이지)
- 공무원, 방송 관계자 등에 대해 성평등 관점이 반영된 교육 실시
  - 교육 매뉴얼 및 콘텐츠에 '성평등' 내용을 포함하고, 부모 교육 담당자에 대해서도 성평등 교육 추진
  - 방송 사업자 및 관계자, 방송 심의 모니터 요원 등 대상으로 성평등 교육(여성가족부·법무부·문화체육관광부, 199페이지)
- 성평등 문화 확산을 위한 사회 문화 운동 전개(여성가족부·법무부·문화체육관광부, 199페이지)
- 성평등 문화 예술 콘텐츠 확산
  - 성평등 문화 확산 프로그램 제작 지원(여성가족부, 312페이지)
- 성평등 언어생활 캠페인
  - 특정 성별을 비하하는 발언 및 표현을 자제하는 캠페인 실시
  - 성평등 언어·표현 관련 카드 뉴스 제작(여성가족부, 문화체육관광부, 312페이지)
- 민관 거버넌스를 통한 성평등 담론 활성화/참여형 성평등 캠페인 추진(여성가족부, 문화체육관광부, 312페이지)

행정 계획이라 함은 행정에 관한 전문적·기술적 판단을 기초로 하여, 특정한 행정 목표를 달성하기 위하여 서로 관련되는 행정 수단을 종합·조정함으로써, 장래의 일정한 시점에 있어서 일정한 질서를 실현하기 위한 활

동 기준으로 설정된 것을 말한다.[46] 헌법재판소는 국립대학인 서울대학교가 94학년도 대학입학고사 주요 요강을 제정하여 발표한 것에 대해 제기된 헌법소원심판청구 사건에서, 이런 행정 계획도 "그 내용이 국민의 기본권에 직접 영향을 끼치는 내용이고 앞으로 법령의 뒷받침 때문에 그대로 시행될 것이 틀림없을 것으로 예상하여 그로 인하여 직접 기본권 침해를 받게 되는 사람에게는 사실상의 규범 작용으로 인한 위험성이 이미 현실적으로 발생했다고 보아야 할 것이므로 이는 헌법 소원의 대상이 되는 공권력의 행사에 해당한다"라고 판결한 바 있다.[47]

법무부의 제3차 국가인권정책기본계획(안)은 행정 쟁의 대상이 될 수 있는 행정 처분은 아니지만, 국민의 기본권에 직접 영향을 끼치는 행정 계획에 해당하고, 헌법 소원의 대상이 되는 공권력의 행사로 볼 수 있다. 국가인권정책기본계획(안)에 포함된 '젠더(gender) 평등'(속칭, 성평등) 정책은 성별 결정 기준을 생물학적 요소가 배제된 심리적 성 결정 기준으로 임의 변경하도록 유도하고, 성전환 수술을 받지 않은 자의 성별 정정이 허가되게끔 하는 것을 목표로 하므로, 대다수 선의의 국민의 기본권을 침해할 뿐만 아니라, 이를 악용한 성범죄를 증가시키는 결과를 일으킨다.

또한, 남성과 여성의 성별 이분법의 폐지를 정당화시키고, 제3의 성(젠더) 도입을 위한 여러 정책을 시행하기 때문에, 아동과 청소년의 권익과 복지 저해 및 부모의 양육권 침해를 일으킨다. 더 나아가, 성별 이분법을 전제로 한 현행 혼인 제도, 병역 제도 등 각종 사회 제도의 자의적 폐지, 변경이 일어날 것이다. 특히, '성평등 언어생활 캠페인'에서 '특정 성별을 비하하는 발언 및 표현을 자제하는 캠페인 실시'와 같은 정책은 국민의 표현 자유를 직접 침해할 것이 예상된다.

---

[46] 대법원 1996.11.29. 96 누 8567.
[47] 전원재판부 92헌마68, 1992.10.1.

이처럼, 국민의 기본권에 직접 영향을 끼치는 국가인권정책기본계획(안)의 '젠더(gender) 평등' 정책이 국민의 반대에도 불구하고 원안대로 의결되어 시행된다면, 기본권 수호를 위한 법적 소송으로 이어지게 될 것이 우려된다.

### 제9장
## '가짜 뉴스' '혐오 표현' '종교 편향' 논리로 기독교인을 탄압하는 시대, 신학자의 역할은?

백 상 현 기자
「국민일보」 종교부

### 1. 양심 사상 학문 표현의 자유 위기 상황

혐오, 성적 지향의 범위는 어디까지인지 불분명하므로 보호 범위가 확실치 않다. 그렇다 보니 기독교 대학에서 집단 난교, 즉 다자(多者) 성애 강좌를 제재하면 인권 침해를 당했다고 주장한다. 게다가 법을 집행한다는 국가인권위조차 성적 지향의 뜻이 무엇인지도 모르고 무턱대고 인권 침해에 해당한다는 주장을 하고 있다.

부도덕한 성행위인 다자 성애와 종립대학의 종교의 자율성, 자율성이라는 기본권이 충돌한 대표적인 사례는 한동대학교 동아리 '들꽃' 사태다.

사건의 발단은 2017년 12월로 거슬러 올라간다. 한동대학교 미등록 학술 동아리였던 '들꽃'은 페미니즘 여성 운동가 3명을 초청해 동성애, 성매매, 다자 연애[1]를 소개하는 강연을 진행했다. 한동대학교 측은 학교 정

---

1 '다자(多者)연애'란 영어 'polyamory'를 번역한 말이며, 후자는 '많은, 여럿'을 뜻하는 헬라어 poly와 '사랑'을 뜻하는 라틴어 amor의 합성어에서 나온 단어이다. '폴리아모리'의 용어와 사상이 본격적으로 나타나게 된 것은 1990년대부터이다. 일부 페미니

체성 위배와 기말 시험 중 행사 금지 학칙을 근거로 행사 불가 입장을 밝혔다. 하지만 들꽃 소속 학생들은 행사를 강행했다.

강사들은 기독교 대학 한복판에서 자신의 매춘 경험을 소개하고 다자 연애, 동성애, 낙태를 적극적으로 두둔했다. 이들은 "성매매가 여성의 권리다", "나는 창녀다", "남자 2명과 같이 살고 있는데, 이것이 폴리아모리(다자 연애)다" 등 일반 대학에서도 쉽게 용인될 수 없는 주장을 펼쳤다. 다자 연애란 일부일처제를 고집하지 않고 배우자의 또 다른 애정 관계를 인정하는 것을 말하며 동성애적 행동도 포함한다.

<표> 한동대학교와 '들꽃'의 상반된 주장

| 한동대학교 | 당사자 | 들꽃 |
|---|---|---|
| - 종교 교육의 자유<br>- 사립 대학의 자율성<br>- 정당한 제한 | 법적 근거 | 표현 학문 양심의 자유 침해 |
| - 기독교 대학으로 강연회의 강사 및 내용이 건학 이념에 반하면 장소 대관을 거부할 수 있다<br>- 학생 단체 등록과 활동에 관한 규정을 위반했다.<br>- 외부 강사의 강연 내용은 표현 학문 종교 양심의 자유로 보호받기 어려운 것들이다 | 주장 | - 3명 이상의 사람이 수평적 관계에서 서로 사랑하는 것<br>강사들은 기독교 대학 한복판에서 자신의 매춘 경험을 소개하고 다자 연애, 동성애, 낙태를 적극적으로 두둔했다. 이들은 "성매매가 여성의 권리다", "나는 창녀다", "남자 2명과 같이 살고 있는데, 이것이 폴리아모리(다자연애)다" 등 일반 대학에서도 쉽게 용인될 수 없는 주장을 펼쳤다. 다자연애란 일부일처제를 고집하지 않고 배우자의 또 다른 애정 관계를 인정하는 것을 말하며 동성애적 행동도 포함한다. |

---

스트들에 의해 지지되고 있는 폴리아모리는 두 사람 이상의 배우자 간에 서로의 동의 아래 함께 연애와 부부관계, 성관계를 포함한 친밀한 관계를 공개적으로 가지는 것을 말하며, 전통적인 일부일처제의 결혼관과 부부관을 거부하는 성 혁명적 발상이다.

| 한동대학교 | 당사자 | 들꽃 |
|---|---|---|
| 합법 | 현행법상 판단<br>- 성매매는 형사처벌 대상<br>- 낙태죄는 합법<br>- 동성 커플이나 다자 성애 커플은 헌법이 보장하는 가족 제도가 아님 | 불법 |

## 2. 다자 연애와 집단 난교도 성 소수자 행위라 보는 국가인권위의 견해

한동대학교는 수차례 반성의 기회를 줬지만, A씨가 거부하자 무기정학 처분을 내렸다. 이런 상황에서 다자 연애를 두둔하는 국가인권위원회 조사관이 '인권 침해'과 '차별'을 조사하겠다며 한동대학교에 들이닥쳤다. '들꽃'의 다자 성애 강연 처벌 여부를 놓고 국가 기관이 앞장서 학교 측의 기독교 학교의 정체성까지 침해하려고 시도한 것이다.[2]

국가인권위 관계자는 조사를 진행한 이유를 묻는 필자의 질문에 "다자 연애도 성적 소수자에 포함되며, 불이익을 받아선 안된다"면서 "집단 난교라 할지라도 성적 지향으로 차별 금지 사유에 해당된다"라고 설명했다.

이 관계자는 다자 연애도 성 소수자, 성적 지향에 포함된다는 생각을 분명히 갖고 있었다. 그는 "다자 연애자가 어떤 잘못을 했기에 부당한 대우를 받아야 한다고 생각하느냐"면서 "다자 연애자도 성 소수자다. 성적 지향의 일종인 다자 연애를 소개하는 게 무슨 부도덕한 행위를 하거나 물의를 끼치기라도 했느냐"라고 반문했다.

---

2   <인터넷 국민일보>, "인권위의 폭주… 기독학교 정체성까지 침해," 2018년 3월 15일. http://news.kmib.co.kr/article/view.asp?arcid=0923917039&code= 23111111&sid1=chr.

조사관은 이어 "양성애자들도 집단 난교(亂交)를 한다. 다자 연애에 대한 비판은 차별"이라는 논리를 폈다.

국가인권위 관계자는 '성 소수자의 범위는 도대체 어디까지를 뜻하느냐. 수간자, 근친상간도 포함되느냐'는 필자의 질문에 대해선 "전문가나 학자가 아니어서 답변할 수 없다"라고 했다. 조사관이 성 소수자의 범위조차 제대로 파악하지 못한 채 조사 활동을 벌이고 있었다. 이 관계자는 "이는 성적 지향에 대한 차별 사건으로 종립학교의 특성을 감안해 법 테두리 안에서 판단할 것"이라고 말했다.[3]

## 3. 한동대학교 "종교 교육의 자유" vs 국가인권위 "인권침해"

이처럼 국가인권위가 한동대학교 조사에 착수할 수 있었던 법적 근거는 국가인권위법에 있다. 차별 금지 사유에 '사상'과 '성적 지향'이 들어있기 때문에 "동성애와 양성애, 수간, 근친상간, 집단 난교가 인권"이라는 부적절한 주장을 보호해준다.

사실 인권에 포함되려면 보편적 가치, 공동선, 공공선, 공익이라는 원칙에 맞아야 한다.[4] 하지만 성매매 다자 연애 동성애는 이 기준을 모두 충족시키지 못한다. 그래서 학생들이 주장하는 표현·양심·사상의 자유도 보장되지 않는다. 인권이 아닌 불법 행위, 부당 행위에 대한 설명회였기 때문에 학교 통제를 받았다.

지영준 변호사(법무법인 저스티스)는 "이 사건은 일부 학생의 부도덕한 성적 자기 결정권과 한동대학교의 종교 교육 자유, 학교 자율권이 충돌한 사

---

[3] <인터넷 국민일보>, "다자연애가 무슨 문제냐 … 인권위의 도덕 불감증," 2018년 3월 16일. http://news.kmib.co.kr/article/view.asp?arcid=0923 917707&code=23111633&cp=nv.
[4] 서울시 인권센터, '광역지자체 인권도시협의회 워크숍 자료집' 54쪽, 서울시, 2015년.

건"이라면서 "그런데도 국가인권위는 학생 주장만 일방적으로 받아들여 조사까지 진행했다"고 지적했다. 이어 "국가인권위가 아무런 법적 강제력이 없음에도 동성애 이슈에서 마치 헌법 상위 기관인 양 행세하고 있다"라고 꼬집었다.

그렇다면 한동대학교학교와 장로회신학대학교에서 일부 학생이 동성애 옹호 행사나 퍼포먼스를 벌이다가 징계를 받은 이유는 무엇일까. 학생들이 기독교 학교 안에서 성매매 다자 성애 난교 낙태 합법화 등을 주장하는 등 보호 범위를 뛰어넘어 기본권을 제한할 수밖에 없는 상황까지 갔기 때문이다.

## 4. 헌법이 보장하는 종립학교의 권리

헌법은 기독교 대학의 권리를 두텁게 보장해 준다. 헌법 제31조 제4항은 "교육의 자주성 전문성 정치적 중립성 등 대학의 자율성은 법률이 정하는 바에 의하여 보장된다"라고 돼 있다. 이것은 대학에 대한 공권력 등 외부 세력의 간섭을 배제하고 대학 구성원 자신이 대학을 자주적으로 운영할 수 있도록 하기 위해서다. 대학인으로 하여금 연구와 교육을 자유롭게 하고 진리 탐구와 지도적 인격의 도야라는 대학의 기능을 충분히 발휘할 수 있기 위한 목적이다.[5]

민법상 학교 법인은 재단 법인의 일종이다. 사적 자치의 자유가 있으며 기본권을 주장할 수 있다. 그래서 사학의 설립 및 운영의 자유, 재산권 등이 있다. 이런 배경에서 교육의 자유성, 전문성, 정치적 중립성 및 대학의 자율성이 인정된다.

특히, 사립 학교는 설립자의 의사와 재산으로 독자적인 교육 목적을 구현하기 위해 설립된 것이므로 사립 학교 설립의 자유와 운영의 독자성을

---

5  1992.10.1. 92헌마68.

보장하는 것은 그 무엇과도 바꿀 수 없는 본질적 요체다.

게다가 사립 학교법 제1조는 '사립 학교의 특수성에 비추어 그 자주성을 확보하고 공공성을 앙양함으로써 사립 학교의 건전한 발달을 도모함을 목적으로 한다'고 규정해 사립 학교의 특수성, 자주성, 공공성을 선언하고 있다. 그래서 법인의 공공성을 해치지 않는 범위 내에서 그 자유성은 최대한 존중받는다.[6]

헌법재판소도 사립 대학의 이 같은 자치권에 대해 "사립 학교는 설립자의 의사와 재산으로 독자적 교육 목적을 구현하기 위해 설립되는 것으로 사립 학교 설립의 자유와 운영의 독자성을 보장하는 것은 그 무엇과도 바꿀 수 없는 본질적 요체"라고 판시한 바 있다. 설립 정신에 따른 기독교적 운영, 자치권을 헌법이 보장하는 사학의 최상위 기본권, 본질로 본다는 말이다.

심지어 미국과 영국은 차별 금지법과 평등법이 통과됐음에도 종립 시설의 직원 선발, 학칙 운용, 종교 교육 등을 예외 사유로 인정한다. 기독교 기관만의 고유성을 인정하기 때문이다.

공교육의 한 부분을 담당하는 기독교 대학도 이처럼 대학 인사, 학사, 시설 관리, 재정, 질서 등 대학 자치와 운영에서 사립 학교 고유의 특수성과 자주성을 보장받는다. 이 원칙에 따라 정관 학칙 규정 내규 지침 규약 등 자치 법규를 만들어 놨다.

## 5. 건학 이념을 지키려는 종립대학

종교의 자유에는 크게 신앙의 자유, 종교적 행위의 자유, 종교적 집회 결사의 자유가 있다. 이 중 기독교 대학의 종교 교육 자유는 종교적 행위

---

[6] 대법원 2007.5.17. 2006다19054.

의 자유에 속하기 때문에 헌법상 보장받는다.

<표>기독교 학교가 헌법상 보장받는 종교 행위의 자유

| 종교의 자유<br>(헌법 제20조) | 신앙의 자유 | 한동대학교, 숭실대학교,<br>장로회신학대학교의 법적 근거 |
|---|---|---|
| | 종교 행위(종교 교육)의 자유 | |
| | 종교적 집회 결사의 자유 | |

한동대학교의 건학 이념은 '대한민국의 교육 이념과 기독교 정신에 입각하여 국가 사회 발전에 공헌하는 기독교 지도자를 양성하기 위하여 지성 인성 영성의 고등 교육을 실시함을 목적으로 한다'라고 규정돼 있다.[7]

즉, 한동대학교는 종립 대학으로서 헌법에 보장된 종교 행위의 자유에 따라 종교 교육을 할 목적으로, 특정 종교를 전파할 목적으로 설립됐다. 당연히 이를 구현하기 위해 학교 시설물 대여나 외부 행사 교내 유치도 건학 이념과 교육 목적에 부합해야만 가능하다.

그런데 건학 이념은 물론 한국 사회의 보편적 정서에도 맞지 않는 동성애와 성매매의 합법화를 주장한 것은 기독교 정신을 바탕으로 하는 한동대학교의 정신에 맞지 않았다.

그런데도 국가인권위원회는 신앙 고백을 고수하려고 불법을 저지른 학생을 징계한 한동대학교의 처분을 무력화시키려 했다. 이것은 신앙 고백의 자유를 침해한 것으로, 창조론을 기본 이론으로 가르치는 대학이 국가로부터 간섭받았다는 심각한 문제점을 갖고 있다.[8]

---

7 〈한동대학교 홈페이지〉, 교육이념 중 건학이념. http://www.handong.edu/about/vision/idea/
8 이정훈, '민주헌정의 자유와 자치의 보장을 위한 정교분리와 종교의 자유에 관한 헌법 해석', 17쪽, 공적 영역에서의 종교의 자유 토론회 자료집, 2018년.

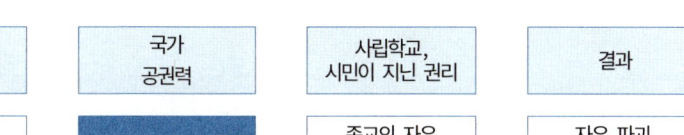

<표> 국가가 공권력을 사용해 학교와 시민의 자유를 통제하려는 시도

국가 기관이 기독교계 사립 대학의 자율성과 종교 자유를 침해하는 데 공권력을 행사했다는 뜻인데, 이것은 특정 종교와 대학의 문제를 넘어 민주주의와 시민 자유권을 위협하는 위험한 시도라 할 수 있다.

이상현 숭실대학교 교수는 "기독교 사립 대학은 건학 이념에 따라 신앙 고백을 수호하고 이에 반하는 교리나 행동에 대해 대처할 수 있는 자유와 권리가 있다"면서 "그래서 기독교 대학에서 이단인 신천지의 포교 집회가 철저히 금지되는 것"이라고 설명했다. 이어 "국가인권위가 일부 학생들의 말만 듣고 시정 명령을 내린다면 헌법이 보장하는 종교 교육의 자유를 심대하게 침해하는 결과를 초래할 것"이라고 경고했다.

한동대학교 관계자는 "다자 성애나 성매매 합법화 강연을 학내에서 열게 해 달라는 요구는 한동대학교에 기독교 정체성을 버리라는 요구와 같다"면서 "학교는 설립 이념에 따라 최소한의 기본권을 제한했는데 학생들은 마치 자신들이 피해자인 것처럼 주장하며 표현 사상 학문의 자유를 침해당했다고 주장한다"라고 설명했다. 이 관계자는 "학생들의 요구는 마치 낙태 반대 단체에 가서 낙태 찬성 세미나를 열게 해 달라고 요구하는 것과 같다"고 지적했다.

## 6. 지원 단계부터 건학이념 따르겠다는 서약서 받는 대학

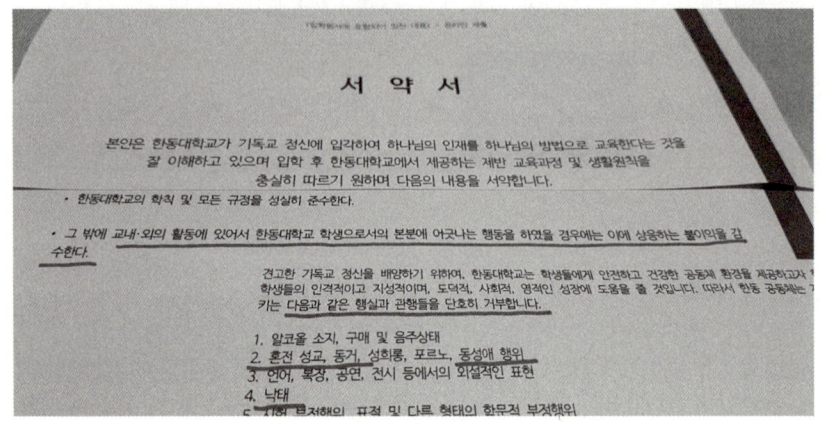

한동대학교는 입학 서류 접수 단계부터 '기독교 정신에 입각해 하나님의 인재를 하나님의 방법으로 교육한다는 것을 잘 이해하고 있으며 입학 후 제반 교육 과정 및 생활 원칙을 충실히 따르겠다'는 서약서를 받는다. 서약서에 따르면 학생들은 동성애, 낙태, 혼전 성교, 동거 등의 행위가 금지된다. 이런 절차를 밟는 것은 한동대학교가 그만큼 기독교 건학 이념을 중시하고 있다는 뜻이기도 하다.

게다가 기독교 대학은 초·중·고등학교처럼 강제 배정 방식으로 학생을 모집하지 않는다. 기독교 대학은 입학 때 동의서를 작성한 학생에게 종교를 전파하고 교육한다. 따라서 학교는 건학 이념에 위배되는 행사에 대해 시설물 대여나 교내 개최 등을 엄격히 제한할 수 있다.

숭실대학교도 이런 이유로 2015년 11월 교내에서 동성혼 영화 상영을 불허했다. 장로회신학대학교도 채플 시간에 무지개 깃발 퍼포먼스를 시행한 학생을 총회 결의와 학칙에 따라 2018년 7월 징계했다. 영화 상영을 불허하고 학생을 징계했던 이유는 기독교 교육 이념을 지키기 위한 불가피한 선택이었다. 동성혼 영화 상영을 막았던 숭실대학교 관계자는 "헌법과 법률은 한 남자와 한 여자의 혼인만을 결혼으로 인정하고 있다"면서 "대한민국 법 제도에 맞지도 않는 남성 간 결합을 옹호하는 영화 상영을 반대한 것은 차별이 아니라 정당한 구별이었다. 기독교 학교 입장에서 사회 갈등을 유발하는 비뚤어진 권리 행사를 제한하는 합리적 조치였다"라고 주장했다.

고영일 자유와인권연구소장은 "사립학교인 기독교 대학은 교육 목적 달성과 질서 유지를 위해 학생들이 설립 취지에 맞지 않는 행동을 했을 경우 제재를 한다"면서 "이런 질서 유지 원칙이야말로 대학 운영과 자치를 위한 필수 요건"이라고 설명했다.

고 소장은 "대학이 최상위 기본권을 지키기 위해 징계 결정을 내렸는데, 국가인권위원회가 나서서 조사 활동을 하고 시정 권고를 하려 한다"면서 "이것은 헌법상 두텁게 보장되는 대학의 자율성을 '제4의 권력 기관'이 앞장서 짓밟겠다는 뜻"이라고 비판했다.

## 7. 들꽃의 논리를 인정할 경우

만약 한국 사회가 들꽃의 논리를 옹호하면 어떻게 될까. 헌법에 명시된 종교의 자유에 들어 있는 종교 교육의 자유가 위축되고 종립 학교의 건학 이념도 훼손된다. 굳이 설립 이념이나 학칙을 적용하지 않아도 동성혼과 다자 성애, 성매매, 낙태를 옹호하는 강의나 영화는 현행 헌법 질서나 보편적 사회 윤리에도 위배 된다. 이렇다 보니 기독교 정신에 따른 교육 철학과도 충돌하는 것이다.

그런데 만약 국가인권위 조사관이 적극적으로 두둔했던 다자 연애가 한국 사회에 퍼지면 어떤 현상이 벌어질까. 미혼 청년의 경우 속칭 '양다리'가, 기혼자들은 불륜·간통이 빈번하게 발생할 것이다. 만약 성행위를 실천에 옮겼다면 집단 난교가 되고 결혼까지 했다면 중혼(重婚)이 될 것이다.

<표> 동성애 옹호 행사는 아무 곳에서나 허용되지 않는다

| 표현 내용 | 표현 장소 | | | | 이유 |
|---|---|---|---|---|---|
| | 퀴어행사 | 경찰서 앞 | 성균관 | 기독교 학교 | |
| 다자 성애, 성매매 옹호 강연 | 가능 | 현행법상 통제 | 도덕 윤리 예절 상 제한 | 학교 설립 이념, 학칙상 제한 | 자유는 언제 어디서든 무제한적으로 허용되지 않는다. |
| 동성혼 영화제 | " | 공무 집행 방해로 통제 | " | " | |
| 무지개 깃발 퍼포먼스 | " | 가능 | " | " | |

그런데도 국가인권위는 다양한 성적 지향에 다자 연애가 속한다고 했다. 이런 논리대로라면 특정 대상에 대한 성적 끌림인 수간(獸姦), 근친상간, 소아성애, 노인성애도 존중해줘야 한다. 대한민국은 공공 질서에 위배될 경우 헌법 제37조 2항에 따라 개인의 자유와 행복 추구권이 제한된다. 그런데 국가인권위는 사회적 합의조차 되지 않은 '성적 지향'이라는 애매모호한 단어를 앞세워 부도덕한 성행위에 대한 비판을 차단하려 하고 있다.

인종 국적 피부색 장애 등은 절대 변하지 않는 속성으로 차별해선 안된다. 만약 차별하면 명예훼손죄, 모욕죄, 장애인차별 금지법 위반 등으로 처벌받는다. 하지만 성적 지향과 사상, 종교는 전혀 다른 문제다. 얼마든지 바뀔 수 있는 선택·의지의 문제인 데다 가치 윤리 도덕적인 문제가 혼재돼 있어 비판할 수 있어야 한다. 종북주의자나 동성애자, 사이비 교주, 마약 복용자, 살인범 등에 대한 비판이 가능한 것처럼 말이다.

그러나 법치주의를 지향하는 한국 사회는 "비판적 지성과 학문의 자유를 추구해야 할 대학에서 헌법에 위배된 사상 통제와 인권 탄압, 차별하고 있다"는 학생들의 주장과 달리 사회 질서나 공공 복리를 해치는 행위에 대해 법으로 통제하고 교정한다. 그러므로 사회 윤리를 심각하게 저해하거나 법을 어긴 행위자의 권리를 제한하는 것은 정당한 차별, 구분에 해당한다.

자유와인권연구소 박성제 변호사는 "학생들이 펼친 인권, 표현·양심·종교·학문의 자유 침해 논리의 맹점은 부도덕한 성적 자기 결정권에 불과한 동성애를 시공간을 초월해 언제 어디서나 무한정 허용되는 절대 권리로 착각한 데 있다"고 지적했다. 이어 "공중 도덕이나 사회 윤리에서 한참 동떨어진 성매매나 난교, 낙태가 헌법상 보호 가치에 해당한다고 볼 수도 없다"면서 "그래서 표현·양심·종교·학문의 자유를 기독교 학교 측이 과도하게 침해했다는 일부 학생들의 주장은 어불성설"이라고 설명했다.

## 8. 신앙의 자유 위기 상황, 종교적 양심과 사상 표현의 자유의 제한

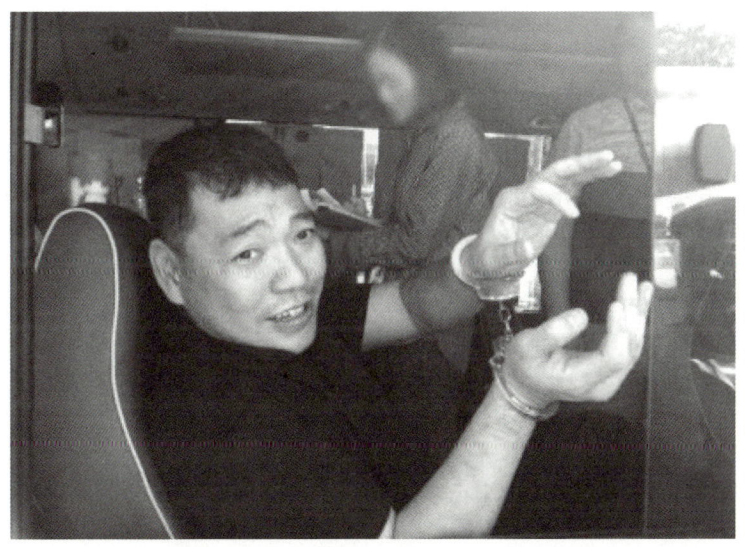

2018년 8월 인천 퀴어 행사에서 경찰의 통제에 항의 의사를 밝혔다가 수갑이 채워진 채 연행된 인천 빈들의감리교회 탁동일 목사.

동성애 문제는 윤리적 이슈를 넘어 교회가 서고 넘어지는 교리적 문제다.[9] 즉, 기독교 입장에선 생존이 걸린 절체절명의 문제인 것이다. 그래서 헌법이 보장하는 종교 양심 사상 표현의 자유를 이용해 비판하고 교회 내 유입을 저지한다.

그러나 동성애 옹호 조장론자들이 동성애를 비판하는 성도들을 광신적이고 편협한 독단론자[10], 증오에 찬 인종주의자와 같은 반열의 사람들처럼 몰아가 표현의 자유를 막으려 한다. 마치 대화가 안 되는 극우, '틀딱'인 것처럼 인식한다. 그리고 인류 보편적 가치인 인권과 반인권의 대결로 몰아간다. 실상은 동성애를 하고자 하는 행복추구권과 성적 자기결정권에 인권 평등 논리를 뒤죽박죽 섞어놓은 것에 불과한데 말이다.

## 9. 혐오 범죄로 기독교인의 입을 틀어막고 싶다면

이런 상황에서 혐오 표현을 규제해야 한다는 주장이 넘쳐나고 있다. 가짜 뉴스 '오명'을 뒤집어씌워 표현의 자유를 억압하려는 시도까지 나타났다. 얼마 전까지만 해도 표현의 자유를 절대 침해해서는 안된다고 주장하던 사람들이 어느날 갑자기 가짜 뉴스, 혐오 표현을 규제해야 한다며 우왕좌왕 하는 것이다.[11]

이들 인권 감성팔이들은 항문 성교, 집단 난교, 다자 성애를 섹슈얼리티로 포장하는 것은 '고상한' 표현의 자유이고, 현행법과 도덕에 근거해 비판하면 '형편없는' 가짜 뉴스, 혐오 표현처럼 몰아간다. 동성애 옹호·조장,

---

9  김영한, "동성애 정당화하는 퀴어신학은 이단사상이다," 「신학과 윤리포럼 자료집」, 1쪽, 2018년.
10  카롤린 엠케, 『혐오사회』, 정지인 역 (서울: 다산초당, 2017), 55.
11  홍성수, "혐오표현, 자유는 어떻게 해악이 되는가" 해제, 289, 이후, 2017년.

친이슬람 좌파 진영은 무슨 이유로 인간의 보편적 권리인 표현의 자유를 가짜 뉴스와 혐오라는 이름으로 봉쇄하려는 것일까.

혐오 표현은 각국의 역사적 경험이나 사회적 배경에 따라 그 개념이 달라진다. 외국에서 동성애 비판을 혐오라고 규정했다고 해서 한국 사회에서 그대로 적용해야 한다는 보장은 없다.[12] 서구 사회가 권리 중 하나로 인정했다고 총기 소지, 수간까지 마구잡이로 받아들일 순 없는 노릇 아닌가.

그런데도 동성애, 이슬람, 이단 세력은 '정치적 올바름'의 규범 속 가짜 인권, 가짜 혐오, 가짜 소수자 논리를 앞세워 감성적인 사례를 앞세워 혐오 표현 규제 논리를 한국 사회에 유포시키고 있다. 이 같은 유포 행위가 한국 사회에 어떤 결과를 가져올지 예상도 하지 못한 채 감성적이고 순진한, '나이브'(naive)한 태도로 접근하는 것이다.

비판당하는 입장에서 봤을 때 명예 훼손을 당하는 감정이든 정당한 비판에 따른 혐오 감정이든 그게 그거 아닌가. 결과적으로 혐오가 무엇인지 기준도 없는 마당에 자신들의 생각과 반대되는 진영의 주장에, 느낌상 혐오 표현이 맞다고 생각하면 혐오로 낙인찍는 초헌법적 발상인 것이다.

정말 동성애, 이단, 종북 사상을 비판하는 사람들의 주장을 가짜 뉴스, 혐오 표현이라는 딱지를 붙여 제한하고 싶은가. 그렇다면 부도덕한 동성애 행위, 반사회 종교 집단의 교리, 주체사상을 비판하는 행위보다 더욱 우월한 가치가 있음을 당당하게 제시하면 된다. 이성애와 마찬가지로 동성애를 통해 실현할 수 있는 인간적인 선이 무엇인지, 한국 사회에 어떻게 도움이 되는지 분명하게 밝히면 된다.[13]

---

12　국회입법조사처, '혐오표현 규제의 국제적 동향과 입법과제,' (2017), 3.
13　마이클 샐던, 『정치와 도덕을 말한다』, 안진환·김선욱 역 (서울: 와이즈베리, 2016), 209.

## 10. 가짜 뉴스, 혐오 표현 규제 논리, 내로남불의 속임수

　정당한 비판은 얼마든지 가능해야 한다. 그러나 상대방의 기본권 제한은 법적으로 결코 쉬운 일이 아니다. 게다가 통제하려는 상대방의 권리가 헌법이 보장하는 최상위 기본권인 양심 사상 종교 표현의 자유일 경우는 더욱 그렇다.

　기본권을 제한한다 하더라도 자유와 권리의 본질적인 내용은 침해할 순 없다. 정말 동성애를 비판하는 사람들을 규제하고 싶다면 청원권, 행정 심판, 행정 소송, 명령 규칙 처분 심사 제도, 위헌 법률 심사 제도, 헌법 소원 등 현행법으로도 얼마든지 가능하다.

　그러나 도덕적 우월감에 빠진 인권 엘리트들은 근거도 없이 남의 자유를 제한하려고 한다. 그래서 눈을 돌린 게 차별 금지법 같은 독재적 법이었다. 국가가 나서 입법을 통해 상대방의 기본권을 제한하겠다는 발상까지 이른 것이다. 입법으로만 규율이 안 되니 국가인권정책기본계획처럼 행정 청의 처분 등 입법이 아닌 방법으로 우회적으로 해결하려고 시도하는 것이다. 그렇다 보니 문제 해결은 고사하고 국론 분열만 일으키고 있다.

　분명히 말한다. 동성애와 과격 이슬람, 이단을 비판하는 기독교인들은 공공 복리라는 현대 사회 복지 국가의 헌법 이념을 적극적으로 구현하기 위해, 사회 구성원 전체를 위한 공공의 이익을 위해 목소리를 낸다. 이것은 양심의 자유와 내심의 의사와 같이 제한 불가능한 절대적 기본권에서 출발한다.

　동성애와 이단, 과격 이슬람 사상은 국가 안전 보장에 도움이 되지 않는다. 질서 유지는 고사하고 공공 복리에도 도움을 주지 못한다. 그런데 부도덕한 성행위를 즐기는 사람들이, 시한부 종말론을 따르는 신도들이, 대한민국을 이슬람 국가로 만들려는 과격 무슬림들이 기분 나쁘게 생각한다는 이유로 비판을 옥죄겠다는 것이다. 사익(私益)을 보호한다며 공익(公益)

을 제한하겠다는 말이다. 반대할 기회를 빼앗고 싫어할 자유마저 박탈하겠다는 말이다. 국가 권력이 정치적 표현을 하는 개인을 위협하겠다는 말이다. 이게 대한민국에서 실제 벌어지고 있는 일이다.

## 11. 상대를 공격하기 위한 소수자, 피해자 논리

해괴한 종교 편향 논리는 다종교 사회인 대한민국의 사회 통합마저 저해시키고 있다.

왜 수백만 명의 시민이 이용하는 지하철역 사명에 사찰명을 붙일까?

왜 특정 종교의 포교 프로그램에 혈세를 투입할까?

왜 특정 종교의 본부 건립에 국민 세금을 지원할까?

이렇게 특정 종교에 막대한 특혜를 주는 게 진짜 종교 차별이다. 크리스천 공직 후보자가 창조 과학을 주장했다고, 시립 합창단이 찬송가를 불렀다고 종교 편향이 아니라는 말이다.

대광고등학교 사태 때 강의석 씨와 종교자유정책연구원은 피해자 행세를 하며 신앙의 자유만 부각시켰다. 하지만 대광고등학교는 종교 교육의 자유로 맞섰다. 강 씨에게 신앙의 자유가 소중하듯, 종립 학교도 설립 목적대로 종교 교육의 자유가 있는 것이다.

그동안 특정 종교는 위장 시민 단체를 통해 한국 교회를 종교 편향 집단인양 매도했다. 그리고 기독교 공직 사회와 미션 스쿨, 대형 교회를 공격하며 종교의 자유를 침해했다. 국내 최대의 종교가 기독교를 공격하고 더 많은 특혜를 얻어내기 위해 소수자, 피해자, 약자인 것처럼 행세했다.

특정 이데올로기, 좌경화된 진영 논리를 추구하는 인사들은 소수자, 가짜 뉴스, 혐오 표현, 종교 차별, 종교 편향 프레임으로 기독교인을 규제하려는 생각을 버려야 한다. 약자 코스프레를 중단하고 자신을 피해자, 소수자로 지칭하지 말고 스스로 문제를 해결하는 방법을 배워야 한다. 그래야 내성이 생기고 자신들이 꿈꾸는 문화로 조금이나마 바꿀 수 있을 것이다.

기독교인을 혐오주의자로 몰아간다고 해서 성도들이 입을 다물 것으로 생각한다면, 큰 오산이다. 기독교인들을 가해자로 처벌해도 어차피 동성애와 이단, 과격 이슬람 이슈에 대해 교회는 불가능하다. 혐오 표현을 금지한다고 극단적으로 옥죈다면 순교자를 만들어낼 수도 있다는 주장[14]에 귀 기울여야 할 것이다.

한국 교회 성도들은 더 이상 가짜 뉴스, 혐오, 종교 편향 같은 잘못된 용어 전략에 휘말리거나 선동당해선 안 될 것이다. 하나님이 그토록 경멸하시는 부도덕한 성행위의 물결에서 다음 세대를 지켜야 한다. 포교를 목적으로 한 종교와 공권력의 유착 관계를 두 눈 부릅뜨고 감시해야 한다. 신앙의 자유, 전도의 자유를 지키기 위해서 말이다.

특히, '동성애자 인권, 차별 금지'라는 연막 전술로 대한민국의 민주적 헌정 질서(양성평등, 1남 1여의 결합으로 구성되는 결혼 제도 등)를 무너뜨리려는 고위 공직자 후보는 검증 단계에서 단호하게 퇴출해야 한다.

또한, 혐오 표현 규제법, 종교 차별 금지법, 포괄적 차별 금지법 등으로 정신적 자유, 표현 양심 종교 학문의 자유를 제한하려는 시도 앞에 이론적으로 중무장하고 당당하게 맞서야 한다. 신앙은 이런 위기 상황 때 증명하라고 있는 것이다(에 4:14).

※ 위의 글은 본인의 저서 『기독교인 혐오사회』(서울: 복의 근원, 2018)에서 가져왔음.

---

14 박경신, "차별에 근거한 혐오적 표현에 대한 규제, 표현의 자유를 위한 정책제안," 표현의자유를위한연대(2012), 455.

## ✤ 편집자 결어

이 동 주 박사

　동성애의 법제화란 인류 역사에서 상상도 할 수 없었던 일이다. 그러나 1960년대로부터 서구의 정부와 교육 기관들은 동성애, 양성애, 다자 성애, 성전환 등에 관해 교육이라는 학과목 명으로 유치원, 유·초등학교, 중·고등학교, 대학교까지 줄곧 필수 과목으로 정하여 성교육을 받게 하고, 평생을 성 위주로 그리고 성 중심으로 살아가야 하는 동성애자들을 위해 성 소수자의 인권이라는 구실로 동성애를 포함한 '성평등' 합법화를 추진해왔다. 정치적인 압력과 법적 의무로 각국 정부 주도하에 성교육 과목을 개설하게 하는 것이다.

　그 시작은 1995년 북경에서 열린 유엔 제4차 세계여성국제대회에서 '젠더 주류화'(Gender Mainstreaming)를 결의하고, UN이 모든 원칙과 법칙들은 성(Gender)을 염두에 둔다고 결의한 데 있다. 그리하여 UN의 성 주류화 운동은 본래 모든 원칙과 법칙들이 창조주 하나님 중심이었던 기독교 지역을 하나님과 그의 율법에서 멀리 떠나 성 중심적이 되게 하고, 인류 모두가 성 중심적으로 살도록 한 것이다. "양성평등"이 아니라 "성평등"이 법제화됨으로써 모든 도덕과 윤리가 파괴로 이어지게 된다.

　이것이 의미하는 바는 우리 이후 세대에 위와 같은 문란한 성행위들이 합법화됨으로 인해, 음란과 간통죄 항목이 폐지되고, 남녀 결혼관과 일부일처제가 깨지고, 혼인과 가정이 파탄 나고, 결국 국가와 사회의 와해를 초래하게 된다. 이로 인해 서구 학부모들이 절규하는 소리가 터져 나온다.

성교육 수강생들이 성 중독자들이 되고, 성폭행, 10대의 임신, 낙태, 우울증, 자살, 아동성애자, 성병, 에이즈 환자 등이 발생하는 피해가 난무하게 되었다.

그런데도 동성애 옹호자들은 과거와 동일한 윤리와 도덕적인 기준으로 동성애를 거부하거나 바로 잡아주려는 사람을 "동성애 포비아"(동성에 두려움증 환자)로 비난하고, 가장 악한 범죄자로 고발한다. 이렇게 "성평등"이라는 용어는 단순한 "양성평등"이 아니라, 동성애자들만 옹호하고, 남녀 간의 사랑(異性愛)을 올바르게 가르치는 자들의 인권과 표현의 자유를 과도하게 억압하고 핍박하는 불평등을 야기할 뿐만 아니라, 모든 음란죄과 간통죄를 합법화하여, 미래 우리 후손들의 영혼과 육체를 참혹한 멸망으로 이끌어 가게 하는 것이다.

우리는 왜 이런 세계가 전개되었는가를 확실하게 깨달아야 한다. 우리는 1960년대에 마르크스주의자들이 기대했던 프롤레타리아 혁명이 일어나지 않게 되자, 신-맑스주의의 새로운 혁명 운동이 일어나기 시작한 것을 잘 알고 있다. 신-맑스주의는 맑스주의 신론과 진화론적 혁명의 목표를 그대로 수용하고, 다만 혁명 방법만 바꾸어 개조된 인간 스스로가 맑스주의의 목표였던 그대로 새 인간과 새 사회를 건설하려는 것이다. 그러나 신-맑스주의의 혁명 방법은 단번에 거대한 혁명을 이루자는 것이 아니라, 서서히 교육을 통해 온 세상을 하나님 없는 새로운 사회와 성적인 억압으로부터 완전히 자유로운 인간을 창조해내자는 것이다.

하나님을 떠난 인본주의와 무신론적인 사고를 하는 인간의 뒤에 어김없이 파고 들어가는 악한 영들의 '속임수'가 있다. 그 악한 영들은 하나님을 반역하는 인간들에게 거짓 자유, 거짓 평화, 거짓 사랑, 거짓 희망을 제시하며 속삭인다.

너는 하나님같이 될 수 있다(창 3:5).

### 네가 새 인간을 창조하고, 새로운 사회를 만들어라!

우리나라보다 60년이나 앞서 1960년대 서구에서 시작한 성 해방 교육이 1995년 제4차 세계여성국제대회를 기화로 성 해방 운동으로 변모되고 세계 여성 운동으로 점화되어 한국에도 이미 25년 전부터 활활 타오르기 시작한 것이다. 여성 운동가들은 원래 가부장주의적인 문화와 관습에서 벗어나려는 의도로 시작한 것이었지만, 무서운 인간 파괴적인 성 정체성 파괴로 인간 존재를 파괴하는 마귀적인 파괴력이 그곳에 숨어있다는 것을 알아채지 못했다.

과거 남자와 여자 이성(異性) 인간의 성 정체성을 파괴한다는 것은 하나님이 당신의 형상을 따라 창조하신 남자와 여자의 본성(창 1:27)을 철폐한다는 말이고, 그것은 인간의 본질(약 3:9)을 파괴한다는 뜻이다. 이는 하나님이 창조하신 인간을 철저하게 죽이는 살인적 마귀의 창조물인 말살 운동이다.

우리는 서구의 성교육과 성 혁명의 결과를 간파하고 아무리 UN과 국가 정부가 압박한다 해도 우리의 자녀들과 그 후손이 파멸되도록 내버려 둘 수가 없다. 우리는 '성평등'이라는 미명 아래 이루어지는 '성교육'을 결코 받아들여서는 안 되고, 성평등이 법제화되어서도 안된다. 법제화되어야 할 것은 양성평등이다. 이는 '성평등'이라는 단어가 동성애, 다자 성애, 혼성애, 양성애, 성전환 등을 포함하고 있을 뿐만 아니라, 반기독교적 운동과 핍박과 기독교와 창조 신앙 말살 계획의 음모가 포함되어 있기 때문이다. 우리는 결단코 '성평등'이 법제화 되지 않도록 최선을 다해야 한다.

우리 한국에는 수많은 훌륭한 인격의 신앙적인 여성이 많이 있고 약 한 세기 반 동안 그들이 하나님을 사랑하며, 진리를 수호하고 전하며 교회를 굳건히 세우고 있었다. 이제 한국의 여성 운동은 UN의 신맑스주의적 성 해방 운동을 지지하는 것이 아니라, 오히려 철저히 저지하는 운동이어야 한다. 우리 후손이 하나님의 백성으로 살아남게 하려고 우리는 우리 후손들이 비참한 탈 성 정체성 인간이 되게 해서는 안된다.

우리는 하나님의 형상대로 창조된 사랑스러운 우리 자녀들에게 인간을 창조하시고 사랑하신 하나님을 가르치고, 하나님의 말씀과 올바른 신앙 윤리와 도덕을 가르쳐, 바른 신앙과 정결한 윤리 생활을 하는 부모와 자녀들로 구성된 행복한 가정을 이루고 살아야 한다.

우리 한국의 후손들이 동성애와 성 주류화로 하나님을 잃어버리고 참 희망을 상실하고 고통받는 온 세계의 성 파괴자들과 성 파괴를 당한 자들에게 참 행복과 소망의 복음을 전해 주며, 그들 자신이 모두 스스로 생명의 빛이 되는 한국의 자녀들이 되도록, 우리 부모 세대가 정신을 차리고 근신하여 자녀들에게 하나님의 참된 진리와 사랑을 교육하고, 거룩하신 하나님의 품 안에 거하도록 해야 할 것이다.